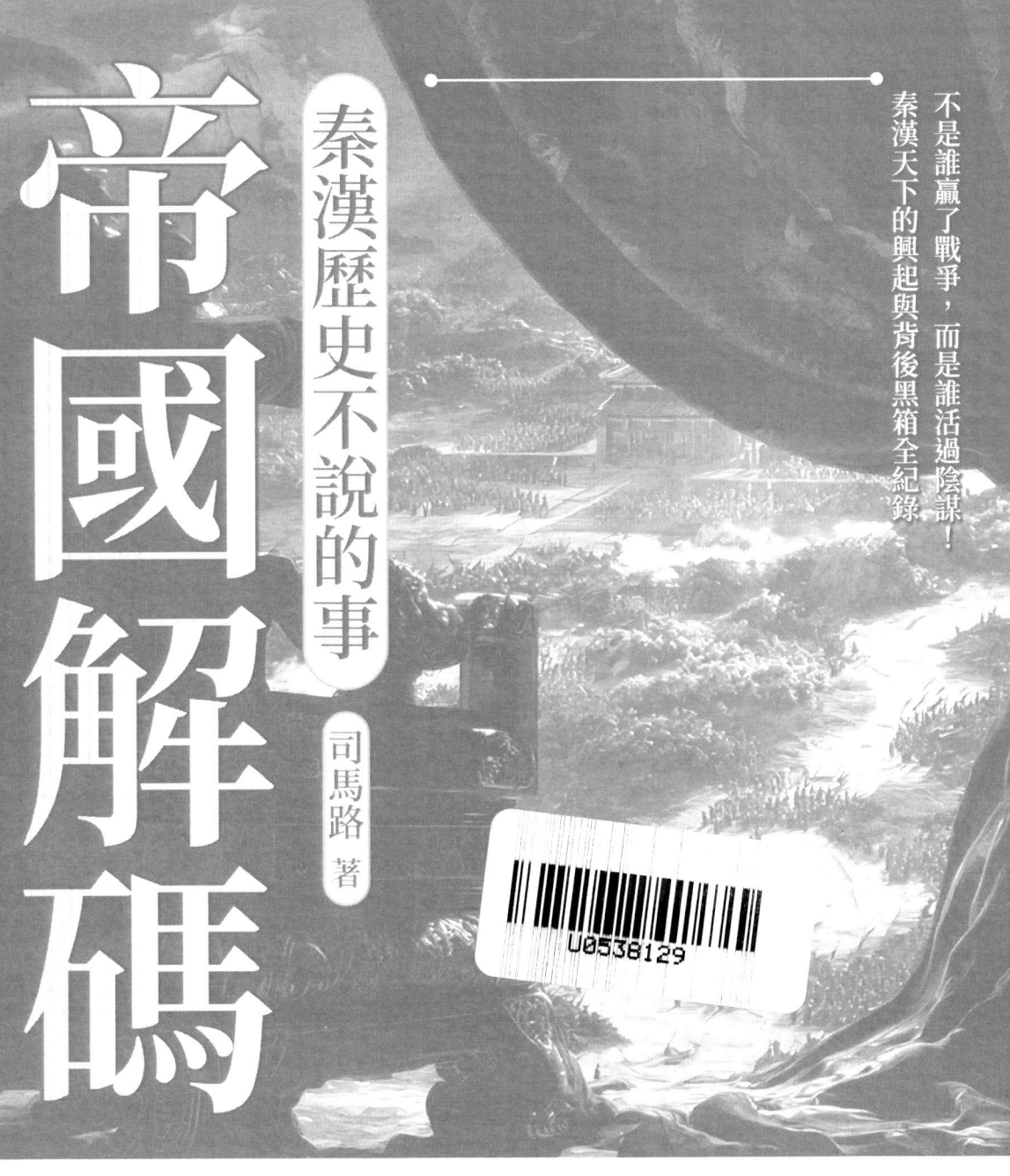

帝國解碼

秦漢歷史不說的事

不是誰贏了戰爭，而是誰活過陰謀！
秦漢天下的興起與背後黑箱全紀錄

司馬路 著

◎為何韓非死在最推崇法家的秦國？
◎呂雉真的是那個殘忍無情的「人彘」元凶嗎？
◎項羽明明戰無不勝，卻敗給了看似平凡的劉邦？
◎劉邦仁厚寬容的形象，是天性還是精心設計的政治手段？

結合推理、史實與獨到見解，揭開帝國興亡背後的真相！

目錄

序 ……………………………………………………… 005

序幕 …………………………………………………… 009

第一章　帝國初啼：秦人築起第一個中國 …………… 013

第二章　大秦崩塌：至剛而折的帝國命運 …………… 057

第三章　劉邦式勝利：項羽不服也只能輸！ ………… 119

第四章　西漢式開局：從草莽到金鑾殿 ……………… 179

第五章　漢室沉浮：寫實漢武與盛世背後 …………… 245

第六章　走出中原：由神話走向地圖 ………………… 323

落幕 …………………………………………………… 373

後記 …………………………………………………… 395

目錄

序

　　這本書原來的名字,叫做《清蒸漢朝》,我以為,一個能將歷史與食物連繫起來的作家,想必他對歷史的熱愛是深切而誠摯的,因為在他眼中,歷史乃是一種美食;或者說,歷史對他而言,如食物一般重要。在我看來,寫史是一種文化的烹飪,而讀史則是享受智慧的大餐。如此,作者完成此作時的心態,和一位大廚將精心烹製的菜餚端上來給客人們品嘗時的心情,大概也相差無幾;而讀者在翻開書頁的時候,或許也會有品嘗佳餚的驚喜吧!

　　但是,這道菜好不好吃呢?這本書好不好看呢?

　　對於一本歷史題材的作品而言,讀者的要求可不僅僅是好看而已。他們或許會問,這一段歷史的述說客觀真實嗎?作者提出的見解精闢得當嗎?對於熟悉漢朝歷史的朋友,他們又希望從作者的書中得到什麼收穫呢?

　　沒錯,歷史可以寫得很好看,甚至可以寫得很搞笑。如果是一部架空或者穿越的歷史小說,抑或是戲說、歪批之類的作品,好看、好笑、好玩,這「三好」或許就能滿足讀者的需求了。但本書不是這樣的一部作品。雖然它不乏一些幽默的話語,偶爾也穿插一些現代詞彙,甚至有類似後現代式的話語表達,但本書的看點並不在此。

　　「我的想法是寫探求真實而好看的歷史。」司馬路常這樣說。

　　我說,這很難,因為:第一,要把歷史寫好看不容易;第二,在探求歷史真實的同時又要好看,這就更難了。

　　《三國演義》好看不好看?好看,但那是三分史實,七分虛構。

那《三國志》夠真實了，但買這本書的人又有幾人能堅持讀完？

歷史的真實，不是說正史上寫著的就是真實的歷史。歷史的真實，是一個探究、推理、論證，最後逐漸接近相對真相的過程。道理並不複雜，也確實可以一試，譬如登山，努力攀登、縱使不能到達山頂，總好過待在山腳下誇誇其談。

司馬路的想法，大抵如此。

那麼，這本書能帶給我們怎樣的閱讀樂趣呢？

假如把秦、漢這一段歷史比喻為一座山，那我們似乎都已經飽覽了這山上的美景。但是，司馬路卻戴著草帽、沾著晨露地從斜刺裡殺出來說：「跟我來，我帶你們去看這山真正的美景！」

譬如：

身為法家鉅子，韓非為什麼會死在崇尚法家思想的秦國？

荊軻刺秦王，他的失敗背後隱含著怎樣的內情？

和中原小國相比，楚國堪稱古代的超級大國，然而這樣的龐然大物，為什麼也阻擋不住秦國的進攻？

秦吞併六國，難道僅僅憑藉的是強悍的軍事力量嗎？

秦始皇討厭他的長子扶蘇而將他派去長城嗎？

當農民揭竿而起，秦軍主力遲遲不來增援，還有多少沒說清楚的隱情？

章邯帶領的只是一支臨時拼湊起來的刑徒軍團，為什麼能夠擊敗士氣高漲的張楚軍，差一點挽救了秦帝國？

劉邦是如何成為沛縣義軍領袖的？他真是英明神武，天生領袖氣質，受人擁戴嗎？

項羽在鉅鹿的勝利，難道只是因為他勇猛，所以無敵嗎？

劉邦仁義寬厚的形象是如何樹立起來的？

鴻門宴之後，項羽幾乎成為了天下的主宰，他又是為了什麼自毀大好前程？

為什麼項羽在和劉邦的對抗中總是占上風，最後卻敗走垓下？

韓信與項羽、劉邦三分天下的設想可行嗎？

項羽為什麼不肯聽范增的忠告？一聲「亞父」背後，多少情深不堪回首。

劉邦屠殺幫他打天下的功臣們，難道只是「狡兔死，走狗烹」嗎？

呂雉把劉邦最愛的女人做成了人彘，她是傳說中的天生惡人嗎？

……

只是隨手一翻這本書的前半部，作者便已經提出了如此多令人興趣盎然的問題。這些問題，有些本來是有標準答案的，如韓非之死、失落的秦軍之迷，但是很明顯，作者並不以為然。

這就讓人有一種讀而為之一快的衝動，然而更奇妙的是，作者的筆觸，更刺穿帝王將相的史冊，描繪出了一幅漢朝社會全景圖，我們看到的，不僅是天子、官員、將軍，還有後宮、賢良、儒生、商人乃至底層社會的農民，在這本書裡，都一一登場。而他的視野則包括了漢朝視野所及的全部文明世界，為我們展示的是一個遼闊久遠的古代世界，古朝鮮、匈奴、大月氏、大宛、烏孫、安息（伊朗）……這就是漢的世界！

讀著這本書，忍不住想，這位叫做「司馬路」的民間歷史作家，究竟是怎樣奇妙的一個人物呢？

雖然從未面晤，我的腦海中卻常常浮現這樣的畫面，一間簡陋的書房，雜亂的書堆中，一個男子側對著我們，手裡拿著一支特大號的放大鏡，低頭端詳著書頁。突然他抬起頭，臉上露出唐吉訶德似的笑容：「原來這段歷史的真相，是這樣的！」

寫到這裡，忽然對本書書名有了新的感悟：歷史的確是有其密碼的，倘不能解開密碼，只能觀其表象，卻不知其內在。而司馬路，正是一個歷史的解碼者。

金滿樓[01]

---

[01] 注：金滿樓先生為煮酒論史及和訊歷史斑竹，著作有《晚清帝國回憶錄》、《向康熙學習》、《帝國的凋零：晚清的最後十年》等。

序幕

有學者在論述日本戰國史時說,「如果把日本統一看做是一塊餅,那麼織田信長是種麥子的人;豐臣秀吉是將麥子拿來做成餅的人;德川家康則是享用這塊餅的人。」

如果把中國的統一也來做一番「餅論」的話,所謂「春秋五霸」、「戰國七雄」都是在種麥,秦則是把麥粉湊合起來做餅的人。

然而與日本之餅論不同,漢並非這塊餅的享用者。因為秦用火太猛,竟將餅烤糊。只能由一個叫做劉邦的農民之子又將破散的餅集合起來,然後經歷他的後代,一任接著一任地用溫火烤這塊餅,終於在漢武帝的時代出爐。

此後的歷朝歷代,都成了這餅的享用者。

一、歷史的舞臺

柏楊先生說:「每一個民族都有他的生存空間 —— 歷史舞臺,中國人亦然。」他又說:「當時的中國人自以為恰恰地居於世界的中心,所以自稱中國,意義是位於全世界中心的國度。又因為所居住的土地美麗可愛,所以自稱中華,華的意義正是美麗可愛。至於自稱和被稱為漢民族或漢人,那是紀元前二世紀西漢王朝建立以後的事。」

秦漢之前,這個歷史的舞臺上,依次有過夏、商、周三位主演,到周的時代末期,主角周天子的狀態急遽下滑,於是原來的幾個小角色如齊、晉、楚、吳、越不甘寂寞,爭奪起主角位置來。

這一場爭奪到了末尾，一個操著濃重西部口音的小角色衝到了舞臺的中央，他的名字叫秦。據說他還有一個洋名字，喚作「CINA」，後來被傳成了「CHINA」。

二、誰製造了「秦國威脅論」？

蘇秦這個人，生活在周天子腳下，這一帶的人大都經商，但蘇秦卻好辯論，兄弟嫂妹妻妾嘲笑他說：「你好好的生意不做，整天學這些口舌本領，受窮也活該！」

蘇秦很慚愧，也很傷心，因為女人們不理解蘇秦學辯論之術，也是一種經營，而且蘇秦的經營志在天下，這筆生意的利潤，是女人們難以想像的！

蘇秦遊說的第一個對象是秦國，但秦國剛殺了商鞅，對辯士不感興趣。蘇秦又去趙國，也不成功。再去燕國，根本沒人願意見他。

出師不利，蘇秦很沮喪。所謂窮極生變，再三挫折讓蘇秦深思。而深思的結果是蘇秦的恍然大悟。各國都有他們的既定國策，如果國策不變，在位的那一些人，又怎麼會下來？他們不下來，我蘇秦又如何上得去？所以要成功上位，就要說服各國，改變既定方針。而要說服各國，就必須有一套可信而有力的說辭。

三、誰是百家爭鳴的大贏家？

蘇秦在燕國住了一年多才得到國君接見，這一見面，蘇秦就恐嚇燕君：「不要以為燕國偏處一方就可以安居樂業！燕國之所以太平安樂，是因為有趙國為你遮擋秦國。所以燕國的國策，應該調整為聯合趙國對付強

大的秦國！」

又去嚇趙國：「趙國在東方也算一流強國了，秦國要吞併天下，第一個要對付的就是你趙國。之所以現在沒動手，是因為旁邊有韓、魏兩國妨礙他，所以趙國一定要和韓、魏聯合起來一起對付強大的秦國，這樣才能長保平安！」

再以類似的言辭遊說韓、魏、楚、齊等國，大獲成功，蘇秦拜領六國相印，榮歸故里，誇耀他的富貴。

蘇秦的合縱理論，立意團結六國抗秦，效果如何？《史記‧蘇秦列傳》說合縱結成之後，秦國關閉函谷關長達十五年之久。可是依據《資治通鑑》和《史記‧秦本紀》的紀錄，在合縱結成第二年就發生了六國內訌事件，此後秦國不斷攻擊魏國，迫其割讓土地，不知道這「閉關十五年」的說法有什麼事實為依據？

更為嚴重的問題在於，蘇秦的合縱理論是建立在「秦國超級強大，不聯合不足以抵抗秦國侵略」這樣一個前提的基礎之上的，因此蘇秦大肆宣揚秦的武力是如何強大，不遺餘力！結果造成一個連蘇秦也意想不到的結局，那就是六國的「恐秦症」。西元前318年，以楚懷王為盟主的六國組成聯軍討伐秦國，結果六國各懷懼秦之心，齊國軍隊依照孟嘗君的吩咐，慢吞吞地如蝸牛速度行軍。另五國人馬到了函谷關，誰也不願意先行攻擊，結果身為盟主的楚國軍隊被秦國斷了糧道，楚軍只好撤退。其他四國一看盟主撤退，如釋重負，立刻捲鋪蓋走人。一場浩浩蕩蕩的大反攻，就此終結。

「恐秦症」造成六國面對秦國的進攻，未戰先怯，總是想以割讓土地換取暫時的和平。同時不敢互相救援，生怕惹怒秦國，引火上身。如趙國危亡之時，魏國派晉鄙出兵邊境而不敢救援，就是懼怕救了趙國，秦國把怒氣發洩到魏國身上。而一旦秦國伸出橄欖枝拉攏某國，某國便欣欣然，

以為抱到強者大腿，於是坐看其他國家被秦國欺負，心中竊喜，一副幸災樂禍的嘴臉。

那麼，秦國是不是真的像蘇秦說得那麼強大？其實不然，蘇秦遊說六國的時代，距離商鞅之死不遠，當時的秦國雖然透過變法，已經由弱轉強，但畢竟是初登舞臺，羽翼尚未豐滿，只是在對魏國的戰爭中逐漸占得上風而已。秦成為超級大國，要等到吞併巴蜀之後，擁有天府儲備的秦國才真正凌駕於六國之上。而秦滅蜀之戰，發生在蘇秦合縱十多年後。所以蘇秦的「秦國威脅論」相當程度上是一種誇張，卻實實在在地嚇壞了六國！

然而，有時謊話和真相，不過一牆之隔而已，「秦國威脅論」流行了半個世紀，恐嚇終於成了現實，已經被嚇怕了的六國，已經失去抵抗的勇氣，只能蜷縮在牆角，瑟瑟發抖而已！

第一章
帝國初啼：秦人築起第一個中國

賈誼在《過秦論》裡問道：「秦人攻滅東周，兼併海內諸侯，南面稱帝。天下之士，順服地慕風嚮往，為什麼會像這樣呢？」

司馬路覺得賈誼的問題是個「偽命題」，因為秦統一天下，是主動的征服，六國與天下的士人百姓，只是被動的接受而已！至少沒有任何證據表明六國百姓歡迎秦的征服。但是，秦的兼併戰爭，確實為紛爭的天下帶來了安寧和統一的秩序。這件壯舉，是其他六國所無法完成的。歷史上第一個中華帝國，的確是秦人製造！

第一節　說客韓非：誰謀害了他？

戰國七雄之中，秦國最為尊奉法家思想，眾多法家學者之中，秦王最欣賞韓非。從理論上說，韓非在秦國得償所願的成功率很高。

然而韓非入秦一年，身死異鄉，究竟是因為同學李斯的陷害，還是小人姚賈的擠對，或是另有其人⋯⋯到底是誰謀害了韓非子？

疑點之一：李斯、姚賈為什麼陷害韓非，他們的陷害、擠對足以致韓非於死地麼？

疑點之二：秦王政對韓非究竟抱著怎樣的態度？他為什麼做出了將韓非打入大牢的決定？

第一章　帝國初啼：秦人築起第一個中國

一、臨危受命，韓非入秦

　　西元前234年，農曆丁卯兔年，韓非接到國君韓安的緊急召喚。入宮後他才知曉，原來是委任他擔任一項出使鄰國秦國的外交任務。

　　韓這個國家，出自春秋時代第一強國晉國。當初趙、魏、韓三家瓜分晉國，韓得了最西面那一塊支離破碎的國土，他的東面是戰國時代早期強國魏，南面是超級大國楚，西面是當時被認為野蠻落後的秦國，北面是武力強悍的趙國。

　　環顧四周，沒有一個善主，韓國可謂天生是個多災多難的命！

　　韓也曾經發憤圖強，那是在申不害當相國的年代，那時的韓，《史記‧韓世家》說是「修術行道，國內以治，諸侯不來侵伐。」

　　但申不害死後，人亡政息。雖然勉強列入「戰國七雄」，韓國的國力，卻是實在差強人意！

　　等到強秦崛起，韓國就更加岌岌可危了。因為與秦的國土相連，秦對韓國的滋擾，幾乎連年不斷。

　　在韓安的父親韓桓惠王的時代，單桓惠王二十九年這一年，被秦奪取的城池就達到十三座。

　　韓安繼位已經五年了，數西元前234年這一年的形勢最為凶險。秦國大舉進攻三晉，重點是趙國。武城一戰，秦將桓齮大破趙軍，趙將扈輒及十萬趙軍將士被斬首。秦軍乘勝進軍到趙國內地，軍情十萬火急，趙王起用曾在雁門一舉殲滅十萬匈奴的邊將李牧，秦趙雙方在宜安（今河北藁城縣西南二十里）對壘。

　　李牧是趙國最後的良將，宜安一戰，10萬秦軍大部被殲，僅將領桓齮率少量親兵衝出重圍逃走。但今日之形勢，已經不是一個李牧可以扭轉。

秦國迅速集結兵力，捲土再來，桓齮在第二年再度攻入趙國並占領宜安。

秦國在伐趙同時，也以少數兵力攻略韓國領土，趙國尚有李牧，韓國卻真的是應了那首搖滾老歌，「一無所有」。

面對危如累卵的局勢，早就失去抵抗勇氣的韓王決定向秦國納地效璽，請為藩臣。

於是，韓安想起了韓非。派韓非去秦國，有兩個好處。首先韓非雖然口吃，寫文章卻是個好手。聽說他寫的那些文章，秦王頗為欣賞。其次韓非在秦國有個關係，秦王的新寵李斯，據說就是他的同學。

韓非是韓國的宗室，年輕時他也曾有仿效當年申不害的雄心壯志，但始終不得重用。到如今人到中年，熱情已冷卻的韓非，卻接到了國君的徵召。

然而這一次的徵召，能算是重用麼？韓非明白，這是拿我去擋刀子！

二、秦王是韓非的粉絲

這一年，韓非四十多歲了，孔子說人四十而不惑，可是韓非還是有所「惑」的。韓非「惑」的，是這個國家的命運！

凶多吉少！這是韓非的內心判斷。但是接到韓王命他入秦的王命，韓非又興起了僥倖的念頭，難道說否極泰來，就在他這一趟？

韓非聽說秦王嬴政，不過是個二十多歲的年輕人，他的父親曾經在趙國的邯鄲做過人質，他母親就是邯鄲歌姬出身。街頭巷尾的流言，甚至說其實他乃是呂不韋的種。

不過，嬴政在咸陽做秦王已經有十多年光景。去年，他又逼迫曾被自己稱為「仲父」的呂不韋服毒自殺。至此，已經無人膽敢輕視這位年輕的君王。

韓非思索自己的使命，韓安的意思，是對秦國表示臣服，以此換來韓

第一章　帝國初啼：秦人築起第一個中國

國的苟延殘喘。然而到了今天這個地步，稱臣、割地、納貢，已經不能讓秦滿足，秦的意圖是要吞併韓國乃至天下。

所以，作為韓國的使臣，韓非肩上的擔子令他難以輕鬆。

「難哪！」行車途中，韓非想起了自己的那篇得意之作《說難》。

在《說難》中，韓非提到了這樣一個故事。從前彌子瑕受到衛靈公的寵愛（彌子瑕是衛靈公的同性戀人）。彌子瑕母親病了，彌子瑕聽說後假託君命駕馭君車出宮探望。衛國法令規定，私自駕馭國君車子的，論罪當處以刖刑（砍腳）。可是衛靈公聽說此事後，卻讚嘆說：「真孝順啊！為了母親的緣故，忘了自己會犯罪。」

某一天，彌子瑕和衛靈公在果園遊覽，一個桃子吃到一半，彌子瑕把剩下的半個給衛靈公吃。衛靈公感動地說：「彌子瑕多麼愛寡人啊！吃桃子覺得甜就拿來給寡人吃。」可是等到彌子瑕色衰愛弛，衛靈公可就重提舊帳了，他說：「這個人從前曾經假託君命私自駕馭寡人的車子，又把吃剩的桃子給寡人吃，太不尊重寡人了。」

韓非評論說，彌子瑕的行為前後並沒兩樣，可是衛靈公的愛憎發生了變化。所以被君主寵愛時，才智就顯得恰當而更受親近；被君主憎惡時，才智就顯得不恰當，遭到譴責而更被疏遠。所以諫說談論的人不可不察看君主的愛憎，然後進說。

文章末尾，韓非發感慨說：「龍這種動物，馴服後可以戲弄著騎牠；但牠喉下有一尺來長的逆鱗，假使有人動牠的話，龍就一定發狂傷害人。君主也有逆鱗，進說者能不觸動君主的逆鱗，就差不多成功了！」

韓非能不能不觸動秦王的逆鱗，遊說成功呢？

到達咸陽之後，韓非立刻上書給秦王。這種溝通方式，比當面的交談，讓韓非覺得更舒服。因為他的口吃，常常讓他在辯論時處於尷尬之中，甚

至由此產生一種自卑情緒，打擊他的自信心。

其實聽到韓非即將到來的消息，嬴政很高興，對於此人，年輕的秦王真的是久仰大名，如雷貫耳。韓非子的那些著作，《孤憤》、《五蠹》、《內、外儲》、《說林》、《說難》無不拜讀，尤其是《五蠹》，嬴政可以背誦出其中的名句：「今欲以先王之政治當世之民，皆守株之類也。」還有，「上古競於道德，中世逐於智謀，當今爭於氣力。」所以當韓非的上書送到秦王宮，嬴政幾乎是一口氣讀完。

那麼，韓非寫了些什麼呢？

先是客氣了幾句，說，「不知道就說，是不明智；知道了卻不說，是不忠誠。作為臣子不忠誠，該死；說話不合宜，也該死。（口吃的韓非，居然在這裡玩起了繞口令。）」

「雖然這樣，我還是願意說出自己的見聞，請大王裁斷我進言之罪。」

韓非接著就從國際形勢談到了韓國，他說，「韓國侍奉秦國三十多年了，出門就像常用的袖套和車帷，進屋就像常坐的蓆子和墊子。秦國只要派出精兵攻取別國，韓國總是追隨它，怨恨結於諸侯，利益歸於強秦。而且韓國進貢盡職，與秦國的郡縣沒有不同。如今我聽說陛下貴臣的計謀，將要發兵伐韓。」

「韓是小國，如果秦國不能一年就滅韓，力量就被各國看輕，各國就將打秦軍的主意⋯⋯那秦國必定成為各國的攻擊目標了。陛下即使同金石一般的長壽，那兼併天下的日子也不會到來的。」

最後韓非提出他的建議：派人出使楚國、魏國，孤立趙與齊。滅趙、齊之後，發一道文書就可以平定韓國，而楚、魏見大勢已去，也一定自動順服。

韓非的分析聽上去好像蠻有道理，但秦王會不會接受呢？

三、誰謀害了韓非子？

嬴政拿起竹簡反覆閱讀，似乎拿不定主意。最後，他把韓非的上書發給了李斯。

李斯是韓非的同學，二人同為大儒荀況的得意門生。李斯一直很謙虛地認為自己不如韓非，但這一次，李斯可無意謙讓。

李斯也給秦王上了一書，針鋒相對地指出：韓國並不是秦國忠貞不二的僕從國，而是秦國的心腹之患。韓非誤導秦國國策，意在存韓。

李斯解釋說，韓國領土與秦國接壤，如果越過韓國攻擊其他國家，一旦有失，韓國就是秦軍背後的一顆毒刺。韓非的奇談怪論無非是想保留自己的國家，並不是真心為秦國著想。

李斯更進一步提出，要用事實駁倒韓非的謬論，請求出使韓國。嬴政自然批准，於是李斯即刻從咸陽出發，前往韓國。

李斯抵達韓都後，立刻上書韓王，提議秦韓兩國結成聯盟共同對付趙國。

結果不出李斯所料，此時的韓王正在與趙國密謀聯合圖秦，對秦國派來的高官刻意迴避。李斯數次求見都吃了閉門羹，最後使出一計，將韓非的《存韓》略作文辭修改以李斯名義上書韓王。結果正如李斯所料，韓王果然還是無動於衷，李斯達到目的，回國報告秦王。

厲害啊！這無異於釜底抽薪，原來韓非在《存韓》中所描述的秦韓親密完全不存在，嬴政對李斯表示滿意的同時，對韓非的良好印象也大為改觀。

於是，有一種觀點認為，李斯妒忌韓非的才能，因此進讒言加以陷害。那麼，真的是李斯謀害了韓非子麼？

為了拆散以趙國為主的反秦合縱聯盟，嬴政派遣姚賈到各國挑撥離間

第一節　說客韓非：誰謀害了他？

收買拉攏，成功地拆散了這最後的合縱。

也許是個人感情上對小人的憎恨，也許是對最後的合縱失敗後祖國命運的擔憂，韓非再出下策，在秦王跟前打起了小報告：「姚賈這個人有問題，他父親是魏國大梁城的保全，這廝打小偷雞摸狗，後來僥倖在趙國謀得一官半職，又因翫忽職守被炒了魷魚。大王與這樣一個人共商國是，豈不有辱大國的風範！」

嬴政果然聽進去了，拿這個責問姚賈。姚賈坦然承認自己是保全的後代及不光彩的過去，但他也為自己辯護說：「當年的太公望，說起來不就是個怕老婆的、不入流的、失敗的小公務員，文王卻任用他；管仲是個階下囚，齊桓公用他稱霸天下；百里奚是五張羊皮買來的奴隸，秦穆公用他而雄起西方……所謂英雄莫問出處，英名的君主不會因一個人身世不顯赫，早期經歷不光彩而無視他的價值。我姚賈如果有功，名聲不好又如何？反之，名聲再好，卻無功於秦，也不該得到賞賜。」

結果，韓非又得罪了姚賈。

於是又有另一種說法，認為是姚賈夥同李斯陷害了韓非。兩個厭惡韓非的人聯合起來對韓非下手，他們提出，韓非終究是韓國王室成員，依照人之常情，終究不會忠心於秦。而以他的學識和才幹，如果不能為秦所用，必將成為秦國的大患，不如依法誅之。

秦王一點頭，他仰慕的韓老師便下了大牢。在獄中韓非一度還想見嬴政為自己辯解，但對手哪裡還會給他這個能讓他起死回生的機會。當李斯的毒酒送到韓非面前，想來韓非或許會捫心自問：「為什麼寫了那麼多的權術理論，怎麼一到實踐操作就不行了了呢？」

然而，究竟是誰害死了韓非？

許多人歸因於李斯的嫉妒心，這並沒有錯。但是這不是充分條件，因為將韓非打入大牢的決定權，並不在李斯掌握中。殺害韓非，李斯是推動

者,卻不是決定者。

打個比方,有惡人縱犬咬人,被咬人該怪狗還是怪那狗的主人。姚賈、李斯是咬人的狗,他們的主人又是誰?

是秦王。《史記》說韓非死後,秦王後悔,使人赦之,非已死矣。可見秦王的本意,是要殺韓非的。只不過後來又後悔了。

秦王為什麼要殺韓非?難道只是因為幾句讒言?尉繚說得好:「秦王這個人,高鼻梁,大眼睛,老鷹的胸脯,豺狼的聲音,缺乏仁德,而有虎狼之心,窮困的時候容易對人謙下,得志的時候也會輕易地吃人。」韓非沒看明白的,尉繚看明白了。

有人問了,「嬴政不是很欣賞韓非的學說麼?為什麼他還要殺韓非?」回答是:「吃雞的蛋就不能再殺雞麼?況且嬴政殺韓非,正是學習韓非學說的實踐作品。」

四、法至剛,術勢陰柔!

所謂法家,其實並不是鐵板一塊。至少可分為兩大派。

其一:法治派,這一派的代表人物是商鞅、吳起,特點是注重法律,作風剛硬。

法治派的主要精神是強調法律的重要性,主張以法律為國本,以法治國。譬如商鞅,他認為法是為治之本,而推行法治,就必須要立法明分。商鞅曾經在國都南門豎起一根三丈高的木頭,宣稱有能把這根木頭搬到北門的人,賞以十金。百姓對此感到奇怪,不敢去搬。把賞金提高到五十金,真有人搬了,於是立刻如約賞賜,以此樹立法律的權威性。

商鞅所說的法,是明明白白寫出來的成文法,是君臣上下無論身分貴賤都要遵守的法律。所以太子以身試法,商鞅也毫不留情。

由此看來，法治派維護的是法律的尊嚴，而不是一君王一貴人的私利。從這一點看來，商鞅、吳起的法治精神，幾乎接近「法律面前人人平等」。（當然只是接近而已，一旦失去君主支持，法家的所謂「法治」就成了無根之木。）

但也正是這一點執著，讓法治派經常得罪權貴，因此商鞅、吳起都不得善終，還得了個天資刻薄的惡名。

從對權力的控制來說，法治派則往往大權獨攬，臣強君弱。商鞅在秦國變法，政府權力一手抓，秦孝公在幕後默默支持，如無必要，一般不出面。所以史稱「商鞅變法」，而非「秦孝公變法」，吳起在楚國也是如此。

不過，法治派在當時的社會條件下，很難真正掌握國家的核心力量（如武裝力量），還是需要國君的鼎力支持和配合。一旦有強勢君主崛起，一山難容二虎，法治派的下場就很慘。如商鞅、吳起，一個被車裂，一個被亂箭射死。

其二是術勢派，申不害、慎到是這一派的菁英。其中，申不害在韓為相19年，使韓國得以立足七雄之列。慎到是趙國人，齊國稷下的教員之一，擅長理論著述。這一派的特點，是注重權術，作風比較陰柔。

所謂術，是君主駕馭驅使臣下的方法。法是臣民的行動準則，而術卻是隱藏在君主心中，專門對付大臣的。而勢，是君主的權勢，術勢派指出，賢能和智慧並不足以服眾，權勢地位卻能夠使賢者屈服。

術勢派也主張法治，但顯然更注重術勢的作用，當法與術勢衝突時，他們更傾向後者。

術勢派拜倒在權力的石榴裙下，法律的尊嚴對他們而言，是可以犧牲的。甚至為了自己的私利，法也可以暫且放到一邊。《戰國策》中就記載有申不害憑藉相國的身分，向韓昭公說情，為他的一個堂兄謀求官職的事蹟。

對術勢派而言，法是工具，術也是工具，勢更是工具。所謂法律的公正無私，停留在他們的嘴上而已。因此不客氣地說，這一派，名為法家，實則術家，他們名義上尊法，底子裡卻是以術害法，以勢亂法。

從對權力的控制來說，術勢派的權力相對有限，他們往往擔當國君助手的角色，用學說推動、指導國君的行為。所以引起的對立和嫉恨也相對少一點。和剛強的法治派相比，術勢派以陰柔取勝，更得君主歡心。但是利用價值一旦失去，也很容易被強勢君主拋棄。打個比方，術勢派是教授君主馭人之術的老師，所謂教會徒弟餓死師傅。君主掌握馭人之術之後，第一個要對付的人就是你這個老師，因為你對他太熟悉，太了解了！

那麼，韓非又屬於哪一派呢？這與韓非的死又有什麼關聯呢？

五、韓非並非法家之集大成者

傳統的說法，認為是韓非是集法家之大成者。不錯，韓非的確將商鞅、申不害等人的學說拼湊在了一起，但組裝貨就是所謂的「集法家之大成」？從表面上看來，韓非所說，法、術、勢，三者缺一不可，好像是綜合利用，毫無偏頗。但仔細一想，法與術、勢豈能合流？

韓非說，法是什麼呢？寫在圖冊上，設立在官府，向百姓公布。術又是什麼呢？就是君主要隱瞞自己的想法，摸透臣下的企圖，從而控制、駕馭他們。勢又是什麼呢？《韓非子・五蠹》中說：「民者固服於勢，勢誠易以服人。」其實就是告訴君主軟的不行來硬的，要敢下狠手，用威勢壓制人。

由此看來，韓非是要君主把法作為一面盾牌，而以術為暗器，以勢為利劍，用來對付誰？是敵國麼？不，是臣下，包括貴族大臣，也包括黎民百姓。

第一節　說客韓非：誰謀害了他？

因此，韓非的所謂法、術、勢，核心還是術，對象就是臣下，實質內容就是內鬥而已。一個國家，一個社會，根據韓非的學說，必要臺上握手，臺下踢腳，表面一團和氣，底下你死我活。君與臣鬥，臣與臣鬥，官與民鬥，民與民鬥，內鬥其樂無窮也！

對於這一點，顧準也有所論述，他認為「教民耕戰，富國強兵」是法家的貢獻，因為歷史上秦皇漢武的對內大一統、對外開拓疆土得益於此，然而韓非對此沒有貢獻什麼。「王子犯法，庶民同罪」，以及廢除貴族，實行二十等爵等等，是把專制君主一人而外的一切人都平等化了，這也有其正向的一面，對此，韓非沒有貢獻什麼。在「法術勢」三者之中，韓非的貢獻在術勢兩者，也許勢還是他的創造發明，他的術是君主充分運用勢的術，比申不害的術要厲害得多。所以他的貢獻，似乎不外是主張君主陰險殘酷的御下之術以及君主有權無限縱欲的說教。

這兩者，在法家的全部武器庫中是正面作用發揮最少、負面作用發揮最多的東西。二千年來法家被攻擊為刻薄寡恩，韓非也因此遭人詬病。可以這麼說，站在法家立場上，韓非是一匹害群之馬。說他「集大成」，起商鞅、李悝於地下，一定堅決反對。

嬴政讀了那麼多韓非的書，焉能不懂術與勢的道理，韓非的上書，名為秦考慮，但以秦王之鷹眼，豈會看不出韓非文章所藏匿的那一點私心——存韓，說到底不就是想讓你的韓國多存活幾年！

韓非和李斯不同，李斯是楚國的平民，韓非卻是韓國的公子，理論上，韓非是可以繼承韓國王位的。李斯的話，一針見血，韓非畢竟還是為韓國考慮多一點。

所以我說，這一場嬴政和韓非的鬥術，韓非一出招，便露出了破綻。

應該說韓非已經盡力了，韓非可迴旋的餘地實在太小了，他來秦國的目的是如此顯而易見，他的身分又太過尷尬，這一些，都令韓非捉襟見肘。

如果韓王早幾年任用他，韓非或許還能從容應付危機，但現在，只是到了亡國前夕，韓王抱著病急亂投醫的態度，才啟用韓非，韓非縱然是當年的申不害，也未必能拯救韓國，況且他的實際才能，能否比擬申不害，尚是未知。

論仁德、禮治乃至法，嬴政都可以不殺韓非。但論術、勢，則嬴政非殺韓非不可。

為什麼？《韓非子》有這麼一個故事，太公望封於齊，齊有個賢人狂矞，太公望請他出來做官，三次拜訪狂矞不答應見面，太公望便殺了狂矞。大聖人周公旦聽說此事，質問太公望：「狂矞是天下賢者，你為什麼殺他？」

太公望回答說：「狂矞不為我所用，既然他如此輕視我的權勢，我一定要殺了他來警告世人。」

這件事本身未必是真，但韓非這樣寫，他的意思很明顯，帝王的權勢無法馴服一個人才，這個人才就是威脅，必須殺之以警誡天下。關於這一點，《韓非子》其實有多處論述，熟讀韓非文章的秦王，焉能不明白？這就是王之術、勢。現在韓非不能為秦所用了，留你便是禍害，李斯的話，也是秦王的所想。

可見，歸根結柢，韓非是死於自己的術、勢之說。所謂種瓜得瓜，韓非種下了慘刻陰謀的術、勢之花，現在花開結果，韓非便自己嘗到了專制暴行的術、勢之果。韓非的死，比起後世無數死於術、勢的英雄如李牧、韓信、岳飛等等，一點都不冤啊！

由此看來，法可以興國，術卻不能。當年商鞅可以使秦國雄起，吳起可以使楚國振作，申不害卻只能使韓國苟活。韓非在理論上繼承了申不害的術並發揚光大，實踐中卻操作不當，死於術。

韓非的生死，其實對韓國乃至六國的存亡，影響微小。然而韓非身死道存，術、勢學說，遺毒天下，為嬴政乃至其後一班帝王官僚上下相襲，代代相傳，在中國人中演繹轟轟烈烈的內鬥習氣，禍害深遠。

七雄之中，最擅長學習的秦國，先是吸收了商鞅法治思想之剛強，從此國力強盛，虎視東方。後來又接納韓非術勢學說之陰刻，於是建構起一個用法慘急而鞭礎深刻的秦帝國，無論對待官吏、百姓，都用盡慘刻陰謀、嚴峻法度，這樣的制度，誰吃得消，結果以強大的身軀，瞬間內外崩潰。可見韓非的思想，雖然有利於帝王，但純用韓非那一套而不加以修飾，是萬萬行不通的，這個教訓，被秦以後的漢朝，深以為鑑。

第二節　刺客荊軻：他的身手讓人生疑！

司馬遷在《刺客列傳》中寫了好幾個人物，最費筆墨也寫得最神采飛揚的，是荊軻。

燕太子丹找到了荊軻，請他刺殺秦王嬴政，看來他確信荊軻是個高手。但是當時的江湖大俠魯句踐、蓋聶等，似乎都不認同這一點。太子丹找對了人嗎？

疑點之一：當秦兵逼近燕國，太子丹心急如焚，荊軻卻遲遲不肯動身，說是在等一個人。但他說的這個人，始終沒有露面。這個人真實存在嗎？

疑點之二：一個高明的刺客，應當動作迅速，一擊致命。荊軻曾經有機會與嬴政一對一，但他的動作既不迅速，也看不出他的武藝有什麼過人之處。失敗後，他為自己辯解，說是因為想要挾持秦王，所以錯失了機會。荊軻的理由成立麼？

第一章　帝國初啼：秦人築起第一個中國

一、燕太子丹刺秦計畫

韓非死後一年，也就是西元前 232 年，己巳，蛇年。

這一年發生了許多事情，譬如說秦國又攻打趙國，還是被李牧擊退。在楚國，將軍項燕喜添麒孫，名籍，字羽。

在咸陽，一名在秦國做人質的燕國人，偷偷地逃越關卡，回到了祖國。他曾經與嬴政感情融洽，共度艱難歲月，如今卻反目成仇。他就是燕太子丹。

姬丹和嬴政，相識在趙國，當時都是人質（嬴政是人質的兒子），兩人年紀相仿，相處得還真是不錯。所以姬丹到秦國作人質的時候，滿以為嬴政會對他另眼相待，沒想到嬴政根本不把他當回事，盡給他茶泡飯吃。姬丹雖是人質，好歹也是一國儲君，加上來之前期望過高，驟然落空，不由惱怒起來。於是他找了個空子，逃出函谷關，取道趙國回國。

當時趙國正與秦國苦戰，又遇上代地地震，從今山西到河北，樓臺房屋倒塌，大地開裂，真是天災人禍，百姓苦不堪言。一路之上，太子丹但見屍橫遍野，無人掩埋，繼而瘟疫流行，難民絡繹不絕向東而去。只是暴秦的胃口，哪裡只是韓趙而已，干戈所指，是整個天下，太子丹想到這一點，思緒茫然。

回到燕國，太子丹向老師鞠武詢問對付秦國的良策，鞠老師哪裡有什麼良策，敷衍幾句就轉移了話題。這更讓太子丹感到無奈。

這時一個叫樊於期的人輾轉來到了燕國，他是秦國的叛將。太子丹接納了此人，這一行為，顯然會得罪秦國，讓鞠武老師十分緊張。

到了這時候，不去得罪秦國，秦軍就不會來了麼？太子丹搖頭。

鞠老師想了想，提出了一個把韓魏趙燕齊楚以及北方的匈奴都包括進

第二節　刺客荊軻：他的身手讓人生疑！

去的七國反秦大聯盟方案。太子丹更是搖頭，連橫喊了這麼多年，要是能成事，何至於此？

鞠老師撓撓頭，實在是沒轍，於是推薦了一個他認為可能有轍的人──田光。

太子丹這時確實求賢若渴，但見到田光，才發現此人已經垂垂老矣，更要命的是，此人不但面相老朽，心也老了。

田光說：「臣聞騏驥盛壯之時，一日而馳千里；至其衰老，駑馬先之。今太子聞光盛壯之時，不知臣精已消亡矣。」這意思，早幹嘛去了，今天才來找我，沒看見我牙都掉光了麼？

不過也不能讓太子白跑一趟。田光推薦了一個青年才俊給他，姓荊。

太子丹一聽就急切地請老先生幫忙聯繫荊先生，同時還拉著田光的老手囉哩囉嗦地說了一通不要洩密之類的話。田光心想你這不是不信任老夫麼，也罷，去見了荊先生，說明意思，拿劍一抹脖子自殺了。

田光的自殺，讓荊先生無法推辭，只好去見太子丹。問題是這位荊先生能不能幫上忙呢？

荊先生是衛國人，單名一個「軻」字，據說曾經與當時江湖上的頂尖高手蓋聶討論劍法，言語不合，蓋大俠向他怒目而視，荊軻就落荒而逃。後來在趙國的邯鄲，他又和魯句踐下棋，發生爭執，魯句踐對他破口大罵，荊軻也不計較，飄然離去。

荊軻以劍客自居，可是誰也不知道他的劍術究竟如何。他對蓋聶、魯句踐的退讓，到底是技不如人，還是深藏不露？

最後，荊軻來到了燕國，在這裡，他和殺狗的民間音樂家高漸離交上了朋友，兩人喝喝酒，吃吃肉，高漸離擊築，荊軻唱歌，過著快樂的生活（但他們所發出的噪音，也令附近的居民備感困擾）。

荊軻帶著田光的死訊去見太子丹，太子丹又流眼淚又流鼻涕，等到情緒平靜下來，才把他的計畫說出來。原來太子丹是要荊先生做曹沬。

曹沬，何許人也？春秋初期的一個大力士，魯國將軍，和齊國交戰，打一回輸一回，共打了三回輸了三回，於是只好割地求和，但在簽約儀式上，曹沬突然手執匕首衝上前去，綁架了齊國國君。說起來這位國君大大地有名，就是著名的齊桓公。

桓公說：「你想做什麼？」

「你說呢？」曹沬的匕首直接就逼向桓公的咽喉，桓公只好答應把侵占魯國的土地全部歸還。曹沬得到承諾後，扔下匕首，回到在群臣之列，面不改色，跟個沒事人似的。齊桓公那個氣，就想反悔，被管仲以大國的臉面為理由給勸住了。於是，曹沬三戰所失的土地全數歸還。

太子丹的意思，是要荊軻仿效曹沬，綁架秦王，逼他歸還六國土地，和平共處。

荊軻聽了太子丹的話，發了好半天呆，說：「這件事太重大了，在下恐怕承擔不起！」

太子丹以為他謙虛，連忙行重禮，苦苦哀求，荊軻支吾了許久，也只好答應。

太子丹大喜，燕國有救了，於是拜荊軻做上卿，住貴賓房，吃皇家大餐，奇珍異寶靚車美女，只要荊軻想要的，沒有不給的。

二、太子丹催促荊軻上路

西元前230年，辛未，羊年。

秦軍終於攻入韓國首都新鄭，活捉了最後一任韓王韓安。六國中最弱小也最接近虎狼之秦的韓國就此亡國。

第二節　刺客荊軻：他的身手讓人生疑！

在做了亡國奴的韓國人中，有一位年輕人。變賣家產，浪跡天涯，尋找復國機會，他姓張，名良，字子房。

秦軍馬不停蹄，立刻把矛頭指向趙國，戰事持續到西元前229年，秦國的反間計發揮了作用，趙王遷罷免了李牧的軍職，李牧以「將在外君命有所不受」的理由拒絕，結果軍中擁李派和擁王派互相亂斫，最後擁李派失敗，李牧在流亡途中遇害。

自毀長城，趙國焉能不亡？

西元前228年，秦軍攻陷邯鄲，活捉了趙王遷。秦王嬴政，饒有興致地從咸陽起駕來到自己的出生地，舊地重遊，順便把從前欺負過他母子的那些可惡的趙國人，一一砍下了首級。

形勢逼人，聽到韓、趙相繼滅亡的消息，太子丹心驚肉跳。危機已是迫在眉睫，秦軍正逼近燕國的南部邊界，太子丹連忙去找荊軻，說：「秦兵早晚要渡過易水來攻打燕國，我雖然想一直這樣侍奉足下，可是怎麼做得到呢？」

荊軻聽出他的話音，這是在催我呢！其實我不是不想去，我得有接近秦王的機會啊！

不過機會是創造出來的，荊軻想了一個主意，拿樊於期的腦袋加上燕國督亢地方的地圖當見面禮，秦王一定會接見我，我就有下手的機會了！

太子丹猶豫了一下，主意不錯，但是……

太子無需為難！荊軻拍拍手，這件事，只有我親自去做了。

於是荊軻就問樊於期借腦袋一用。

荊軻比劃著對老樊說：「只要讓我接近秦王，我左手抓住他的衣袖，右手一劍直刺他的胸膛，那麼將軍的仇恨和燕國的為難，都迎刃而解了。」

樊於期不借也不行了，他脫掉一邊衣袖，露出臂膀，用一隻手緊握另

第一章　帝國初啼：秦人築起第一個中國

一支手腕，這是古人表示激憤的常用手勢。「這正是我的心願啊！」和田光一樣，他拿劍一抹脖子自殺了。

太子丹聽到消息，免不了伏屍而哭，這一場哭，兩個字形容：極哀。哭完把樊於期的腦袋裝進盒子，又把事先特地買來的號稱天下最鋒利的徐夫人匕首送給荊軻。徐夫人匕首本來就鋒利，太子更讓人把匕首燒紅，放到毒液裡蘸，無論是誰，只要碰上一點，立刻流血而死。

太子丹又為荊軻找了個幫手——秦舞陽，秦舞陽是燕國名將秦開的後代，十三歲就敢殺人，一般人都不敢正眼瞧他。

如此充分的準備工作，太子丹想你荊軻總該出發了，誰知道荊軻安坐不動。又過了好久，太子丹憋不住了，說，「時間不多了，荊先生你要是不想去，我先派秦舞陽去試探一下。」

荊軻的反應極其強烈，「太子為什麼催得這樣急！匆忙而去，完不成任務，豈非白忙一場！」

太子丹連忙道歉，荊軻語氣緩和下來說：「在下之所以遲遲不動身，是在等一個人。算了，既然太子等不及了，我就告辭了！」

於是荊軻和秦舞陽揣著樊於期的腦袋、燕國督亢地方的地圖，地圖裡捲藏著徐夫人匕首，從燕國出發。

出發這一天，太子丹穿著白色的衣服送他。在易水邊祭祀了路神，飲了餞行酒，荊軻的好朋友高漸離打擊起築這件樂器，在音樂的伴奏下，荊軻唱起了一首歌：「風蕭蕭兮易水寒，壯士一去兮不復還！」

古代樂律，分宮、商、角、變徵、徵、羽、變宮七調，大體相當今西樂的3、4、5、6、7、1、2七調。荊軻先是發出了個徵調，就是6，蒼涼、淒惋，人們聽了悲傷流淚。到結束時，荊軻的聲調又變為羽聲，就是1，音調高亢，大家不由得慷慨激昂，瞪大眼睛，怒髮衝冠。

第二節　刺客荊軻：他的身手讓人生疑！

一曲完畢，荊軻登上馬車，頭也不回地向秦國方向駛去。

荊軻遲遲不肯上路，依照他自己的說法，是要等待一個助手，但是太子丹已經等不及了。從當時的形勢看，確實如此。

荊軻到底在等待誰？這個人真的存在麼？

遺憾的是，沒有任何直接證據證明此人的存在。

我倒是找到了一些蛛絲馬跡，間接地質疑此人的真實存在性。

第一個間接的證據，那就是荊軻所說的這個人，直到燕國滅亡也沒有出現。

第二個間接的證據，那就是荊軻的好朋友高漸離，荊軻失敗後，他一心想為荊軻復仇，恰好秦始皇聽說他擊筑技藝高超，於是召見高漸離。有人告訴秦始皇，「這個人不可接近，他是荊軻的好朋友。」

秦始皇既想聽高漸離的音樂，又擔心自己的人身安全，所以想了一個兩全之策，燻瞎了他的眼睛，讓高漸離擊筑。高漸離雙目失明，秦始皇以為這下準太平無事了。可是老高很執著，他把鉛放進筑中，在進宮擊筑靠近秦始皇時，舉筑襲擊。

哎呀——可惜沒中！

秦始皇殺了高漸離，終身不敢再冒險接近東方六國的人。

高漸離是荊軻的朋友，所以為荊軻復仇。而荊軻苦苦等待的那個人，與荊軻的交情必然很深厚，至少不輸於高漸離，而且武功肯定不錯，至少超過秦舞陽，自然也就超過高漸離。然而史冊上記載了多次東方人刺殺秦始皇的事件，而為荊軻復仇而出手的，只有高漸離而已。

荊軻口中這個不明國籍的無名人士，真有其人嗎？恐怕要打上一個很大的問號。

那麼，如果真的是一個藉口，荊軻拖延不肯上路的真實原因是什麼呢？

三、荊軻的身手讓人生疑！

西元前 227 年，癸酉，狗年。

荊軻進入咸陽後，先拜見了蒙嘉，據事先查探得到的情報，他是如今秦王最寵信的人。他自然免不了要先餵飽蒙嘉，然後請他向秦王轉告燕國願意臣服秦國的誠意。

在焦灼地等待了數日之後，終於等到了消息。秦王心情不錯，答應接見燕國使臣。

於是荊軻手捧著裝著樊於期頭顱的木盒，秦舞陽捧著捲藏著徐夫人匕首的督亢地圖，二人緩緩進入咸陽宮。走過衛士林立的宮道，荊軻走上宮殿的臺階，心若止水的他，忽然發現秦國的接待官員臉上出現了異樣的神情。「燕國使臣，你的副使為何如此？」

荊軻回過頭，看見斗大的汗珠，從秦舞陽那張漲得如豬肝色的臉上流淌而下。那捧著督亢地圖的手，亦有微微地顫動。

荊軻臉上露出一絲微笑：「北方邊境荒野地方來的鄉巴佬，哪裡見過這麼大的場面，還請大王見諒！」

自有那傳話的官員上去說了，秦王心情果然不錯，沒有見怪，下令說：「取舞陽所持地圖。」

荊軻把裝著樊於期頭顱的木盒交給秦國官員，從秦舞陽手中接過地圖，他微低著頭，一步步地走上臺階，呈上地圖。由侍臣將地圖放在秦王面前，慢慢地翻開。

荊軻為秦王介紹，這是督亢，將獻給秦國，從這裡到那裡，請看⋯⋯

地圖打開到了盡頭，是一把鋒利的匕首！荊軻躍起，向前，一把抓住了秦王的衣袖，一手抓起了匕首⋯⋯

第二節　刺客荊軻：他的身手讓人生疑！

荊軻的第一擊刺空了，秦王扯斷了衣袖，掙脫了他的控制。

但是荊軻還有機會。秦國的制度，群臣侍殿上者不得持尺寸之兵；諸郎中執兵皆陳殿下，非有詔召不得上，而秦王的劍又太長了，一時拔不出來。荊軻追逐著目標，秦王繞著柱子在跑。

混亂之中，侍醫夏無且把藥囊扔向荊軻，試圖延緩荊軻的攻擊。有個反應機敏的人喊道：「大王把劍往後推！」嬴政一下子醒悟過來，他腰間繫的這把長劍，必須要推到背後，才容易出鞘！

寶劍出鞘的秦王反過來攻擊荊軻，一劍斬斷他的左腿。失去良機的荊軻只能瞄準嬴政的方向，奮力將匕首擲出。可惜鋒利的徐夫人匕首沒有擊中目標，而是扔在了大殿的銅柱上。

這時殿下的衛兵已經奉命上殿，把荊軻包圍。大勢已去的荊軻倚靠在柱子上，自言自語說：「事情不成功，是因為我想生擒秦王，脅迫他簽下和約，用來報答太子的恩德啊！」

據說江湖重量級人物魯句踐聽說荊軻刺秦王的消息後，在私下裡嘆息說：「可惜他不精通劍術啊！」

難道荊軻刺秦失敗，是因為他根本就不擅長劍術？

僅憑魯句踐一句話就認定荊軻的劍術不高明，理由顯然並不充分。因為文人相輕，劍客之間也難免互相貶低。況且魯句踐的劍術如果是超一流，荊軻劍術即便一流，也會被認為是糟得很。

所以，還得找其他證據。

司馬遷的《刺客列傳》全文五千多字，共寫了曹沫、專諸、豫讓、聶政、荊軻五個人，讓我們看看專諸、聶政兩大著名刺客的行為（曹沫已經在前文中提到過，豫讓不是嚴格意義上的劍客）。

先說專諸，動手那天，專諸的主角子光宴請吳王僚（刺殺對象）。吳王

僚戒備森嚴，武士手持長劍，護在左右。專諸把匕首藏在魚炙（烤魚）腹中，這才得以通過搜檢，到達吳王僚的跟前。可見吳王僚的自我保護意識，遠超過了秦王。結果專諸把魚一放，動作如魔術師般迅速，刺出的匕首直取吳王僚的要害，倒楣的吳王僚是當場斃命。

再說聶政，他要刺殺的對象是韓相俠累。當時俠累正在府中休息，手持兵戟護衛相府的士兵不少，聶政拿著把劍，旋風般衝殺進來，眾人大喊：「有刺客！」俠累卻已經被聶政一劍刺死。

無論聶政、專諸，都是出手快，一招致命，更以少敵眾，毫不含糊。

再看看荊軻，他的機會其實很不錯，衛士無王命不得上殿，大臣可以上殿卻沒有兵器，秦王有兵器卻拔不出來。所以荊軻從出手到秦王拔劍之前，有不少的時間。對於一個普通人來說，這點時間挾持或殺一個人或許有點困難。但對於一個高手來說，這個機會再好不過。

假如能以慢鏡頭式的回放荊軻刺秦，可以發現看他的第一擊，《史記》的記載是：「左手把秦王之袖，而右手持匕首揕之。未至身，秦王驚，自引而起，袖絕。」很顯然，荊軻的本意是要抓手臂的，但是出手速度慢了，抓住了秦王的袖子，袖子很薄，秦王受驚之後奮力掙扎，結果在荊軻的匕首刺到之前，掙斷了衣袖逃走。

再看這第一擊之後直到秦王拔劍，這一段時間，如果是一個高手，應該會有優於常人的判斷和反應，《史記》說：「荊軻逐秦王，秦王環柱而走。」但是荊軻卻猶豫不決，行動緩慢，逐秦王而不及，擲刺而不中，反而被秦王步步搶先、拔劍反擊，終至於出事未捷而身先死。

那麼，荊軻在事後的自我辯解是不是可以解釋他的失敗呢？也就是說，荊軻是否因為意圖挾持秦王而失去了殺人的好機會？

其實歷史上挾持秦王以逼迫秦國讓步的事例不少。做得最成功的是趙國人，澠池會上，藺相如逼請秦王為趙王擊缶，秦王不肯。藺相如說：

第二節　刺客荊軻：他的身手讓人生疑！

「我和大王的距離不過五步而已，相如請求把自己脖子裡的血濺到大王身上！」

什麼意思？簡單說就是：「我們離得那麼近，信不信我廢了你！」於是秦王不懌，為一擊缶，屈服了。

另一個趙國人毛遂，自薦的那位，也曾以類似的手法威脅楚王，結果同樣獲得了成功。如果荊軻一開始就打算挾持秦王，他為什麼不仿照上面兩位成功人士行事呢？

有一個理由可以為荊軻辯護，那就是他不讀書，不知道以上事件。但荊軻不是文盲，不但不是文盲，而且很喜歡讀書。司馬遷說「荊卿好讀書擊劍。」讀書尚在擊劍之前。荊軻不是一個江湖小混混，他是一個士，而且是一個名士，對於藺相如、毛遂的事蹟，相隔時代不遠的荊軻不可能不清楚。

事實上，雖然太子丹也曾經提到過要荊軻學習先人，挾持秦王，但最後迫於時局，很可能考慮到挾持秦王簽訂條約並不現實，以秦國的強大和一貫的不講信用，即使簽訂了條約也毫無用處，所以太子丹的目標很清楚，就是要殺死秦王。

如果不是想殺死秦王，何必在徐夫人匕首上焠毒藥呢？

算起來，對荊軻的身手提出質疑的人還真是不少，魯句踐、蓋聶在前，司馬遷在後。

縱覽《刺客列傳》，司馬遷的用詞頗值得玩味，他始終沒有正面肯定荊軻的劍術，而是說「荊軻好擊劍」，而不是「荊軻善（擅長）擊劍」。

除刺秦外，司馬遷還寫了荊軻的幾件事：衛國的國君衛元君喜歡劍術，因此招攬了不少江湖上有名的劍客。荊軻也想去他那裡謀個工作，結果元君不用他；與蓋聶論劍，被蓋聶怒目而視，荊軻溜之大吉；與魯句踐下棋，發生爭執，魯句踐罵他賴皮，荊軻嘿而逃去。

第一章　帝國初啼：秦人築起第一個中國

這三件事都表明，當時的中國擊劍界並不認可荊軻是高手。如果參加奧運，荊軻是當不上國家隊選手的，頂多去地方隊而已。

那麼，荊軻又得到了誰的賞識呢？司馬遷提到第一個賞識荊軻的人，是「燕之狗屠及善擊築者」高漸離，一位殺狗職業的民間藝術家。第二個賞識荊軻的人，是燕之處士田光先生。

這兩個人，都不是專業人士，與刺客這一行沒什麼瓜葛，在中國擊劍界也沒什麼影響。乾脆說，這是兩個外行。而正是田光這個外行把荊軻當作高手推薦給了太子丹。

不過，問題還不僅僅如此，田光很可能根本不知道太子丹要的是一個殺手。《史記》是這麼說的：「田光坐定，左右無人，太子避席而請曰：『燕秦不兩立，願先生留意也。』田光曰：『臣聞騏驥盛壯之時，一日而馳千里；至其衰老，駑馬先之。今太子聞光盛壯之時，不知臣精已消亡矣。雖然，光不敢以圖國事，所善荊卿可使也。』」至少從字面上看，太子丹根本沒告訴田光自己找的是一個刺客。事實是，直到荊軻帶著田光的死訊去見太子丹，太子丹才把他的計畫說出來。

其實完全存在一種可能，田光是把荊軻作為治國人才推薦給太子丹的。別忘了荊卿也是個士，他好擊劍，也好讀書。難怪太子丹說出計畫之後，荊軻發了好半天呆，說：「這件事太重大了，在下恐怕承擔不起！」別以為是客氣，很可能荊軻真的這樣想啊！

這樣一來，後面的事情就解釋得通了，荊軻自己對刺秦確實沒什麼把握，所以總想拖延時間。

他為什麼不推辭呢？——太子丹根本不容他推辭。

他為什麼不逃跑呢？一是因為太子丹的恩情不能不報，另一個原因，也許就是根本跑不了。

所以當荊軻上路時，他的心情如此悲傷：「就以我的死，來報答太子的情意吧！」

毋庸置疑，太子丹對荊軻寄託了很大的期望。但事實上，荊軻何德何能，承受這樣的厚待！即便荊軻真的是一個絕頂高手，真殺了嬴政，燕國也無法得救。因為殺了嬴政，還會有下一個秦王。秦國的強大，不在於一個嬴政。燕國的命運，也不能寄託在一個刺客，一把毒劍上。

魯迅先生說過一句話，我不過是把喝咖啡的時間都用在了工作上。太子丹如果把養刺客、策劃暗殺的精力和時間放在改革政治和訓練軍隊的「工作」上，燕國或許也不至於那麼不堪一擊。而太子丹又豈是一個孤立的例子，看看趙國的平原君、齊國的孟嘗君、楚國的春申君，這些貴人們，哪一個不是把「工作」的時間用在了勾心鬥角和維護一己私利上。

由此看來，荊軻的這一劍，與其說是刺秦，不如說是刺燕、刺六國！

第三節 楚將項燕：楚這樣的大國為什麼抵抗不住虎狼之秦？

與國土狹窄的中原國家相比，疆土廣袤的楚國幾乎可以說是一個超級大國。在他的全盛時期，東到吳，南至百越，西至黔中（貴州），北臨中原，用蘇秦的話說，是地方五千餘里，帶甲百萬，車千乘，騎萬匹，粟支十年，此霸王之資也。

為什麼龐然大物楚國為什麼抵抗不住虎狼之秦？

疑點之一：吳起在楚國的改革為何半途而廢？

疑點之二：媚秦還是聯齊，楚國的外交政策出現了怎樣的嚴重失誤？

一、可惜楚國的改革事業半途而廢

西元前 226 年，乙亥，豬年。

這一年，楚人項羽 6 歲，劉邦卻已經是而立之年，不過依然無所事事，混跡鄉間。劉邦也是楚人。還有陳勝，年紀當與劉邦相近，此時正在某地揮汗如雨地耕田。至於韓信，在淮陰老家，也還是個流鼻涕的小男孩。陳勝、韓信，也是楚人。

「楚雖三戶，亡秦必楚！」這句話，來自一位叫南公的楚人，他的預言據說發生在楚懷王客死咸陽之後，距離秦亡約 90 年。

被秦國滅亡的國家絕不止楚國一個，但最痛恨秦國卻是楚國人，也只有楚國人，在起義之後，不滿足於光復祖國，還要打進關中，以搗毀秦人的巢穴為快。

楚、秦兩國的恩怨，說來實在話長。

西元前 226 年，當時的楚國，已經把都城遷徙到今安徽的壽春，雖然離中原更遠了，但從北方不斷傳來的噩耗，仍足以令楚國君臣寢食難安。

在韓、趙相繼覆亡之後，秦軍矛頭直指荊軻事件的幕後指使——燕國，在當初荊軻與高漸離擊築唱歌的易水邊，秦軍大破試圖沿河布防的燕軍，燕軍士兵的血染紅了易水，卻不能阻止秦軍前進的步伐。

到本年年初，秦將王翦終於攻陷燕國都城薊，迫使太子丹與父親燕王喜向遼東撤退。秦將李信，緊追不捨。為了保命，燕王喜殺死太子丹，將首級交給秦軍，乞求暫緩，但是秦王怒氣不息，依舊下令軍隊追擊。

項燕明白，秦滅燕之後，魏、齊不堪一擊，秦國統一天下唯一的障礙，只有楚國了。當時的形勢，與拿破崙時代的歐洲，略有幾分相似。當時歐洲大陸上，也只有俄羅斯阻礙法國。而楚國與俄羅斯一樣，也是一個

第三節　楚將項燕：楚這樣的大國為什麼抵抗不住虎狼之秦？

龐然大物。但是，楚國能否成為秦軍的泥潭呢？

事實是，在吳起改革失敗後，楚國的國力一直在走下坡路，看似錦繡堂皇的大國，實則日落西山，頹勢難挽。

當年吳起來到楚國，針對楚國國家結構鬆散、中央權威削弱、貴族驕橫跋扈的特點，雷厲風行，罷免那些光領俸祿不做實事的官僚，嚴格紀律以提升辦事效率，加強軍事訓練以提升楚軍戰力，無疑是為昏睡的楚國打下了一針興奮劑。

在吳起執政期間，楚國東邊擊破百越，中間抗衡三晉，西邊敲打秦國。當彼之時，秦人之畏懼楚國，猶如今日楚人之畏懼秦國。

但是那些被私欲填滿胸壑的貴族，顯然對吳起振興楚國的成就視而不見，卻對自己個人和家族既得利益的少許損失怨恨難平，當支持吳起的楚悼王去世，他們便迫不及待地在喪禮上發難，急中生智的吳起逃入靈堂，躲避在楚悼王的屍體邊，希望能夠因此逃過一劫。然而暴徒已經殺紅了眼，他們不計後果地衝進靈堂，亂箭齊發，將活人吳起和死人楚悼王通通射得如刺蝟一般。

吳起死後，人亡政息，楚國的改革，半途而廢。倒是偏僻的秦國後來居上，雖然商鞅也難免一死，但改革事業卻被秦人繼承，不斷深化……

吳起和商鞅一樣，都是單身匹馬來到一個陌生的國家，得到國君的信任，大刀闊斧地實施改革，並且都得罪了舊權貴，為改革事業而犧牲。但是商鞅的事業得到了繼承，吳起在楚國的努力卻付諸流水，原因何在？

這個問題，固然可以從楚國的內部舊勢力之強大以及楚國所面對的國際環境來找到一些因素，但最直接的原因，恐怕只有一個，那就是時間。

商鞅在秦國的變法，最早開始於前359年他出任左庶長，結束於前338年，秦孝公崩，惠文王即位，商鞅遇害。由此計算，商鞅在秦國執政長達21年。

那麼，吳起得到了多少時間呢？

吳起入楚，史書上並無明確記載，只說是魏武侯即位以後，吳起受到猜忌，因而離開魏國，來到楚國。魏武侯即位是在西元前396年，吳起在魏武侯即位後還做了多年的西河守。由此看來，到西元前381年楚悼王去世，吳起在楚國執政時間最多不會超過十年。

要注意，楚國的國土規模比秦國大好幾倍，所面對的國際形勢又遠比偏僻的秦國複雜，而吳起的執政時間如此短暫，難怪一場暴亂，就將楚悼王和吳起的努力斷送。

二、可憐楚懷王被耍了一遍又一遍！

吳起死後50年，一個叫芈槐的人當上楚王，後人給他的諡號為懷。什麼是懷，《逸周書・諡法解》記載，執義揚善曰懷。慈仁短折曰懷。品讀這個諡號，實在是同情、感傷多於褒揚或指責。

楚懷王在位30年，這30年，楚國完成了從華南虎向老綿羊的角色轉變。

然而楚懷王即位之初，似乎很有一點改革的理想抱負，他任用屈原，為他編制新的法令，彰明法度，舉賢任能，改革政治，頗有一番新氣象。

到十一年，蘇秦領導的六國反秦大聯盟，楚懷王還當上了盟主，雖然沒多久就作鳥獸散，但畢竟反映了楚國當時的國際地位尚在一流之列。

轉變從懷王十六年開始，當時楚國和另一強國齊國緊密團結，當時秦國雖強，卻還不具備「同時打贏兩場戰爭」的能力，於是開始實施「拉一個打一個」的政策。

這一年，秦王派張儀引誘懷王說，秦願意把從前從楚國奪取的商於之地方六百里還給楚國，並和楚國永結同心，世代友好。這等好事，豈不令楚王動心！

第三節　楚將項燕：楚這樣的大國為什麼抵抗不住虎狼之秦？

當然張儀是有條件的，楚國必須先和齊一刀兩斷。於是利慾薰心的懷王立刻就和齊國斷絕同盟關係，派了一個將軍陪同張儀到秦去領取商於之地方六百里。

結果張儀一到咸陽，就喝醉從車上掉下來摔傷了腿，三個月不上班。楚國當然也就得不到張儀許諾的土地。楚懷王拿不到土地，還以為秦國是嫌他與齊國斷絕關係不夠徹底，又派了個罵壇高手宋遺去辱罵齊王，硬生生把齊推到了秦的懷抱。

結果這邊楚齊聯盟破裂，那邊秦和齊倒是勾搭上了。

張儀一看目的已經達到，晃徘徊悠出來，戲弄楚國說：「為什麼還不去領取土地，從這個街道到那個街道，好大一塊地，一共足足有六里。」

六里？楚懷王再愚昧，也曉得自己受騙上當了，立刻向秦宣戰。

這一仗，整整打了一年，從今河南境內的丹陽一直打到陝西境內的藍田，楚懷王把全部家底都押了上去。打到關鍵時刻，把國際關係搞得一團糟的懷王嘗到苦果，韓、魏趁楚軍主力在西北與秦軍苦戰之際，偷襲楚國，打到了今湖北境內的鄧。懷王只好從西北撤軍，結果不但商於之地方六百里拿不回來，把漢中也給丟了，士兵陣亡超過十萬，將領被秦軍俘虜的達七十餘人。

這虧吃大了。

不過秦國對於楚國的怒氣，似乎也有所顧忌。因此到了次年，秦又表示願意把半個漢中還給楚國，恢復友好關係。應該說這筆交易對於剛遭大敗的楚國，還是可以接受的。但是楚懷王卻發了戇大脾氣，願得張儀，不願得地。

結果張儀哈哈一笑，大模大樣地就來到郢都。花了點金銀賄賂楚王的左右靳尚，靳尚對懷王說，如果殺了張儀，秦王發怒，楚國與秦國關係就

糟了。列國看見楚秦交惡,必然輕視大王了!

楚懷王一聽就把殺張儀的心去了一半,到床上又被幸姬鄭袖柔言細語一勸誘,懷王簡直又把張儀當成了良師益友。

張儀一走,屈原從齊國回來了,問懷王:「為什麼不殺張儀?」

懷王一想,是呀,我怎麼就沒殺了他呢?當下又後悔了,派人追殺張儀,但哪裡還有張儀的人影。

這樣過了若干年,到二十四年,秦、楚又友好起來,結了親家。二十五年,懷王入與秦昭王在黃棘約會,大談秦、楚兩國要世世代代友好下去。

這一次黃棘會談,是楚國外交政策從聯齊抗秦到媚秦的重大轉折。

屈原強烈反對楚懷王親近秦國的政策,但是楚懷王對他不屑一顧,把他驅逐出郢都。屈原的見識在楚國政界當屬一流,但是不但得不到重用,卻被流放漢北,心中的鬱悶,不言而喻。

然而屈原的失意只是個人的哀傷,懷王的失策卻將整個楚國斷送。此後秦、楚關係一度進入蜜月期,二十六年,齊、韓、魏三國伐楚,楚把太子送到秦當人質,秦派兵救楚,擊退三國聯軍。但是到了二十七年,因為一場決鬥,在秦國當人質的楚太子殺了一個大夫,逃回國內。於是秦楚戰端又起。這一會,秦、齊、韓、魏四國聯軍攻打楚國,殺了楚將唐昧。戰爭持續到懷王三十年,楚王收到秦昭王的國書,說是要重拾舊好,會晤地點放在秦國的武關,時間為某年某月某日,不見不散。

楚懷王左思右想,他若不去,秦國便會說楚國拒絕和解,戰爭責任在楚不在秦。但若是去了,難保偏差。他猶豫不決,貴族宗室們也是七嘴八舌,懷王一咬牙,一跺腿,最後還是去了。

這一去又如何呢?懷王一到武關,秦人就把他給綁架了,逼迫他割讓巫、黔中(今湖北、湖南西部和貴州一帶)。

第三節　楚將項燕：楚這樣的大國為什麼抵抗不住虎狼之秦？

楚懷王這個氣啊，你秦也算是個泱泱大國，做人不可以無恥到這個地步！到了這個地步，懷王也豁出去了，咬緊牙關，面對秦國擬定的和約，死也不簽。國內為了對付秦的訛詐，也立了新君，結果秦國沒得到太大便宜。

楚懷王被囚禁了兩年，居然找到機會成功脫逃。不過秦關閉了去楚國的道路，懷王回不了楚，只好走小路去趙國。但是趙國怕惹禍上身，拒絕接納。懷王又想轉去魏國，這時秦國追兵殺到，逮捕懷王，重回咸陽。懷王又氣又恨，回想自己的人生，真是太失敗了，於是鬱悶得病，一年後死在了秦國。

懷王的死，引起國際輿論對秦國的一片指責，秦的國際聲譽大大受損，但奉行實用主義的秦國根本不在乎這個。而受害者楚國在新君治理之下，也依然不能振作。

但是懷王也怨不得他人，大錯是他自己一手鑄成的。懷王前期，楚與齊兩大強國聯合，對秦是一個嚴重的制約。無論楚或齊，單打獨鬥，都不是秦的對手。但是二者聯合起來，秦犯楚則齊助楚，秦犯齊則楚助齊，秦國的擴張，就不那麼容易了。因此，秦國處心積慮地布局，正是要把楚與齊這對好搭檔拆開，而楚懷王不明形勢，冒冒失失地斷絕了與齊的聯盟，轉而與秦交好。但是秦的本意是要削弱楚國，所謂「友好」，不過一個甜蜜的陷阱而已。所以楚懷王欣然赴約，只能換來客死他鄉的悲慘結局。

三、最後一支楚軍

懷王死後 16 年，秦國遠征軍從巴蜀之地攻入楚國的側翼黔中。後一年，白起軍團突入楚國的核心區域，再過一年，楚國都城郢都終於淪陷。郢都上次淪陷，是在春秋末期，入侵者是東方的吳國，諷刺的是，當時正是秦國抗吳援楚，幫助楚人復國。郢都這一次淪陷，再無收復可能。

第一章　帝國初啼：秦人築起第一個中國

號稱百萬的楚軍，被完全摧毀。楚國君臣，落荒而逃到今河南境內的陳（後來陳勝就是在這裡建立張楚政權），憑藉東部軍區的十幾萬軍隊，苟延殘喘。

但即使到了這一步，楚國還是瘦死的駱駝比馬大，西元前241年，五國聯盟反秦，楚王又一次當上了盟主，當然結果是又一次的轟然瓦解。至此，楚國君臣真的是得過且過了，陳離秦也太近了，楚王繼續向東去，遷徙到了今安徽境內的壽春。

項燕屈指算來，楚國遷都壽春，已經有十五年光景，十五年足以臥薪嘗膽，也可以醉生夢死。楚國臥薪嘗膽了麼？

西元前225年，丙子，鼠年。這一年，項羽7歲，留在都城壽春。劉邦32歲，對急遽變化的形勢，劉邦和其他楚人一樣，有些茫然不知所措，不曉得亡國會為他們的生活，有怎樣的影響？

這年三月，秦軍利用水攻攻陷了魏國的首都大梁，這個戰國初期的第一強國，在信陵君死後，完全失去了抵抗能力。連續攻滅三晉，嬴政的信心極度膨脹，這種樂觀情緒同樣洋溢在一些年輕的秦軍將領中。秦王曾經問小將李信，需多少人馬可以征服楚國？年少壯勇的李信表示二十萬即可。秦王又問王翦，這位老將軍的回答讓他吃了一驚，「非六十萬不可。」

真是人老志氣衰啊，秦王嘆息說：「王將軍老矣，何怯也！李將軍果勢壯勇，其言是也。」於是任命李信為主將，另一位小將蒙恬為副將，統領二十萬大軍，南下討伐楚國。王翦一看，曉得秦王的用意是要栽培年輕新銳，也罷，開了張病假條，辭官回頻陽老家養老去了。

二十萬秦軍，分成兩路，以李信為箭頭，攻擊平輿，蒙恬為側翼，攻擊寢丘（今河南臨泉）。一路勢如破竹，破城陷地。李信洋洋得意，如此孱弱的楚國，王翦居然要動用六十萬人，看我蕩平楚國，班師回國之後，老王頭有何臉面見人？

第三節　楚將項燕：楚這樣的大國為什麼抵抗不住虎狼之秦？

李信軍團進抵壽春城下時，發現自己面對的的是楚國最後一支主力軍團。主將是誰？下相（今江蘇宿遷西南）人項燕。

李信沒把這支楚軍放在眼裡，結果也如他所料。兩軍交鋒，楚軍再敗。

但李信軍團也無力消滅這支主力，強弩之末，勢不能穿魯縞也，疲勞的李信軍團向西轉移，打算與蒙恬會師城父。項燕軍團尾隨李信的部隊，若即若離，似遠似近。

三天三夜，楚軍的追擊令受驚的秦軍幾乎不能闔眼。突然之間，項燕發出攻擊令，蓄勢已久的楚軍如猛虎下山，直撲李信軍陣，秦軍雖然是虎狼之師，但已經疲憊不堪，終於抵擋不住，一連被攻破兩個壁壘，七個都尉戰死，李信無力再戰，只好落荒而走。

這是李牧死後，秦軍的第一場敗仗，也是統一戰爭中秦軍最後一次挫敗。得勝的項燕暫時返回壽春，但他也明白秦國必然不肯就此罷休，更嚴峻的考驗還在後頭。

李信戰敗的消息傳到咸陽，秦王政自然是龍顏大怒。怒氣平息之後，秦王政親自到王翦老家頻陽走了一趟。他是去向王翦道歉，請他復出的。秦王說：「我沒有聽從將軍的話，李信終使秦軍受辱，如今楚軍逐日西進，將軍雖有病在身，怎能忍心背棄寡人？」王翦辭謝說：「老臣疲弱多病，狂暴悖亂，希望大王另擇良將。」秦王心說你個老王還給寡人擺譜。王翦又說：「如果非要用老臣不可，必給我六十萬大軍。」事已至此，秦王唯有點頭答應。

於是王翦復出，擔任秦軍主將。但六十萬不是個小數目，秦國當時的本土人口大約在 500 萬人左右，即使以一男一女一老幼的比例計算，壯年男子在 160 萬左右，而這些人相當一部分要留在後方從事農業及後勤等各類工作。因此，估算秦國可發動的兵力為 100 萬左右，比較合理。這 100 萬，至少有一小半要鎮守咸陽以及新征服的中原廣袤領土，所以王翦一開

口就要 60 萬，確實嚇了嬴政一跳。因為這 60 萬，幾乎就是秦的全部可調配兵力。

四、六王畢，四海一

嬴政親至灞上為王翦餞行時，他不停地請求秦王賞賜給他良田屋宅園地。嬴政有些奇怪：「將軍既已出兵，何患貧窮？」王翦回答說：「為大王部將，雖立戰功卻終不得封侯，所以趁大王親近臣下之時，多求良田屋宅園地，為子孫置業。」始皇大笑。

在行軍途中，王翦又五度派使者回朝求良田。

王翦這樣做，自有他的道理，韓非子說過，虎豹之所以能勝人執百獸者，以其爪牙也，當若使虎豹失其爪牙，則人必制之矣。萬乘之主之所以統治天下，靠的是威勢。威勢不是憑空產生的，軍權，就是最大的威勢。現在嬴政把全部軍隊交付給王翦，相當於虎豹把爪牙借給豺狼。嬴政的疑慮，猶如烏雲重重。

該如何化解這烏雲重重呢？王翦的辦法是自汙，多請田宅，是向秦王表明，自己不過是一個目光短淺、志在斂財的地主而已，沒有飛龍在天的野心。

西元前 224 年，丁丑，牛年。王翦大軍推進到秦楚邊境，楚王聽說秦軍達六十萬之多，也盡發國中兵力，仍舊用項燕為主將，抵抗秦國的侵略。

楚國在全盛時代，號稱百萬之眾，實際也就五六十萬，在一系列敗仗、東遷之後，楚軍銳減到十幾萬，因此這一次盡發國中兵力，頂多不超過二十萬。因此，項燕的計畫，是利用去年戰勝李信後的高漲士氣，一鼓作氣，與秦軍決勝負於一役，這是以少勝多的唯一希望。

但是王翦一到前線，立即鞏固工事，囤積糧草，完全擺出一副防禦姿

第三節　楚將項燕：楚這樣的大國為什麼抵抗不住虎狼之秦？

態。楚軍屢次挑戰，甚至辱罵叫陣，怎奈何王翦裝聾作啞，根本不做理睬。王翦在做什麼呢？很簡單，就是要求廣大官兵吃飽飯，好好休息。時間一長，士卒終日飽食，無聊無趣，只好投擲石頭，比賽跳遠來打發時光。

王翦為什麼這樣做，原因有兩點：一是六十萬大軍一時集結不易，先到的可能只是一部分，所以要等待其他部隊前來會合。二是秦軍自滅韓以來，持續作戰，人困馬乏，確實需要休整。

項燕誤以為王翦無意進攻，而自己這邊的部隊，由於臨時湊集，沒有長期作戰的充分準備，很可能糧食供應也出了問題。於是引兵向東。

早有細作報告王翦，王翦打開營門，把養足精神的虎狼秦兵悉數放出來，一時之間，豕突狼奔，楚軍大敗。項燕退至蘄南（今安徽宿州東南），看到楚國的滅亡，已經無法挽回，揮劍自盡。這個地方，距後來項羽戰敗的垓下（今安徽靈壁縣東南），相去不遠。

項羽不知名的父親，可能也在這一時期，或戰死於軍陣，或與項燕一起自殺。相當於小學一年級的項羽（8歲），和弟弟項莊（鴻門宴裡舞劍的那位），跟隨叔父項梁，隱姓埋名，藏匿身分，最後流落到吳（今蘇州）一帶。

不過，也有相當的楚國人認為，項燕沒有死，他隱藏在沼澤湖泊，準備東山再起。

楚國滅亡，國土盡被秦軍接收。在豐邑，30多歲的劉邦吃驚地看著一小隊秦軍行進過他的家鄉。

前221年，齊國不戰而降。所謂：六王畢，四海一。

雖然戰事在某些地區還沒有完全平息，還有許多未及掩埋的屍體在腐爛發臭，但是畢竟大規模戰爭結束了，對於大部分老百姓來說，日子還是要過，賦稅還是要交，至於大一統帝國的日子會不會比以前列國紛爭的日子好過，御用文人說了不算，只有百姓自己體會。

第一章　帝國初啼：秦人築起第一個中國

無論是豐邑街頭的劉邦，還是吳縣鄉間的項梁叔姪，還是流亡在江湖的張良、插把劍在淮陰城裡逛的韓信，都感受到了新時代的氣息，儘管他們的感受，與千年後歷史學家的描述大相逕庭。

少數人歌頌，少數人痛罵，大多數人則忐忑不安，不知道新的統治者會以怎樣的政策對待自己。歷史上每一次改朝換代，大抵如此。

第四節　孟子之誤：偏偏是秦國統一了天下？

其實天下的有識之士，早就看到了統一是大勢所趨。

戰國中期，儒學大師孟子在為魏襄王答疑時，魏襄王問：「天下會統一嗎？」孟子斬釘截鐵地說：「當然會統一。」魏襄王又問：「那麼誰能統一天下？」孟子回答說：「不嗜殺人者。」

孟子的預言說對了一半，天下確實統一，但統一天下的卻絕不是不嗜殺人者，而是嗜殺如狂的秦。

疑點之一：戰國之初，魏國最強。戰國中期，東方以齊為霸主，西方以秦為強龍，所以秦國一度提出，兩家分別稱帝，秦為西帝，齊為東帝。那麼，為什麼不是魏、齊這樣的國家統一天下呢？

疑點之二：秦擊敗六國，統一天下，難道只是憑藉著一把蠻力。在武力征服的背後，隱藏著怎樣的真相？

一、為什麼不是別的國家統一天下呢？

戰國七雄之中，韓國土地狹小，難以拓展。燕國地處荒僻，氣候寒冷，與中原交往較少。這兩個國家，都不太可能統一天下。

第四節　孟子之誤：偏偏是秦國統一了天下？

那麼就讓我們聊聊剩下的五國。

說起來，戰國初期第一強國，非魏國莫屬。魏文侯在位期間，任用李悝為相變法，實行賞罰分明的人才激勵機制，於是國力強盛。魏國曾經奪取秦國的西河地區，秦國無力抵抗，只能忍氣吞聲地接受現實。

魏國的衰敗跡象，出現在魏武侯時期，吳起的出走，正是法治衰退的反映，接著國家因繼承人問題發生內亂，趙、韓乘機討伐魏國，魏國幾乎因此滅亡。

到惠王時期，魏國逐漸恢復實力，在與趙、韓的較量中取得上風。但是天不佑魏，此時東方有齊國崛起，西方的秦國在商鞅變法之後也蠢蠢欲動。

西元前341年，魏國打算吃掉韓國，韓國一面竭盡全力抵抗侵略，一面向國際社會求援。此時，出兵干涉、抗魏援韓的是魏國的東鄰齊國。齊軍在參謀長孫臏的策劃下「圍魏救趙」，突襲魏都大梁，在魏國背後捅了一刀，痛得魏國這個戰國初期第一霸主只好轉過身來，與齊過招。

魏軍大將是孫臏的同學龐涓，也是個極其聰明的人。但壞事就壞在他的自作聰明上，沒事找事他去偷看齊軍的鍋灶，深知龐涓德性的孫臏利用了這一點，故意第一天造了10萬人吃飯的鍋灶，第二天減為5萬人用的鍋灶，第三天則只剩下3萬人用的鍋灶。龐涓一看，齊軍是潰不成軍，於是狂追猛趕，結果一頭鑽進孫臏布下的埋伏圈。在路邊一棵大樹的樹幹上，龐涓藉著火光，看到了「龐涓死於此樹之下」八個大字（當時文字尚未統一，這八字為了讓龐涓看懂，可能是用魏國文字寫的）。

龐涓這才發現中計，急令部隊撤退。但為時已晚，齊軍看見火光，萬弩齊發，伏兵四起。魏軍瞬間崩盤，龐涓羞愧自殺，太子申做了俘虜，更折了十萬精兵。

從此以後，魏國一蹶不振，失去爭霸天下的資格。

魏國吃虧在他的地理位置居天下正中，四面受敵。如果在戰國初期能夠專注一個方向，必有收穫。可惜東征西討，四面樹敵，最後反而喪失了大好良機。等到齊秦趙相繼崛起，魏國就只能讓出主角角色，滿足於做一個配角了。

趙國北有匈奴為寇，東有燕國騷擾不止，西有暴秦，南有韓魏，也處於四戰之地。但是趙國運氣不錯，出了個英明領袖武靈王，在位時期推行「胡服騎射」，把趙軍從一支傳統的車步混成軍改組為騎兵和弓弩兵混合的機動化部隊。

可惜武靈王在內政上改革較少，更在繼承人問題上鑄下大錯，直接導致了一代英主餓死沙丘的慘劇。

事情的經過是這樣的。趙武靈王的第一任王后，為他生下了長子趙章。按照嫡長制，趙章成為趙武靈王的合法繼承人。但是問題在於，王后早死，武靈王又娶了年輕貌美的吳娃。吳娃給趙武靈王生下少子趙何。

紅顏總是薄命。吳娃不久患病去世，在臨終之前請求武靈王立趙何為太子。對於美人最後的願望，趙武靈王只能答應。

趙武靈王如約廢掉了公子章，立趙何為太子。並且不久正式把王位讓給趙何，自己做起了太上皇，正式的稱號叫做「主父」。

廢長立幼的事，在這禮樂崩壞的亂世，大家見多了，沒什麼大不了的。問題在於趙武靈王是個重感情的英雄。某日上朝的時候，他看見大兒子公子章孤苦伶仃地站在臣子的佇列裡，向他的弟弟趙何低頭，趙武靈王不覺想起了公子章他媽、他的結髮妻子。往日恩愛頓時重現腦海，令趙武靈王對自己的大兒子公子章感到無限愧疚。

於是到了趙惠文王（趙何）四年（前295年），趙武靈王提出一個分治

第四節　孟子之誤：偏偏是秦國統一了天下？

計畫，打算把代地分給公子章，讓公子章自居一國為王。這就惹出亂子來了，一方面，公子章那邊蠢蠢欲動，另一方面，趙何也感覺到了主父情感天平的傾斜，君臣商量的結果，由大臣肥義出面，代表趙惠文王否決了趙武靈王的分封計畫。

這就點燃了公子章胸中的熊熊怒火，整個趙國都讓給了你這個弟弟，現在父親要給我一塊荒僻的領地，你還攔著不給！也罷，你不仁來我不義，他乾脆殺了肥義，與趙惠文王正式翻臉。

一場兄弟爭鬥之後，哥哥公子章戰敗，逃到主父的宮殿尋求庇護。主父心一軟，收留了公子章。他的想法，看在自己的面子上，或許可以保留公子章一條性命。但出乎主父意料，大臣們毫不客氣得衝進宮來，在主父面前殺了公子章。主父老淚縱橫，但是事情並未就此結束。大臣們打開宮門，將宮人們悉數驅逐出去，卻不許主父離開，意思很明白，這是要他「自生自滅」。內宮存糧不多，「主父欲出不得，又不得食，探爵鷇而食之，三月餘而餓死沙丘宮。」爵鷇，就是麻雀。一代英雄，居然落得如此下場，令人嘆息。

餓死武靈王據說是大臣的主意。但趙惠文王，也就是武靈王的小兒子何，有沒有謀殺親父的嫌疑呢？史書為他辯解，說「是時王少，成、兌專政，畏誅，故圍主父。」年齡的確是一個理由，但在漫長的三個多月，一百多天的日子裡，對父親的生死不聞不問，他的態度，顯而易見。所以趙惠文王對老父武靈王的死，絕對負有不可推卸的責任。

對趙國的圖強而言，武靈王的死絕對是一個嚴重的打擊，趙國的霸業，就此雨打風吹去。武靈王的後繼者們，只能吃吃老本。依靠武靈王留下的那一支勇猛的騎兵，勉強得以自保而已，至於天下之志，更是無從說起了。

至此，有實力問鼎天下，只有秦齊楚三家而已。

楚在前文已經說過不少了，再說一點：除了政治上的腐敗不振之外，楚國還是一個鬆散的聯邦式國家。由於土地廣袤，從首都郢都到吳越江淮，路途遙遠，所以無論是軍隊的動員，還是配合作戰，都很遲緩。地方部族對中央也往往若即若離。再加上南方氣候炎熱，原始森林密布，以當時的科技，還很難做到深入開發。

那麼，齊國呢？齊國其實是當時很有希望的一個國家，擁有豐富的海鹽和漁業資源，發達的海外貿易，財政收入為七雄之首。人口密集，單是首都臨淄，就有人口七萬戶。齊國人民，恐怕也是七雄中最富裕安樂的，用蘇秦的話說是，是甚富而實，「其民無不吹竽鼓瑟，彈琴擊築，鬥雞走狗，六博蹹鞠者。臨淄之塗，車轂擊，人肩摩，連衽成帷，舉袂成幕，揮汗成雨，家殷人足，志高氣揚。」古人心中的小康社會，不過如此吧！

齊國不但經濟發達，文化事業也很繁榮。桓公午在國都臨淄的稷下置學宮，「設大夫之號」，招聚天下賢士。稷下學宮存在的一百五十年間，學派雲集、平等共存，百家爭鳴、學術自由，求實務治、經世致用，孕育或發揚了儒、道、法、名、陰陽、兵、雜等各家學說，使齊國成為天下學術文化的中心。與大致同時代的古希臘哲人柏拉圖在雅典建立的阿卡德米學園相比亦毫不遜色。尤其而當魏惠王土財主似的現寶時，齊威王卻把人才比喻為稀世珍寶，可見齊國對人才的重視，更令人感嘆唏噓，嚮往不已。

齊國的強盛，始於齊威王時代，終於齊湣王。在齊湣王執政的數十年內，齊國急遽敗落，最終退出強國行列。劇變發生在齊湣王三十六年，當時齊稱東帝，秦稱西帝。頭腦尚且清醒的齊湣王蘇代的勸說下，意識到太張狂會四面樹敵，自己摘掉了帝號。

但是接下來發生了兩件事，迅速膨脹了齊湣王的野心，把他推向了妄自尊大、自取滅亡的不歸之路。

第一件事是破燕。當時的燕王叫姬噲，自幼飽讀聖賢書，結果就中了

第四節　孟子之誤：偏偏是秦國統一了天下？

聖賢書的毒，有些食古不化。說是要仿效堯、舜禪位讓賢。讓給誰呢？姬噲看中了自己的相國子之。他不但把王號讓給子之，還把中高級官員的官印都收起來交給子之，用來證明他的「禪讓」是「真讓」。

這下燕國可就亂了套，太子和子之在國都大戰，內戰打了幾個月，死了好幾萬人。這時，儒家的二聖人孟軻給齊王出了個混水摸魚的主意。齊軍打著「維持和平、主持正義」的旗號，趁亂進兵，一鼓作氣打進了燕都。苦於內戰不休的燕國人看見齊軍，來了個「不抵抗」，打開城門，請他們進來。

不過偷桃容易守桃難，燕國人漸漸發現齊湣王的意思不是救燕，而是想將燕國占為己有。愛國的燕國人行動起來，又趕跑了齊軍，光復了祖國。

第二件事是滅宋。宋這個國家，自從講仁義的宋襄公死了以後，一直在大國夾縫中艱難的求生存，從不主動惹是生非。誰曾想末了出了一個宋君偃，不甘做個受氣包，也動了「變法自強」的念頭，折騰一陣之後，居然被他接連打了幾個勝仗。得勝之後的宋君偃更加不得了，他用韋囊盛血，懸掛起來用箭射，說是要「射天」！宋四面的強國齊、魏、楚，都被偃得罪光了。諸侯為他取了個綽號，叫做「桀宋」。於是齊湣王與魏、楚聯合起來，瓜分了宋國。

齊湣王破燕滅宋之後，自信心極度膨脹，《史記》說：「齊南割楚之淮北，西侵三晉，欲以並周室，為天子。泗上諸侯鄒魯之君皆稱臣，諸侯恐懼。」齊湣王的妄自尊大終於招致了嚴重的後果。到他在位的第四十個年頭，在軍事奇才樂毅的策劃下，在秦國面前始終團結不起來的諸侯們，卻在西元前284年對齊國聯手一擊，燕、秦、韓、趙、魏五國聯軍攻入齊國，連下七十餘城。避難莒城的齊湣王又被楚將所殺，當此之時，齊國幾乎是要亡國了。幸虧老田家還有個田單，以即墨為根據地，延續齊國的國

運。後來田單巧施反間計，使燕國逼走了樂毅，田單以火牛計大破燕軍，光復祖國。

但是齊國雖然得以光復，但經過這次打擊，元氣大傷。此後半個世紀的齊國，躲避在五國背後，再也沒有什麼可以誇耀的作為。

二、外交戰：另一場戰爭

正所謂此消彼長，東方四大強國魏、趙、楚、齊的相互消耗導致了他們的先後衰落，而他們的內耗衰敗，正好給了偏居於西方角落裡的秦人以絕佳的發展機會。

秦得以一統天下，至少得益於三大優勢：

以地利而言，秦國占據了關中這一中原的制高點，進可以攻，退可以守。而天府之國的蜀地，更是秦的糧倉。愚蠢的韓國人，又派遣鄭國為秦修建了鄭國渠。秦真是不想強大都不行啊！

西北也有游牧民族威脅秦的後方，但是秦運氣很好，這些游牧人的發展恰好比秦慢半拍。秦國的宣太后寫情書給義渠王，約他到甘泉宮長期居住。義渠王欣然赴約，從此與宣太后同居30多年，生有二子。因此義渠王完全喪失了對秦國的警惕，結果為宣太后所殺，接著秦國發兵攻打義渠，將義渠國土完全吞併。

以人和而言，秦國的人才大部分都不是本地土產，而是外籍人士。比較著名有商鞅（衛）、張儀（魏）、孟嘗君（齊）、魏冉（楚）、范雎（魏）、李斯（楚），以及想為秦服務卻不得的韓非（韓），除了秦的死敵趙國和實在無人才的燕國，秦國幾乎將天下人才一網打盡。

廣納人才的結果，是秦在國策特別是內政外交上的幾乎完美成功。

秦的外交攻勢，分以下幾個階段：

第四節　孟子之誤：偏偏是秦國統一了天下？

第一個時代是商鞅執政時期，當時秦國處於改革成長期，所以集中力量削弱當時最強且國土與秦接壤的魏國，與其他各國則保持友好關係。秦孝公二十二年，商鞅親自帶兵，討伐魏國，奪取河西土地，魏國東遷大梁，從此一蹶不振。

第二個時代是張儀——魏冉執政時期，當時秦國已經如猛虎下山，吞噬六國，所以蘇秦鼓吹六國合縱，制約秦國。因此此時秦國的對策是以連橫對抗合縱，一方面利用楚懷王的愚昧拆散齊楚聯盟，削弱楚國。秦昭襄王二十九年，白起攻下楚國的郢都，從此楚國不成國。另一方面利用齊湣王的狂躁，聯合燕、韓、趙、魏，削弱齊國，結果齊國大敗，幾乎亡國。楚、齊兩個帶頭大哥被擊破，六國反秦聯盟便成了一面破盾，再也不能抵抗秦的攻擊。

第三個時代是范雎執政時期。針對齊、楚破落，近鄰趙國卻還有一定抵抗能力的策略形勢，秦國實施遠交近攻政策，重點打擊趙國，奪取韓、趙、魏、楚與秦接壤的土地，撈取實惠。秦昭襄王四十七年，著名的長平之戰，白起坑殺趙軍四十餘萬，從此趙國也不能自保。

最後一個時代是呂不韋——嬴政時代。這個時候，六國都已經如同樹枝上熟透的果實，沉甸甸地像要落下來，只等著秦國去摘取了。秦國採取先三晉、後楚、燕、最後解決齊國的大策略，對六國各個擊破。不過二十年，便完成了統一大業。

以軍事技術而言，秦軍的軍事體制和軍器科技，都優於六國。從秦皇陵兵馬俑坑的出土文物看，秦軍使用了青銅劍、戈、戟、殳、弩機、箭鏃等大量青銅兵器。由於戰國晚期鐵製兵器尚未為列國所廣泛使用，而秦國的兵器工匠卻解決了高錫青銅兵刃劈砍易折斷的問題，大大提升了銅兵器的柔韌性，將青銅古兵器的冶煉鑄造技術推向了最輝煌的顛峰。而軍功爵制度，更有效地將秦國變成一個大兵營，將秦軍變成了殺人機器。結果，

和孟子的預測恰恰相反，正是嗜殺如狂的秦統一了天下。

秦國統一天下，和齊國統一天下，效果是完全不同的。每個勝利者都樂於把自己在原有土地上的成功經驗推廣到新征服的土地去。如果是齊國，重商主義和多元文化或許將成為國策。但是歷史沒有如果，事實是秦國成為了天下的主人，那麼，商鞅的嚴刑峻法和韓非的尊君思想就注定要成為新帝國的主導思想。問題是行得通嗎？

第二章
大秦崩塌：至剛而折的帝國命運

常摐據說是老子的老師，生了重病，老子去看望他，說：「先生還有什麼話教誨弟子的嗎？」常摐張開他的嘴巴給老子看：「我的舌頭還在嗎？」老子說：「在！」常摐又問：「我的牙齒還在嗎？」老子說：「掉光了！」

老子是聰明人，很快明白了老師的意思，他說：「夫舌之存也，豈非以其柔耶？齒之亡也，豈非以其剛耶？」

司馬路讀史到秦，發感觸說：「秦若非強大，不能統一中國，但是一味的剛強，能治理天下麼？所謂至剛易折，說的恐怕就是秦！」

第一節　扶蘇之死：他辜負了老父的期望！

扶蘇是秦始皇的長子，陳勝起義的時候，因為據說扶蘇寬厚得人心，所以一度打出扶蘇的旗號作為號召。扶蘇本人的事蹟記載不多。《秦始皇本紀》說，「焚書坑儒」前夕，扶蘇曾經諫阻秦始皇：「天下初定，遠方黔首未集，諸生皆誦法孔子，今上皆重法繩之，臣恐天下不安。」結果扶蘇觸怒了老父，被派遣到長城邊疆監軍。

這一事件給後人一種印象，秦始皇厭惡這個兒子，不打算把皇位傳給他。扶蘇的死，更加深了這種印象。那麼，秦始皇究竟對扶蘇這個兒子有怎樣的期望？為什麼說扶蘇辜負了老父的期望呢？

疑點之一：秦始皇安排扶蘇去長城監軍，有什麼用意？

疑點之二：秦始皇臨終之前，究竟是把皇位傳給扶蘇還是胡亥？

一、博浪沙襲擊

西元前218年，農曆癸未羊年，四十多歲的秦始皇再一次出巡東方。

這一年張良不過二十出頭的小青年，韓國滅亡之後，他變賣家產，浪跡天涯，尋找可以幫助他復國報仇的人物。走到淮陽一帶，張良遇到了一個大名鼎鼎的江湖人物，人稱滄海君。兩人敘談下來，真個十分投機，尤其是說起秦皇暴虐無道，二人俱是慷慨嘆息，憤皆欲裂。說到此時，張良忍不住將胸中所思，向滄海君傾訴。滄海君低頭想了一會，便帶張良去見一個擅長使用大鐵椎的力士。

力士聽了張良的來意，欣然答應。就這樣，張良與力士攜帶一個重約120斤的大鐵椎，晝伏夜行，來到一處所在，名曰博浪沙，這個地方在今河南省陽武縣境內，這裡在年前已經修建了馳道，所以一般人家，都被強行拆遷，閒散行人，也不敢打此過路，所以幽靜得很。馳道高出兩側地面不少，又有青松種植在兩邊，兩旁低窪處，正是藏身的好地方。張良與力士觀察良久，找了一處便於逃匿的處所。

張良的情報相當準確，不久便望見塵頭大起，大秦皇家衛隊簇擁著數十輛裝飾華麗的車輛，長蛇般逶迤而來。張良看了，又驚又喜。眼看著御車漸近，只是不知道這許多車，哪一部是皇帝所乘？

就在此時，力士已經飛奔向前十數步，將袖中鐵椎擲出一個拋物線，砸向帝車，只聽得譁喇喇一聲響，一輛御車已經被打得粉碎。力士一將大鐵椎擲出，便轉身放開腳步，如風馳電掣一般，逃遁而去。藏匿在較遠處的張良見狀，也從隱蔽處離去。

一日後，在附近的城關，張良遇上正在嚴密稽查的秦兵，細皮嫩肉、模樣俊俏如女子的張公子看上去手無縛雞之力，當然沒有太大麻煩。倒是不少屠宰的、打鐵的漢子，無端遭受許多盤問，更有不幸的被無辜地捉進牢獄，受了些皮肉之苦。

　　張良從此再也沒有遇見這位力士。後來他聽說被鐵椎擊中的只是秦始皇座車後面的副車，真是可惜。秦兵大索十日，也沒找到擲鐵椎之人。此後張良一直逃到下邳（今江蘇睢寧西北），隱姓埋名，居住下來。

二、亡秦者胡

　　張良的襲擊對信心滿滿的秦始皇並沒有太大影響，倒是方士的一句話讓他心事重重。

　　「亡秦者胡！」

　　皇帝認為「胡」就是北方草原上的匈奴，便任命蒙恬為主將，率領號稱30萬的大軍討伐匈奴。

　　北方草原游牧民族與中原農耕民族的衝突，由來已久。戰國時代，匈奴多次侵擾趙國，只是在遭受了李牧的重創之後才有所收斂。秦始皇蕩平六國，東、南、西三個方向的強敵都不復存在，那麼，只有北方的匈奴還能對秦造成一定的威脅。因此秦修了直道，30萬大軍直撲匈奴。在黃河南岸的戰鬥中，輕裝的匈奴騎兵被秦軍的弩箭射得體無完膚，一路潰敗。到黃河北岸的陰山一帶，又是一場惡戰，匈奴人終於失去繼續戰鬥下去的勇氣，向北遁逃入大漠地區。

　　蒙恬在河套駐紮下來，修補趙國從前的長城，建設邊疆，忙得不亦樂乎。

　　國內，皇帝也忙得很，求仙、焚書、坑儒、移民、修大大小小的宮

第二章 大秦崩塌：至剛而折的帝國命運

殿，又派遣一支大軍到南方去討伐百越部落，打完了再移民 50 萬到嶺南去。長子扶蘇提了意見給他，皇帝正忙碌著，不高興了，覺得這個兒子為自己添亂，打發他去了蒙恬那裡幫忙。

但是百姓不領情，有人在一塊隕石上寫了六個字「始皇死而地分」。有關部門查了幾天，沒有認帳的。皇帝大筆一揮，把隕石周圍的人家都誅滅了。寧殺無辜，毋縱一人，也這是秦始皇以「刑殺而立君威」思想的展現。

秦始皇要立威，不局限於殺人，他還要四處巡遊，炫耀自己的尊貴，更顯示他的威勢，這是對韓非「勢」學說的身體力行。秦始皇認為這樣，就能震懾住那些懷有二心的人，讓那些草民服服帖帖。

西元前 210 年，出巡的秦始皇先到從前楚國的著名風景區雲夢遊玩，然後從長江順流而下，一直到錢塘江口，觀看錢江大潮。當大潮來臨，秦始皇望見巨浪洶湧澎湃，潮聲震天動地，真個排山倒海湧若蛟龍鬥，雷霆萬鈞奔如雪雹驚，

皇帝看海潮，百姓瞧皇帝。項羽這一年已經 22 歲，項梁為他先後請了家教老師教文學、擊劍，但這個好動的少年都有始無終。最後項梁親自教授他兵法，但這次秦始皇出巡到錢塘，項羽便偷偷溜出來看熱鬧了。

項梁發現姪兒不在書房讀兵法，急忙出來尋找，在人群中聽見項羽的聲音：「彼可取而代之！」

項梁大吃一驚，急忙將鹵莽的姪兒帶回住處。「小心禍從口出，你可曉得自己的身分？我們可是楚國的亡國奴。」

秦始皇沒能發現人群中這位大膽的青年，更意想不到這青年將會是大秦帝國的掘墓人。他陶醉於皇帝至尊的權勢之中，全然沒有顧及到這權勢也有覆滅的一天，而這一點，恰恰是韓非學說最大的缺失。

第一節　扶蘇之死：他辜負了老父的期望！

三、長生不死藥

　　秦始皇接著向北方去，到了琅邪，這地方就在今天山東青島附近，春秋戰國時期，一直是有名的港口，還曾經是越國的都城。

　　皇帝登上琅邪臺，吹著微帶鹹味的海風，看著浩淼無際的海面，不覺浮想聯翩，那海的極東面，不曉得是什麼所在？據說那不曉得幾萬幾億里的海洋深處，有一個深不見底的大壑，名曰歸墟，百川歸海，而海水歸於此壑。照方士的說法，歸墟裡有五座神山，名曰岱輿、員嶠、方壺、瀛洲、蓬萊也。那山住著的，自然是神仙。這五座神山，原是無根的漂浮島，有神龜背著，後來被貪吃的巨人釣去吃了幾隻，結果搞得岱輿、員嶠可就漂去無蹤影，只剩下方壺、瀛洲、蓬萊三座神山，偶然有海上的漁民，也會飄到神山上，得到神仙的熱情款待，再吹一口仙氣，把他們送回老家。

　　於是神山的傳說就在山東和遼東兩個半島傳播開來，以至於傳到齊王和燕王耳朵裡，說山上的神仙收藏著長生不死之藥。齊王和燕王都派人去海上找過長生不死之藥，但仙人卻不給面子，拒絕招待。

　　這一年，秦始皇已經 50 歲了，享受極致人間富貴的嬴政，更加迫切地渴求傳說中的長生不死之藥。但是負責為皇帝尋找長生不死之藥的徐福卻說：「仙山，臣的確是看到了，但是海中有凶惡的大魚，總是阻攔臣的船隻，不讓臣到島上去，所以不曾得到長生不死之藥。」

　　秦始皇恨極了這大魚，於是挑選了臂力好、擅長射箭的武士，駕起御舟，從琅邪出海，一直向北，海上波濤洶湧，皇帝頭暈嘔吐，食慾全無，但是為了得到長生不死之藥，只好忍著。

　　但是在海上數日，茫茫大海中也不見有什麼大魚、仙山，皇帝不由對徐福的敘述懷疑起來。船到山東半島附近一處名勝，曰之罘島（之罘島，煙臺市區北部海面上東西橫列一島，長約 9 公里，又稱芝罘山，三面環

海,向南有一沙埂通岸。)就在這之罘海面,突然海波洶湧,一條大魚,破浪而出,張開大口,露出白森森的牙齒,似要將船隻吞沒,御舟上眾多弓弩手突見此魚,各齊立船頭,將箭如雨般向魚射去。於是大魚甩動尾鰭,拍起一個巨浪,悠悠的沉下水去。

眾人一看水面上似乎有血水漂流,歡喜踴躍,報告皇帝,已經將大魚射死。(這條大魚,很可能是一條鯊魚,今黃海一帶,也的確有所謂白斑角鯊和姥鯊的存在。)

秦始皇聽說殺死了惡魚,面有喜色,對徐福說:「阻擋你的大魚已被射死,你可以放心去仙山求藥了。」

徐福無奈,再無推託之辭,只好帶了童男童女,入海而去。從此皇帝再也沒有見到徐福,因為徐福再也不曾踏上大陸的土地。據說他到了東方的平原廣澤之地,就在那世外桃源安家落戶,倒不必再忍受皇帝的暴政。一部分日本人乾脆說徐福到的地方,就是日本,他登陸日本的地點,便在日本的九州或關西。而因為三大仙山有個瀛洲,後來大陸上的人,又把日本叫做東瀛。這更增添了幾分遐想。義楚和尚寫道:「日本國亦名倭國,東海中。秦時,徐福將五百童男、五百童女,止此國也⋯⋯」這是把傳說當真事了。

但徐福東渡的傳說,寄託了一種理想。當現實中的苛政無法應對,而手無寸鐵的人們又無力反抗之時,逃離大陸,到大洋之中尋找那世外的桃源,便成為一種別無選擇的選擇。

四、扶蘇辜負了老父的期望

鄭是一個小國,在大魚吃小魚的亂世,鄭這條小魚被韓所食,韓又被秦所食。

第一節　扶蘇之死：他辜負了老父的期望！

有個鄭國的女子，進入秦宮，成了秦始皇的愛妃。她喜歡為皇帝唱一首叫做〈山有扶蘇〉的家鄉情歌。

「山上有茂盛的扶蘇，池裡有美豔的荷花。沒見到子都（古代著名的美男子）那樣的美男子啊，偏遇見你這個小狂徒。」

扶蘇，是「枝葉茂盛的樹木」之意，秦始皇對愛妃說：「既然妳這麼喜歡這首歌，我們的孩子，就叫扶蘇吧！」

於是秦始皇的長子，取名扶蘇。

秦始皇根據陰陽家的五德循環學說，推斷秦為水德，崇尚黑色，幸運數字是六，史書記載說水德的特點是：「剛毅戾深，事皆決於法，刻削毋仁恩和義。」就是說要嚴刑峻法，實施高壓的威權統治。

作為長子，秦始皇對扶蘇顯然寄託了太多希望。這個兒子是帝國的接班人、將來的二世皇帝，秦始皇希望他和自己一樣堅強剛毅，做一個鐵腕的獨裁者。一樣篤信法家學說，將陰戾深刻、少恩寡義的秦之水德發揚光大！然而流著鄭人血液的扶蘇這孩子卻偏偏柔弱得像個小姑娘，秦始皇坑殺那些儒生的時候，他居然說什麼「天下初定，遠方黔首未集，恐怕亂殺無辜，迫害讀書人，會引起天下的不安定。」

秦始皇怒了，小兒之見！這些囉囉嗦嗦唧唧歪歪的儒生，才是我大秦的不安定因素。自從活埋了這些儒生，你不覺得世界清靜了許多麼！於是把扶蘇送到北方長城蒙恬軍中去，讓他到部隊大熔爐中去接受鍛鍊，為人生累積更多的歷練，才配做帝國的接班人。

扶蘇到蒙恬的軍部所在地上郡報到，是在前212年左右，他的正式身分是監軍。除了蒙恬之外，這裡還有一員虎將──王翦的孫子王離。秦始皇其實是把這支軍隊的指揮權交給了扶蘇，蒙恬、王離這兩員虎將作為輔佐，其中深意，不言而喻。

韓非子的術、勢學說，很重要的部分就是帝王的威勢，威勢是帝王之

第二章　大秦崩塌：至剛而折的帝國命運

器，不可隨便借給人玩。軍隊就是帝王的威勢所在。對韓非學說理解很深的秦始皇，把帝國最強大的部隊之一長城軍團交給扶蘇，讓他和主要將領蒙恬、王離培養感情，就是為了將這支部隊掌握在手，以防備萬一。

什麼是萬一呢？深不可測的宮廷，隨時可能有陰謀來製造萬一。秦始皇不能預料將來會發生什麼，但很顯然，他給了兒子扶蘇應付萬一的武器，這就是長城軍團30萬大軍。

徐福出發後，秦始皇便起駕回都。或許是在海上受驚的緣故，皇帝走到平原就生病了。這一病病得不輕，看來長生不死之藥也是等不來了，皇帝又忌諱說病啊死啊這些字眼，到了河北沙丘，秦始皇想起這是趙武靈王餓死的地方，突然有所覺悟，把宦官趙高喊過去，寫了道聖旨給遠在邊境的長子扶蘇。

這份聖旨的內容是讓扶蘇負責料理他的後事。這意思再明白不過了，扶蘇將繼承皇位，成為帝國的二世皇帝。然而趙高卻扣下了聖旨。西元前210年，辛卯，又是一個兔年，距離韓非入秦恰好24年，秦始皇嚥氣後，趙高與李斯在陰暗的房間裡密謀，趙高終於說服李斯，廢黜扶蘇，擁戴胡亥當皇帝。於是趙高和李斯策劃偽造了一份假聖旨，宣告立胡亥為太子，並譴責扶蘇無德無能，埋怨慈父，大逆不道。責備蒙恬輔佐不當，命令二人自裁。

這就是萬一，秦始皇雖然不能推測出死後會發生什麼，但所謂陰謀，無非就是誣陷誹謗、狐假虎威，扶蘇完全不必害怕，皇帝給了他蒙恬，給了他30萬大軍，難道這些還不能讓扶蘇掌控局面，九泉之下的秦始皇只能無語了！

假聖旨送到上郡，扶蘇和蒙恬接到聖旨，還不知道秦始皇已經駕崩的二人，一時都懵了。還是蒙恬腦子轉得比較快，他對扶蘇說：「皇上把三十萬大軍交給我，又派大公子到這裡監軍，這是託付重任的意思。怎麼

第一節　扶蘇之死：他辜負了老父的期望！

能因為一個使者，帶著一份不知真偽的文書，就自我了斷呢！」

蒙恬建議先查明真相，再作出反應。蒙恬的建議絕對是良策，扶蘇只要宣告這個使者是假的，揮師進擊，趙高所直接掌握的護衛兵力，簡直不堪一擊，只要一萬騎兵，就可以將趙高、李斯，斬落人頭，然後安葬始皇帝，公告天下，順利繼位。

但是扶蘇身在權力風暴中心卻天真不知權勢鬥爭祕訣，流著眼淚說：「父親要兒子死，做兒子的還有什麼辦法，何必查證！」拿佩劍一抹脖子，自殺了。

扶蘇一死，蒙恬失去抗爭的王牌，如果扶蘇在，他可以擁戴扶蘇起兵，響應的秦人絕不會是少數。但扶蘇已死，如果他起兵，就完全是叛亂了。

胡亥、李斯、趙高聽說扶蘇自殺，也如釋重負，尤其是身為權力場上老手的李斯，完全明白自己這一邊並不占絕對的優勢，想不到手握重兵的扶蘇會如此乖乖地自殺，真令人意外地輕鬆。

於是胡亥、李斯、趙高，乘勝追擊，毫不留情，斬殺蒙恬和他的弟弟蒙毅，然後用鮑魚的臭味掩蓋秦始皇的屍體腐爛異味，從直道趕回咸陽。回到咸陽之後，李斯、趙高正式宣布皇帝駕崩，太子胡亥，繼承皇帝大位，成為帝國的二世皇帝。

扶蘇的死，是歷史的偶然。有人質疑說，秦始皇不喜歡扶蘇，所以在臨終前下令誅殺這個兒子，這不是必然麼？我說，秦始皇的確對這個兒子有點不滿意，但不滿的原因是因為期望值太高，擔心他不能順利繼承家業。如果真的討厭扶蘇到了要殺他的地步，就應該把他關進小屋子，用一條繩子把他勒死。為什麼要把帝國最強大的長城軍團交給他？這絕不是要殺這個兒子的意思。秦始皇在病重之際，召喚遠在邊疆的扶蘇到咸陽與自己會合（他認為自己可以撐到咸陽），對隨駕的小兒子卻隻字不提，他傳位給扶蘇的意思，明確無疑。所以說，這個帝號，本是秦始皇預備留給扶蘇的。

從事實來看，秦始皇對扶蘇過於軟弱的擔憂是何等正確，即便艱苦的邊境鍛鍊也不能將他磨礪成剛毅的帝王接班人。權力爭奪，是你死我活的廝殺，哪怕是情同父子，也沒有授柄與人的道理。秦始皇當年可以毫不留情地逼死呂不韋，扶蘇卻因為一份莫測真偽的聖旨自我放棄，別的不論，單就權術、魄力而言，扶蘇與他的老父親，實在相差太遠太遠。而在政治這個舞臺上，扶蘇既然不能堅強地站起來，便只能軟弱地倒下去。

扶蘇的退出，把帝國交給了胡亥和趙高，這兩個人倒是繼承了秦始皇陰戾的一面。問題是，堅持韓非的權勢思想治國，這個國家還能走多遠？

第二節 揭竿而起：帶頭反秦的是楚人！

舉起反秦大旗的帶頭人，為楚人：陳勝是楚之陽城（方城）人。響應者也不乏楚人：項梁、項羽叔姪是楚國舊貴族，劉邦是楚之沛人。投奔起義軍，為反秦作出功績的文武名臣，也多楚人：范增是楚居巢人，英布是楚六人，韓信是楚淮陰人。

疑點之一：論資歷、論實力，蕭何、曹參等人都高於劉邦，為什麼他們還是推舉劉邦為沛縣起義軍的首領？

疑點之二：會稽郡守殷通與項梁商量起兵事宜，手握一郡軍政大權的他為何死於非命？

一、劉邦和他的朋友們

《史記》記載劉邦「及壯，試為吏，為泗水亭長，廷中吏無所不狎侮。」劉邦當亭長那時，也快奔四十的人了。秦朝廢除封建，實行郡縣制，郡下設縣，縣下設鄉，鄉下每十里一亭，亭設亭長，負責管理轄區內的徵丁

第二節　揭竿而起：帶頭反秦的是楚人！

徵糧和調停民事糾紛等事務，基本上是個基層，但劉邦這個亭長當得還是可以的，尤其是他跟縣裡的人混得很熟。譬如管人事的蕭何，還有曹參、夏侯嬰。

劉邦的交際圈並不局限於官場，說起來，他的兄弟還有屠狗的樊噲、絲綢店老闆灌嬰、編席工匠兼喪事吹打樂手周勃……在這些人中，與劉邦關係最佳者，要數蕭何。劉邦曾經奉命到咸陽出差服徭役，同事朋友都來送行，劉邦拱手離去，途中劉邦拆開他們送的紅包，其他官吏是三百，唯獨蕭何一人送了五百，劉邦感動得熱淚盈眶，發誓以後發達了一定要好好報答老蕭的這份厚意。

劉邦這一次出差收益很大，在咸陽恰巧碰到秦始皇出巡，破例開恩不清場，准許老百姓在旁邊觀看。劉邦擠在人堆裡，親眼目睹了皇帝的威風和排場，不禁由衷羨慕：「哎呀，大丈夫就該像這個樣子啊！」

從咸陽出關向東，有一個縣城叫外黃（今河南杞縣東六十里），劉邦在這裡逗留了很久，這裡有他的一位老朋友，姓張，單名一個耳字。

張耳是大梁人，當年做過「戰國四公子」之一魏毋忌的門客，在江湖上也算是個名人。外黃有個富人家的女兒，貌美若花，雖然結過一次婚，仰慕的人還是趨之若鶩。但都是凡夫俗子，美人哪瞧得上眼？

「我的第一任丈夫是個庸奴！這一次，我要找個英雄來嫁。」

介紹人聽了說，「那只有這個人了！」

「誰？」

「張耳！」

美人久仰張耳的大名，於是欣然同意見面。張耳的相貌，自然是儀表堂堂，（他兒子張敖，也是個美男子，所以會被呂雉相中，做了皇帝的乘龍快婿、魯元公主的駙馬。）美人的花容月貌，更不用說，兩下一對眼，

介紹人一看，樂了，好，這事成了！

不日拜堂成親，張耳得了美人又得老丈人的資助，當時還是戰國晚期，張耳當上了外黃的地方官，廣招門客，因此更是名聲在外。

張耳有個朋友兼同鄉，叫陳餘，歲數比張耳整小了一輩，但是兩人卻意氣相投，做了忘年之交。古有左儒為友而刎頸，你我二人也要做那刎頸之交，名垂青史。切不可為了些許蠅頭小利，壞了兄弟義氣！

魏國滅亡後，張耳辭官回家，做起了民間活動家和知名贊助人。劉邦正是慕名而來，在張耳家裡混了好幾個月，白吃白喝之餘吹牛閒聊，這對於劉邦來說，簡直是神仙般快活的日子。

但是張耳的名氣太大，不免傳到朝廷的耳目裡。皇帝想，我大秦掃滅六國，拯救百姓於水火，德澤天下，你張耳、陳餘有賢人之名，為何不出來做大秦的官吏卻窩在家裡，莫非有不滿之心？

於是官府張貼了懸賞文告，張耳一千，陳餘五百。早有人透露消息給張耳，張耳和陳餘隱姓埋名，一溜煙逃到陳縣做保全去了。張耳一跑，家裡也就樹倒猢猻散，劉邦一看大勢不妙，回了沛縣。

患難見真情，真正的友情，總是要經歷風雨，可是能共患難，就能同富貴麼？張耳和陳餘這對忘年交，能不能如願地做那刎頸之交，還要等待那歲月流逝和造化弄人的考驗。

二、天上掉下個呂妹妹

說起來劉邦也三十好幾了，婚姻問題卻遲遲未能解決，這在古代可是絕對的大齡青年。俗話說野百合也有春天，何況劉邦好歹是個小官，怎麼會沒有人介紹對象給他呢？其實劉邦有一個相好的曹小姐，這位曹小姐還為他生下一子，叫肥。如果不是因為一件偶然的事件發生，劉邦也許就會

第二節　揭竿而起：帶頭反秦的是楚人！

和曹小姐結婚了。

但是那天偏有個姓呂的富豪在沛縣城裡為慶祝新居落成而大擺宴席，據說此人是縣令的故人，所以縣裡的一眾官吏和鄉紳豪傑們都前來為他捧場。蕭何可就成了接受賀禮和招待客人的主持人，他說：「賀禮一千錢的請上坐，不足此數的只好委屈坐在堂下了。」

有好吃好喝的，自然少不了劉邦。但劉邦豈止沒有一千錢，簡直是不名一文。不過既然蕭何在裡面管事，仗著臉熟，劉邦就想虛報個數字矇混進去大吃一頓。

「老子送一萬！」劉邦大搖大擺地走進去。

這下蕭何可罩不住了，因為財迷老兒呂公，一聽說有人一開口就送一萬，樂顛顛地就出來迎接了。這老兒迷信相面之術，這時忍不住技癢起來，要給劉邦相面。

這一相不得了，原來劉邦的面相正是大貴之相啊！呂公年老的心一下子澎湃激動起來，酒闌人散後，他把劉邦單獨留下，當時就提出要把他最疼愛的女兒呂雉嫁給劉三。

天上掉下個呂妹妹，劉邦簡直不敢相信自己的耳朵。

婚後劉邦和呂妹妹感情還算融洽，呂妹妹雖然出身殷富之家，卻也出得廳堂，下得廚房，在老劉家下地幹活，毫無怨言，儼然賢妻。到西元前210年，呂雉為劉邦生育下了一個兒子，劉邦給這個兒子起名叫盈，就是後來的漢惠帝（這個孩子品性善良，從基因遺傳上來說，不知道究竟父親多一點，還是母親多一點）。不久再生一個女兒，即後來的魯元公主。劉邦攜兒抱女，享受天倫之樂，也收心了許多。

據說呂雉帶著孩子在田裡鋤雜草，有個老人家過來討水喝。呂雉見老人家似乎走了很遠的路，顯得疲憊不堪，連忙倒大碗茶給他喝。老人家喝了水，口渴問題解決，腹中卻是空空如也，他瞧了瞧呂雉帶來準備在勞動

第二章　大秦崩塌：至剛而折的帝國命運

間歇食用的午餐，又瞧瞧呂雉的面相，忽然讚嘆道：「夫人之相，可是天下奇貴之相啊！」

呂雉又驚又喜，請老人家也相相兩位兒女。老人家一拍肚皮，欲言又止的樣子。頗體人意的呂雉明白，立即將自己的食物分出一部分給老人食用。老人家狼吞虎嚥一番，看看劉盈的面相，說：「依此兒面相看來，夫人之奇貴，正是來自這位公子之福蔭啊！」

說完，老人家心滿意足地離開了。一個時辰後，當亭長的劉邦來探望妻兒了，呂雉將事情一說，劉邦道：「莫非高人，就是騙吃騙喝的老混蛋，我去看看！」

劉邦一溜煙趕上老人家。老人家瞧瞧他，又說：「閣下之相極為尊貴，非尋常人也！莫非你就是剛才那位公子的父親。難怪難怪，剛剛我看到夫人和公子的貴相，正大惑不解，原來都和您有關啊！」

這話讓劉邦很是高興，他立刻拿出幾個錢給老人家：「如果真如老先生所言，有發達之日，絕不敢忘記您的恩德！」

關於劉邦的神奇事蹟，遠不止這一樁。追溯起來，劉邦的出生也頗有蹊蹺。三十多年前（西元前256年），劉媽有事外出，好久也沒有回家。劉太公在家裡可坐不住了，出門追尋，走到村子附近的湖澤地，湖澤地裡水氣瀰漫，好似雲遮霧罩，太公找了好一陣子，方才看見老婆躺在地上，昏暗中好像還有什麼伏在她身上。

劉媽看到丈夫，有點神色慌張，結結巴巴地述說自己路過大澤，小坐養神，驀然見一個金甲神人，從天而下，劉媽畢竟是女子，膽小害怕，一時驚暈過去。劉太公聽了，半晌不作言語，他是半信又半疑，但不管怎麼地，帶老婆回去再說。

劉太公心中嘀咕：「難道我看到伏在她身上的，是蛟龍？」

第二節　揭竿而起：帶頭反秦的是楚人！

不想回去之後，劉媽居然得孕，過了十月，居然生下一個兒子，長頸高鼻，左股有七十二黑痣（這些黑痣，據說是貴人的體貌特徵），排行老三，就是劉邦。

劉媽大澤受孕故事、大腿上的黑痣、呂公和神祕老人對劉邦面相的格外看重，這一系列神奇事蹟，建構出一個貴人形象。使史冊上的劉邦形象格外與眾不同，劉邦果然是命中注定的「真龍天子」麼？

其實這只是後來的粉飾之筆而已，因為夏、商、周、秦四代的君王，都出身高貴的諸侯世家，再上升一步，成為天子。但是漢朝的開國皇帝，卻只是個農民出身的小小亭長，沒有高貴的血統。所以漢興之後，皇家文人為了塑造劉邦高大雄偉的首領形象，編造了許多關於劉邦的神奇事蹟。

然而劉邦能夠得到天下，是因為他能用人、得民心，又懂得審時度勢，與他的面相和大腿上的麻子，有什麼相干！如此粉飾，未免畫蛇添足，倒是讓人看出劉邦從農民之子到真龍天子，多少有一些信心不足。至於劉媽大澤受孕故事，卻很令人懷疑劉邦的出生是不是別有內情，畢竟他與他那憨厚本分的父親、哥哥，看上去有太多不同。

三、從亭長到通緝犯

秦始皇三十七年（西元前 210 年），劉邦戴上他那頂用竹皮自製的個性十足、略帶誇張的帽子，他對老婆呂氏說：「我要出趟遠門。」

皇帝在驪山的陵墓，需要大量的工人，沛縣也要出若干勞力，在諸多亭長之中，劉邦被縣令看中，做領隊帶著全縣五百多號人去咸陽報到呢！

「老劉，這是縣上對你的重託，你可要打起精神來，這件事做好了，前途無量啊！」縣裡的長官如是說。

此去咸陽有數千里之遠，途中萬一逃跑了幾個，劉邦便要吃不了兜著

第二章　大秦崩塌：至剛而折的帝國命運

走了。可是沒辦法，劉邦還是得上路。但走了不久，便發現缺少人員，想是乘他不注意溜走了。走的路程越遠，逃亡的人越多，劉邦一看，完了，死路一條了，這樣下去，到咸陽恐怕剩不下幾個，到時候責問下來，他劉三腦袋搬家，家裡人恐怕也要抓去當奴婢了！

於是在豐的西邊，一個大湖邊，劉邦把大傢伙喊到一處，拿出剩下的全部路費，大塊吃肉，大口喝酒。喝到差不多，劉邦醉醺醺地宣布：向右看齊，立正稍息，全體——解散！

勞力們糊塗了，劉邦說：「反正死路一條，不如大家散了吧，或許還有活下去的可能。」

勞力們感動得都哭了，劉亭長真是仁義啊，可是我們又能逃到哪裡去呢！要不你就帶兄弟們落草當山賊算了，劉亭長你就是我們的帶頭大哥了！

這件事也可以看出劉邦的個性之豁達。倘是鑽牛角的人，或許就會一條胡同走到黑，帶著勞力愣是走到了咸陽，然後很冤枉的被砍了腦袋。劉邦放了那些勞力，其實也是給了自己一條生路。

從此劉邦退出秦國的官員行列，落草在芒、碭的山林沼澤中，成為一名官府通緝告示上的山賊劉三麻子。

但是逃得了和尚逃不了廟，劉邦逃匿山林的消息很快傳回沛縣，縣裡的長官對於劉亭長辜負政府期望、自甘墮落的行為一致表示了強烈的憤慨，一干衙役就氣勢洶洶的奔豐邑中陽裡劉家而去！

「把劉季交出來！」

「三兒不是出差去了麼？」

「出差個屁！劉季把苦力放了，自個兒也藏起來了！好了，既然他不在莊上，各位就縣裡走一趟吧！」衙役們把劉邦的父親、二哥以及老婆呂氏全拷了，就關進了沛縣看守所。

第二節　揭竿而起：帶頭反秦的是楚人！

呂雉想，「不是說大富大貴之相麼，怎麼就成罪人了呢？」這大牢裡可不是什麼好地方，一個弱女子，更是容易被人欺負，呂雉在牢裡頭吃了不少苦，幸好有一個任敖的獄卒，是劉邦的兄弟，挺身相護，呂雉這才沒吃太大的虧。後來蕭何出面，終於獲准將呂雉保釋出來，

雖然如此，官府對劉邦的通緝，可是一點沒放鬆，劉邦等幾十人在山裡風餐露宿，與猿猴搶果子吃，與豺狼同行，擔驚受怕。這讓遊手好閒、享受慣了的劉三度日如年，更為自己的前途憂心忡忡。

不順利的人不止劉邦一個。楚國流亡貴族項梁這時也被仇家陷害，官司纏身，被關在櫟陽縣的大牢裡。

好在項梁認識一個朋友，在蘄縣做獄掾，姓曹名咎，這位咎兄也有個朋友，恰好在櫟陽縣做獄掾，姓司馬，單名一個欣，當下咎兄寫了一封信，寄給司馬欣，說：「這位項兄乃是一個君子，決無做非法勾當的道理，官司起因，純粹是仇家陷害，仔細檢閱定罪的證據，必定發現並不充分。」

司馬欣得了友人書信，明察秋毫，果然發現問題，項梁得以無罪釋放。所謂得人滴水之恩，當湧泉相報。後來項羽得志，分封諸侯，便將司馬欣封為塞王，與章邯等並列三秦。

轉眼到了秦二世元年，西曆西元前 209 年，農曆壬辰龍年，黷武暴虐的秦朝，全國人口不過兩千多萬，卻動員了三十萬大軍攻打匈奴駐紮河套，五十萬攻打百越駐守嶺南，五十萬人修長城，一百五十萬人修阿房、驪山及其他宮殿陵墓，軍事行動數量如此集中、工程建設規模如此宏大，連現代國家都難以承擔的重負，壓得百姓喘不過氣來，而嚴酷的刑法，更將個天下鬧得烏煙瘴氣、雞犬不寧。中原的黔首，終於到了忍無可忍的地步。

這年秋天，帝國朝廷終於下令，徵發閭左謫戍漁陽。什麼是閭左？閭，就是里巷的大門，古人以崇尚右，所以富貴之家駐在大門右邊，貧苦

人家就只好住在左邊。所以通透地說,閭左就是貧民窟。

河南人陳勝,也應徵入伍,他的這批人,共計九百人,陳勝和另一個河南人吳廣,被任命為隊長。

按理說,保家衛國乃是每一個國民義不容辭的責任,這些人實在沒理由埋怨。但世事無絕對,被武力吞併的六國人民,認不認同秦這個國家為自己的祖國,要大大地打上一個問號。義務是和權利相匹配的,這道理,古人也懂,視百姓為豬狗的朝廷,實在難以想像會得到百姓真心實意地擁護。所以,這九百人,完全是強制被迫去邊疆,抗拒的情緒,雖然被朝廷的武力一時壓迫著,卻會在合適的時機來個總爆發!

四、「沛公」劉邦

大澤鄉以東不遠的芒、碭山中,山賊劉邦在打劫過往行人時順便打聽到一個消息。「大澤鄉有人造反了嗎,領頭的是個楚人,姓陳。」

陳勝、吳廣的起義,是偶然的突發事件,卻也是秦朝暴政的必然結果。

他們的目的地,是漁陽,即今北京密雲。北京現在是中國的心臟,當時可是不折不扣的邊疆。

這些人是徒步行軍的,道路和天氣情況好呢,就走得快一點,反之就慢一點。

偏偏他們走到蘄縣的大澤鄉這個地方,下起了大暴雨。雨還一直下個不停,道路泥濘、河水高漲淹沒橋梁,陳勝等人沒法趕路,陷入困境。因為帝國法律規定,耽誤行程、超出指定期限,不管你有什麼客觀原因,一律判處死刑。

怎麼辦呢?一個字:反!

第二節　揭竿而起：帶頭反秦的是楚人！

吳廣一劍殺了帶隊的將尉，推舉陳勝為首領，揭竿而起，附近的百姓，早就受夠了官吏的壓榨，紛紛加入，於是陳勝、吳廣先攻擊大澤鄉（鄉是亭上一級的地方行政機構），再向蘄縣縣城進軍，縣裡那些平日裡耀武揚威、欺壓百姓的大小官吏們，這時可就嚇得尿褲子了！陳勝、吳廣一口氣拿下蘄縣縣城，樹起反秦大旗，招兵買馬。結果是四方響應，勢如破竹，等到攻下陳縣，陳勝、吳廣已經擁有戰車六七百輛，騎兵一千多人，步兵更達數萬之多。

陳縣曾經是楚國的都城，陳勝在陳縣搭起草臺團隊，建立了一個新國家，國號楚。史書上寫作張楚，意思就是張大楚國。

陳勝起義的消息傳到沛縣，縣裡的官員們可就有了些想法，縣令活動了一下心眼，打算棄暗投明，投身革命，他對蕭何、曹參等心腹說：「要不我們也起義吧！」

蕭何、曹參唆使他說：「你是朝廷委任的一縣之長，現在卻打算造反，萬一下面的人反對，豈不糟糕？不如把在外逃亡的那些傢伙找回來，脅迫這裡的人一起做，那就保險了！」

縣令一聽有道理，就把劉季找來吧，屠夫樊噲不是他的妹夫麼，叫樊噲去！但是樊噲一出城，縣令突然又明白了，蕭何、曹參這是在糊弄我啊，劉季這些亡命之徒進了縣城，不聽我的命令怎麼辦？

所以當劉邦興沖沖地來到縣城外，發現城門緊閉，這時蕭何、曹參逃出來，對他說：「縣令沒上當，還要殺我們呢！」

劉邦這時已經糾集了不少流浪漢，就在縣城外頭駐紮，寫了封信，綁在箭上，射進城裡。縣裡人撿起來一看，上面寫著：「天下苦秦久矣。今父老雖為沛令守，諸侯並起，今屠沛。沛今共誅令，擇子弟可立者立之，以應諸侯，則家室完。不然，父子俱屠，無為也。」

這應當是蕭何、曹參的代筆，以劉邦的口氣表達。縣令的猶豫反覆帶來了殺身之禍，百姓們早就怨氣滿腹，於是砸了衙門，殺了縣令，打開城門。

於是沛縣革命成功，但問題也來了，劉邦是秦帝國的一名鄉鎮基層，蕭何、曹參是縣裡的長官，樊噲則是屠夫。這些人聚在一起，自然要推舉個頭。

誰當頭呢？劉邦說：「要不蕭何、曹參，你們二位是縣裡的長官，見多識廣⋯」

當時蕭何、曹參集結的人馬有三千人之多，而劉邦的嘍囉，不過數百人而已，按實力、資歷，蕭何、曹參更有領導資格。

但這二位畢竟是官場中人，墨水也喝得多，在肚子裡計算、論證又驗算了一遍，覺得造反這件事風險太大，秦朝律法規定：「首惡從重，脅從者從輕。」就讓老劉做這個首惡吧！於是蕭何、曹參推舉劉邦。

其他人的意見呢？樊噲是殺狗的，周勃是為人吹簫的，夏侯嬰是車伕，這幾個人，想當頭也當不上，好了，也推舉劉邦吧！

最終，劉邦盛情難卻，當上領袖，號稱「沛公」。

五、江東子弟兵

陳勝起義的消息也越過大江，傳到了江東大郡──會稽。會稽郡乃江東大郡，管轄著今天江蘇的南部和浙江的大部分，居民在百萬人左右，郡政府所在地設在吳縣（今蘇州），下設大小20多個縣城，當時在任的郡守，喚作殷通。

殷通對項梁吐露了自己的計畫，他打算運用本郡的力量，起兵響應，但是他也有顧慮，作為地方官，他不擅長帶兵作戰。殷通說了個名字──桓楚──「這個人你曉得麼？我想讓你和他一塊擔任將軍，指揮軍隊。」

第二節　揭竿而起：帶頭反秦的是楚人！

項梁點點頭，沉思了半晌，說：「桓楚這個傢伙啊，我不知道──但是，我的姪兒項羽和他熟得很，桓楚的下落，只有他知道，要不把他喊過來問問。」

殷通同意了，於是項梁趕快回家，把姪兒項羽領到郡政府，這項羽，全副武裝地就進了大院，項梁讓他在堂外候著，自個兒進去通報，殷通說那就進來吧！身高八尺的項羽一抬腿便邁進了郡守府。殷通一看這人，好個凶神惡煞的大塊頭，不是一般人啊！（項羽身高八尺，古尺一尺約等於23公分，所以八尺也就差不多184公分，跟姚明比差了點，不過古人平均身高低於現代人，所以項羽在古代算是個高個子。）

「聽說你跟桓楚認識？請你找他過來吧，我有要事與他商量。」

項羽拿眼一瞄叔叔，叔叔喝道：「傻小子，愣著做什麼，當然──可以了！」

按照叔姪倆事先的約定，這是動手的暗號。於是項羽拔出了佩劍，殷通說，「你拔劍做甚啊……」這「啊」了一半，殷通斗大的一顆腦袋可就滾下來了！

聽到裡面的異動，外面的衛兵都衝進來了，項羽也不搭理他們，提起殷通的頭顱給他叔叔，他叔項梁也一副若無其事的德性，一手拎著殷通的頭顱，一手就把郡守的大印揣懷裡了。

「現在我是郡守了！」

衛兵隊長怒罵，幾十個人操起傢伙就向這叔姪倆撲過來了，但三兩個回合，這些人已經倒在項羽的劍下，血流淌了一地！

項羽從死者身上的血窟窿裡拔出劍，抬頭看看剩下的衛兵。衛兵們慢慢退到院子裡，項羽也跟出來，外面的人更多，怎麼著也有百來個。項羽暴喝一聲，像獅子衝進羊群，這一通廝殺，嚴格地說更像是屠殺，《史記》

上寫得很簡略,「門下大驚,擾亂,籍所擊殺數十百人。」

項梁這時也走到庭院裡,說了句差不多了,項羽收劍。看看那些人,有的雙膝跪地,那是求饒的,有的扶著牆壁喘大氣,那是認輸的,有的坐在地上,呆若木雞,那是嚇傻了,有的乾脆躺地上了,那是死了。

項梁為什麼要殺殷通?殷通不是已經決心起兵了麼?按照常理,他們應該是一條戰壕裡的同袍,為什麼還要自相殘殺?

原因有兩條,一條在殷通自己身上,一條在項梁身上。

先說說第一條,殷通起兵,用項梁則項梁,用桓楚則桓楚,為什麼要兩虎並用,很簡單,權力制衡嘛。用兩個人,互相牽制,殷通就不會被架空,這是殷通的小算盤。可惜殷通找不到桓楚,只好向項梁求助,但項梁何許人也?怎麼會摸不清你殷通的算計!

再說說第二條,項梁倘是個謙謙君子,或許願意做殷通的部下,但金鱗豈是池中物,項梁是楚國的貴族後裔、名將項燕的兒子,哪裡會甘心屈居你個秦朝派來的地方官的帳下!領袖的地位,有能力的人居之,無德無能的殷通,一旦成為項梁叔姪奪取起義軍領導權的障礙,豈不是只有死路一條?

項羽殺殷通這件事,發生在秦二世元年,時已深秋,郡政府門外的樹都開始落葉了,天氣漸涼,秋意正濃,江東百姓卻沸騰了,因為項梁叔姪倆開始招兵買馬了。

秦漢時代吳、越地方的的風俗,並不像蘇州彈詞那樣的柔軟,反而可以說是民風硬朗彪悍!且有兩大特色,一是重承諾,用流行語說,就是講誠信,吳國公子季札出使北方,拜訪徐國國君,徐國國君一眼看中了季札的寶劍,卻又不好意思開口,季札心裡明白,打算送給他。但是外交使命還沒有完成,身上不佩劍,有失身分,所以想等到回國途中經過徐國再

第二節　揭竿而起：帶頭反秦的是楚人！

送劍。沒想到徐國國君是個短命鬼，《史記》記載說，「還至，徐君已死，於是乃解其寶劍，繫之徐君塚樹而去。」沒有說出的承諾都要遵守，可見吳人誠信信念之強烈。項羽時代，有個叫季布的同鄉兼部下，也是講誠信的典型人物，有句諺語「得黃金千兩，不如得季布一諾！」這說得正是此人。

吳、越、楚地古民風的另一特色，就是輕生死。「其俗剽輕，易發怒」，三言兩語不合，就容易臉紅脖子粗，最後發展到扭作一團廝打直到打破頭為止。在戰場上，吳、越、楚的士兵也表現得特別勇敢，好衝鋒，一鼓作氣，拿下對手，但是打持久戰就不行了，當年項燕敗給王翦，就有這方面的原因。七國之亂，周亞夫用來對付吳楚叛軍，也是堅守持久這一招，可見這已經成為智者的共識。

項梁叔姪在江東一共徵召了八千人。這八千人，就是所謂的江東子弟兵，項家軍的主力精銳所在。項梁、項羽對這支部隊的感情之深厚，也非文字可語。後來項羽兵敗，發出了如下的感慨：「我項籍（項羽名籍）帶領江東子弟八千人渡江而西，今無一人還，縱江東父兄憐我而王，我何面見之？縱然他們不說，我項籍難道不有愧於心嗎？」於是自盡在烏江邊。

秦末的地方起義，並沒有一個事先的組織策劃，陳勝、吳廣若不是被強徵入伍又碰上大災，絕不會突然異想天開要造反；劉邦若不是手下的民工逃走了一大半，也不會輕易捨棄了亭長這份待遇不錯的工作、拋棄老婆兒女去山裡當盜賊；項梁叔姪若不是看到天下大亂，也不會貿然殺害地方官、招兵買馬出來打江山。關鍵在於，秦的苛政讓所有人都無法忍受，於是一夫揭竿，萬眾響應，於是看似強大的秦帝國，就這麼轟然倒地了！

第二章　大秦崩塌：至剛而折的帝國命運

第三節　刑徒軍團：
曾經不可一世的大秦雄師去了哪裡？

發生在秦二世元年七月的地方起義形勢發展得很快，連在陳縣隱姓埋名做保全的張耳、陳餘也到陳勝司令部報到。陳勝在當僱農的時候，就從賣雜貨的小販那裡聽說過這兩位傳奇人物的大名，當然熱烈歡迎。於是陳勝派出大軍，向四方擴張。北路大軍，任命他的老朋友武臣當將軍，帶著張耳、陳餘去光復趙國舊地。南路大軍，光復楚國舊地。東路大軍，任命周福為將軍，光復魏國和齊國舊地。西路大軍，則以周章為將軍，直接攻擊秦朝心腹──關中。

這幾路進展得都很順利，到八月，北路大軍已經收復邯鄲，重建趙國，將軍武臣當了趙王，陳餘當上了趙國的大將軍，張耳當上了趙國的丞相。又派一個叫韓廣的將軍，去收復了燕國舊地。九月，韓廣成了燕王。而與此同時，齊國、魏國也恢復起來。於是，從前的六國，五個已經復國。

事情到了這一步，實在讓人迷惑不解，曾經不可一世、耀武揚威的大秦雄師去了哪裡？

疑點之一：戰國時期的秦軍戰鬥力如此強悍，原因何在？

疑點之二：秦始皇發兵五十萬南征百越。戰爭結束後，這支秦軍奉命留守嶺南，成為嶺南軍團。但是當中原告急，嶺南軍團為什麼不北上增援呢？

疑點之三：秦軍的另一支主力在帝國的北疆。打敗了匈奴騎兵以後，30萬精銳並沒有南撤，而是鎮守在長城沿線。當都城告急的時候，這支秦軍開始南下。但是，長城軍團的行動為什麼異常緩慢？

第三節　刑徒軍團：曾經不可一世的大秦雄師去了哪裡？

疑點之四：一支囚徒倉促組成的軍團，居然在半年中取得全勝戰績，最終一舉摧毀剛剛興起的張楚政權，他們的戰鬥力為什麼如此強大？

一、魏之武卒不可遇秦之銳士

李斯和韓非共同的老師荀子有句名言，「齊之技擊不能當魏之武卒，魏之武卒不可遇秦之銳士」。

齊國的所謂「技擊之士」，在戰場上斬獲一顆人頭，國家就賞賜給他八兩黃銅，這其實是僱傭軍的做法，所以齊國的軍隊，被認為自由散漫，戰鬥力不強。

魏國的所謂「武卒」，是一種選拔制度。選拔的依據是類似於「鐵人三項」的體能測試。一個壯年男子，在披掛全副鎧甲的情況下，能拉開十二石重的強弓，然後身背五十支利箭，手持戈，腰佩劍，攜帶三天的食糧，每日急行軍一百里。能夠達到這個標準的，就選拔為武卒，給予免除徭役和授予田宅的優厚待遇。

魏國的兵制看上去不錯，其實卻存在極大的弊端，因為人的氣力是會衰退的，參加測試的時候身體情況良好，未必作戰的時候同樣強壯勇敢。而且待遇是固定的終身制，所以魏軍的戰鬥力，強而不能持久。

秦國怎麼樣呢？戰國時期的縱橫家張儀這樣描述秦的軍隊：「山東之士被甲蒙冑以會戰，秦人捐甲徒裼以趨敵，左挈人頭，右挾生虜。夫秦卒與山東之卒，猶孟賁之與怯夫。」

孟賁，是著名的勇士。秦軍士卒與六國的士兵相比，簡直是勇士和懦夫之比。為什麼這麼說？六國的士兵穿著甲胄，戴著頭盔，懷著自保的心情參加戰鬥。而秦軍呢？他們脫去盔甲，奮勇殺敵，左手提著首級，右手臂夾著俘虜。

不過張儀說得太誇張了，這種姿勢，怎麼打仗，真實的情況，是秦軍士卒把斬獲的首級繫在腰間。而且秦軍士卒不穿盔甲的說法也不可靠，秦國非常重視軍械製造，都不穿盔甲的話，乾脆別造了！縱橫家說話，十句有九句誇張得不可靠。張儀所說的情形，只有秦軍的敢死隊，或許比較接近。

秦軍的勇猛，與他們的激勵機制有關。應該說，商鞅為秦國制定了一套嚴格乃至嚴酷卻不失公正的規章制度，從最高級的「通侯」到最低階的「公士」，一共二十級，每一級的薪資及其他待遇都有顯著的差別。

那麼，這套制度是如何運轉的呢？要害在於兩個字：罰、賞。首先是罰，秦國刑法的最大特點是連坐和輕罪重罰。你不犯罪，但是在家裡，你的鄰居、親戚犯罪，你要受牽連。在軍中，同一個小組的同袍逃跑，組內其他人也要受罰。軍官領兵作戰，沒有斬下敵人的首級，秦國法官就要斬軍官的首級。其次是賞。商鞅時代，秦國的士兵只要斬獲敵人一個首級，就可以獲得爵位一級、田宅一處和僕人數個。斬殺的首級越多，獲得的爵位就越高。這就是著名的「軍功爵」。重罰讓你身陷殘酷的法網，只有上陣殺敵才能贏得獎賞，抵消罪責。這樣的制度，將整個秦國變成了一個大軍營、大監獄。

秦軍既然如此勇猛，那麼朝廷為什麼不調遣這些虎狼之師去對付陳勝、吳廣的烏合之眾呢？原因是虎狼之師的利齒，原來已經因為濫用過度的緣故，磨損報廢了！

為什麼這麼說？在滅楚的一節中，我們已經提到過，秦的精銳之師，在百萬左右。統一之後，可能徵召了不少東方的百姓入伍，但這些百姓，為秦服役，完全是強迫拉壯丁，離心力遠大於向心力，所以不可能成為秦軍的主力。因此，秦的精銳之師，還是以秦本土的子弟為主。

我們注意到，統一以後，秦的精銳之師，其實分成了兩大主力軍團。

第三節　刑徒軍團：曾經不可一世的大秦雄師去了哪裡？

一個是蒙恬統帥的北伐軍團，也可以叫做長城軍團。一個是南征軍團，也可以叫做嶺南軍團。這兩大主力軍團，似乎長城軍團更符合嫡系部隊的特徵，而嶺南軍團中，有不少是罪犯、上門女婿和生意人。史書有證，「三十三年，發諸嘗逋亡人、贅婿、賈人略取陸梁地，為桂林、象郡、南海，以適遣戍。」

那麼，這兩大軍團在南北兩個戰場，又有怎樣的經歷呢？

二、百越叢林裡發生了什麼？

先說說南征軍團，百越叢林裡發生了什麼？

早在秦統一中國的當年或此後不久，秦始皇便派遣大軍南下攻打百越，這支部隊，或許是滅楚秦軍的一部分，補充了一部分當地兵源，劉安《淮南子‧人間訓》上說「乃使尉屠睢發卒五十萬為五軍，一軍塞鐔城之嶺，一軍守九嶷之塞，一軍處番禺之都，一軍守南野之界，一軍結餘干之水，三年不解甲弛弩」，可見兵力達五十萬之多，分為五路，這裡的幾個地名，鐔城、九嶷在湖南，番禺就是今廣州，南野、餘干都在江西，所以雙方的主戰場應該就在湘贛粵的交界地帶。

那麼，南征秦軍的對手是誰，情況又如何呢？

對手是百越，從文化淵源上說，都是夏朝的後裔。所謂百，是虛指多而已，並不存在真正的一百個越人部落，而且這個「越」和廣東的簡稱「粵」，應該是相通的。而「越」這個單字的意思，實際就是漢語中的「人」，所以所謂「百越」，就是「好多人」。「百越」人口眾多，卻不是一個統一的國家，也不存在統一的部落聯盟的組織，這可能是地理環境過於複雜所導致難以統一。比較大的部落，有生活在浙江南部的東甌越人，福建一帶的閩越，江西湖南一帶的揚越，廣東一帶的南越，廣西一帶的西甌越

人,越南一帶的駱越等等,《漢書・地理志》注引臣瓚曰:「自交趾至會稽七八千里,百越雜處,各有種姓」。越人的種類,確實多而複雜。

從人種、語言的角度,現代的壯、侗、苗、瑤、臺灣的原住民以及泰國的泰族、寮國的佬族、緬甸的撣族、越南的京族和芒族,與古代的百越族都有一定程度的淵源關係。這些百越族人,喜歡鑿穿牙齒,截斷頭髮(和漢人的蓄髮相比),流行紋身,擅長游泳打水仗,當然也愛吃海鮮,製作工藝也蠻發達,擅長製作青銅寶劍,戰國時期的一流鑄劍師,幾乎都是越人,如歐冶子,就出自甌越部落。天下聞名的湛盧、純鈞、勝邪、魚腸、巨闕等寶劍,都是他的傑作。

面對這樣的對手,南征秦軍的戰績又如何呢?「三年不解甲弛弩」,可見戰事持續三年仍未分出勝負,有陷入持久戰的危險。這支秦軍的統帥,是屠睢,他的官職是「尉」,或許他就是當年尉繚的後任。他的部將,有任囂、趙佗,趙佗是河北真定人(今河北正定)人,其他幾位,應該也是北方人為主。這些北方人來到南方的亞熱帶原始叢林,想必有不少困擾。一是這裡沒有城市與大片農田,無法實現當地補給。這就要求秦軍有一條漫長的補給線,從中原源源不斷地把糧食運來,這在古代,絕對是一個艱難的課題。二是複雜的地形利於游擊卻不利於大兵團作戰。秦軍習慣的平原戰場,在這裡幾乎沒有。淮南王說得好,「越非有城郭邑裡也,處溪谷之間,篁竹之中」,「以地圖察其山川要塞,相去不過寸數,而間獨數百千里,阻險林叢弗能盡著。」,「夾以深林叢竹,水道上下擊石,林中多蝮蛇猛獸。」20 世紀中葉的越戰,越南游擊隊正是利用叢林地形,伏擊全副武裝的美軍。當年秦軍與百越之戰,頗有幾分相似。論單兵戰鬥能力,論集團對陣戰術,論武器裝備,百越人根本不能與秦軍匹敵。但正是叢林、溪谷、毒蛇、瘟疫,這些因素讓秦軍一籌莫展。可以想像百越人的戰術,一是叢林狙擊,埋伏在叢林中用小弓毒箭狙擊秦軍士兵。一是在秦

第三節　刑徒軍團：曾經不可一世的大秦雄師去了哪裡？

軍的飲用水中下蠱投毒，造成人心惶惶。一是挖陷阱、設機關，用對付野獸的辦法對付秦軍。一是夜襲，使秦軍不能安寢，人馬疲憊。最後，就是引誘秦軍分散，各個擊破。

不過屠睢的部隊中，還包括水軍樓船之士，在水陸聯合作戰的威力下，終於迫使閩越屈服，秦朝在福建設立了閩中郡。但在南越和西甌，戰事急遽惡化，甚至秦軍主帥屠睢也在戰鬥中陣亡，史稱「伏屍流血」，極為慘烈。在不利的形勢下，秦軍被迫退至五嶺之線，戰爭陷入僵局。

為了解決補給問題，秦朝「使監祿鑿渠運河」，即開鑿靈渠，溝通湘江和灕江。此後，運輸隊和援軍可以順江而下，抵達前線。在新的主帥任囂的部署下，秦軍在付出重大代價之後，終於在秦始皇三十三年（前214年）平定百越，在此設立了南海、桂林、像三郡。

雖然戰爭結束，但顯然治安尚未恢復，南征秦軍奉命留守嶺南，成為嶺南軍團，後來秦始皇又把六國的貴族、生意人和一萬多「剩女」發配到這裡，開發嶺南。

那麼，當中原告急，嶺南軍團為什麼不北上增援呢？

三、嶺南軍團為什麼不北上增援？

「當起義突然爆發的時候，這部分秦軍正在戍守剛剛平定的南部疆土。在帝國存亡的關頭，他們選擇了沉默。司馬遷記載，當地的最高長官下令，堵塞南北之間所有的通道，軍隊嚴禁北上作戰。南部秦軍就這樣徹底拋棄了自己親手建立的大帝國。」

這段論述，應該是以《史記南越列傳》如下記載為依據的：

至二世時，南海尉任囂病且死，召龍川令趙佗語曰：「聞陳勝等作亂，秦為無道，天下苦之，項羽、劉季、陳勝、吳廣等州郡各共興軍聚眾，虎

第二章 大秦崩塌：至剛而折的帝國命運

爭天下，中國擾亂，未知所安，豪傑畔秦相立。南海僻遠，吾恐盜兵侵地至此，吾欲興兵絕新道，自備，待諸侯變，會病甚。且番禺負山險，阻南海，東西數千里，頗有中國人相輔，此亦一州之主也，可以立國。郡中長吏無足與言者，故召公告之。」即被佗書，行南海尉事。囂死，佗即移檄告橫浦、陽山、湟谿關曰：「盜兵且至，急絕道聚兵自守！」因稍以法誅秦所置長吏，以其黨為假守。

這的確是一個原因，但是從這段記載中，並沒有證據證明朝廷曾經下令嶺南軍團北上增援。或許，大秦帝國朝廷根本就沒有徵召過嶺南的軍隊。同樣是《史記》，在《秦始皇本紀》中記載說：「謁者使東方來，以反者聞二世。二世怒，下吏。後使者至，上問，對曰：『群盜，郡守尉方逐捕，今盡得，不足憂。』上悅。」

使者向二世皇帝報告東方造反，就被逮捕法辦，而矇騙皇帝說，天下太平，幾個蟊賊，無須擔憂，就能得到二世皇帝歡心。這種掩耳盜鈴的做法一直維持到起義軍打進關中，快到咸陽了，真相才得以大白，二世大驚，與群臣謀曰：「奈何？」

這時候會不會徵召嶺南軍團？不會，距離太遙遠了，等到任囂、趙佗趕到，金針花都涼了。這種情形，莊周有一個寓言，恰如其分。莊子在路上遇到馬上就要乾涸的車轍積水裡有一條魚。魚說：「求求你，給我點水吧！」莊子回答：「等我到海濱，引東海之水來救你！」魚：「等你回來，可以到賣乾魚的店裡找我了！」

所以，大秦帝國在危險迫在眉睫的時刻又怎麼會去徵調嶺南軍團這壺「東海之水」呢？而等到局勢穩定，朝廷以為危險已經過去，同樣也沒有必要徵調。等到鉅鹿大戰，劉邦入關之時，秦帝國又面臨同樣問題，何況此時嶺南已經自我封閉。

第三節　刑徒軍團：曾經不可一世的大秦雄師去了哪裡？

而當時距離咸陽最近的秦軍主力，是長城軍團。秦帝國最應該也最可行的徵調對象，就是這支軍隊。

長城軍團的行動為什麼異常緩慢？

四、長城軍團的行動為什麼異常緩慢？

長城軍團的首任大將是蒙恬，在扶蘇事件中，蒙恬曾勸阻扶蘇自殺，但是軟弱的扶蘇還是死了。此後蒙恬被囚禁在陽周（今陝西子長），他的弟弟蒙毅則被囚禁在代郡（今河北蔚縣），曾經為帝國立下無數功勛的蒙氏兄弟二人，此刻都身陷囹圄，等待處置。

胡亥本人倒是無意殺害蒙氏兄弟，他的目標只是哥哥扶蘇而已。如今扶蘇已死，胡亥心中大石落下，就想把蒙氏兄弟二人釋放，讓他們為帝國繼續效忠。

但趙高可不這麼想，他對胡亥打小報告說：「臣聞先帝欲舉賢立太子久矣，而毅諫曰：不可。若知賢而俞弗立，則是不忠而惑主也。以臣愚意，不若誅之。」（蒙毅一直反對先帝立你做太子，一定要殺了他！）

其實趙高之所以堅持殺蒙氏兄弟，是因為他與蒙毅有私人恩怨。當初趙高犯下罪過，身陷法網，審理案件的正是蒙毅，結果判決書下來，是死刑。但是秦始皇覺得趙高這個人一貫勤勤懇懇、老老實實，是個任勞任怨的好宦官，所以特別開恩，赦免了死罪。結果皇帝做了人情，依法辦事的蒙毅卻成了趙高的眼中釘、肉中刺。

於是胡亥下令誅殺蒙氏兄弟，蒙恬嘆息說：「我到底什麼地方得罪了老天爺，沒有過錯卻要被殺呢？」想了一下，蒙恬又說：「我是罪有應得啊！修建長城，從臨洮到遼東，綿延萬里，打穿地脈，這就是我的罪過啊！」乃吞藥自殺。

第二章 大秦崩塌:至剛而折的帝國命運

蒙恬死於西元前210年秋天,他是長城軍團的主帥,無故被殺,他的冤枉慘死,對長城軍團的官兵,必然產生嚴重的心理影響。雖然史書對此一字不提,但從歷史上類似的事件,可以揣度。

或許正是這個原因,李斯留下了自己的一名舍人作為護軍,留在長城軍團,實際上是監視諸將,防止不測。而長城軍團的統帥權,交給了王離。王離是名將王翦的孫子,也算是將門虎子,以他的資歷,掌舵長城軍團,應該也是處於穩定軍心的考慮。

蒙恬死後一年,陳勝吳廣起義就爆發了,起義軍勢如破竹,攻入關中,也就是這一年的事件。

主帥冤死、軍心不穩,這或許是長城軍團行動遲緩的第一個原因。

這第二個原因,在長城之外。《史記・蒙恬列傳》記載,蒙恬將兵三十萬眾北逐戎狄,收河南地。秦軍在與匈奴的戰役中獲勝,這是毫無疑問的。但是秦軍有沒有殲滅匈奴主力,史書沒有記載。匈奴有沒有能力再次南下侵擾北方邊境,史書同樣也沒有記載。

但是秦始皇為什麼要修築長城呢?蒙恬在邊境據說長達十餘年,而陳勝吳廣這些人被徵兵,不也是為了加強北方邊境的防務麼?可見匈奴等游牧民族對長城一線的壓力,始終存在。

為什麼長城軍團未能殲滅匈奴,這很簡單,匈奴是游牧民族,他們的生活,誇張一點說,吃喝拉撒睡都在馬上,秦軍打過來,他們一甩馬鞭,逃進了蒙古戈壁大漠,以步兵、弩手為主力的秦軍,顯然是追不上的。

因此,秦的對胡國策,重在防禦。

而恰恰在這一年,匈奴內部也發生了變化。匈奴單于頭曼的長子,叫做冒頓。本來,頭曼很喜歡冒頓,把他立為繼承人。但冒頓的母親死後,頭曼的心意轉移到新的閼氏上,對冒頓也就改變了看法。頭曼想廢除冒頓,另立太子,但又下不了決心。

第三節　刑徒軍團：曾經不可一世的大秦雄師去了哪裡？

當時西北一帶，還有一個強大的民族，叫做月氏，頭曼打發冒頓去月氏做人質，然後故意攻擊月氏，激怒月氏首領殺害冒頓，這是教科書式的借刀殺人之計，頭曼沒讀過《三十六計》，可謂無師自通。

未曾想這冒頓也了得，不但從月氏的刀下逃生，更偷得一匹好馬，獻給父親。這是頭曼怎麼也想不到的，這草原上，強者最大。冒頓這麼強悍，父親頭曼生起了憐惜之心，慢慢地就把殺兒子的念頭放下，任命冒頓做將領，統領一支騎兵。

但惡的種子一旦種下，就很難阻止它生根發芽，長出果實。冒頓把對父親的極度不滿，埋藏心中，慢慢地成為仇恨。據說他發明一種鏑矢，射出時發出響聲，稱為「鳴鏑」。冒頓拿著弓箭對部下說，「我把鳴鏑射向哪裡，你們也要把箭射向那裡，不射的人斬首。」

冒頓把鳴鏑箭射向鳥獸。有人不射，被冒頓宰了。冒頓把鳴鏑箭射向自己的馬。有人不射，被冒頓宰了。冒頓把鳴鏑箭射向自己的小老婆。還是有人不射，同樣被冒頓宰了。冒頓把鳴鏑箭射向自己的父親……

冒頓奪權以後，以鐵腕手段整治匈奴內部秩序，草原餓狼匈奴開始復甦，面對崛起的匈奴，駐守邊界的長城軍團不能不考慮一旦撤退，匈奴騎兵有可能趁火打劫。所以，身為統帥的王離，必須要對撤離有所部署，以保證後背的安全。

事實是，當長城軍團在一年後離開駐地，南下支援章邯時，匈奴騎兵果然緊跟而至。《匈奴列傳》說，蒙恬死，諸侯畔秦，中國擾亂，諸秦所徙適戍邊者皆復去，於是匈奴得寬，復稍度河南與中國界於故塞。也就是說，匈奴借這個機會，乘虛而入，收復了失地。

由此，我們可以歸納得出長城軍團行動緩慢的兩大原因：一是主帥冤死，軍心不穩。二是強敵在外，不敢妄動。

那麼，既然連長城軍團也指望不上，秦帝國又是如何應對危機的呢？

第二章　大秦崩塌：至剛而折的帝國命運

五、危難時刻，章邯挺身而出

秦二世二年（西元前 208 年），冬天，陳勝張楚政權的西征大軍在周章的率領下，進抵關中，一直推進到戲水，距離咸陽不過四十公里。

直到這時，帝國朝廷才開始考慮紛亂的局勢並召開專題會議。會議由丞相李斯主持，二世皇帝胡亥親臨。

少府章邯發言說：「盜賊已經來到這裡，兵強勢大，現在即使立刻發虎符徵調附近的軍隊，恐怕也來不及！」

少府，九卿之一，級別相當於今天的部長。他的具體職責，是掌管山海地澤收入和皇室手工業製造，所以，也可以說是皇帝的管家和私人理財顧問。章邯的發言，顯然已經超出了他的職權範圍。這在法家思想指導下的秦朝官場，是一種忌諱。

韓非子講過一個故事，從前韓昭侯喝醉躺下睡覺，典冠者（管理帽子的侍從）看見韓昭侯很冷，為他蓋上一件衣服。韓昭侯一覺醒來，問：「誰幫我加蓋了件衣服？」左右回答：「典冠者。」韓昭侯下令責怪典衣、誅殺典冠。責怪典衣，因為他失職。誅殺典冠，因為他越權。

最後韓非子教育君主說：「故明主之畜臣，臣不得越官而有功，不得陳言而不當。越官則死，不當則罪。守業其官，所言者貞也，則群臣不得朋黨相為矣。」不能讓屬下越權，這樣就能維持權力的平衡。

但是現在這種情形之下，章邯也顧不得這種官場忌諱，挺身而出，獻策說：「酈山的刑徒很多，如果能夠赦免他們，發給兵器，組成隊伍，這就是一支抵抗盜賊的軍隊。」

章邯的計策是絕對的冒險。在座的朝廷大臣，哪一個不曉得「倒戈一擊」的典故，當年武王利用殷商主力遠在東南地區與東夷族作戰的機會，乘虛而入，討伐紂王，兵到牧野，商紂王無奈之中只好武裝大批奴隸，連

第三節　刑徒軍團：曾經不可一世的大秦雄師去了哪裡？

同守衛國都的商軍，倉促迎戰周師。結果奴隸們不願為商送死，陣前倒戈一擊，直接導致了殷商的滅亡。

所以聽了章邯的計策，丞相李斯以下，人人緘默不語，生怕為自己惹來麻煩。胡亥看看眾臣，心中湧起一股厭惡之情，也罷，也就死馬當活馬醫吧！於是皇帝拍板，大赦天下，任命章邯為主將，號召驪山刑徒及奴隸，抵抗起義軍。武庫裡的軍械，章邯可盡行領取，用來裝備軍隊。

驪山，是秦始皇陵墓所在地。據說從嬴政剛當秦王那會就開始工程前期建設。等到天下統一，動用民夫七十萬之多，前後歷時三十多年才修築成。陵墓中暗設弓弩機關，擅入者一旦觸發機關，萬箭齊發，必死無疑。更有水銀流動，彷彿江河大海。

秦始皇入葬之時，二世皇帝下令，凡是沒有生育兒子的後宮，全部殉葬。參加機關設計製作的那些工匠，也全部封閉墓中滅口。一片慘烈景象，難以想像！專制的罪惡，在這裡無限放大。這些殉葬者，都是活活地被驅趕入墓穴中，掙扎哀求，終於在黃泥之下，窒息倒地死去。這些宮女、工匠，生前為皇帝的奢侈生活服務，忍氣吞聲，但是逆來順受的結果，不是自由的釋放，而是更為殘忍的屠殺。那些歌頌帝王專制者，怎能目睹慘狀，卻別過身去，輕描淡寫，然後堂而皇之地繼續歌唱所謂千古一帝啊！

六、為什麼臨時組建的刑徒軍團也很能打？

始皇帝下葬是在西元前 210 年，那麼繼續留在驪山的勞工，應該是為了陵墓外圍的收尾工程而滯留。這些勞工加上奴隸、奴隸的兒子，總計也有數十萬之眾。但是這是一支倉促組建的烏合之眾，況且他們的身分，很難說對帝國朝廷會有什麼忠君報國的想法，所以，他們的戰鬥力，應該不會很強。

第二章　大秦崩塌：至剛而折的帝國命運

然而雙方碰上的結果，卻是士氣高漲的張楚西征軍一敗塗地，潰散逃出函谷關。章邯乘勝追擊，連續擊敗張楚軍，張楚西征軍主帥周章自殺，部隊土崩瓦解。章邯再攻擊正在圍攻滎陽的張楚吳廣軍團。當時吳廣已經被部下殺害，章邯再擊破這支張楚部隊，解了滎陽之圍。於是章邯向張楚都城陳縣進逼，陳勝出戰，失敗，到了這年的臘月，陳勝退卻到一個叫下城父（今安徽蒙城西北）的地方，被自己的車伕莊賈殺害。

一支囚徒倉促組成的軍團，居然有這樣的戰鬥力，在半年中取得全勝戰績，最終一舉摧毀剛剛興起的張楚政權，這不能不讓讀史者發出疑問。

首先，章邯本人的軍事指揮能力之傑出，超過陳勝、周章，這一點，無須太多解釋。

然而，章邯的那支刑徒軍團本身又有什麼優勢呢？仔細品讀史書，《史記・秦始皇本紀》的一段記載引起了我的注意。

「（秦始皇統一天下後）收天下兵，聚之咸陽，銷以為鐘鐻，金人十二，重各千石，置廷宮中。」

秦始皇把天下的兵器收集起來，全部熔化為銅汁，再用這銅汁鑄造了十二個銅人，放在宮門當保全。可見陳勝起義的時候，老百姓手中並沒有現成的武器。在後來的戰鬥中，可能從地方守軍手中奪取了一些武器，但是也不會很多，更談不上精良。

而章邯的部隊，他們的武器直接取自大秦中央武庫，秦以武力立國，又以武力統一天下，它的武器製造工藝，堪稱一流。

「秦國的軍工管理制度分為四級。從相幫、工師、丞到一個個工匠，層層負責，任何一個品質問題都可以透過兵器上刻的名字查到責任人。」嚴格的管理，鑄就一個嚴密的武器製造體系，秦軍的主要武器，如劍、弩、箭，都是統一規格，類似於近代的標準化生產線生產。

在秦軍軍陣中，士兵手持長達 7 公尺的矛，組成類似亞歷山大的馬其

第三節　刑徒軍團：曾經不可一世的大秦雄師去了哪裡？

頓方陣。槍頭如林，方陣如山、巨大的衝擊力不可阻擋。而配備弩箭的射手，他的射程最遠能夠達到300公尺，有效殺傷距離在150公尺之內。弩機上還有所謂近似於瞄準系統的「望山」，射手參照望山估算弩抬高的角度，弩箭沿拋物線軌跡就可以準確命中敵人。至於秦的三稜箭頭設計，則在擊中目標的瞬間，稜的鋒刃處就會形成切割力，箭頭就能夠穿透鎧甲、直達人體。箭頭的三個弧面幾乎完全相同，接近完美的流線型箭頭。

秦弩、秦箭等武器，技術含量在古代來說是極高的，出身草莽的起義軍，不可能自行設計製造出類似的武器。所以，我們首先可以得出一點，章邯軍團的武器裝備，優於秦朝一般的地方部隊，而遠勝於起義軍，這在戰場上，絕對是一大優勢。

但是，更重要的致勝因素，還是在於人。章邯是如何在短短的時期內，將數十萬苦力和奴隸改造成鬥志昂揚的戰士的呢？

要破解這個難題，還得從一個人入手。這個人就是曾經在驪山服役的安徽人英布。

英布是六縣（今安徽六安）人，因為犯法，他被判處黥刑，所謂黥刑，就是在臉上刻字，所以，英布也常被人稱為黥布。這種黥刑，據說效果很好，刻寫的字幾乎永不褪色，伴隨你終身。犯人額頭有這玩意，走在街上，人家一眼看見就曉得他的身分。《水滸》中武松血濺鴛鴦樓之後，流亡天涯，怎奈何臉上兩行金印，還是孫二娘出了個主意，披頭散髮，做個行者，遮得額上金印。從此打虎英雄武二郎，成了行者武松。

話說回來，英布受刑以後，被押送到驪山做苦力。「麗山之徒數十萬人，布皆與其徒長豪傑交通」。後來英布逃走，成為長江一帶的水賊頭目。但是從這裡，我們也可以發現一些蛛絲馬跡，那就是在驪山之中，並不全是純樸的農民，還是所謂豪傑。

那麼，驪山的「刑徒」究竟是些什麼人呢？驪山的「刑徒」，是犯法之

後送到驪山做苦力的。所謂犯法之徒，當然包括那些純樸卻陷入嚴酷法網的百姓，也包括那些真正的江洋大盜以及逃兵。

苦力的活不是好做的，那些身體羸弱的人，恐怕在勞役中途，已經不堪疲憊而死。能夠生存下來的，應當是那些體格強壯、孔武有力的人物。所以，無意之中，章邯所接納的這些人，其實是自然淘汰下的產物，其效果，類似於優中選優的特種兵選拔。於是，我們得出了第二點，章邯軍團的人員就體格、意志之強硬而言，又超過了東方的農民軍。

最後，談一個「赦」字，章邯給予了這些「刑徒」一個承諾，那就是將功補過，用軍功抵消從前犯下的罪過，獲得自由新生。或許，這就是「刑徒」奮勇廝殺的精神動力。

小結一下，刑徒組成的軍團也很能打，原因有四：統帥章邯的軍事才能；秦朝武庫的精良武器；苦役的自然淘汰、強者生存；將功補過、獲得自由新生的精神動力。

而雙方的心理狀態，也造成了微妙的影響。張楚政權成立以後，席捲崤山以東，勢如破竹。大好形勢之下，上到陳勝，下到周章，一股洋洋得意的情緒，油然而生，而章邯的狀態，卻是死裡求生，打一場看似幾乎不可能取勝的戰役。心理的微妙變化，在戰場上引發了形勢的突然逆轉！

第四節　英雄雲集：在一個牧童旗下

江淮間有一個牧童，叫心，幫人放羊，討碗飯吃，雖然賺不了幾個錢，但也快活自在，日出山坳、林間飛鳥、溪水潺潺，坡上草青，花俏果香，牧童舉起鞭兒，輕輕搖動，看羊兒歡跑。

但是這自在的牧童生活卻在某一天被打破。許多披掛斑斕的軍人來到

心牧羊的那個山坡，為首的一個長者，緩緩走近，向心招了招手。

牧童心見這長者還算和氣，壯膽走上前。長者將心輕輕抱起，轉身向著眾軍士，大聲宣布道：「這就是懷王之孫，羋氏王室的後裔！」

震天動地的歡呼使牧童有點受驚，也更迷糊！這些人，究竟想做什麼？

疑點之一：李斯以一介平民，歷盡艱辛，爬到丞相高位，榮華富貴，到達頂點。但以李斯混跡官場半輩子的歷練，何以會輸給一個宦官趙高呢？

疑點之二：一片形勢大好之下，項梁叔叔不自覺地有點驕傲了，驕傲就意味著鬆懈。而在章邯敏銳的觀察面前，鬆懈就是致命的錯誤。一個大雨滂沱的夜晚，章邯奇襲楚營，實施了一次極為出色的「斬首行動」。項梁的突然戰死，改變了哪些人的命運？項羽、劉邦、宋義和羋心……

一、項梁舉起了楚懷王這面大旗

西元前208年，農曆癸巳，蛇年。

這年夏季，六月，牧童羋心在項梁等義軍實權人物的擁戴之下，登上王位，成為楚國的國王，為了懷念屈死咸陽的楚懷王，部將們一致獻上一個稱號：懷王。從此，羋心也被稱為楚懷王。當時羋心的年齡，也就十來歲。

讀到這裡覺得有點奇怪。《周禮》說：「小喪賜諡。」所謂諡號，是對一個人生平行為的褒貶評定，因此，諡號可以說是古人死後的蓋棺定論。但是羋心還活得健健康康，怎麼就有諡號了呢？其實羋心被稱為楚懷王，這是借用先君的旗號，是一種自稱。這不是特例，姬昌稱文王，姬發稱武王，這都是生前的自稱。

芈心這個楚懷王手裡自然沒有什麼實權，武信君項梁掌握著大部分軍隊，在這戰亂年代，有兵權就有發言權。況且，芈心這個楚懷王本身就是項梁擁立的。

那麼，項梁為什麼不像陳勝那樣自立為王呢？這個問題，范增分析得很清楚，「今陳勝首事，不立楚後而自立，其勢不長。今君起江東，楚蜂午之將皆爭附君者，以君世世楚將，為能復立楚之後也。」雖說帝王將相寧有種乎？但是民間也有句俗話說得好：「龍生龍，鳳生鳳，老鼠生來會打洞。」對王室貴胄的崇拜，由來已久，不是一個陳勝能夠改變的。尤其是秦末大亂的形勢之下，擁戴一個百姓懷念的先王子孫，顯然比自立要更得民心。

後來的事實也證明了項梁這一選擇的無比正確，楚懷王政權儼然成了反秦各國和各起義武裝的「盟主」。四面八方，前來投奔的英雄豪傑，絡繹不絕。這些投奔項梁的豪傑中，有驍勇善戰的英布，他依靠老丈人番君吳芮的支持，帶著數千江南健兒，歸附了項梁，成為項家軍中武勇僅次於項羽的一員虎將。足智多謀的張良也來到了項梁軍中，他是為了光復韓國而來的。在張良的遊說之下，項梁同意立韓王後裔公子成為韓王，在從前的韓地打起了游擊。

還有這位，「沛公」劉邦也來了。在沛縣起兵後，他以老家豐作為基地，四處攻略。沒想到他委以留守重任的老鄉雍齒，居然乘他離開基地的機會，叛變投敵，致使可憐的劉邦有家不能回，只能流浪啊流浪。

項梁待劉邦不薄，他贊助了劉邦五千士兵，十個五大夫（秦漢二十等軍功爵的第九等）級別的長官。從此，劉邦也成為項家軍中的一員。

據說，這時期劉邦和項羽處得關係相當不錯，如果說他們曾經約為兄弟，那多半是在此時。而且這二位還經常一起帶兵出征，這或許是項梁的有意安排，用劉邦的沉穩狡猾，彌補項羽的勇猛有餘、智略不足。

第四節　英雄雲集：在一個牧童旗下

　　在投奔項梁的豪傑中，還有一位來自淮陰的有志青年。這位淮陰人家境貧寒，卻喜歡打腫臉充胖子，母親死後，家裡根本窮得沒有一毛錢來辦喪事，他卻尋找又高又寬敞的墳地，甚至誇張到要讓那墳地四周可安頓得下一萬家。他就是韓信！

　　以韓信的自我定位，當然不會去從事一些低等的職業，而體面的工作，卻又一時與他無緣。所以辦完喪事後，韓信實際上處於失業狀態，當然也就沒有固定收入。韓信沒有固定收入，秦帝國政府也沒有制定最低薪資和救濟金制度，韓信只好到一個相熟的某亭長家裡蹭飯吃。蹭飯多了，某亭長老婆的臉色就不好看了，有一天就提前把飯吃了，等到標準午餐時間韓信上門，亭長打哈哈說小韓啊，你飯吃了沒。韓信說我還沒吃呢。亭長說哎呀真不巧我們已然用過飯了，不如喝杯水吧！韓信雖然潦倒，自尊心卻很強，看出夫妻倆的用意，一怒之下同該亭長絕交而去。

　　飢餓的韓信走到郊外河邊釣魚，但魚兒並無佛家心腸、捨身相救的意思，總也不上鉤。有個漂洗絲絮的老大娘覺得這個小夥子太作孽了，給他飯吃，韓信知恩圖報，說：「將來我一定會報答您的！」

　　老大娘卻怒了，斥責韓信說：「一個大男人連自己都養不活，我可憐你才給你飯吃，誰稀罕你報答！」

　　韓信如此境地，卻還很注重自己的儀表，常常佩著寶劍在街上徘徊，有個殺豬的潑皮看不慣了，就想羞辱他。於是辱罵韓信說：「別看你長得人模狗樣，搞把劍裝得大俠似的。你敢捅我不，不敢，就從老子胯下鑽過去！」

　　中國人最喜歡看熱鬧，古人也不例外。立刻就聚了好些閒人，有的就嚷：「捅他！」韓信對潑皮怒目而視了許久，忽然輕鬆一樂，我怎麼能跟此人一般見識呢！殺了他，世上不過少了個潑皮，我卻也要抵命，史書上豈不是少了個孫武、樂毅！韓信慢慢低下身來，從潑皮的胯襠下爬了過去。

閒人們自然很失望,從此韓信是膽小鬼的印象也銘刻在他們心中,流露在他們臉上。

韓信的忍耐當然是為了保留有用之身以圖將來,在淮陰的經歷說明,韓信要抓住自己的將來,就要離開家鄉,到更廣闊的天地去。

韓信的第一個選擇,就是項家軍。但在項梁手下,他始終默默無聞,不得重用。

二、官場老手李斯為什麼鬥不過趙高?

英雄在項梁帳下集結,遙遠的咸陽秦宮,為統一立下不可抹滅功勳的丞相李斯,卻陷入了難以自拔的危局。

整個戰國時期,有大量的六國人士離開繁榮奢華的故土,來到被當時人認為是窮鄉僻壤的秦國。這種情形,與19世紀中葉發生在美國的加利福尼亞淘金潮頗有相似之處。數以萬計的淘金客為了黃金,從美國以及拉丁美洲、歐洲、澳洲和亞洲,來到荒僻的舊金山。同樣,戰國時期,從商鞅開始,以張儀、范雎、蔡澤等為代表的人們絡繹不絕地來到秦國,擠占了上到相國、下到低階職員的大量工作。

李斯正是眾多來秦淘金求富貴的外國人中的一員。當初他拜別了老師荀子,搭末班車來到咸陽。走了呂不韋的門路,終於混到客卿這樣的高官職位。

但是李斯運氣可真不好,沒多久就遇上了「水渠門事件」。韓國的情報機關派了個水利工程師鄭國到秦國,鼓動秦國修建水渠,目的是想削弱秦國的人力和物力,牽制秦的東進。結果這事讓秦國當局給查出來了,秦國的本土派藉機搞起了排外主義。

第四節　英雄雲集：在一個牧童旗下

於是秦王嬴政下了逐客令，李斯自然也在被逐之列。但李斯不打算就這樣放棄到手的富貴，他上書說：「秦孝公用商鞅，秦惠王用張儀，秦昭王用范雎，他們都不是秦國人。這四代王都是由於任用外人，使秦國強大。外國人有什麼對不起秦國的呢？」

李斯又說，「珍珠、寶玉，你要不要，那也不是秦國的國貨啊！再說了，如果外國人都走了，後宮裡面那些各國靚女要不要趕走，是不是秦王從此只愛大臉粗腰的秦國美眉？」

這篇上書，題目叫做〈諫逐客書〉，秦王嬴政看了上書，頗為賞識李斯，取消了逐客令，將李斯官復原職。到統一前夕，李斯的官職已經做到廷尉，這個官職，相當於今天的司法部長。等到他位列丞相，地位已經相當於總理，真可說是富貴逼人，他的大兒子李由，在三川郡（今河南）當郡守。幾個兒子，都娶了公主，幾個女兒，都嫁給宗室公子。

李斯過生日的時候，百官都來祝壽，門前車騎以千數，交通部門專門派了交警來維持秩序。當此時，李斯回憶起當年在老家上蔡的寒酸日子，真是感慨萬千！

但深諳官場哲學、通達法家學說的李斯，並沒有被富貴沖昏頭腦，秦始皇有一次出去遊玩，從山上看見李斯的車隊，浩浩蕩蕩，流露出不滿的意思。立刻有內線告訴李斯，李斯立刻減少了自己的車隊規模。這一事件充分表明李斯對皇帝的一喜一怒，已經建立了有效的情報管道，得以了然在心。

可惜秦始皇不管三七二十一，一通亂殺，牽涉到的侍衛宦官無人倖免，李斯安插在皇帝身邊的臥底自然也被消滅，從此李斯難免有些耳目不靈，對皇帝心意的掌握，逐漸衰退。

不過以李斯混跡官場半輩子的歷練，何以會輸給一個宦官趙高呢？

李斯的同學韓非子曾經告訴李斯，人臣的奸道有八術，稱為八奸，一

第二章　大秦崩塌：至剛而折的帝國命運

日同床，就是寵愛的妃子吹枕邊風。二日在旁，就是長官身邊的祕書啊車伕啊。三日父兄，就是長官的親戚。四日養殃，就是大興土木。五日民萌，就是收買人心。六日流行，就是流言蜚語、辯士遊說。七日威強，就是培養私人勢力，圖謀不軌。八日四方，就是藉助外國勢力壓制本國君主。

李斯的對手，正是八奸中的「在旁」。

秦始皇是韓非子的信徒，在這方面極為注意，所以始皇帝在的時候，有得寵的宦官，如收受荊軻好處的蒙嘉。卻沒有弄權的宦官。趙高的得勢，完全在於二世皇帝胡亥。說起來這也全託李斯的福，要不是李斯在沙丘做的那件事，二世皇帝就是扶蘇，趙高就得靠邊站。搬起石頭砸自己的腳，說的就是你——李斯。

那麼趙高又是如何扳倒位高權重的丞相李斯呢？

第一步，叫做引君入甕。

趙高去拜訪李斯，故作憂國憂民狀，說：「現在局勢這麼亂，皇上還在吃喝玩樂，我地位卑下，所以不敢說話。你丞相怎麼也不勸勸啊？」李斯一聽，「你這不是那壺不開提哪壺麼？我也想勸問題是沒有合適的機會啊！」趙高一稽首，「好嘞，這事交給我，有合適的機會我通知您！」這就把李斯設計進了圈套。

第二步，叫做飛蛾撲火。

這飛蛾，就是李斯，趙高要把這李斯，往二世皇帝胡亥那火上引！趙高瞧見那二世皇帝胡亥吃喝玩樂，正在興頭上的時候，就把李斯招來了。「皇上閒著呢，你可以進諫哪！」於是丞相至宮門上謁。這樣折騰了幾回，皇帝可就不樂意了！「你李斯莫不是存心跟朕過不去啊！怎麼朕閒著沒事的時候你不來進諫，朕這正樂著呢，你就來騷擾！你欺負我年輕，瞧不起朕吧？」

第四節　英雄雲集：在一個牧童旗下

趙高一瞧，機會來了，上前火上澆油：「李斯心裡不滿呢！」

二世不理解：「他還有什麼不滿？」

趙高說：「沙丘之謀，丞相立了大功。如今皇上已經即位，丞相卻沒有得到適當的封賞，所以不滿呢！」

「丞相已經一人之下，萬人之上，他還不滿足，難道他要當皇帝不成！」

「這倒不是，他是希望裂地封王啊！」

「廢話，當初齊人淳于越建議恢復分封制度，他李斯全力反對，堅持郡縣制度，這是帝國的根本制度，難道要為了他李斯一個人改變不成？」

於是，趙高亮出致命一招，「陛下，有些情況，不能不察！丞相是楚人，盜賊陳勝這些人也都是楚人，丞相的長子李由在三川當郡守，盜賊通過三川，李由關門自守，不出擊盜賊，這些疑點，不得不讓人懷疑丞相和盜賊有沒有什麼牽連？」

果然，皇帝對李斯開始有了懷疑之心，下令調查。

第三步，叫做釜底抽薪！

李斯到底是官場老手，對於趙高的伎倆，有所醒悟。他很快展開反擊。他上書給二世，把趙高比喻作一個人。

誰？

田常。此人是春秋末年齊國的權臣，他用大斗把糧食借出，用小斗收回。齊國百姓唱歌頌揚他說：「老太太採苣菜（一種味道不錯的野菜）呀，送給田成子！」得到民心之後，田常殺死齊簡公，自任相國，成為齊國實際的主人。他的後代田和在戰國初期正式取代姜子牙的後人，成為齊君。

李斯的意思，趙高的權勢已經相侔於田常，他的原話是這麼說的：「今有大臣於陛下擅利擅害，與陛下無異，此甚不便。」他所說的「大臣」，就是趙高。

第二章　大秦崩塌：至剛而折的帝國命運

二世說，你貴為丞相，跟個宦官較個什麼勁？二世還擔心李斯殺趙高，偷偷地告訴趙高，趙高乘機矯情一回：「丞相所擔心的人，只有趙高一人而已，高死後，丞相就可以為所欲為了！」

接著，趙高一招釜底抽薪，直拍李斯要害。「丞相李斯，才是真正的田常！」

好，這下不但化李斯的反擊為烏有，更把李斯推入了萬丈深淵。

第四步，叫做虛虛實實。

西元前208年，李斯聯合他的兩位同事去疾（秦朝設立兩位丞相，去疾是右丞相，李斯為左丞相）、將軍馮劫一起向二世皇帝進諫，請求節約不必要的開支，減免百姓賦稅，平息民怨。

二世皇帝的反應是極度的憤怒，「所謂皇帝，就是要享受人間富貴，像堯和舜、禹那樣窮酸辛苦的天子，誰願意當！你們這些當臣子的，壓制不了下面的盜賊，又想停止先帝定下來的規矩，這是上對不起先帝，下對不起朕，朕要你們這些廢物作什麼？」

於是把李斯、去疾、馮劫全部打入大牢，去疾、馮劫不願受辱，自殺了斷。李斯不想死：「我為帝國立過功，皇帝不會殺我的。」

不是冤家不聚頭，李斯案的主審官正是趙高，《史記》記載說，趙高治斯，榜掠千餘，不勝痛，自誣服。

李斯屈打成招，但還打算上書給皇帝申冤，趙高當然不會給他這個機會。為了徹底擊敗李斯，趙高再出一招，虛虛實實。

某日，李斯欣喜地看到幾個御史模樣的官員來到獄中。

御史問他：「你冤麼？」

「冤枉啊，臣有下情稟報聖上⋯⋯」

第四節　英雄雲集：在一個牧童旗下

「冤你個姥姥！」御史一把扯了李斯的陳情書，好一頓暴捶！原來御史是趙高的門客所扮。

如此搞了十餘次，李斯絕望了，等到真的欽差來了，李斯也以為是趙高的人。

「臣死有餘辜！」

「真的不冤枉？」

「冤枉？怎麼可能呢，我大秦帝國政治清明，百姓安居樂業，我李斯胡說八道，罪有應得，這麼說你可不捶我了吧！」

果然，沒有人再暴捶李斯，不過李斯的日子也到頭了！這一年，李斯被腰斬於咸陽，並夷滅三族。雍正年間，福建有個負責教育的官員「考試腐敗」，被判腰斬之刑。行刑時，這名教育官員身體被斬為兩段，但因為大腦中樞神經還在活動，上半身還有痛覺，所以痛得在地上亂滾。這名教育官員在斷氣之前，竭盡全力用手蘸血在地上連寫了 7 個「慘」字。

慘慘慘慘慘慘慘！

李斯所得的刑罰，也是腰斬之刑。

想李斯年輕的時候，在楚國上蔡做一個小公務員，看見廁所裡的老鼠吃著髒東西，飽受人犬驚恐之苦。而倉庫裡的老鼠，吃著官糧，無憂無慮。李斯感慨萬千地說：「人生就是如此啊！」某些評論家依據這一點，質疑李斯的人品。其實這並不公平，李斯的一生，遠比古今官場中的大部分正直且有價值，他的富貴，是勤懇為國建策謀劃的應有回報。不過李斯的確忘了一點，那就是倉庫裡的老鼠也不安全，碩鼠碩鼠，目標更大，下場也更悲慘！

三、項梁的突然戰死，改變了多少人的命運？

李斯遇害前夕，他的兒子三川郡守李由正在抵禦項羽、劉邦軍團的猛烈攻擊，李由並不知道咸陽城裡正在發生的慘劇，也無閒暇打聽父親的消息。李由最終戰死在沙場上，當他奔赴黃泉，與父親李斯相遇，不知有多少感慨話語，後人莫能揣度。

章邯的刑徒軍團終於遇到了勁敵 —— 項家軍。這支「江東子弟兵」從江蘇一直打到山東，保持著連勝紀錄。

而在東阿、定陶幾仗秦軍連續戰敗後，章邯卻陷入了人生的谷底。李斯死後，趙高掌權，章邯不喜歡這個宦官頭子做他的頭子，相反趙高也不欣賞這個李斯從前的屬下。

恰在此時，秦朝的援軍（長城軍團的一部分）抵達，多少增加了章邯的籌碼。

一片形勢大好之下，項叔叔不自覺地有點驕傲了，驕傲就意味著鬆懈。而在章邯敏銳的觀察面前，鬆懈就是致命的錯誤。

一個大雨滂沱的夜晚，秦軍最後的名將章邯率領秦朝大兵突然襲入楚地起義軍總司令項梁的指揮部，成功地殺死項梁，使起義軍在剎那間崩潰。

這是一次極為出色的「斬首行動」，充分展現了章邯個人的軍事智慧和秦軍作為戰爭機器的出色品格。

項梁的突然戰死，一下子改變了許多人的命運。

影響最大也最直接的是項梁的姪子：項羽。這時的項羽，剛滿二十五歲，和劉邦一塊在外黃、陳留一帶與秦軍廝殺，得到噩耗，連哭的時間都沒有，趕緊撤退，把楚懷王轉移到比較安全的彭城（今江蘇徐州）。

第四節　英雄雲集：在一個牧童旗下

項梁的突然戰死，也改變了楚懷王芈心的命運，他似乎一下子從傀儡的命運解放出來，開始發號施令了。楚懷王芈心第一次出手就毫不含糊，他把兵權抓到自己手中，然後給劉邦和項羽各封了個侯爵的爵位，既穩住了項劉，又奪得了實權，小小牧羊娃不簡單哪！

項梁的突然戰死，也改變了劉邦的命運。原來他只是項家軍中一個雜牌將領，現在卻成了楚懷王芈心用來制衡項羽的砝碼。在商量西征關中的將領人選時，居然形成了項羽、劉邦競爭的場面，芈心認為項羽殺人太猛，不如劉邦一副老實人面孔，比較親和，最後還是用了劉邦。這就為項劉翻臉埋下了伏筆。

接著，從北方傳來了趙國被圍的消息，楚國當然不能無動於衷，要派援軍。項羽自己思索著，既然不讓西征關中，這北上的主將總輪到自己了吧！但是楚懷王芈心還是繼續冷落著項羽，他起用了一個人，叫宋義。

這個宋義，據說履歷上寫著是故楚令尹。令尹可不是等閒官職，幾乎就是楚國的丞相。所以這份履歷，略有可疑。宋義的神奇在於他準確地預言了項梁的失敗。

當時項梁派他出使齊國，在半道上遇到了齊的使者，宋義說：「你將要去見武信君（項梁）吧？」

「是啊。」

宋義說：「你還是慢點走吧，我認為武信君一定會戰敗，你慢點走就能倖免一死，走得快呢就去陪葬吧！」

結果項梁果然戰死。這下老宋可就成了未卜先知的活神仙，到楚懷王芈心面前一頓神侃，簡直孫武在世。

就你了！

於是芈心任命宋義為上將軍，項羽進爵為魯公，擔任次將，老先生范

增為末將,三人同行,北上救趙。

芈心把好不容易抓到手的兵權給了的宋義,這是一場權力的賭博。賭注押對了,芈心的權力更加鞏固。可惜宋義不爭氣,項羽一旦奪回兵權,芈心便危險了,因為芈心在項梁死後,疏遠項家、排斥項羽的傾向過於明顯,項羽的心中,必然認為這是忘恩負義。

四、宋義耽誤軍機,該殺!

西元前 207 年,農曆甲午,馬年。

宋義推進到安陽,安營紮寨,停留長達四十六日,毫無北上救趙的意向。項羽建議說:「吾聞秦軍圍趙王鉅鹿,疾引兵渡河,楚擊其外,趙應其內,破秦軍必矣。」

宋義對此建議不屑一顧:「上場廝殺,我不行。運籌帷幄,你不行。秦國打完趙國,必然精疲力竭,到時候我乘機進兵,必然獲勝!」

把項羽轟出去,下了道軍令:「猛如虎,狠如羊,貪如狼,強不可使者,皆斬之。」

什麼話?再勇猛的將領只要不聽命令照砍不誤。這說得是誰,誰不曉得是項羽呢?叔叔屍骨未寒,這酸儒就如此欺負項某。項羽的肺都要氣爆了!

宋義又派自己的兒子到齊國去做丞相。當時已經是初冬,天氣轉冷,連綿大雨,士卒飢寒交迫,宋某人卻在大營中飲酒高會。

士兵都在議論,這哪裡還是威行天下的江東鐵軍,有仗不打,卻在這裡喝西北風。

項羽和心腹商量說:「楚懷王的命令是北上救趙,宋將軍卻在這裡停留不進,軍糧快要耗盡,卻整天喝酒聊天,空談什麼運籌帷幄。秦國那麼

第四節　英雄雲集：在一個牧童旗下

強大，攻破新成立的趙國，怎麼會精疲力竭，有什麼機可乘？形勢嚴峻，不顧國事，鑽營私利的人，不配做上將軍！」

宋義耽誤軍機，的確該殺！當時范增在軍中做末將，項羽這件事，以范增與項家的交情，項羽應該就是和老范有所商量，然後行事。

第二天凌晨，項羽直奔宋義大營，說有事求見，不等士兵通報，他已大踏步闖入，宋義剛起床，正刷牙洗臉呢，項羽就走過來了，宋義斜斜地瞧見他把劍拔出來了。

「嘿，小子，幹嘛呢？」

「砍你！」

脖子上一涼快，宋義的首級，已然滾落帳下。

項羽提起宋義的首級，走出大營。將校們聽見動靜，都聚集到營前，項羽叫喊道：「宋義與齊國私通，謀叛楚國，我奉楚王命令，已把他斬首了。」

將校們你看看我，我瞧瞧你，心裡雪亮明白，宋義與齊私通這件事的真偽誰知道？不過大傢伙對這廝的不滿，也不是一兩天了，現在項羽出頭搞定，大家當然擁護！

於是有幾個老資格的將校就說：「這楚國本來就是項家建立起來的，現在魯公誅亂有功，應該代任上將軍，統轄全營。」

消息傳到彭城，懷王拍青大腿，後悔莫及，只能怪自己眼拙，這下是既得罪了項羽，又丟了兵權。也罷，只好將錯便錯，遣使傳命，委任項羽為上將軍。項羽得了名分，便正式上任，領著部隊前進，派英布等人渡河先行，作為前鋒。

這件事，發生在秦二世三年（西元前 207 年）十月，由於宋義的拖延，楚軍到達鉅鹿戰場時，已經是仲冬時節，氣溫越來越低，對於南方人為主

的楚軍來說，這無疑也是一個嚴峻的考驗，可見宋義的無謀。

至於西征的劉邦，這時正在河南、山東一帶從前的魏國領土上打轉。

十一月，項羽軍團的前鋒兩萬人，已經逼近鉅鹿戰場。

第五節 項羽劉邦：他們的人生大轉折

項梁時代，項羽和劉邦儼然雙子座，常常一同領兵出征，似乎項梁有意以劉邦的沉穩彌補項羽的猛烈。項梁死後，劉邦和項羽的關係還是挺不錯的。項羽曾經打算和劉邦一起去關中，只是懷王的盤算，把小項和老劉送往了兩個戰場。

在鉅鹿和關中，小項和老劉的人生發生了巨大的轉折，時勢和命運，一下子將這兩個人推到了歷史舞臺的前臺。

疑點之一：鉅鹿之戰，項羽一舉成名，但是他的成功，難道僅僅是憑藉一股子破釜沉舟的勇氣和一把子蠻力嗎？

疑點之二：劉邦和項羽一樣，也曾做過屠城的勾當。然而不知何時起，劉邦得了「寬厚仁義」的好名聲，令小項好生不解。那麼，劉邦的仁厚形象是如何樹立起來的？

一、鉅鹿一戰成就項羽千古英名！

項梁死後，章邯掉頭北上，攻打趙國，長城軍團王離的二十萬大軍，也終於抵達此處，與章邯的刑徒軍團會師。秦軍會師之後，大概有三十萬之多，兵強馬壯，很輕鬆地就攻下了趙國的都城邯鄲，張耳帶著趙王逃入城牆比較堅固、糧草儲備較多的鉅鹿。

第五節　項羽劉邦：他們的人生大轉折

章邯一口氣拆了邯鄲城，駐紮在鉅鹿南面的棘原（現河北平鄉西南），修築從漳水到鉅鹿的甬道，用於糧食輸送。秦軍的船隻，從遠處運來糧食，在漳水邊上岸，通過甬道，運到王離大營。

但這裡有一個疑問，章邯、王離為什麼不拿下鉅鹿？按章邯擊斬項梁，是去年的九月，等項羽趕到，已經是次年的十一月，秦曆以十月為歲首，所以相隔時間，是三個月，這三個月的時候，王離拿不下鉅鹿麼？鉅鹿又不是修築在懸崖峭壁上，不過城牆厚一點，豈有攻不下的道理！

可見，章邯、王離其實是圍而不攻，那麼這又是什麼緣故？我讀三國，曹操與馬超惡戰，馬超每來一支援軍，曹操都有喜色，眾將請問緣故，曹操說：「關中邊遠，若群賊各依險阻，征之非一二年不可平復；今皆來聚一處，其眾雖多，人心不一，易於離間，一舉可滅：吾故喜也。」

看來章邯也有此類想法，當時全國的起義軍分散各地，而秦朝的主力軍團，已經匯聚一處，若逐一征討，不免歲月蹉跎。不如引到鉅鹿城下，一舉殲滅。

所以，章邯、王離的策略，是圍城打援。

應該說，章邯、王離基本達到了他們的目的，各路起義軍，紛紛來援。首先是張耳的好朋友陳餘在常山（趙子龍的故鄉）一帶拼湊了幾萬人的部隊，張耳的兒子張敖，也從代郡招兵萬餘，兩支援軍駐紮在鉅鹿的北方。其次是齊國的田氏兄弟，以及燕、魏等國的部隊，這些軍隊應該說數量也不少，安營紮寨，結了十幾個營盤，但是害怕秦軍的威勢，不敢冒失，作壁上觀而已。

援軍不出擊，秦軍圍城打援的目的也一時無法達到，只好大家一起耗著。正所謂城外的人想進去，城裡的人想出來，名士張耳在鉅鹿城裡，可真是心急如焚，眼看著援軍來了，怎麼就乾瞪著眼看我們死啊！張耳有點怨恨好朋友陳餘了，別人見死不救他也就算了，你我是什麼交情，你也

忍心不救。張耳派了兩個人，一個張黶，一個陳澤，到陳餘軍營，催促出兵。

陳餘其實心裡也很難過，但是苦於兵力不足，冒失出擊，不但救不了張耳，自己小命也斷送於斯。張黶、陳澤的話頗為悲涼，事已如此，要死也要死在一塊，你又顧慮些什麼呢？二人問陳餘討了五千兵，徑向秦營殺去，全部戰死。

陳餘和張耳的友情確實是出自真心，但陳餘怕死也是真的，張耳也怕死，要不何必叫人來救。一同赴死的境界，陳餘沒有達到，張耳也達不到。做不到卻又抱有不切實際的期望，這就為二人翻臉、友情破滅埋下了伏筆。

這時項羽登場，和趙國的使者一碰面，項羽大概清楚了敵我雙方的懸殊對比，但他似乎沒放心上，他對趙使說：「回去告訴趙王，不要著急，某日某時，我會到城下與趙王和張丞相會晤的。」

送別趙使，項羽下令全軍渡河，到了對岸，鑿沉了渡船（或浮橋），砸了飯鍋子，每個大兵只帶了三天的便當，包括小項自己。這一戰，有進無退，勝者生，敗者死！語文老師告訴我們，這叫「破釜沉舟」。

當時，項羽軍團的前鋒兩萬人，已經在戰場上大顯身手，他們的目標是冗長而難以防守周全的秦軍糧道，經過不斷的騷擾戰和破襲戰，秦軍的糧食輸送出現了斷絕現象，這就直接影響了鉅鹿城下王離軍團的士氣。

於是項羽一路急行軍，猛虎下山般撲向長城軍團大營，當時秦軍騎兵在將領蘇角的帶領下去保護糧道了，王離的注意力在圍城，一時遇襲，難免慌亂，但是他畢竟是將門之後，他的部隊更是訓練有素、久經沙場的長城軍團，稍事調整，便轉變陣形，命將領涉間殿後，自己帶領大軍與項羽軍展開廝殺。

項羽的主力是五萬人，前鋒突擊二萬，總計七萬。長城軍團二十萬人，留下一部分繼續圍城，可戰的至少也應有十來萬，所以在人數上，應該多於項羽。另一支秦軍，章邯部隊，也有十萬之眾，趕來支援。這時候的各路援軍，在自己營中通通起床來，更有許多人攀著牆頭，睜大眼睛看著這一番惡鬥。

只見楚軍呈散兵攻擊陣形，與嚴密的秦軍軍陣攪在一起，楚軍人馬雖少，卻是以一當十，以十當百，秦兵雖多，卻擋不住項羽的來回衝擊，慢慢居然開始潰退，連主將章邯也喝止不住，被敗兵一起捲進了營寨。

當天的廝殺，直到日落，楚軍的驍勇，連慣稱虎狼的秦軍也嚇破膽，但是總以為楚軍只是一鼓作氣，不能持續。

沒想到次日凌晨，項羽帶著楚軍，早早起床用了早餐，大開營門，湧向秦營。所謂兵敗如山倒，秦軍節節敗退，一邊的觀眾，終於也忍耐不住，蜂擁而出，與秦軍殺成一團。

正當戰況激烈之時，蘇角率領數萬輕騎兵殺回來助陣，但是項羽的騎兵似乎更擅長於突擊，交戰之下，蘇角戰死，秦軍騎兵潰散。騎兵一敗，楚軍包抄突入秦軍中軍，居然將大將王離，生擒活捉。正如象棋的規則那樣，老將一被將死，全盤俱輸，王離被俘，秦軍土崩瓦解，鎮守大本營的將領涉間，目睹長城軍團的覆滅，陷入絕望的深淵，他點燃大火，自焚身亡。

會戰結束之後，項羽把他的臨時指揮部設立在秦將王離的大本營，邀請各路援軍將領前來開會，據說各國援軍將領全部跪在地上，用膝蓋行走到小項面前，誰都不敢抬頭看小項一眼。

一般總是認為項羽有勇無謀，但鉅鹿一戰，卻不是能用一個「勇」字解釋了，項羽至少在戰術上，表現出對斷糧戰術、騎兵突擊、散兵戰法三者的有機應用，打亂了秦軍部署，連續不斷的攻擊，終於使秦軍崩潰。

第二章　大秦崩塌：至剛而折的帝國命運

最後說一說張耳和陳餘這對冤家。被圍數月，張耳終於出來了，首先當然要謝謝人家，尤其是項羽。接著呢，接著就奔陳餘那裡去了。「我真是想不到小陳你也見死不救！」

陳餘當然解釋，但是哪裡解釋得清楚，再說怕死總是說不出口。

張耳問：「張黶陳澤二人在哪裡？」陳餘解釋張黶陳澤二人是戰死了。張耳不信，你不救我，他們怎麼戰死？

「確實是戰死的。」

「如何出戰？怎麼戰死？你如何不去救應？」

張耳嘮嘮叨叨，說個沒完沒了，陳餘百口莫辯，不覺動怒：「想不到你這麼怨恨我，那就請君把將印拿去吧！」

說著，便將印綬解下，放在茶几上。張耳一時沒反應過來，躊躇著沒接受。陳餘心裡難受，找個接口，起身如廁，出去透氣，也好平復一下心情。

這時張耳的一個門客小聲說了八個字：「天與不取，反受其咎。」張耳覺得有道理，取過印綬就佩帶起來。

陳餘本以為張耳會推辭不受，沒想到回來一看，老小子已經佩戴整齊，可見彼此友情，已經蕩然無存。當下陳餘心碎了無痕，帶著幾個隨從，飄然離去，從此散居河澤中，捕魚獵獸，自尋生活，曾經生死之交，如此只剩下綿綿無絕期的怨恨！

張耳和陳餘的翻臉，與其說權力的鬥爭，倒不如說是過分的期望落空帶來的巨大落差。當初，張耳和陳餘結交，發誓同生死，共患難，不論是張耳，還是陳餘都以為自己可以做到。可是真的面對生死困境，裡邊的張耳想，你陳餘為什麼不來救我？你為什麼不能與我同生死！外邊的陳餘卻想，我衝進去，豈不是白白送死？我為什麼要白白送死？

於是兩人終於發現，所謂同生死，共患難，原來只是一句空話。他們自以為堅固的情義，也不過一張薄紙，一捅就破！

二、劉邦的人生際遇

當項羽在鉅鹿與秦軍血戰之時，劉邦還在河南、山東交界處徘徊，要知道，秦國的主力部隊除了嶺南軍團，都聚集到了鉅鹿，劉邦所遇上的，無非地方部隊而已。

不過劉邦也沒白徘徊，結交了三位英傑。這三位英傑日後相繼加入他的隊伍，為劉氏集團的崛起提供了人才保證。

這第一位英傑，是山東好漢彭二爺彭越。

彭越是什麼人？他本是山東鉅野澤裡的漁民，後來落草為寇，當了強盜頭子。鉅野澤是什麼地方？鉅野澤就在今山東省鉅野縣北，古代這個地方是一個極大的湖泊，與濟水、泗水相連接的。宋代時，鉅野澤的南部乾涸為平地，北部成為梁山泊的一部分。所以論資排輩，彭越可以算是梁山好漢的祖師爺。

彭越落草一年多，天下已經亂得不可收拾，100多個阮小二般的水泊青年來找他，推舉他當領頭大哥。彭越推讓了一下，約好時間、地點，說好了日出相會。

這些青年懶散慣了，三三兩兩，拖拖拉拉，乃至有幾個到中午才到達約定地點。彭越說話了，我本不想當大哥，你們非要我當。我真的當了大哥，你們又不把我當大哥。現在遲到的人很多，我不能都殺了，就對不起最晚到的朋友了。說著就把最懶散的那位給斬首了。水泊青年們一看都害了怕，從此紀律嚴明，逐漸打造成為一支擅長游擊作戰的彭家軍。

彭越和後來的韓信一樣，是劉邦陣營中少有的能夠獨當一面的武將。

這第二位英傑，是高陽酒徒酈食其。酈食其的老家高陽，在今河南開封杞縣附近，所以他老人家可以算是傳說中的杞人，不過酈食其不杞人憂天，他樂觀開朗，外加嗜酒如命。酈食其來拜見劉邦的時候劉三正在在享受美人足浴，酈食其為了提升成功率，裝斯文說自己是個儒生。哪曉得劉邦一向看不起儒生，不屑一見。酈食其只好坦誠相見，老老實實地告訴保全說自己其實是個酒鬼，這才得到機會。進去一看，劉邦大模大樣地坐在那裡，讓兩個美女為他搓腳呢！酈食其做個長揖，說：「足下要是想推翻秦朝，就不應該如此怠慢長者。」

劉邦一聽，這酒鬼說不定還真有點本事，於是起來道了個歉，請他起來敘談敘談。

在酈食其的遊說下，劉邦兵不血刃，拿下了陳留縣。從此酈食其成為劉邦陣營中首席談判官，專事遊說。

這第三位英傑，就是前面章節多次提到過的秦漢之間第一帥哥兼軍師、韓國遺少張良張子房。張良當時帶著韓王成在潁川一帶打游擊，劉邦攻克潁川，是在這年的夏天，張良終於作出人生重大決定，輔佐劉邦。

於是劉邦請韓王成留守，自己和張良繼續西進。有了張子房參謀，劉邦的作戰思路開始清晰起來。「項羽以武勇聞名天下，我劉某人武鬥不行，文章寫不來，口辯一般，又沒有貴族血統，怎麼辦呢？」

張良告訴劉邦，你的形象就是八個字：「寬厚待人、仁義之師。」秦朝暴虐天下，所以百姓揭竿而起，你劉邦要贏得民心，就必須打仁厚旗號。而目前的首要任務，就是把劉邦的形象樹立起來。

劉邦恍然大悟。

第五節　項羽劉邦：他們的人生大轉折

三、劉邦的仁厚形象是如何樹立起來的？

劉邦的人生大轉折，終於到來。當然，這轉折不是一蹴而就的，細細品來，可分以下兩個階段：

第一個階段，是寬大處理降敵，順利入關。

這年的六月，劉邦推進到南陽郡，這是一座大城市，郡政府所在地宛城易守難攻。劉邦滅秦心切，見宛城一時難以攻取，打算繞過宛城繼續西進。被張良勸阻之後，從小路包抄，包圍宛城。

七月，南陽太守投降。劉邦採用陳恢的建議，對降敵寬大處理，不但沒有屠城，更封南陽太守為殷侯。這個消息在陝西、河南一帶不脛而走，流傳在秦朝那些人心惶惶的地方官耳中，收到了極好的效果。本來打算固守的城池紛紛起而效之，歸順仁義厚道的劉邦。

而這時恰好秦朝內部也發生劇變，由於趙高的猜忌，秦軍主將章邯投降項羽（項羽將二十萬降卒，全部坑殺，與劉邦對降敵的寬大處理，形成強烈對比）。接著，趙高發動宮廷政變，殺害二世，立子嬰為王（有自知之明，不再稱皇帝了）。子嬰再殺趙高，等到內亂平息，劉邦大軍，已經推進到關中，屯兵霸上，殺牛宰羊，餵飽將士，即將對秦都咸陽，發起最後的攻擊。

西元前 206 年，農曆乙未羊年的新年（十月），兩匹白馬拉著一輛喪事專用車緩慢地行進到咸陽城外的軹道，車上坐著一個年輕人，表情沉寂灰暗，脖子上套著一個繩索圈。這人就是末代秦王子嬰。子嬰從車上下來，心情自然是忐忑不安，但他也只能如同待宰牛羊，等候勝利者的處置罷了。

「殺了他，把首級獻給懷王。」劉邦看看張良，張良努努嘴，搖搖頭。

劉邦對眾將領說：「懷王當初指定我入關，就是因為我能寬容待人。

第二章　大秦崩塌：至剛而折的帝國命運

所謂殺降不降，我不能殺已經放下武器的敵人！」

於是把子嬰送到軍法處關押。劉邦的仁厚策略，終於引導劉邦推翻秦朝，取得正果。

古希臘的黑奴伊索為我們講述了一個北風與太陽的寓言：「北風與太陽兩方為誰的能量大相互爭論不休。他們決定，誰能使得行人脫下衣服，誰就勝利了。北風一開始就猛烈地刮，路上的行人緊緊裹住自己的衣服，風見此，颳得更猛。行人冷得發抖，便新增更多衣服。太陽把溫暖的陽光灑向行人，行人脫掉了新增的衣服，太陽接著把強烈陽光射向大地，行人們開始汗流浹背，脫光了衣服，跳到了河裡去洗澡。」這個故事意義很淺顯，真正運用時卻往往忘卻。像北風一樣選擇用強制力解決問題的人，似乎總是不少，尤其是那些身處上位的所謂強人。而劉邦，正是善用陽光的英雄。

第二個階段，是在咸陽宮裡終於抵抗住了享受誘惑。

劉禹錫有詩云：「百畝庭中半是苔，桃花淨盡菜花開；種桃道士歸何處，前度劉郎今又來。」這詩描繪的情景，與劉邦此時此刻的心境，倒是頗有幾分相似。當年劉邦是以平民身分來到咸陽，繁華景象，不由得東張西望，新奇、羨慕的程度，好比劉姥姥進大觀園。

時過境遷、物是人非，劉邦第二次來咸陽，卻是以勝利者的身分，騎著高頭大馬，趾高氣揚地進入城門。

杜牧作有《阿房宮賦》一篇，描述這秦朝宮殿的豪華奢侈。「二川溶溶，流入宮牆。五步一樓，十步一閣。廊腰縵回，簷牙高啄。各抱地勢，勾心鬥角，蜂房水渦，矗不知乎幾千萬落。長橋臥波，未云何龍？複道行空，不霽何虹？高低冥迷，不知西東。歌臺暖響，春光融融。舞殿冷袖，風雨淒淒。一日之內，一宮之間，而氣候不齊。」

第五節　項羽劉邦：他們的人生大轉折

再看這宮中如雲的美人：「妃嬪媵嬙，王子皇孫，辭樓下殿，輦來於秦。朝歌夜弦，為秦宮人。明星熒熒。開鏡也。綠雲擾擾，梳曉鬟也。渭流漲膩，棄脂水也。煙斜霧橫，焚椒蘭也。雷霆乍驚，宮車過也。轆轆遠聽，杳不知其所之也。一肌一容，盡態極妍。縵立遠視，而望幸焉，有不得見者三十六年。」

相比之下，家裡的老婆呂雉就是山雞比鳳凰，比都沒法比。雉本來就是山雞的意思嘛！劉邦走入秦宮內院，也來不及看那雕樓畫棟，曲榭迴廊，掀開那精工細巧的層層帷帳，繞過道道屏風，一班後宮佳麗，亭亭玉立，沛公看看這個，瞧瞧那個，哪裡還有心思出去。

「就在這裡歇息了吧！」

主帥如此，那些將領士卒就更是無法矜持了，一窩蜂般衝進帝國國庫，金銀珠寶，任君拾取。蕭何看著那些士兵，左手抱著絲綢，右手抓著金子，徘徊在咸陽的大街上，不禁搖頭。不過他馬上意識到自己有比嘆息更重要的事情要做，那就是相府裡的山川圖冊和戶籍文件等。想起此事，蕭何心中焦灼，帶著自己的侍從，直奔相府而去。

唐末黃巢入長安，明末李自成入北京，便是這般情景，如出一轍。戰場上九死一生，吃盡了苦頭，現在革命勝利了，還不許爺享受享受、快活快活？但恰恰是這種思想，足可以將前面的付出，一筆抹殺乾淨。黃巢、李自成的下場，便是典型的案例。

劉邦正在雲裡霧裡的時候，有人大呼小叫著進來攪局。此人正是他的妹夫樊噲：「沛公，你是想得到天下呢？還是做個富家翁就滿足呢！」

殺狗的屠夫，居然也說得出這樣的話麼？劉邦躺在美人腿上，這感覺太舒服了，舒服得有點不真實！樊噲說得對，可是我怎麼捨得離開……

攪局的不止樊噲，還有張良：「秦朝暴虐無道，所以才會亡國，沛公

也因此能夠到這裡。但是現在百廢待興，誰主天下，尚無定論！沛公怎麼能因為一時的貪圖享受，前功盡棄呢！」

劉邦覺得有點煩，你們說的道理都對，可是……劉邦摸摸美人細嫩白皙的小手，嘆了口氣，翻身起來，出了殿門，打道回營。

路上看見蕭何和侍從們大車小包地搬著秦朝的圖冊典籍。劉邦一瞧，心裡明白蕭何的苦心，暗叫慚愧。

第三個階段，是簡易施政、約法三章得人心。

十一月，劉邦在霸上開了一個座談會，參加會議的，除了本部的文武官員，還包括關中父老的代表，也就是那些鄉紳村官。劉邦先談了點國際形勢和自己的人生理想，特別強調了楚懷王對他的關心愛護和重用提拔。「懷王曾有約語，先入秦關，便可稱王，今我已入關中，當為秦王。」這是表明身分，那意思，雖然還沒有任命，但我當你們的老大，是八九不離十了。所以以後，你們就歸我管了。

接著，劉邦宣布了他的施政綱領，也就是著名的《約法三章》：「殺人者死，傷人及盜抵罪」。除此以外的雜苛秦法，一律廢除。凡官吏人民，統可安枕，不必驚惶！關中父老欣喜若狂，久聞沛公的部隊是仁義之師，原來並非虛妄！

大會開完，消息傳遍關中街舍鄉村，老百姓牽著牛羊，捧著美酒，端著佳餚，都到霸上來犒勞軍隊。劉邦笑容可掬地勸大傢伙回去，「軍中物資儲備充足，不勞煩各位鄉親了。」老百姓更是歡喜，這真是老百姓的隊伍啊，到底不一樣！

從此，劉邦仁厚愛人的品牌形象深入人心，秦人唯恐沛公不為秦王，即使後來劉邦被趕到漢中做王，關中百姓依舊懷念劉邦。民心，這成為劉邦爭奪天下的最大資本。

第三章
劉邦式勝利：項羽不服也只能輸！

被劉邦打敗，西楚霸王項羽是不服氣的，他在最後一戰前對部下說：「我起兵到今天已經八年了，親身經歷的大小戰鬥，七十餘次，沒有一次失敗的，所以能夠稱霸天下。但是今天卻被困於此，這是老天要亡我，不是我作戰不善啊！」

但項羽不服也不行，因為劉邦勝利了。劉邦為什麼能取勝呢？司馬路說：「項羽不停地打勝仗，但他的人卻越打越少！劉邦不停地打敗仗，但他的人卻越打越多！打天下打天下，難道天下真的是打出來的嗎？」

第一節　鴻門之宴：這頓飯吃得真尷尬！

因為入選高中國文課本的緣故，對於「鴻門宴」，我們絕不陌生！千古以來，人們從未停止對「鴻門宴」的熱議。不過說實在的，這其實只不過是一頓尷尬的飯局而已。

疑點之一：項伯是楚的左尹，這個職位相當尊貴。況且他又是項羽的叔叔，在項梁死後，他成了項羽唯一的叔父。至親至貴，項伯都沒有理由背叛自己的姪子項羽。劉邦究竟給了項伯什麼好處，讓這位項家大長輩在鴻門宴上如此袒護劉邦？

第三章　劉邦式勝利：項羽不服也只能輸！

疑點之二：鴻門宴上項羽不殺劉邦，被一些人認為是項羽人生最大敗筆，然而劉邦真的是鴻門宴的大贏家嗎？

一、當老實人項伯遇到貌似老實的劉邦

舉行鴻門宴的時候，已經是西元前 206 年的隆冬時節，項羽和劉邦都是南方人，對這種寒冷乾燥的氣候難免不太適應。

「吳縣這會不過是下點小雪花，河面上結點薄冰罷了，瞧這秦國冷得，士兵手指頭都紅腫紅腫的！」項羽在軍營中大步走著，跟身旁的亞父范增閒聊。

范老考慮的可不是士兵的手指頭，他看上去憂心忡忡。「貪財好色的劉邦這次進關中，財物無所取，婦女無所幸，他的志向，不可小看啊！」

項羽微微一笑：「亞父是不是有點多慮了？」

「不然，我曾經讓人觀察他的氣，都形成龍虎之狀，呈現五種顏色，這是天子的氣啊！一定要消滅他，不能錯過這個機會啊！」

項羽點點頭，雖然他對范增的話，頗有些不以為然，但是他對亞父一向敬重，況且劉邦的所作所為，的確讓他很生氣。

要不是當年叔叔項梁收留他，借兵給他，他劉邦能在起義軍中占據一席之地；要不是懷王存心排擠自己，他劉邦怎麼輪得上這西征軍主將的位置；要不是自己在鉅鹿一舉殲滅了秦軍主力，他劉邦怎麼進得了咸陽！但如今，項羽兵臨函谷關，他劉邦居然敢關閉關門，拒絕項家軍進入。這不是吃了豹子膽麼！項羽一聲令下，英布帶頭衝鋒，一口氣拿下了函谷關。

項羽推進到一條名為戲水的河邊，在鴻門安營下來，卻有前行探馬報告，說拿住了一個細作。

第一節　鴻門之宴：這頓飯吃得真尷尬！

「在下不是細作，而是沛公帳下左司馬曹無傷的部下，送一封書信給上將軍。」

項羽打開曹無傷的書信，信上說：「沛公欲王關中，使子嬰為相，珍寶盡有之。」

項羽大怒，立刻傳令，明天要用酒肉犒勞將士。

「無緣無故，為何犒勞將士？」項伯（項羽最小的叔父）問。

「鼓舞士氣，準備打仗！」

「打誰？」

「打劉邦。」

項伯心裡咯噔了一下，找了個藉口，換了件衣裳，焦灼地盼到天黑，騎了一匹快馬，直奔霸上而去。這霸上距離鴻門足有 20 多公里，項伯奔到目的地，氣喘得不行，劉邦軍營把門的還不讓他進去，說是軍事要地，閒人免入！

好不容易見到張良，把前後因果一說，項伯說：「趕快跟我走吧，不要跟劉邦玉石俱焚！」

張良一聽，此事非小，把項伯穩住，就去告訴劉邦。劉邦哎呀一聲，已然跌坐下去。「我的娘啊，這可怎麼辦喲！」

還是張良有主意，提醒劉邦說，現在最要緊的，是趕快跟項伯表明心跡，說絕無反叛項羽的意思。劉邦反應過來，問張良：「你怎麼跟項伯的關係怎麼這麼好？」

原來張良在彭浪沙一擊後，流亡楚地，正好項伯殺人，通緝在逃，張良利用自己的江湖關係，救了項伯一命，因此兩人成為生死之交。

於是劉邦託張良請求與項伯相見，項伯說：「嘿，我見他做甚，我是來救你張良的！」

第三章　劉邦式勝利：項羽不服也只能輸！

抵不上張良百般哀求，只好勉強與劉邦一見。這一會面，關係劉邦的生死存亡，劉邦決定將自己的本領充分施展出來。

劉邦先是問張良：「你和左尹（項伯的官職）年紀誰比較大？」

當張良說項伯年長時，劉邦馬上說：「那他就是我的大哥了！」

立刻斟了滿滿一爵酒，熱情地向項伯敬酒。「大哥，我一見你便覺得面善，這是不是大家常說的緣分哪！」

面對危機，劉邦毫無慌亂的跡象，這不由令項伯又疑惑又敬佩。「這個劉邦他不是一般人哪！」項伯暗想。

「大哥，我們一見如故，兄弟有個願望，不知道大哥意下如何？」項伯想他終於要提鴻門宴的事了。不曾想劉邦卻說：「大哥，不如你我結個親家，哈哈哈，高攀了……」

於是，與劉邦結為親家的項伯，在感情天平上完全倒向了劉邦，不知不覺地成為了劉邦安插在項家的一名「臥底」。

項伯是楚的左尹，這個職位相當尊貴。況且他又是項羽的叔叔，在項梁死後，他成了項羽唯一的叔父。至親至貴，項伯都沒有理由背叛自己的姪子項羽。但是事實上項伯卻不折不扣做了個洩漏軍機的叛徒，而且在此後的一系列事件中，或明或暗地偏向劉邦陣營。所以在項羽死後，項伯因為出賣姪子的功勞，被劉邦賜姓劉，封為射陽侯。

不過說起來項伯不是什麼壞人，他夜奔劉營，為的是拯救曾經的救命恩人張良，這無疑是知恩圖報的義舉。然而項伯的糟糕之處在於沒有充分的考慮好救人的同時如何維護本方的利益。他完全可以先編個謊言，把張良騙出來再說。可見項伯是個老實人，當老實人項伯遇到貌似老實的劉邦，這故事便有趣了。劉邦先是攀交情，後是結親家。這姻緣一結，項伯便真的把自己當成劉邦女兒的未來公公了！嘿，老實的項伯，就這樣一步

第一節　鴻門之宴：這頓飯吃得真尷尬！

步進入了劉邦的陣營。

結果呢，劉邦真的把女兒嫁給項伯的兒子嗎？劉邦與呂雉所生的魯元公主，後來嫁給了張耳的兒子——美男子張敖。是其他嬪妃所生的公主嗎？項伯的兒子叫項睢，好像沒聽說過他做了駙馬，相反，據說他犯了某罪，連父親的爵位也沒有繼承到。由此看來，劉邦和項伯結親家，不過是權宜之計，利用而已！可憐項伯這個老實人，信以為真，替劉邦做了整整三年的臥底。

二、這頓飯吃得真尷尬

項羽的大本營，設在鴻門。

天亮時分，劉邦打包好了禮物，由張良陪同，在一百多騎兵的護衛下，懷著忐忑的心情來到鴻門。劉邦親自上前：「軍士，請通報上將軍，劉邦求見。」

不一會有軍士傳沛公進營，劉邦和張良走入營門，只見兩列甲士，張目瞋視，刀槍劍戟，在早晨的陽光下寒光奪目，營盤軍旗，看上去連綿不絕，似有百萬之眾。原來，目前項羽帳下，除了楚軍，還包括各國諸侯的部隊，劉邦的老朋友、趙國的張耳，燕將臧荼、齊將田都以及幾位秦軍降將也都在項羽麾下，合起來的兵力，達四十萬之多。這樣強盛的陣容，如果真的攻打劉邦，那麼劉邦的十萬人馬，頃刻間土崩瓦解，不是不可能的事情。

說起來，在注視劉邦一行人進入的楚軍官兵中，就有時任郎中的韓信。

到了中軍帳，劉邦和張良進去，樊噲等就只好待在外頭待命。劉邦進帳一看，以前的好兄弟項羽自然是高高在上，兩邊各立一人，左邊一位他認識，是項伯，右一位他也熟，老頭子范增唄！看看這幾位的表情，項羽

第三章　劉邦式勝利：項羽不服也只能輸！

倒還好，范老夫子卻是黑著臉，一副不待見的樣子！沛公身在屋簷下，不得不低頭，拜了拜說：「臣與將軍戮力而攻秦，將軍戰河北，臣戰河南，然不自意能先入關破秦，得復見將軍於此。今者有小人之言，令將軍與臣有卻。」什麼意思？大意就是說自己一不小心先進了函谷關，推翻了秦朝。現在有小人挑撥離間，所以將軍有所誤會。

項羽可真有點秀逗，回答說：「此沛公左司馬曹無傷言之；不然，籍何以至此。」一句話就把曹無傷給賣了，可見叛徒不好做。

經過項伯事先的開導疏通，項羽的態度已經有所緩和，他要留劉邦在營中吃個便飯。這頓飯，本來是項羽攻打劉邦的動員宴會，即將變成鬥智鬥勇的千古第一奇宴，還真是出乎當事人的意料。

不一會酒菜備齊，賓主落座，項羽、項伯作為主角，面向東而坐；亞父面向南坐，劉邦作為主要客人，面向北坐；張良面向西陪坐。這個座位安排得有點意思，劉邦對面就是氣哼哼的范增，項羽對面則是機靈的張子房。

一開始的氣氛有點沉悶，正所謂各懷鬼胎，同席異夢。期間范增多次使眼色給項羽，項羽假裝沒看見。范增又舉起他所佩帶的玉玦向項羽示意了三回，「玦」與決心的決同音，這是讓項羽下決心動手，但項羽卻低頭喝酒，默默無語，還是沒有反應。亞父氣壞了，起來說是更衣（如廁），其實是外面去找一個人，誰？項羽的堂弟項莊。「上將軍心太軟，不忍下手。你進去上前敬酒，藉機請求舞劍助興，殺了劉邦。不然的話，你們這些人將來可就都成了他的俘虜！」

項莊素來敬重亞父，況且亞父說的確實有道理，所以雖然沒有項羽的將令，但還是依計行事。「事後向堂哥謝罪，他一定會原諒我的。」項莊想著，可就進了營帳。先向各位敬酒，敬酒完畢，對項羽說：「這樣喝悶酒多沒意思啊！」

第一節　鴻門之宴：這頓飯吃得真尷尬！

劉邦一聽，好啊，早該找幾個美女歌舞助興了，也來了興致。結果項莊說：「請允許末將舞劍。」項羽當然同意，劉邦有點失望，但好歹有甚於無。

於是項莊就拔出劍舞將起來，一開始他在中間舞，可舞著舞著就往劉邦那裡去了。張良一看這意思，心裡明白，這是不懷好意啊！可是張良不是武將，不能上場護駕。正在無奈之時，被劉氏迷魂湯灌得連自己姓都不記得的項伯也拔劍起舞。「一個人舞劍多沒意思啊，我來配合你一下！」

於是項伯常以身翼蔽沛公，莊不得擊。張良一瞧，這樣下去遲早要出事，也起來說是更衣，到了外頭，可就找到了樊噲。樊噲說：「飯吃得怎樣？」

張良說：「甚急。今者項莊拔劍舞，其意常在沛公也。」樊噲一聽就著急了，一手持劍，一手拿著盾牌，就往裡頭闖。這中軍帳外，可有兩個軍士，拿戟交叉著守衛軍門，樊噲側過身，拿盾牌一撞，把人撞翻在地，硬是闖了進去。

項羽正喝酒看舞劍呢，突然一個黑粗漢子揭開帷幕闖進來，面向西站立，直愣愣地瞪著項羽，頭毛直豎起來，眼眶睜大，似乎都要裂開了。項羽手握住劍柄，身體跪直，這時預備起身的姿勢：「什麼人？」

張良介紹說：「這是沛公的衛士樊噲。」

這可是危險萬分，如果項羽以擅闖大營的罪名將樊噲砍了，順便怪罪劉邦，劉邦這邊可真是前功盡棄。但是項羽這時偏偏起了憐香惜玉的念頭，原來項羽本身就是個力拔山兮氣蓋世的勇士，對勇猛型的壯士尤為欣賞（相反，對智謀型的人才就視如草芥，所以韓信始終不得志。）

於是項羽讚一聲說：「壯士！賞他一卮酒喝。」

所謂卮，是一種圓形的盛酒器，相當於現在的酒壺酒瓶。項羽命人給

樊噲一卮酒喝，等於現在叫人「把這瓶啤酒乾了」，這是試他的酒量，也與樊噲的身分相符。

項羽、劉邦、張良，用的是專用的飲酒器爵，相當於現代的高腳酒杯，前有傾酒的流槽，後有尖銳狀尾，中為杯，一側有鋬，下有三足，流與杯口之際有柱。有身分的人喝酒，一般都用這個。

酒若涼了，就要溫酒，人生如夢，一樽還酹江月！蘇東坡用的樽，就是一種溫酒器。

樊噲喝下這一卮酒，會說出怎樣一席驚人話語來呢？

三、誰是鴻門宴的真正贏家？

樊噲站在那裡，一口氣就把一卮酒給喝了。項羽又讓人給他一隻豬腿。左右氣他不請自來，給他一隻半生不熟的豬腿。樊噲把盾牌反扣在地上，把豬腿放在盾牌上，拔出劍旁若無人地切著大吃大嚼起來。

項羽更加欣賞了，說：「壯士！還能再喝點酒嗎？」

樊噲把豬肉嚥下去說：「臣死且不避，卮酒安足辭！夫秦王有虎狼之心，殺人如不能舉，刑人如恐不勝，天下皆叛之。懷王與諸將約曰，先破秦入咸陽者王之。今沛公先破秦入咸陽，豪毛不敢有所近，封閉宮室，還軍霸上，以待大王來。故遣將守關者，備他盜出入與非常也。勞苦而功高如此，未有封侯之賞，而聽細說，欲誅有功之人。此亡秦之續耳，竊為大王不取也。」

這一大攤話說得是什麼？三層意思：我死都不怕，還會怕喝酒嗎？（這是為下面的話鋪陳）。從前秦朝暴虐，所以天下背叛。（這是告訴項羽，別學秦朝）劉邦攻下咸陽，不敢自己享受，關閉宮室，等待項羽到來，至於派兵把守函谷關，是為了防備盜賊。項羽卻不但不念劉邦的好，還要殺

第一節　鴻門之宴：這頓飯吃得真尷尬！

他。（這是為劉邦鳴不平）

別看樊噲屠夫出身，說話思路清晰，一絲不亂，不是一般人啊。（當然，也有可能是張良的事先交代。）結果項羽無言以對，便給樊噲賜座，就挨著張良坐下。

其實這些話，劉邦自己也可以說，但是從樊噲口中說出來，更容易讓項羽接受。當然這未必是事先安排。劉邦的本來打算可能是待氣氛比較友好的時候，自己或是張良說這些話，如果項羽接受，接把禮物獻上，歡喜收場。

經樊噲這一鬧，舞劍自然就停下了。大家坐著聊了一會兒，劉邦也起來說是更衣，樊噲也跟著一塊出去。到了外頭，劉邦就打算溜號了！

只是不辭而別，有點失禮。樊噲說：「大行不顧細謹，大禮不辭小讓。現在人家是切肉的刀和砧板，我們是砧板上的魚和肉，還告哪門子辭呢？」

於是決定閃人，讓張良留下（原來張良方才更衣，到現在還沒進去，此刻營帳裡是劉邦方面的人一個沒有，光項家叔伯兄弟和一個生悶氣的范增。）

那車馬和一百騎兵也不要了，免得驚動楚軍，劉邦和樊噲、夏侯嬰、靳強、紀信四個人，從鴻門到霸上，走大路要四十里地，劉邦他們順著驪山腳下，取道芷陽，抄小路徒步逃走。這條路，差不多二十里。《春秋‧穀梁傳》記載說：「古者，三百步一里，名曰井田。井田者，九百畝，公田居一。」一市里約為五百公尺。所以粗略地算起來，劉邦差不多跑了個一萬公尺。

估算著劉邦已經到達大本營，張良這才進去辭謝，說：「沛公不勝酒力，已經醉了，不能前來告辭。這是他獻給上將軍的禮物，一對白玉璧。還有一對玉杯，敬獻給亞父！」

第三章　劉邦式勝利：項羽不服也只能輸！

項羽接受了禮物，把白玉璧放到座位上。范增心裡窩火，正無處發洩，拿過玉杯，丟在地上，拔出劍一頓亂砍，「唉！豎子不足與謀。奪項王天下者，必沛公也，吾屬今為之虜矣。」

豎子，意思是臭小子，這是罵項羽呢！項羽聽了自然不高興，撇下老頭，自己拿著那一對白玉璧，進後營找虞姬去了。

劉邦回到軍營，立即殺掉了倒楣的曹無傷。

鴻門宴到此結束，一般認為，項羽在宴席上不殺劉邦，是千古大錯。把鴻門宴當作是劉項鬥爭成敗前途的重大預兆和轉折，是一種主流觀點。

既然如此，我們不妨聊聊，究竟誰是鴻門宴事件的勝利者。

首先，我們看看鴻門宴前後雙方的主從關係。劉邦這支部隊，遠說起來，是項梁贊助拉起來的隊伍，近說起來，是楚懷王委任的西路軍。他和項羽的北伐軍，同為楚國的軍隊，從這一點來說，雙方是平等的兄弟部隊。從爵位看，劉邦是沛公，項羽是魯公，似乎也是平等的。但是劉邦這個沛公是自封的，楚懷王給他的爵位，實際上是武安侯，官職是碭郡長。而項羽的公爵，卻是楚懷王所封，他的官職則是上將軍，也是楚懷王追認的。所以，無論從親疏、貴卑，項羽在楚國的地位高於劉邦，毫無疑問。

但是劉邦封閉函谷關的行為，卻是對項羽地位的挑戰。鴻門宴上，樊噲為劉邦的辯護，以及劉邦本人的行為，都是為了修復與項羽的關係，也就是說，恢復與項羽的主從關係。從這一點看，應該說，項羽還是勝利者。

再來說說鴻門宴前後雙方的強弱關係。樊噲所說：「人為刀俎，我為魚肉」，這句話所形容的，不僅僅是宴會上的形勢，也是這一時期劉項軍事力量對比的恰當比喻。這種懸殊對比，在鴻門宴之後，毫無改變，項羽在鴻門宴上可以殺劉邦，在鴻門宴後直到劉邦到漢中做漢王之前這段時間

裡面，項羽也可以輕而易舉地消滅劉邦。

這一點，蕭何有深刻的認知，當劉邦為被封漢中煩惱時，蕭何說了句話：「雖然去漢中當王，總比死好吧。」於是劉邦乖乖地去了漢中。從這一點看，應該說，項羽也是勝利者。

最後談談對革命果實的分配問題。鴻門宴之前，劉邦封閉函谷關，拒絕項羽進入，無非就是想獨占關中這個革命果實。鴻門宴之後，劉邦得到關中的支配權了嗎？當然沒有。項羽一把火燒了秦宮，殺了投降的秦王子嬰，又把關中切成三塊，劉邦愣是一塊沒撈到。從這一點看，劉邦是勝利者嗎？

不過有一點是可以肯定的，劉邦在鴻門宴上保住了性命，所謂留得青山在，不怕沒柴燒。

第二節　西楚霸王：項羽如何自毀形象？

項羽曾經是諸侯聯軍事實上的統帥，鉅鹿之戰的英雄，推翻暴秦的第一功臣。諸侯們對他既尊敬又害怕。然而曾幾何時，項羽又成了四方諸侯口中的暴徒、眼中釘，殺害君上的凶手、荼毒天下的獨夫，項羽的形象何以如此急轉直下，更要命的是，項羽的形象敗壞，幾乎完全是他自我摧毀的結果。

疑點之一：關中地形險要，阻山河四塞，土地肥饒，是帝王之鄉。有個姓韓的人去見項羽，建議他定都關中。這本是上策，但是項羽不但不聽，相反還處死了韓生。項羽為什麼不肯定都關中？

疑點之二：項羽分封諸侯，看上去就像一個孩童，在地圖上隨意塗鴉。難怪後世許多人批評項羽的這次分封是毫無政治頭腦的愚蠢行為。但

是，項羽分封諸王真的是隨意塗鴉之作嗎？

疑點之三：楚懷王（義帝）羋心是項家扶立起來的，這一點人所共知，楚軍的主力，是項家軍，這也是人所共知。然而羋心和項羽的矛盾，終於鬧到了翻臉的地步。但是，項羽為什麼一定要殺害義帝羋心呢？

一、項羽無天下之志

話說從前有個國王喜好猴子，於是就有人投其所好，訓練猴子像人一樣跪拜、坐、立、轉身、鞠躬，再為猴子戴上人的帽子，穿上人的衣服。嘿，這麼一打扮，再瞧瞧這猴子，斯文大方，舉止得體，簡直比人還像幾分人。馴養師一看，不錯，可以獻給國王了。國王一看，樂不可支，太絕了。「賜甜酒一杯！」

猴子不慌不忙，鞠個躬，謝了皇恩，用那毛茸茸的爪子接了酒杯，瞧瞧馴養師，舉起杯子一口就把酒給乾了，然後舔那空杯子。國王更樂了，再為牠滿上。糟了，這猴子連喝了數杯，可就醉了，這一醉就暴露了原形，跳起來翻了個觔斗，摔碎了酒杯，又撕裂了衣裳，不顧斯文地手腳並用，攀著欄杆一躍而出，逃走了。

諸如此類猴子的寓言，廣泛流傳在東方和南方的諸侯國，主旨無非是說，猴子總歸是猴子，戴上帽子也成不了人！所謂「沐猴而冠」，正是這個道理。

項羽入關的時候，有個姓韓的人去見項羽，建議他定都關中。道理很充足，關中地形險要，阻山河四塞，土地肥饒，是帝王之鄉。結果項羽沒採納這個很正確的意見。韓生不太高興，有點牢騷，說了句很得罪人的話：「人言楚人沐猴而冠耳，果然。」

這是把項羽比作不成器的猴子了。其實早就有人罵項羽不成器。

第二節　西楚霸王：項羽如何自毀形象？

「唉！豎子不足與謀。」豎子，是罵人的話，接近臭小子、小癟三的意思。但人家范增是亞父，項羽聽著不爽也只好當耳邊風，你韓生一個一沒文憑二沒介紹信三沒靠山單憑一張嘴混飯吃的書生，也敢罵項羽？項羽一揮手，韓生可就立刻被扔進了小耳朵給烹了。

韓生雖死，楚人沐猴而冠的言論卻流傳不滅。那麼，項羽是不是個沐猴呢？韓生提出的定都關中的建議，項羽究竟該不該採納。

反覆思索這個問題，發現解密的關鍵在於兩個字：「志向！」

項羽若有天下之志，就應該採納韓生的意見，定都咸陽，龍蟠關中，虎視東方。但事實很明顯，項羽並無做皇帝的意向，他一進咸陽，就殺了末代秦王子嬰，又一把火燒了秦宮室，若是想做皇帝，他就該給自己留幾間住住，起碼換成劉邦，就絕對捨不得燒哪怕一間房。「敗家啊，多好的房子啊，我老劉哪蓋過這麼闊氣的宅子啊！」

項羽是破落的楚國貴族後裔，絕沒有農民兒子劉邦的憐香惜玉，況且秦的宮殿越豪華奢侈，越容易勾起項羽的亡國之恨。「可惡啊，當年白起攻破我大楚的郢都，火燒夷陵的先王陵墓，今天我項羽也讓你們嘗嘗火燒的滋味！」

就是一般的六國出身的戰士，也會因痛恨秦皇帝的暴虐而遷怒代表秦朝做威作福的宮廷，快意於這一把火。當富麗堂皇的巴比倫毀滅，猶太人歌唱道：「大巴比倫傾倒了！傾倒了！成了鬼的居所，和各樣汙穢之靈的巢穴，並各樣汙穢可恨之鳥的巢穴。」六國人對秦的痛恨，正猶如猶太人對巴比倫的憎惡。

所以項羽放這一把大火，意在洩憤。一個志在天下的政治家，是不會在這樣的時刻做匹夫洩憤之舉的。項羽的舉動，恰好與劉邦的寬容形成巨大的反差，對比之下，關中的百姓，對於項羽，有太多的失望和不滿。

宮室已經成為廢墟，民心不再依附，再加上屠殺秦軍降卒二十萬的心

第三章　劉邦式勝利：項羽不服也只能輸！

理陰影，使項羽絕無留在關中的可能。所以項羽說出了這樣的話：「人富貴了，不回故鄉，好比穿著錦繡衣服在黑夜裡走，誰看得見！」

項羽無心天下，只滿足於做家鄉——楚國的一方霸主的心意，至此明瞭無疑。

二、項羽分封諸王是隨意塗鴉之作嗎？

那麼，我們就從項羽的這個心願，審視他的作為。他先是排斥了懷王，將其流放湖南郴州。關於這其中的恩怨曲折，另有專題論述，暫且不表。

懷王一去，項羽就自稱西楚霸王，成了楚國的正統，定都彭城，擁有江蘇、浙江以及河南、安徽的一部分土地。

很多人對項羽的這個稱號「西楚霸王」不解，所謂三楚，「淮北沛郡與陳郡、汝南、南郡，為西楚。彭城以東，東海、吳、廣陵一帶，為東楚。衡山、九江、江南、豫章、長沙一帶為南楚。」從方位看，東楚在江淮以東，南楚在江淮以南，而西楚，可以說是江淮以北，也可以說是以西，但楚人通常以北指中原，所以習慣上稱為西楚。

項羽自己不要關中，卻也曉得關中的重要，不願意給劉邦（可見韓生的話其實他是理解的）。他把從前秦國的本土切分為四塊，三塊在關中，分別給了有恩項家的司馬欣、降將章邯和勸說章邯投降的董翳。巴蜀漢中那一塊，給了劉邦。

項羽的用意是要用章邯等三位秦人把外來人劉邦封鎖在秦嶺以南，老死異鄉。可見此人也並非全然莽夫，對劉邦的戒心，並沒有解除。

其他土地的處置，完全遵循一個原則，那就是跟隨項羽打仗、為革命立過功的將領們，得到了最好的土地，而原來的諸侯王，通通安排到了荒僻的角落。前一類人，有河南王申陽、殷王司馬卬、趙王張耳、九江王黥

第二節　西楚霸王：項羽如何自毀形象？

布、衡山王吳芮、臨江王共敖、燕王臧荼、齊王田都、濟北王田安等。後一類人，有代王歇（原趙王）、遼東王韓廣（原燕王）、膠東王田市（原齊王）等。

後世多批評項羽的這次分封是毫無政治頭腦的愚蠢行為。的確，項羽的分封看似就像一個孩童在地圖上隨意塗鴉。但是仔細揣摩項羽的用意，其實他是在樹立自己的權威，提拔自己人以鞏固勢力而已！所謂一朝天子一朝臣。項羽這樣做，其實別人也這樣做。為什麼別人都在做的事情，項羽做了就招來那麼多罵呢？

原因很簡單，項羽沒做成功。也不是都不成功，燕地的替代就很順利，不服帖的遼東王韓廣乾脆讓臧荼給滅了。南方也基本順利。

紕漏出在三個環節。首先是齊，齊國的實權人物田榮不讓齊王去膠東，毅然與項羽對抗，齊王田市害怕項羽，偷偷去了膠東。「我可沒惹你，項王，都是田榮在搞鬼。」田榮大怒，殺了齊王田市，自己做齊王，又擊退田都，斬殺田安，儼然統一了齊國。田榮還聯繫游擊戰強者彭越，讓他在梁地造反。

其次是趙國，張耳從前的好朋友、現在的仇人陳餘聯合了田榮，趕跑了張耳，把原來的趙王歇接回了祖國。張耳雖然得到項羽賞識，卻不給項羽面子，去投奔了劉邦。可見項羽拉攏張耳、冷落陳餘的做法多麼糟糕。

最後一個環節，是關中，這是最嚴重的紕漏。

三、項羽為什麼殺害義帝？

在分封之前，項羽向楚懷王芈心請示，該封誰當關中的王？按說有約在先，先入關中者為王，劉邦是當然的人選，項羽無須再作請示。但是項羽還是鄭重其事地向楚懷王芈心請示，顯然是有所考慮。項羽的目的其實

第三章　劉邦式勝利：項羽不服也只能輸！

很簡單，他不希望劉邦留在關中，但他也不想直接動手趕人。最好的設想，是以楚懷王芈心的名義，將劉邦排斥出去。

這是項羽最後一次企求芈心的合作，對於芈心來說，他和項羽的君臣關係已經非常糟糕，這也是修復關係的一次機會。但是芈心只說了兩個字：「如約！」

君無戲言，堂堂楚懷王，怎麼能食言呢！芈心的堅持很誠信，也很義氣，但是這個回答，無論對於劉邦，還是芈心本人，都有害無利。對劉邦來說，芈心的堅持不會讓他真的當上關中王，因為芈心說了根本不算！相反，因為芈心的堅持，項羽更加對劉邦不滿，排斥得更厲害！對芈心本人來說，既不能真的如約，又失去了與項羽修復關係的最後一次機會。項羽本來就對芈心不滿，現在更加憤怒了。

西元前206年，春正月，項羽尊稱楚懷王芈心為義帝，聽上去好像提升了一個等級，其實是流放，項羽給芈心指定的領地在長江以南當時的蠻荒之地，首都在郴（今湖南郴州）。芈心當然不願意去那種地方，一個字，拖！

芈心拖項羽就催，芈心左右一看大勢不妙，一個個全找藉口溜之大吉，各奔前程。拖到了第二年冬天，芈心無奈，只好上了船，溯長江而上，就在船上，被刺客暗殺！

芈心從一個牧羊娃到一國之君楚懷王，完全是因為他的血統，一無才能，二無兵力，三無財勢，芈心的三無背景使他只能作為一個傀儡存在。

如果芈心甘心做一個傀儡，以項羽的個性，未必下場如此悲慘。問題是傳統社會之中哪一個君主能心甘情願地做傀儡？從芈心到漢獻帝，這些傀儡君主總想擺脫控制，做真正的九五之尊。但是沒有實力，焉能成功？

芈心的悲劇，開始於項梁死後。芈心是項家扶立起來的，這一點人所共知，楚軍的主力，是項家軍，這也是人所共知。芈心重用宋義和項家系

第二節　西楚霸王：項羽如何自毀形象？

列中的雜牌軍劉邦，壓制項家嫡系的項羽，用意太過明顯，無非是要減少項家在軍中的權威和影響力。但是項羽不甘受壓迫，殺了宋義，奪回兵權，在鉅鹿打敗了秦軍主力，挽救了革命挽救了趙國，卻讓芈心的希望成為泡影。等到項羽威震天下，芈心卻還抱著「君無戲言」的楚懷王架子，拒絕合作。項羽的惱怒，可想而知。於是新仇舊恨，來個總算帳！

但是殺害芈心，對於項羽來說，實在又是損人不利己的敗筆！芈心雖然對你不好，但流放江南之後，他的存在已經如無害的螻蟻，為什麼還要非置他於死地不可呢？劉邦後來討伐項羽，揭露項羽的十大罪狀，其中與義帝直接或間接有關的多達九條。

第一罪：懷王說先入定關中者王之，項羽卻違背義帝命令，負約王我於蜀漢。第二罪：違背義帝命令，矯殺卿子冠軍宋義。第三罪：沒有懷王命令，擅自入關。第四罪：懷王約入秦無暴掠，項羽燒秦宮室，掘始皇帝塚，私收其財物，第五罪：沒有懷王命令，擅自殺害秦降王子嬰。第六罪：沒有懷王命令，擅自坑殺秦子弟兵二十萬。第七罪：無關。第八罪：把義帝趕出彭城……第九罪：殺害義帝。第十罪：人臣而弒其主，大逆無道（還是重複第九罪）

可見項羽在義帝問題的處置不妥當，成為了政治道德上的一大汙點，在戰爭中屢屢成為敵對勢力的攻擊軟肋。但是項羽為什麼非要殺掉義帝不可呢？道理說白了就很簡單，義帝本身沒什麼實力，卻是劉邦、田榮他們反對項羽的一面好旗幟。如果劉邦打起「擁戴義帝，打倒項羽」的旗號，沒準還真有不少人響應。項羽殺害義帝是在西元前 205 年冬天，當時劉邦的軍隊已經暗度陳倉，奪取了大半個關中。而田榮也在山東扯起了反項大旗。當此危急時刻，擔心後院起火的項羽只能痛下殺手。

第三節　兩線作戰：楚霸王有苦難言

項羽的天下霸權一開始就沒有穩固根基，很快四處起火，東方的田榮、北方的陳餘、西方的劉邦，先後起兵，尤其是田榮和劉邦，一個在東，一個在西，西楚霸王項羽兩線作戰，疲於奔命，真是有苦難言！

疑點之一：項羽手下本不缺人才，劉邦的隊伍倒是很薄弱，但是張良、彭越、韓信、陳平等這些人卻相繼投奔漢營。為什麼楚漢相爭時期，楚營的人才不斷流失，而漢營卻越來越興旺？

疑點之二：楚漢戰爭初期，劉邦從漢中打到關中，甚至攻陷了項羽的大本營彭城，而這個過程中，漢軍始終沒有遇上項羽的主力部隊。那麼，項羽的主力部隊去了哪裡？

一、漢王劉邦

劉邦聽說項羽把他發配到漢中去做王，涵養再好也忍不住發了一通脾氣，好在蕭何及時進行了心理疏導，劉邦終於可以面對現實。

張良來向劉邦告別，他要回韓國去了。劉邦當然戀戀不捨，拉著張子房的手，說了些肉麻的話，最後送給小張 2,400 兩黃金、兩斗珍珠，作為離別的禮物。張良把這些禮物送給了項伯，項伯心安理得地接受了。

到西元前 206 年夏天，各位諸侯王開始帶著部隊開赴項羽為他們指定的領地，劉邦自然要去漢中。漢中，那是什麼地方？劉邦的部下一大半是楚人，壓根就沒聽說過有漢中這地方。

其實漢中也曾屬於楚國。楚懷王十七年春，秦楚丹陽大戰中楚軍大敗，漢中淪陷，從此成為秦國領土。漢中北倚巍峨秦嶺、南屏蒼莽巴山，中部是富饒的盆地糧倉。四季分明、氣候溫潤、冬無嚴寒、夏無酷暑，比

起嶺北的北國風光，儼然一處小江南，實在是不錯的地方。

但是漢中與中原交通太過不便，以至於中原人視去漢中為可畏懼的旅途。沿著棧道向漢中推進的時候，劉邦的許多部下更是傻了眼。

張良送劉邦一直送到褒中（漢中西北），臨告別時又和劉邦咬耳朵說：「把棧道燒了！」

「啊，燒了我怎麼回去？」

但劉邦畢竟是聰明人，很快反應過來，下令邊走邊燒，這棧道修起來困難燒起來可快，一會功夫可就化做濃煙，在山谷中又散開為一縷縷淡霧。

劉邦燒掉棧道的消息傳到關中，章邯等人都鬆了一口氣，劉邦看來是真的打算在山那邊養老了。

但劉邦的部下也被劉邦的舉動迷惑了，看來漢王真的打算在這裡長住了！有人就打起了小算盤：「徐州老家還有蘭妹子等著我呢！漢王不走，我可得走。」

於是開始有人溜號，有士兵，也有軍官。史書記載說，「至南鄭，諸將及士卒多道亡歸，士卒皆歌思東歸。」可見主要是思鄉病害的。

劉邦也漸漸地消沉下來，醇酒加美人，一杯又一杯……直到有人告訴他說：「丞相蕭何也跑了！」

劉邦大吃一驚，一直以來，蕭何就好像他的左右手，現在居然連他也跑路了。劉邦的心情，愈加低落。

好在兩天後，蕭何回來了，劉邦又是高興又是生氣，捏著老蕭的手臂說：「你為什麼也要逃走？」說著委屈的淚水都快要下來了。

蕭何解釋說：「臣不是要逃跑，臣是追逃跑的人！」

劉邦一樂：「你這是去追哪個啊？」

蕭何說出一個人名：「韓信！」

劉邦一聽又不樂意了，「你這是逗我玩呢？追韓信，逃跑的將領有幾十個，你不追他們！去追韓信？」

蕭何表情嚴肅，「那些個將領都是平庸貨色，只有韓信，稱得上是國士無雙。漢王要是打算在漢中養老就算了。想要和項羽爭奪天下，非韓信不可！」

劉邦嘆一口氣，哪能在這裡窩囊一輩子呢？揮揮手說：「把韓信喊過來，讓他做個將領好了！」

蕭何不動。劉邦會意，這是嫌棄官職小：「那就大將軍！」

「好啊！」蕭何說，「不過漢王一向怠慢少禮，現在任命大將軍好像招呼個小娃娃似的。韓信這種人，漢王必須擇良日，齋戒，設壇場，鄭重其事，這樣才可以呢！」

劉邦想了想，有點不樂意，但看看蕭何認真的樣子，終於答應下來。於是挑了個黃道吉日，搭起了臺子，難得隆重的場面，整個漢中都驚動了。

劉邦洗了澡，上了臺，司儀一喊話，大家才曉得原來是要拜將。好些人都以為是自己，這胸脯挺得高高的！

二、韓信分析項劉優劣

《淮陰侯列傳》記載：「諸將皆喜，人人各自以為得大將。至拜大將，乃韓信也，一軍皆驚。」劉邦突然決定拜名不見經傳的韓信為大將，令一班宿將驚訝不已。

「韓信是誰？」樊噲、周勃、曹參等一夥人抬起頭來，眼睜睜地瞧著一個身材高大但看上去不甚壯實的年輕人走上臺去！

第三節　兩線作戰：楚霸王有苦難言

當劉邦進入漢中，人人思歸的時候，韓信從項羽手下辭職，來到了劉邦陣營。可惜也不受重視，擔任的職務是連敖，具體的職責，一般認為就是個糧倉管理員，頂多也就是個倉庫長。

「我到這山溝裡就是為了幫你們管倉庫啊？」韓信這個氣啊！

但是還有更倒楣的，不知道犯了什麼法，韓信被五花大綁，送上了刑場，將要斬首。看著前面幾個人的頭顱落地，韓信這個後悔，沒事做到這疙瘩來找死啊！抬頭看見監斬官夏侯嬰（劉邦的車伕），韓信鼓起勇氣叫喊道：「漢王不想爭奪天下了嗎？為什麼殺壯士！」

夏侯嬰一看這小夥，相貌堂堂，氣宇軒昂，坐下來一談，就更佩服這小夥了，推薦給劉邦。

劉邦說，「好啊，那就提拔他做治粟都尉吧！」

治粟都尉，這是個什麼官職？就是管理糧餉的後勤處長，也算是個肥差了，但韓信志不在此，於是他在一個月黑風高夜逃走（所謂月下追韓信純屬杜撰）。

京劇裡有個曲目〈蕭何月下追韓信〉，裡頭一段蕭何的唸白，雖然是曲藝的虛構，卻為這一歷史瞬間作了絕好的注釋。

「三生有幸，天降下擎天柱保定乾坤，全憑著韜和略將我點醒，我也曾連三本保薦與漢君，他說你出身微賤不肯重用，那時節怒惱將軍，跨下了戰馬，身背著寶劍出了東門，我蕭何聞此言雷轟頭頂，顧不得山又高，水又深，山高水深，路途遙遠，我忍飢挨餓來尋將軍，望將軍你還念我蕭何的情分，望將軍且息怒，暫吞聲，你莫發雷霆，隨我蕭何轉回程，大丈夫要三思而行。」

所謂「理解萬歲」，韓信被蕭何的話語打動，跟隨他回到漢中。蕭何再去勸說劉邦，終於說服劉邦，拜韓信為大將。

第三章　劉邦式勝利：項羽不服也只能輸！

此刻拜將完畢，劉邦和韓信坐下來攀談，劉邦說：「丞相那麼誇讚將軍你，將軍說說當下本王該怎麼辦吧？」

韓信謙虛了一下，說：「漢王自比項王如何？」

劉邦自嘆不如。於是，韓信對項羽和劉邦做了一番分析對比。

韓信回憶說：「項羽這個人啊，對底下人蠻客氣的，說話也蠻和氣，有人生病了，他也會傷心落淚表示同情！」

韓信隨即指出，項羽和劉邦，各有自己的仁勇之道。項羽的勇氣，是個人的武勇，項羽的仁，是婦人之仁。而劉邦的勇，是集體的武勇，劉邦的的仁，是君王之仁。

因此，韓信認為，劉邦有充分的能力和資本與項羽爭奪天下，「大王舉而東，三秦可傳檄而定也」。

劉邦大喜。

項羽和劉邦的這種差別，反映在人才管理上，就是西楚陣營的人才凋敝和劉邦陣營的人才濟濟。項羽手下不是沒有人才，但是項羽不能放手使用，范增就是一個很好的例子，韓信、陳平、鍾離眛等也情況雷同。項羽所用之人，無非親戚同鄉、故舊恩人，如叔叔項伯官居左尹，曾經對項梁有恩的曹咎官居大司馬，以及他個人偏好的猛將力士，如英布、龍且之輩。

而劉邦的隊伍本來很薄弱，但是因為劉邦能用人，無論酒鬼（如酈食其）、降虜（如陳平），大體上都能量材使用。即便是劉邦最不喜歡的儒生，或者是敵對陣營中不得志的人，只要你有本事，劉邦不管你的有無關係，來者不拒。因此劉邦的陣營越打越多越強，就是因為這個緣故！

第三節　兩線作戰：楚霸王有苦難言

三、從陳倉到彭城

　　漢王元年，即西元前 206 年，八月，正是秋高氣爽的季節。根據情報人員的報告，田榮、彭越在山東起兵後，項羽派了一員部將帶兵討伐，卻被彭越擊敗，所以項羽清點人馬，即將親征田榮、彭越，因此，這正是劉邦出手的好時機。

　　但是不管是劉邦，還是韓信，面對從前的主家、威震天下的西楚霸王項羽，真的要撕破臉皮與他一決雌雄，逐鹿天下，還真是有點戰戰兢兢、惴惴不安！

　　對於劉邦來說，眼前的困難有兩條，一是通往關中的棧道已經被他自己一把火燒了，二是秦嶺那邊有章邯堵截。劉邦想到這兩點，這臉就成了苦瓜。

　　劉邦的苦惱，恰是秦嶺那邊章邯的愜意，這連綿的山脈，燒毀的棧道，一時半會是修不好也過不來的！再說即便你提前修好了棧道，我章邯的大軍以逸待勞，又占著主場地利人和的優勢，勝算不說高枕無憂，也有八九不離十。

　　但是戎馬一生的章邯怎麼也沒有想到，他難倒了劉邦，卻難不倒劉邦啟用的那個新人韓信。

　　也怪章邯的情報有遺漏，關於漢軍三三兩兩懶懶散散時斷時續修棧道的報告不斷發到大本營，其餘幾處要塞卻似斷了聯繫，毫無信訊。直到數日後，傳來了陳倉陷落的消息。

　　這陳倉縣可在關中八百里秦川的西端，所謂陳倉故道，是漢中通往關中的另一條路線，沿故道水（今嘉陵江上源），越秦嶺，出大散關，至陳倉縣。與子午谷棧道相比，這條路線迂迴險阻，既難走，又繞遠。三國時代諸葛亮也走過這條道，結果被郝昭所阻，孔明連攻二十多天，未能破

第三章　劉邦式勝利：項羽不服也只能輸！

城，只好退兵。但是韓信明修棧道、暗度陳倉，卻能一舉成功翻越巍巍秦嶺，拿下了這個兵家必爭之地。

章邯急忙調遣兵力，西進阻截。兩軍在途中遇上，軍心慌亂的章邯軍大敗，章邯逃回都城廢丘，被漢軍團團包圍。

三秦首強的章邯既然一敗塗地，另外兩位：司馬欣和董翳有自知之明，先後向劉邦投降。漢軍留下部分兵力繼續圍困章邯，其餘人馬，在韓信指揮之下，馬不停蹄，向東突進。

劉邦在這裡大動干戈，那邊項羽又在做什麼，為什麼不來救援章邯？只因項羽兩線作戰，有苦難言。

東邊的田榮，西邊的劉邦，到底要先對付哪一個？西楚霸王再威猛，也不能分成兩半，兩邊廝殺！張良為項羽出主意說：「劉邦不過是想拿回他應得的關中罷了，田榮聯合趙國，目的在於推翻楚國霸權，這才是大王的心腹之患呢！」

項羽其實該問的人是老范增，可惜鴻門宴之後，昔日情同父子的二人之間發生了一些微妙的變化。項羽還記得范增的那句話。「豎子不足與謀。」既然亞父認為我「不足與謀」，又何必自討沒趣呢！

項羽起用了一位老朋友，從前做過吳縣父母官的鄭昌，封為韓王（原來的那位韓王，張良的正式主人，已經被項羽粗暴地殺了），抵禦漢軍。在河南還有一支楚軍，將領是足智多謀的陳平。加上河南王申陽、殷王司馬卬、西魏王豹三國的兵力，項羽估算著，怎麼著也能阻擋劉邦個一年半載的！

布置停當，項羽跨上烏騅馬，帶了楚軍主力北上，找山東人晦氣去了！第二年春天，項羽就在山東一舉擊潰了齊王田榮。田榮逃到平原縣，被老百姓給殺了，項羽封田家的另一位後代田假當齊王。按理說他該班師回朝了，可惜不能，因為項羽放縱士兵殺人放火，引起了山東人民的強烈反

抗，田榮的老弟田橫，乘機收拾舊部，又與項羽糾纏。所以項羽還得留在山東。（項羽手下始終緊缺可以獨當一面的大將，致使每遇強敵，項羽總是要親自討伐，往往是按下葫蘆浮起了瓢，兩線作戰，苦不堪言。）

劉邦這時可是春風得意，河南王申陽、殷王司馬卬、西魏王豹相繼投降，張良又從韓國那邊正式前來投奔。最後，奉命抵擋劉邦的鄭昌也兵敗投降，楚軍西線，陷入崩潰姿態。楚將陳平一看大勢不妙，又擔心被項羽一怒之下給殺了，放棄軍職，歸順漢營。

於是劉邦給義帝發喪，號召天下諸侯，一同討伐項羽，為義帝報仇。

檄文發送到趙國，掌權的陳餘說：「殺了張耳，我就出兵協助漢王！」（從前發誓共生死的兄弟，現在卻互相痛恨，非置對方死地不可！）

張耳窮途末路來投奔，劉邦捨不得殺，找了個長相酷似張耳的替死鬼，砍下首級交給趙國。陳餘這才出兵，參加反楚大聯盟。

這年夏天，以劉邦為領袖的反楚聯軍，多達56萬人，向楚國都城彭城逼近。楚軍主力都在山東，彭城空虛，居然被韓信等一舉攻克。漢王劉邦坐著馬車進入彭城，接受項羽庫藏的金銀珠寶和西楚後宮佳麗，這一切來得如此輕易，劉邦簡直不能相信這是事實！

揣起項羽的珍寶，喝著西楚的美酒，將美人攬入懷中，劉邦方才意識到自己真的戰勝了楚國，攻克了彭城。

時為漢王二年四月，《史記》記載說：「漢皆已入彭城，收其貨寶美人，日置酒高會。」然而，正在劉邦忘情享受的時候，項羽卻回來了。

四、危難之時，劉邦邂逅了戚姑娘

事實上，聽說漢軍東征，項羽已經作出了反應，挑選三萬精銳騎兵，隨他從孔夫子的老家曲阜南下。其餘部隊，繼續留在山東。

第三章　劉邦式勝利：項羽不服也只能輸！

當他得知漢軍攻破彭城胡作非為的消息，西楚霸王的肺都快氣爆了，而他此時的位置，在彭城西面的蕭。（項羽把大部隊留在齊國迷惑劉邦，自己運用騎兵的機動性，突襲劉邦，西楚霸王難得一回用智）

次日早晨，項羽率領這支突擊部隊從西面突然出現在彭城附近。劉邦正喝得高興，突然聽說西楚霸王已然到了，一下子嚇呆了！

項王很生氣，後果很嚴重！

仗著人多勢眾，劉邦決定和項羽打一仗！號稱 56 萬人的多國部隊在彭城倉促應戰 3 萬西楚鐵騎。

不怕不怕，劉邦激勵他的部隊，向前推進。項羽瞪紅了眼，像隻獅子般衝向漢軍軍陣，他的騎兵們也個個拚命三郎般衝殺過來，未及交手，漢軍的陣列已經亂了。

「媽呀，跑吧！」

戰至中午，漢軍大敗，隨即整個多國部隊陣營陷入崩潰，楚軍如狼入羊群，肆意屠殺。漢軍士兵被驅趕到泗水（劉邦最初就是泗水亭的亭長）邊，下水的淹死，沒下水的被砍死，有十來萬人。剩下的拔足狂奔，一直逃到今安徽境內的濉水，西楚騎兵窮追不捨，衝刺砍殺，血染濉水，屍首堆積，又有十萬之多，濉水為之不流。

與此同時，西北方向，一陣狂風，恰好吹到徐州上空，將大樹連根拔起，房屋倒塌，飛沙走石，塵土飛揚，好端端的一個大白天，整得黑夜一般，加上楚軍的喊殺聲，漢軍的哭叫聲，地上流淌著鮮血，天上飛著沙石，劉邦和車伕夏侯嬰，心驚膽寒，胡亂奔走。

途中遇到兩個小朋友，劉邦的兒子劉盈和女兒魯元公主，夏侯嬰把他們拉到車上，一同逃生。劉邦逃跑的本事堪稱一流，但楚軍追趕的速度也不慢，關鍵時刻，劉邦這廝活動起了心眼，竟然想把自己的親生兒子和女

第三節　兩線作戰：楚霸王有苦難言

兒推下馬車以減輕重量。

劉邦這麼想還真這麼做了。車伕夏侯嬰大怒，指著劉邦大罵：「怎麼能把無辜的孩子推下去呢！」劉邦連續三次推下孩子，這位車伕也三次停車救回孩子。最後劉邦拔出刀劍，對著夏侯嬰咆哮怒喝。夏侯嬰也不理睬他，終於保全兩個小朋友的性命。

劉邦的父親以及老婆呂雉等人，可就沒那麼幸運，被楚軍擄去，做了人質。

據說劉邦在走投無路之時，亂行到一處村落，尋了一戶人家借宿。這戶人家姓戚，聽說是漢王落難到此，殷勤招待。

劉邦坐在那裡，就看見一個二九佳人，攜著酒食，姍步來前。雖是衣衫粗陋，卻遮不住那輕盈體態、清秀面容。這個女子，就是後來呂雉最痛恨的戚夫人。

唐代詩人李昂有一首〈賦戚夫人楚舞歌〉：「定陶城中是妾家，妾年二八顏如花。閨中歌舞未終曲，天下死人如亂麻。漢王此地因征戰，未出簾幃人已薦。風花菡萏落轅門，雲雨裴回入行殿。日夕悠悠非舊鄉，飄飄處處逐君王。」可憐這戚姑娘，在劉邦最危難的時候，委身漢王，度過戰亂歲月，卻不曉得那男人的戰亂平息了，女人的戰爭卻正激烈，宮廷比起戰場，還要更凶險幾分呢！

劉邦在彭城吃了大敗仗，又丟了父親和老婆，收拾殘兵敗卒，向西撤退。戰敗之後的漢軍人心離散，士氣低落。這時如果項羽全力追擊，劉邦很難有足夠的信心和兵力抵抗。

然而項羽沒有立刻起大兵追擊窮寇，倒不是他想要放劉邦一馬，實在是分身乏術，山東的田橫在楚軍主力南下之後，又捲土重來，打敗了項羽委任的齊王田假，光復三齊大地。

第三章　劉邦式勝利：項羽不服也只能輸！

項羽雖然在彭城大破劉邦，出了一口惡氣，但北有齊、趙，西邊有漢，他攻齊則漢起，伐漢則齊強，苦不堪言。

項羽想到了一個人——九江王英布。

項羽在北伐田榮的時候，曾經徵調英布人馬，英布說身體不好，派了個將領，幾千人馬，隨同作戰。彭城陷落的時候，英布也自稱病未痊癒，居然袖手旁觀。

項羽一直對英布頗為欣賞，這對於剛愎自用的西楚霸王來說，實屬難得。項羽帳下五虎大將龍且、英布、季布、鍾離昧、虞子期，季布一諾千金，鍾離昧智勇雙全，虞子期還是虞姬的哥哥，然而唯有英布封王，可見器重。其中原因，可能跟英布的作戰風格特別勇猛有關，項羽自己是員猛將，欣賞的部下也多屬這一型。

項羽待英布不薄，此人卻在彭城陷落之時隔岸觀火，確實讓人匪夷所思。合理的解釋，似乎只有一條，那就是英布的心中已經有所動搖，對項羽能否最終戰勝劉邦信心不足，所以中立旁觀，試圖等待時局明朗再做判斷。

等到劉邦潰逃，項羽尋思英布的病也該痊癒了，他派使者召喚英布，到彭城相會。項羽的意思，是要和英布合計合計，很可能是委任英布負責一個方面，緩解他兩線作戰之苦。因為西楚霸王帳下，能夠獨挑大梁的，在項羽眼中，或許真的只有英布而已。

結果英布慌了，以為是要追究自己袖手旁觀的罪責，他心中既然有鬼，當然就不敢赴約。於是就拖著⋯⋯

項羽等英布來呢，所以也滯留在彭城⋯⋯

這就給了劉邦喘息和調整的機會。

第四節　扭轉乾坤：張良之大策略

彭城之敗後，劉邦好不容易拼湊起來的反項大聯盟土崩瓦解，這一年的形勢怎麼看都是項羽占上風。然而瞬間又風雲突變，韓信以一枝偏師，橫掃北中國。英布又在項羽後院放了一把火，這一切的改變，源自於張良的扭轉乾坤之大策略。

疑點之一：英布是項羽最賞識的將領，為什麼他會在楚漢相爭最關鍵的時刻背叛項羽？是什麼把英布推向了劉邦陣營？

疑點之二：范增對項羽忠心耿耿，知無不言，言無不盡。他與項羽的感情也曾經情同父子，項羽一聲「亞父」，絕非虛情假意。然而，這樣的君臣為何最後會鬧翻？

一、韓信之奇兵

成功者不一定就是常勝者，卻一定善於反思。彭城之敗後，劉邦思索自己為什麼會敗得這麼慘？

劉邦自己想不明白，他問張良：為什麼他空有一把好牌，卻打不好這一局？

張良的結論是：漢王的兵力過於集中，結果被項羽一舉擊潰，他應該分出幾個拳頭，同時出擊，讓項羽顧此失彼，來不及招架。

張良為劉邦設計了一個四路出擊的方案。劉邦自己為第一路，與項羽正面對峙，採取防禦策略拖延時間；韓信為第二路，率領一支偏師獨立作戰，自河北包抄項羽的側翼；籠絡田橫、彭越為第三路，騷擾楚國，使其不能專心攻我。最後一路，則是策反英布，令項羽後院起火。

張良的原話是這麼說的：「九江王黥布，楚梟將，與項王有郤；彭越

第三章　劉邦式勝利：項羽不服也只能輸！

與齊王田榮（田榮已經死了，這時在齊地反項的是田橫）反梁地：此兩人可急使。而漢王之將獨韓信可屬大事，當一面。即欲捐之，捐之此三人，則楚可破也。」

一語扭轉乾坤！

劉邦欣然採納張良的這一策略，所謂借力使力不費力，田橫、彭越、英布，都不是劉邦的部下，劉邦卻透過各種手段，籠絡為自己所用。而西楚霸王空有一身蠻力，從此卻被漢軍化解無形。

不過有良策，還要長官採納，有人執行，這才能轉化為實績。項羽手下並非無人，范增、韓信都是一等謀略家，鍾離眛也很有一點頭腦，卻都先後被項羽疏遠不用。一個人才離去，原因有多重，但歸結起來無非一句話，器不容人而已。一個集團的內部結構不公正不合理，智者自然選擇離去，豈能等到同腐朽爛。

劉邦既然採納，即刻付諸實施，漢王的使者，立刻出發，前往九江國遊說。

接著，劉邦退守到一處險要所在，名曰滎陽。滎陽東有鴻溝，北依邙山，南連嵩山，西靠虎牢，地勢險要，乃兵家必爭之地。而且糧倉所在地敖倉也離此不遠，可以保證糧食供給無憂。

劉邦注意到滎陽附近有一座山嶺，「山勢自河邊陡起，由北而南，綿亙不斷……峰巒尖秀，峭拔數十丈，朝霞暮煙，變態萬狀」，這山叫做廣武山，登上山頂，西望可見成皋要塞，山的北面，滾滾黃河緊貼山腳而過；山的南面，谷深坡陡，崖壁參差，萬山叢錯，群峰崢嶸。

劉邦暗喜，這裡就是他阻擊項羽的最好戰場。

在布置好防線之後，劉邦又回了一趟關中，安排好後勤，命蕭何輔佐兒子劉盈，總負責關中事務。當初蕭何收集的秦朝圖書文件戶籍資料這時

第四節　扭轉乾坤：張良之大策略

也發揮出作用來,〈蕭相國世家〉記載說,「漢王所以具知天下阸塞,戶口多少,彊弱之處,民所疾苦者,以何具得秦圖書也。」蕭何在關中,大事報告劉邦,批准後實行,小事急事及時決斷,於是修訂法律條令,設立宮室,徵收賦稅,募集後備軍,補給增援,成為劉邦的穩固後方。

不過這一時期劉邦也有失策的地方,西魏王豹不堪忍受劉邦的傲慢和辱罵,憤而背叛。而趙國那邊,陳餘終於發現張耳其實沒有死,自己中了劉邦的計,也脫離漢軍陣營。這些麻煩,劉邦自己解決不了,他交給韓信數萬人馬,命他討伐西魏。

西魏王豹的根據地在山西,他沿著黃河布防,當時漢軍聚集在臨晉渡口,魏豹就把主力集中在臨晉對面的蒲坂渡口,嚴防死守,不讓漢軍上岸。

韓信到渡口徘徊了一圈,這臨晉隔著黃河與對面的山西遙遙相對,控扼蒲津渡口。秦昭襄王曾於此初作河橋,不過已經被拆毀。

韓信說:「那就造船吧!」

於是就在敵人眼皮子地下趕辦船隻,魏軍看了,只是冷笑:「憑這幾條舟子,也想過來麼?」

韓信一面造船,一面把曹參和灌嬰找來,讓他們帶人分頭收集木材和瓦罌(一種大腹小口的容器),約數千個,限期數日內辦齊,不得有誤!曹參和灌嬰心中嘀咕,不過軍令如山,還是老老實實地去辦,過了兩日,各將木料瓦罌,一律辦齊。

韓信拿出一張圖紙,原來是要造木罌。所謂「木罌」,就是用木材夾住罌底,四圍縛成方格,把繩絆住,一格一罌,做成類似竹排的擺渡工具。

造了足夠數量的「木罌」,韓信與曹參帶著一枝人馬,乘著夜色,悄悄地往上游去,一直到了司馬遷的老家夏陽附近,這裡是黃河主流上最長的連續峽谷──晉陝大峽谷,黃河到此處,挾黃土高原之泥沙,急轉直下,

第三章　劉邦式勝利：項羽不服也只能輸！

李白詩云：「黃河西來決崑崙，咆哮萬里觸龍門」，說的就是這一段黃河的典型風貌。韓信到此，只見深澗騰蛟，濁浪排空，巍為壯觀。那最狹窄的渡口，便是赫赫有名的龍門，雷霆萬鈞、橫衝直撞的黃河，在這裡一個急轉彎，狂濤激浪頃刻之間撞在峭壁上，渾黃的河水，碰壁而退，卻又立刻和矗立在中流巨礁相遇，凌空咆哮，衝向天空。

韓信親自下馬，坐入木罌，所有將士，全部上了木罌，只見每罌內裝載兵士兩三人，看上去倒是四平八穩，不知道到了河中，是否傾覆。不過既然來了，哪裡還顧得了那麼多，漢軍兵士就在罌內用械向對岸划動。其中凶險，不言已知，有幾個被巨浪捲起，衝撞在峭壁之上的，即刻做了龍王爺的駙馬爺。

總算大難不死的，過了黃河。韓信這一支奇兵，直撲魏都安邑。魏王豹聽說漢軍已經過河，連忙召回把守渡口的魏軍主力。這些魏兵急急忙忙趕路，漢軍途中截住，一陣亂砍，魏兵棄甲投戈，口中只有投降兩字而已。於是魏豹被活捉，韓信平定山西，再向劉邦請兵三萬，會同張耳，向東進擊趙國。

消息傳到趙國，陳餘集結二十萬大軍，到井陘口堵截。這井陘口又是一處天險，名列太行山八大隘口之一，其西有一條長約百里的狹窄驛道，易守難攻，尤其不利於大部隊行動。陳餘扼守井陘口，居高臨下，以逸待勞，又是以多對少，自以為勝券在握，所以根本不把韓信那幾萬人放在眼裡。

不過韓信的處境也確實不妙，因為楚軍在向中原推進，所以劉邦又派使者過來徵調走了韓信幾乎所有的精銳部隊，剩下的幾萬人，大部分是新兵蛋子。長途行軍之後，人馬疲憊，唯一的優勢，只有士氣比較高漲而已。

所以趙國智囊李左車的建議是：利用有利地形，堅守不出。發揮趙軍

第四節　扭轉乾坤：張良之大策略

人數優勢，分出一部分兵力繞到敵後切斷漢軍糧道，使漢軍不戰而潰！

陳餘聽了哈哈大笑，他素來以仁義之師自詡，況且又占著地利和人數的優勢，哪有做縮頭烏龜的道理。

陳餘和李左車的謀劃，很快被間諜人員察知，報告韓信。韓信正擔心趙軍死守不出，聽說陳餘不用李左車良策，放下心來。立即率部隊推進到離井陘口三十里遠的所在，分拔騎兵，乘夜色從山間小道迂迴到趙軍大營的側後方埋伏，接著發出將令：「吃飯！」

用餐時，韓信對將校們說：「稍微吃一點墊墊肚子，一會打敗了趙軍我請弟兄們吃大餐。」

將校們半信半疑。到天亮時分，韓信大張旗鼓地掛起大將軍旗，浩浩蕩蕩地開赴井陘口，到了叫做桃河的河邊，韓信下令部隊停止前進，背隊河水，布成一個攻擊陣形。

陳餘一看，又好氣又好笑。好笑的是韓信所布軍陣，背隊河水，這是自尋死地，哪有這樣的打法？好氣的是韓信這樣布陣，明顯是瞧不起他！

於是陳餘派出小隊騎兵，先試行攻擊，結果漢軍立刻丟棄旗鼓儀仗，退入本陣。

這時趙軍終於打開營門，全軍出擊，直逼漢陣。照陳餘的想法，漢軍必定不堪一擊，束手成擒，誰想漢軍因無路可退，所以人人奮勇，個個爭先。廝殺了半天，趙軍仍未能獲勝，這士氣慢慢可就低落下來了。

陳餘正在納悶呢，有士兵忽然指著自家大營喊叫起來，陳餘回頭一看，大吃一驚，趙軍營壘，已是遍插漢軍紅旗。原來是韓信夜間派出的小分隊，已經乘虛襲奪了趙軍營壘。頓時趙軍人心大亂，漢軍前後夾擊，二十萬趙軍土崩瓦解，陳餘隨潰軍逃奔，被漢軍騎兵追殺而死，趙國於是一戰而亡。

第三章　劉邦式勝利：項羽不服也只能輸！

韓信進入趙都，實現諾言，漢軍將士們大宴相賀。韓信招降趙國智囊李左車，並採納李左車建議，安撫趙國，招降燕國，於是黃河北岸土地，全部歸屬漢王治下。

二、眾叛親離：楚霸王獨木難支

漢王二年，即西元前 205 年，農曆丙申，猴年。

漢王的特使隨何，抵達九江國都城六縣（今安徽六安），這是一座江淮名城，上古皋陶的封國和葬地。此地依山伴水，山是巍巍大別山，水是滔滔淮河水，風景秀麗，氣候宜人。隨何到了這裡，自然住得很舒服。但是住在招待所裡整整三天，九江國的官員只是勸吃陪喝，旁的言語，一句也沒有。隨何不由得暴躁起來，對接待官員發火說：「九江王不願意見我，無非是因為楚強漢弱，但這正是愚蠢之見，在下要為九江王分析其中緣由，如果九江王聽完了認為不對，把我砍了就是了！何必躲起來不見人呢？」

於是得到英布的接見，但是隨何見了英布，卻一陣冷笑，搞得九江王很是鬱悶。

「在下真是搞不懂，九江王為什麼和項王那麼親近？」

英布說：「九江是楚國的屬國，寡人當然親近項王，疏遠漢王！」

隨何更是冷笑：「天下有九江王這樣當下屬的嗎？如果九江王忠於西楚，項羽北伐田榮的時候，九江王就應該親自帶兵援助，擔當西楚的先鋒。結果九江王假裝生病，只派了幾千人助陣，這難道是忠臣所為嗎？」

一句話噎住英布，英布不禁啞口無言，滿面通紅。「就算項王寬厚，這些事情都既往不咎。但是彭城淪陷的時候，你近在咫尺，手握重兵，見死不救，這又是什麼意思呢？」隨何一語中的，「事實是大王你已經有了背叛項王之心，而且有了背叛的行為，之所以沒有撕破臉皮，只是恐懼而已！」

第四節　扭轉乾坤：張良之大策略

英布聽到此處，已是一身大汗。隨何卻放緩了咄咄逼人的語氣，從容地告訴英布，「項羽雖然強大，但是已經被漢軍阻擋在滎陽，無力前進。而天下的諸侯國，大部分已經背叛西楚，與漢聯手，所以項羽的失敗，乃是不可扭轉的必然，九江王如果能夠起兵，牽制住項羽幾個月，便是大功一件，日後封賞，漢王一定會另眼相看！」

隨何所言，句句是實，在楚漢相爭的關鍵時刻，英布的確有所動搖，他對項羽徵調令的消極拖延，就是明證。但是英布的盤算中，即有見風使舵的打算，又有計較得失的猶豫、徬徨。現在隨何把英布的盤算全部說透，讓英布無路可退，只能作出選擇：要麼背叛項羽，要麼殺掉隨何，向項羽謝罪。但是英布又擔心殺掉隨何，未必能得到項羽諒解，所以唯一的選擇，只能是叛楚。

但是英布還想拖延時日，慢點和項羽翻臉。然而項羽的使者也到了，催促英布領兵與項羽會合。「請九江王快些出兵吧，大王已經等得不耐煩了！」

英布吞吞吐吐，這個，還要研究研究……

這時隨何闖將進來，大聲說：「九江王已經歸附漢王，怎麼還會出兵幫助項羽呢？」

這一下，不光項羽的使者目瞪口呆，連英布也手足無措。不過事已至此，英布也只好殺了項羽的使者，正式與西楚決裂。時為西元前204年，即漢王三年的冬天。

英布的背叛，使兩線作戰的項羽更加捉襟見肘，只好延緩對劉邦的攻勢，調集人馬討伐九江叛軍。

討伐英布的戰事一直持續到這個冬天的結束，楚軍攻破六縣，英布幾乎是單槍匹馬，投奔劉邦。劉邦在大本營正享受足浴，「原來你就是那個英布，哦，你臉上的印記讓寡人瞅一眼，哈哈，聽說你老家讓項羽給鏟

第三章　劉邦式勝利：項羽不服也只能輸！

了……哦，泡腳真舒服啊！」

英布這個氣啊這個惱啊又這個羞，早知道這樣，不如自殺算了！結果到了安排給他的住處，進去一看，裝修華麗，器具完備，完全和漢王一般待遇，英布又樂了！

英布的叛離對於項羽而言，是重錘一擊，但絕不是致命的。韓信離開之後，項羽帳下其實還有一員智將，他就是蘇北人鍾離昧。加上軍師范增尚在呢。

劉邦在黃河與自身大本營之間修築了一條運輸通道，然而在鍾離昧等人的策劃之下，項羽不斷派出輕騎，騷擾襲擊漢軍的這條糧道，令漢軍飽受缺糧之苦。

再這樣下去，鉅鹿之戰的那一幕，即將重演。

劉邦和陳平商量，陳平說：「我有辦法，不過漢王要授予臣處理此事的全權。」

劉邦批准，撥了整整四萬斤黃銅，直接支付給陳平，隨意使用。陳平本來就在項羽陣營裡混過，認得不少熟人，拿錢上下一打點，人家自然眉開眼笑，「小陳這麼大方，需要在下做些什麼？」

「不礙事，只是說幾句話而已。」

「什麼話？」

「楚軍諸將之中，誰的戰功最多？」

「這個自然是鍾離昧這些人。」

「鍾離昧這些人立下那麼多戰功，卻沒有被封為諸侯王，心中能不怨恨麼？」

「這個也許吧！」

「他們心中怨恨，難保不與漢王勾結，共謀項王！」

第四節　扭轉乾坤：張良之大策略

「這個也有可能吧！」

「鍾離眛這些人既然與漢王勾結，自然就出工不出力，楚軍遲遲攻不下滎陽，難道不是因為這個緣故麼？」

「哦，聽上去還真的是這樣呢！」

俗話說，三人成虎。如此的流言在楚營中傳得多了，難免就傳到西楚霸王項羽耳中，項羽也是半信半疑：「難道會有這等事？」雖然不能確定流言的真偽，項羽對於鍾離眛等人的信任和使用，從此卻大打折扣。

這只是陳平的第一招而已，接著漢王假意求和，雙方展開一輪會談。當西楚的使者到達滎陽，陳平下令烹製最豪華的全牛大餐，供使者享用。

西楚使者受寵若驚，不禁感嘆：雖然霸王的威名赫赫，漢王也忒客氣了些，在下受之有愧，卻之不恭⋯⋯

正當西楚使者準備大吃一頓，陳平卻表情怪異地進來，下令把全牛大餐撤走。「不好意思搞錯了，我還以為是亞父的人，原來是項王派來的⋯⋯」

西楚使者倒也鎮定自若，只是納悶，難道還有比全牛大餐更豐盛的招待？等到新的一桌飯菜端上來，只是白飯和幾樣蔬菜而已。

西楚使者大怒。回到楚營，自然將如上情形，添油加醋地向項羽彙報。本來就對亞父心存芥蒂的項羽聽了讒言，對范增更加不信任了，范增是何等明睿之人，很快發現他所寄託全部希望的這個年輕人已經如此嫌棄自己，一怒之下，告辭離去。「天下事大定矣，君王自為之。願賜骸骨歸卒伍。」

范增所說的「天下事大定」可以這樣理解：「天下大勢已經決定，項王勝券在握，你自己接著做吧，我老朽可以回家養老了！」但也可以這樣理解：「天下大勢已經決定，項羽你好自為之！我老朽不忍心看你身敗名裂，就讓我葉落歸根吧！」

第三章　劉邦式勝利：項羽不服也只能輸！

　　對於范增的離去，項羽沒有作太多挽留。羽翼豐滿的幼鷹，往往急於離開母鷹的懷抱，去翱翔天空。初出茅廬的青年，更是不耐煩老父親的絮叨。年少英武，早就名滿天下的西楚霸王，或許久已厭倦亞父的嘮叨，更不滿於他老人家的說教訓斥。

　　范增的離去，自然是滿腹感傷，今日之西楚霸王，已非當年叔父暴死，茫然失措的少年項羽。當初那依靠在亞父肩頭哭泣的頭顱，如今已是高高昂起，不屑一顧！

　　范增是居巢（今安徽巢湖）人，他走到途中，「疽發背而死」。所謂「疽」，乃是氣血為毒邪所阻滯，而發於肌肉筋骨間的一種瘡腫。范增的死，恐怕也是憤懣累積而導致心力交瘁的產物。

　　范增的死，令人感慨。劉邦手下，文有蕭何、張良，武有韓信，項羽那裡，卻實實在在只有一個范增是王佐之才。項梁在定陶戰死的時候，項羽剛滿25歲，范增卻已經70多歲了，人生七十古來稀，高官厚祿，珍寶美女，對於范增來說，已經沒有太多意義，所以他輔佐項羽，完全是出於與故人（項梁）的近乎兄弟之義，與項羽的近乎父子之情。所以范增的身分，與一般謀士不一樣，既是項羽的師長，又是項羽的參謀。項羽管范增叫亞父，正是對這一層非同尋常關係的肯定。

　　但也正是這種關係，使得范增在項羽面前知無不言，言無不盡。他對項羽說話的口氣、姿態，往往是居高臨下的、不留情面的。當項羽拒絕他的建議時，范增往往據理力爭、大聲喝斥，令項羽的感覺，如同一個小孩子被父親嚴厲地斥罵一般。由此而產生的反抗心理，給陳平以離間之機會。所以，陳平的離間，只是催化劑而已。真正決定項范分裂的因素，早已經在鴻門種下。

　　范增的死，宣告西楚霸王終於成了孤家寡人，這是致命的一擊。從此項羽如同失去指引的蠻牛，雖然力大無窮，卻只落得個被劉邦、韓信、彭

越等戲弄玩耍，直至筋疲力盡的結局。

時為西元前 204 年，漢王三年的夏天。楚漢戰爭進行到了第三個年頭，看上去西楚霸王還是很強，實則勝利的天平，已經悄悄傾向了漢王劉邦。

三、楚軍色瞇瞇看女人的時候，劉邦跑了！

西元前 204 年，農曆丁酉雞年，漢王三年，五月之滎陽城——

雖然失去「亞父」范增，項羽的戰鬥力依舊強勁，劉邦所固守的滎陽防線終於出現了崩潰的跡象，將領紀信走進漢王的指揮部，此人是個四川漢子，鴻門宴劉邦半途溜走時，他是四大護衛之一。

紀信問：「城馬上就要破了，大王有什麼打算麼？」

劉邦苦著臉，只好與他們同歸於盡了！紀信搖搖頭，說了一個「誑」字。「誑」就是蒙人，紀信要蒙誰？答案是項羽。

紀信說了自己的計畫，劉邦瞧瞧陳平，陳平面露微笑，朝劉邦點點頭。

這天夜裡，楚軍士兵聽到吱嘎吱嘎的聲響，他們的哨兵在高處望見滎陽城的東門緩緩打開，有人舉著旗子從裡面出來，後面還跟著不少人，行列整齊地走著。

楚軍立刻敲起戰鼓，項羽從枕蓆上一躍而起，喝道，「漢軍夜襲麼？」

西楚霸王跨上烏騅馬，飛馳到陣前，這時漢軍已經走近了，有人在喊：「投降投降，漢王等是來投降的！」

原來是來投降的，楚軍士兵們都鬆了一口氣，高聲呼喊「霸王萬歲！」。項羽聽說是投降，也暗自歡喜。

眼看著漢軍臨近，西楚將士們不由哈哈大笑，原來出來的都是些個女

第三章　劉邦式勝利：項羽不服也只能輸！

子，苗條的身材，卻披著士兵的盔甲。

聽說是女人，大家忍不住湊近了看，打了好半年仗，俗話說得好，當兵三年，老母豬也變嫦娥，話糙了點，道理卻是真真切切的。何況這裡頭好些女子還怪好看的！

一時萬頭鑽動，連包圍其他三個城門的西楚將士也有不少來看美女的，即便不來看的，也鬆懈了防備，反正敵人已經投降了唄！

只見這些婦女，老的少的，胖的瘦的，醜的靚的，扭扭捏捏的，大大方方的，絡繹不絕，魚貫而出，足足走了個把時辰，怎麼說也有一二千人。這才有男人出來，執著旌旗羽葆，昂首挺胸地搖擺出來。

「嘿，投降還這麼神氣！」

聽旁觀的人這麼一說，那些漢兵立刻垂頭喪氣下去，走得那就更慢了。又好半天，黃色羽蓋、赤色王旗的漢王輂車才從城裡出來了。楚兵更是歡聲雷動，項羽親自上前，模模糊糊地看見車上坐著一個老頭，項羽跟他打招呼，他也不答應。

項羽心中狐疑，連忙叫左右把火炬舉來給漢王照照。火炬一到，項羽看得分明，這哪裡是什麼漢王，不由雷霆大怒，張開那一對重瞳，暴喝道：「漢王安在？」

原來這偽裝劉邦的漢將，正是將領紀信。紀信說：「漢王在哪裡？你們色瞇瞇看女人的時候，他可不就從別的城門溜走了！」

項羽這個氣啊，「再拿些火炬來，給我燒了他！」

一時火把堆積，烈焰飛騰，漢將軍紀信連人帶車，燒成灰燼。

但項羽雖然燒死紀信，劉邦卻已經順利逃走。項羽想，好歹拿下了滎陽，誰料想抬頭一看，連滎陽城也關閉了城門，守將周苛集結兵力，重新抗拒西楚。項羽加強攻勢，正待攻下滎陽，又聽說劉邦去了南陽的宛城，

第四節　扭轉乾坤：張良之大策略

項羽尋思，只要拿下了劉邦，滎陽不攻自破。於是又放下滎陽，再去攻打宛城，宛城也是易守難攻的城池，項羽著急上火，一時卻也攻不下來。

正僵持著，東方來了消息，彭越的游擊兵團，在下邳大破西楚的東方集團軍，殺死了楚將薛公。項羽只好暫且放下劉邦，去東方討伐彭越，奸猾的彭越自然是聞風而逃。

乘項羽東去，劉邦這邊又出動一路兵馬，攻陷黃河邊上的成皋，成皋南連嵩嶽、北瀕黃河，山嶺交錯，自成天險，所謂「一夫當關，萬夫莫開」，卻被劉邦一舉拿下，可見項羽留下的守將何等差勁！

項羽正追殺彭越，得到成皋失守的報告，暴跳如雷，轉身回來，猛烈打擊漢軍重鎮滎陽，終於攻陷，項羽一鍋煮了不願投降的漢將周苛，進攻成皋。

項羽很生氣，劉邦知道後果嚴重，和車伕夏侯嬰丟下成皋，換上便衣，偷偷渡過黃河，進入河南獲嘉地方，前方兩城，東邊的叫小修武，西邊的叫大修武。韓信的北方集團軍指揮部，就設在小修武。

劉邦不敢直接投奔韓信，先從身上找出幾個小錢，找一家小客棧躺下，半夢半醒好容易捱到黎明時分，天矇矇亮那一會，劉邦跳將起來穿了衣服，直奔小修武。

「什麼人？」守兵問。

「漢王的使者。」夏侯嬰說，有人認得他是漢王的車伕。既然夏侯嬰親送，這位特使的身分，自然無可懷疑。

兵士不敢怠慢，劉邦直入韓信指揮部，韓信還睡著呢？劉邦一把將韓信的將印子揣在懷裡，這才感到了心裡漸漸安定下來！

於是劉邦揣著印信，以漢王特使的身分，召集將領開會！

「要通知大將軍麼？」

「暫且不必,讓大將軍多睡一會好了,本特使自有交代。」

將領們聚集在指揮部裡,劉邦安排妥當。這時天大亮了,韓信刷完牙,聽說漢王特使到來,急忙趕來會見。進去一看,嗨,這哪裡是什麼漢王特使,這根本就是劉邦本人。

「劉邦奪兵」的這一系列小動作,頗顯江湖本色。劉邦不直接拜訪韓信,無非是擔心韓信見他兵敗逃竄,勢力孤單,心機一動,殺了他劉邦,自立為王。或者囚禁起來,從此做個傀儡!從韓信後來的表現來看,我們可以說劉邦多慮了,韓信不是這樣的人!但是從劉邦的角度,依據劉邦的江湖經驗來看,他必須如此,才能使自己處於比較安全的境地。即便是逃跑、投奔,劉邦也顯得狡黠無比,老狐狸般的江湖智慧,乃是劉邦的生存之道。反觀韓信,軍中最重要的印信也視同兒戲,劉邦沒費什麼周折就拿到了。可見韓信在這方面的機警,遠不如劉邦。

劉邦奪了韓信的兵權,不過也沒虧待韓信,讓韓信升官做相國。接著分兵兩路,韓信的主力部隊歸劉邦直接指揮,韓信則率領原趙國的降兵,向東攻擊齊國。(韓信每訓練好一批人,劉邦就來占為己有,所以韓信總是帶新兵作戰,偏偏還總能打勝仗,可見韓信帶兵確實有一套。)

第五節 韓信躊躇:
他與項、劉三分天下,是否可行

韓信在短暫的時間裡,一舉擊破收降魏、代、趙、燕、齊等五個諸侯國,橫掃北中國,成為一股不可忽視的力量。以至於從前根本不把韓信放在眼裡的項羽,派出使者遊說韓信。

疑點:當此之時,如果韓信自成一極,那麼韓信與項、劉三分天下,是否可行?

第五節　韓信躊躇：他與項、劉三分天下，是否可行

一、韓信滅齊敗楚

韓信出發沒多久，劉邦陣營中首席談判官兼酒鬼的酈食其耐不住寂寞，跟劉邦說齊國不是那麼好滅的，不如讓他用那三寸不爛之舌去遊說齊王，不戰而勝。劉邦一聽極好了，那你就去吧！

於是酈食其抖擻精神直奔齊國首都臨淄，進了齊王宮，一頓威逼利誘連哄帶騙，這酒鬼的口才的確了得，當時就把齊王給糊弄了，表示願意臣服漢王。酈食其心花怒放，使命已經完成，他可以放開肚量暢飲美酒，享受人生了！齊王自然也殷勤招待，賓主雙方氣氛無比融洽，儼然一家人。

這邊酈食其和齊王把酒言歡，那邊韓信可是氣歪了鼻子，但是也無可奈何，正打算撤軍。謀士蒯通跳出來說：「漢王有詔令叫您停止進攻嗎？」

「但是齊國已經臣服。」

「酈生憑一張嘴就降服了齊國七十多城，將軍統帥幾萬人馬，辛苦一年多才攻破趙國五十多城，堂堂一個大將軍，反倒不如一個儒生麼？」於是韓信引兵繼續攻打齊國，戒備鬆懈下來的齊軍自然節節敗退。韓信一直打到臨淄城下。

齊王大怒，立刻把酈食其喊來。

「齊國已經投降漢王，漢軍為何還要進犯？」

酈食其醉醺醺地說：「豈有此理，莫非韓信不知道酈某來了，也罷，容酈某走一遭，解釋清楚！」

齊王哪裡還信他，這時項羽派來支援齊國的二十萬大軍也到了，齊王煮了酈食其，與楚聯合。楚軍的領兵大將是大將龍且，有人向龍且獻計，韓信天下無敵，所向披靡，打是打不過的。但他客場作戰，糧食不多，不如死守城池，深溝高壘，逼他不戰自退。龍且哈哈大笑，韓信我太熟悉了，

他有幾把刷子我還能不曉得！

龍且很是瞧不起漢軍大將韓信。但他的錯誤正是太輕視了韓信這位熟悉的陌生人。（龍且雖然和韓信很熟，事實上對韓信的能力並無深入了解，無疑是一個熟悉的陌生人）

於是龍且出陣，與韓信隔著濰水東西擺開陣勢。濰水今天與往日不同，水流很小，河面很淺。能不淺麼？韓信打著哈欠，昨夜裡他命人加班加點，連夜做了一萬多條袋子，盛滿沙土，壅塞住了濰河上流。龍且不知死活，還樂呢，天助我也！韓信點起一半人馬，涉過淺水進擊龍且之陣，龍且自然出兵迎擊。在河邊糾纏了一會，韓信且戰且退。龍且拍馬追殺，楚軍一擁而上。「韓信莫走！」

韓信已經上岸了，發出訊號，上游的守軍搬開壅塞濰水的沙囊，呵呵，河水奔流直下，潮流這個猛！龍且正過河呢，河水一下子過來就把龍且的一大半大軍捲走，淹死在濰水，做了濰水龍王的蝦兵蟹將。龍且幸運地搶上對岸，可是又很不幸運地被漢軍包圍，終於遇上漢將灌嬰，一刀斬殺。

濰水一戰，韓信不但平定齊國，還殲滅了楚國一支大軍。這使得中原戰場上劉邦的壓力，驟然減輕。而項羽的日子，卻是一天比一天難過。

二、項羽要跟劉邦單挑

當韓信在齊國節節勝利的時候，西楚霸王項羽也在中原步步推進，劉邦出逃以後，成皋很快陷落，漢軍退守鞏縣、洛陽一帶。但是項羽正要向西擴大勝果的時候，東方的水泊好漢彭越又起兵了，這一會他得到了劉邦的支援，劉邦派他的堂哥劉賈以及好友盧綰帶了兩萬多人，協助彭越，破壞項羽的軍糧運輸通道。

項羽飽受斷糧之苦，軍心浮動。不得不放下劉邦，去討伐彭越。西元

第五節　韓信躊躇：他與項、劉三分天下，是否可行

前 204 年，9 月，項羽留下大司馬曹咎和司馬欣、鍾離眛等將領守成皋，東征彭越。臨走之前項羽囑咐曹咎說：「儂幫我小心地守住成皋，漢軍挑戰，勿睬伊，十五天以後，我一定打敗彭越回來！」

曹咎，我們提到過此人，他是項梁的老朋友，項梁身陷大牢的時候，曹咎救過他一命。所以項羽知恩圖報，重用他為大司馬，封爵海春侯。但曹咎其實沒什麼軍事才能，這一點項羽也知道，所以囑咐曹咎不要應戰，只管死守。

問題是項羽為什麼不任用鍾離眛為主將呢？可見陳平的離間，效果還在。

項羽走後，曹咎一開始還能遵照項羽的命令，堅守不出，結果劉邦索性在成皋城外搭起一個高臺子，特意從軍中挑選大嗓門的軍士，輪流上臺，辱罵海春侯曹咎。好傢伙，一連罵了五六天，曹咎終於憋不住了，不顧屬下的勸阻，率軍出戰。結果自然是大敗，漢軍乘勝攻陷成皋，曹咎知道自己鑄成大錯，愧見項羽，和司馬欣在汜水河邊雙雙自刎而死。

劉邦乘勝追擊，把鍾離眛圍困在滎陽東郊，這時候項羽已經擊潰彭越，率軍趕回來，卻得知成皋已經淪陷，於是雙方在滎陽北面的廣武山對峙。

漢王劉邦的營地在廣武山西頭，高出黃河近 200 公尺。西楚霸王項羽的營地在廣武山東頭，居高臨下，上有有一個隆起的土堆，後人稱之為「項羽堆」。據說和劉邦陷入僵持的項羽希望盡快決一死戰。有人給項羽出招，押出劉邦的父親劉太公逼迫劉邦出戰。於是項羽在這土堆上搭起一個高臺，把火鍋子點起來，老人家架起來。

準備停當，項羽派人大聲喊話：「姓劉的，有種就出來和老子打，像個王八似的，縮在裡頭算什麼？再不出來，就把你父親當羊肉片子涮了！」

第三章　劉邦式勝利：項羽不服也只能輸！

劉邦一瞧，還真是父親。原來當初從彭城逃出來的時候，劉邦把父親和老婆都丟給項羽做了俘虜。劉邦一拍大腿，在城牆上欠答說：「項王，怎麼說我們也是結拜兄弟，憑我們兄弟的交情，我爹不就是你爹？真要涮爹的話，別忘了分碗肉湯給我喝！」

嘿，項羽想想沒轍，真的打算把劉太公煮了算了，好久沒出場的項伯連忙跳出來，勸阻說：「大家都是出來混的，誰管家裡頭人的死活啊！殺掉劉太公，一點用都沒有。」

於是項羽不殺劉邦他爹，自己站在高臺上對劉邦喊話：「你我二人爭奪天下，何必讓百姓受苦，生靈塗炭！我們就在這裡一對一的單挑，決個勝負，如何？」

劉邦一聽樂了，這不開玩笑麼，十個劉邦也打不過一個項羽啊！回答說：「老弟，我不會和你單挑的，要不我們比腦筋急轉彎好了！」（吾寧鬥智，不能鬥力。）

項羽見劉邦不應戰，乾脆派出三個將領到城下挑戰。「你自己不能打，就挑三個人出來，和我的部下決鬥！」

劉邦在城頭窺探著，找來一名來自北方樓煩部落的神箭手，搭弓射箭，把項羽的三個將領全射死了！

項羽這個氣啊，這不無賴麼！他親自被甲持戟挑戰，漢軍的樓煩神箭手想射他，被他瞋目大喝一聲，嚇得「走還入壁，不敢復出」。

劉邦聽說項羽親自出陣，與他搭訕說，這樣吧，我也不和你單挑，我們比說髒話罵人，這個我拿手。於是開始數落項羽，項羽更火了，恨不得飛上去宰了這老頭。劉邦正罵得開心，西楚軍中的神射手也出場了，架起弩機，瞄準劉邦，一箭射去。劉邦哎呀一聲，已然中箭！

中了哪裡？劉邦說：「虜中吾指！」其實射中的是劉邦的胸部，抬下去臥床休息。頓時漢軍將士議論紛紛，張良在營中一走，這軍心不穩會出大

第五節　韓信躊躇：他與項、劉三分天下，是否可行

事的。進去找劉邦，劉邦躺著哼哼，張良請他起來慰勞軍隊。

「老子都這樣了，慰勞個屁！」

張良強請，再三催促。劉邦明白他的意思，勉強起身，包紮傷口，披上厚厚的外衣，出去巡視軍營，士卒們一看，沒啥事！情緒都穩定下來了。士卒們都安心了，劉邦可鬧心了，病情也加重，只好回成皋休養。

這件事，發生在西元前 203 年、漢王四年的冬天。

三、韓信與項、劉三分天下，是否可行？

冬去春來，韓信在齊國殲滅龍且的消息，也先後傳到了項羽和劉邦軍中。韓信在報告喜訊的同時，也提出了改善個人待遇的請求：「齊人奸猾，田家殘餘還在繼續活動，南面又鄰近楚國，請求委任末將為假王（代理齊王）。」

劉邦一聽就火了，老子在這裡快撐不住了，你小子不來支援，還想封王。這不是做夢嗎？張良和陳平一聽這話急了，忙踩老劉的腳趾頭，跟他咬耳朵：「韓信真的稱王，你也攔不住他，逼急了他一翻臉，你什麼也撈不著！不如順水推舟，就封他當王。」

劉邦醒悟過來，反應奇快：「男子漢大丈夫，要當就當真王，做個屁假王！」

派張良做使者，到臨淄去，封韓信為齊王，同時抽調韓信的軍隊到廣武來幫忙。（劉邦這是第三次從韓信那裡調兵。韓信滅魏破代後劉邦抽走他的主力讓他帶新兵打趙國，韓信滅趙以後劉邦抽走他的主力讓他帶新兵打齊國）

韓信殲滅龍且的消息，也傳到了項羽軍中。情報人員告訴項羽：「現在漢軍的大將就是曾在我們西楚陸軍總參謀部工作多年的韓參謀。」

第三章 劉邦式勝利：項羽不服也只能輸！

「哪個韓參謀？」

「就是那個長長細細白白斯斯文文的韓信。」

直到韓信已經威震天下，橫掃北中國，令專心與劉邦在中原對峙的項羽苦不堪言時，項羽才明白這個年輕參謀是何等厲害，而這個年輕參謀還曾經幫他制定過不少作戰方案，但他卻總是不屑一顧。

項羽決定派一個韓信的老鄉去遊說韓信重回西楚，或者三足鼎立。韓信這位老鄉的說詞很有說服力，他指出了劉邦的品行缺陷和不可信任（這一點日後很快證實），並進一步闡述道：「韓將軍，你的力量已經足以決定這場戰爭的勝負，你站在漢王那邊漢王就會得到天下，你站在楚王那邊楚王就會得到天下，但你想過嗎？以劉某人的德行，楚王滅亡後，他還能容得下你麼？」

老鄉接著做出了一個大膽的假設：「既然如此，你不如拋棄劉某人，自成一國，與項、劉三分天下，這豈不是你韓將軍最好的選擇！」

但韓信似乎沒有自己當老闆的野心，更何況他對在西楚的不得志記憶猶新，對劉邦破格啟用他感激涕零。韓信誠懇地對老鄉說：「我當年在項王帳下做事，提了那麼多建議，項王沒有採納一條，所以我做了那麼多年也還是個小參謀，所以我投奔漢王。結果漢王對我非常欣賞，拜我為將，獨立作戰，讓我有機會發揮自己的才能。所以我才有了今天的成功，我怎麼可能背叛漢王呢？」

老鄉無話可說。

韓信的老鄉回去了，韓信的謀士蒯通卻不死心，他說要給韓信相面。「將軍的面相很一般，頂多不過封侯，又動盪不安。」蒯通繞到韓信身後，「可是將軍的背，那真是貴不可言！」

接著，蒯通為韓信指出三點：其一、楚漢分爭，已經到了相持階段。

第五節　韓信躊躇：他與項、劉三分天下，是否可行

其二、決定勝負的天平，正是將軍韓信你本人。「足下為漢則漢勝，與楚則楚勝。」其三、正因如此，兩方面都急於拉攏你。你的選擇「莫若兩利而俱存之，參分天下，鼎足而居，其勢莫敢先動。」

韓信表示拒絕，理由是劉邦對他有恩。蒯通不同意韓信的觀點，又為韓信指出三點：首先，感情這東西是靠不住的。張耳、陳餘就是現成的例子。其次，君臣之間更不存在恩情。「野獸已盡而獵狗烹。」當年的句踐為什麼殺文種，就是因為越國已經強大起來了，你的利用價值沒有了。現在你韓信的情況，一模一樣，一旦「野獸」項羽被消滅，你這條「獵狗」能存活麼？最後，你功勞太大。「勇略震主者身危，而功蓋天下者不賞。」你韓信平定魏、代、趙、燕、齊五國，這些功勞太大太多，劉邦已經沒有辦法酬謝你。

蒯通說：「今足下戴震主之威，挾不賞之功，歸楚，楚人不信；歸漢，漢人震恐：足下欲持是安歸乎？夫勢在人臣之位而有震主之威，名高天下，竊為足下危之。」

這一席話顯然對韓信有所觸動，他答應蒯通，考慮幾天後給他答覆。但是韓信猶豫許久，最後還是決心忠於劉邦，蒯通大為失望，他不願意做韓信的殉葬，假裝精神失常，離開了韓信的幕府。

韓信忠於劉邦，緣於他的道德判斷，從報恩的角度來說，無可厚非。問題是，蒯通所建議的三分天下，是否可行？

認為不可行的，有兩點理由。一是認為韓信缺乏劉邦一樣的政治才能。二是認為韓信的部下和軍士都來自漢營，一旦韓信獨立，未必能掌控得住。即便一時彈壓下去，也是身在韓營心在漢。

這兩點，看似很有道理，其實都不成立。首先說韓信沒有政治才能，理由並不充分。這就好比某人沒吃過葡萄，就說葡萄是酸的，這顯然不能服眾。退一步講，即便韓信的政治手腕不如劉邦，至少強於項羽或相當於

項羽。其次說韓信的部下和軍士都來自漢營，那就更是胡扯了。韓信的兵，基本上都是在趙國和齊國招募的新兵，來自關中的老兵，早就被劉邦調走了。至於將領，曹參、灌嬰這些人，倒的確是劉邦的老部下。但是這未必就等於說曹參、灌嬰就一定不支持韓信獨立。相反，一旦韓信獨立，曹參、灌嬰的地位如果得到提升，也有可能對新主子忠心耿耿。道理很簡單，一樣是打工，給誰賣命不是一樣，只要韓信夠強、夠大方，新主子比舊主子更吃香。

事實上，如果韓信真的獨立，三足鼎立的形勢下，劉邦倒是危機四伏，因為他的兵力，抵禦項羽已經很吃力，怎麼還有餘力討伐韓信。況且劉邦的兵，一大半是韓信帶過的，曉得韓信的用兵如神。從國際形勢上說，趙王張耳，曾經是韓信的副將，曉得自己不如韓信。同時又是劉邦的好朋友，也不可能與劉邦一下子翻臉。所以採取中立的態度比較可能。至於項羽，啃不下劉邦，也打不過韓信，而且從格局來看，更傾向於聯韓抗劉。彭越，滿足於割據梁地，如果韓信強大，他必然不會為劉邦火中取栗，討伐韓信。相反，他很可能依附於韓信。劉邦，在失去韓信的支援之後還談什麼進取天下、吞併項羽，能夠保住眼下的地盤就很不錯了。

那麼，三足鼎立之下，誰會更有優勢呢？劉邦最吃虧，他已經五十多歲了，相持個十幾二十年，劉邦必走先，那麼他的繼承人，就是柔弱的劉盈，好在他有個強大的母親呂雉。不過呂雉再想騙殺韓信，就不太可能了。項羽剛滿三十，前面的路還很長。歲數大了，不知道會不會成熟一些、智慧一點。韓信出生年月不詳，估計比項羽略年輕些，他前面的路就更長了。一些小國和小軍閥，如張耳、彭越，可能會被韓信陸續吃掉。人是會變的，韓信真的獨立為王了，他的政治才能或許也會慢慢挖掘出來。果然如此，天下可就真的難以預料了！

第六節　霸王別姬：英雄末路之詠嘆調

項羽在與劉邦的一對一對抗中，始終占據優勢地位，但是項羽在區域性戰場的優勢，不能掩蓋西楚在整個天下棋盤上的節節敗退，韓信、彭越、英布等勢力以咄咄逼人之勢，從北、東、南三個方向包抄項羽的後方。

英雄末路，縱然力拔山兮氣蓋世，也只是一曲悲劇的詠嘆調。

疑點之一：楚軍為什麼會在楚漢戰爭的第四個年頭失去戰鬥力？鴻溝協議糊弄了誰？

疑點之二：項羽失敗的個人品格溯因和他為什麼不願渡烏江？

一、項家軍餓得撐不住了！

楚漢戰爭打到第四個年頭，項羽撐不住了，原因倒不是劉邦變強了，而是一個字：餓！有人說，餓你就吃飯啊！問題正在於此，自從彭越起兵以來，項羽的糧食運輸線遭到彭越、劉賈等人孜孜不倦的騷擾破壞，項羽多次放下劉邦去討伐彭越，企圖一舉殲滅。但這彭越好似滑溜的泥鰍一般，總也抓不住他！項羽也曾經分出小部隊，委派將領保護糧道，但這些不中用的傢伙不是被殺，就是潰敗逃走。

那麼漢軍那邊怎麼樣呢？滎陽附近就有個糧倉，關中還有蕭何將補給源源不斷地送來，劉邦的日子滋潤得很。《史記》說得很清楚：「是時，漢兵盛食多，項王兵罷食絕。」

但是和平談判的話題卻是漢王這一邊主動提出的，劉邦先後派遣了兩位談判專家去項羽那裡交涉，頭一位是陸賈，後一位是侯公，最後終於達成一個協議：「一、項劉兩家即日起停戰，友好往來，平等互助。二、項

第三章　劉邦式勝利：項羽不服也只能輸！

羽把漢王劉邦的家眷，送還漢營。三、項劉兩家以鴻溝為界限，鴻溝以東，歸楚。鴻溝以西，屬漢。」

雙方代表將協議書送給主帥審閱，取得同意之後蓋印簽字，處理妥當，項羽叫了樂隊，熱熱鬧鬧將劉邦的父親和老婆送到漢營。於是這邊劉邦父子夫婦喜重逢，悲喜交集，又哭又笑，那邊西楚霸王帶了虞姬，收拾帳篷，打道回府。那些士兵們聽說戰爭結束了，也都笑逐顏開。「總算活下來了！終於可以回家和老婆兒女團聚了！」

按說劉邦得了父親和娘子，又簽了和平協議，就應該回關中安享天倫之樂，可是劉邦在營帳裡與張良、陳平一合計，這仗還得打下去。

為什麼？其一，項羽已經在撤退途中，全軍上下都以為戰爭結束，鬥志鬆弛，毫無戒備。其二，劉邦已經擁有天下的一大半土地，占有策略優勢，正是大反攻的好機會！

於是起兵追擊，同時通知韓信、彭越，前來會師。時漢王五年，漢王劉邦在一個叫固陵的地方，追上了西楚霸王項羽。

項羽回頭一瞧，這個氣啊！有這麼不要臉的人嗎？說話跟放屁一樣，根本不算數的！就是這樣不誠信的傢伙，搞得社會風氣烏煙瘴氣！二話不說，將劉邦軍一頓暴打！劉邦大敗，又陷入防守姿態。

劉邦也氣，韓信、彭越怎麼不守信用，講好了會師攻打項羽呢！（還怪人家不守信用！）張良說，這是等你封地給他們呢！於是劉邦派使者告訴韓信、彭越：「一起滅了楚國，從陳縣以東一直到海邊，都給齊王（韓信），從這裡到那裡一大塊土地，給彭相國（當時彭越的職務是魏國的相國）。」

於是韓信從齊地，彭越從梁地出發，與劉邦會師，這一來項羽就勢單力薄了，連彭城也回不去，只好向東南方向且戰且退。同時漢將劉賈會同

九江王英布從西南方包抄楚地,而留守後方的西楚大司馬周殷眼見形勢不妙,扯起白旗叛楚降漢,與英布、劉賈會師,北上合擊項羽。最後漢軍幾路大軍合計近七十萬之眾,形成從西、北、西南、東北四面合圍楚軍之勢,項羽被迫率十萬楚軍撤到了垓下。

二、垓下絕唱

垓下在哪裡?這地方其實離劉邦的老家不遠,在安徽省固鎮縣一條名為沱河的南岸(也有說在沱河北岸的靈壁縣),有一塊隆起的高崗絕巖,正是垓下古戰場。相傳當年的項羽退守垓下,利用垓下的有利地形,率軍士和當地百姓用衣襟兜土修築起一道簡陋的防禦工事,與劉邦作最後的抗衡。

漢軍兵多將廣,在韓信的指揮下,將項羽重重包圍。到夜晚,項羽在營帳中輾轉反側,不能入眠,依稀聽得遠處有歌聲由遠及近,飄揚過來。這歌聲時高時低,一聲長,一聲短,如怨如慕,如泣如訴,項羽不覺愕然:「這是我們楚地的歌聲啊,難道楚地已經被漢軍都占領了嗎?」

項羽更加鬱悶,起來喝悶酒,虞姬為了開解他,為他起舞。人之將死,其言也善。在這個關頭,誰也沒必要再裝腔作勢,弄些虛情假意。項羽在垓下被圍之時,聽著營帳外的四面楚歌,想必也該真情流露吧!

面對一生的愛人虞姬,項羽用渾厚的聲音唱道:「力拔山兮氣蓋世,時不利兮騅不逝!騅不逝兮可奈何?虞兮虞兮奈若何!」

項羽悲歌慷慨,嗚咽唏噓!虞姬聽了,也是泣不成聲。據說虞姬也回了一首:「漢兵已略地,四面楚歌聲。大王意氣盡,賤妾何聊生!」唱罷就從項王腰間拔出佩劍,向頸一橫頓時血濺珠喉,香消玉殞。

這一齣動人情節,後來演繹為一折〈霸王別姬〉。將這悲情一瞬,

第三章　劉邦式勝利：項羽不服也只能輸！

定格在中國戲曲的舞臺上，成為古典愛情中最經典、最蕩氣迴腸的燦爛傳奇。

項羽葬了虞姬，抹去眼淚，跨上烏騅，帶了八百親信騎兵，趁著天色未明的時候，啣枚疾走，潰圍向南而去。項羽逃到淮河邊，沒有找到船隻及時過河，七繞八拐，迷失了方向。恰好看到一個農民老伯出來早鍛鍊，項羽向他問路。不曉得這農民老伯認不認識西楚霸王，或許是不喜歡霸王的粗暴，騙他：「向左！」

結果項羽就進入了一大片霧氣瀰漫的沼澤地。這時差不多天亮時分，漢軍聽說項王逃走，千軍萬馬，追殺過來。等到發現上當，從沼澤裡退出來，項羽已經發現了追兵。

最後，項羽只剩下二十八騎，被數千漢軍騎兵包圍。項羽對部下作最後的演說：

「我跟隨叔父從江東起兵，到現在已經八年了，大小戰役 70 多次，沒有輸過一場，因而能夠稱霸於天下。然而今天卻搞到這步田地，這是天意，不是我的錯啊！」

項羽遙指一名漢軍軍官說：「諸位看我親自擊殺那個人。」說著項羽大喝一聲，直衝敵陣，將那名倒楣的漢軍軍官斬於馬下。

這支漢軍的指揮官姓楊，他猶豫了一下，想上去和項羽單挑，以示武勇。拍馬向前幾步，楊某看見項羽瞪大了眼睛看著自己。「算了吧！」

「你想單挑麼？」項羽忽然大喝道。楊某大吃一驚，連座下戰馬也亂了腳步嘶叫起來，一連往後退了好幾步。

這時項羽又向新的目標殺去。據說當場被項羽及其 28 騎殺死砍傷的漢軍有數百人之多，而楚軍只折損兩人而已。

項羽殺出重圍，前面就是烏江（今安徽和縣東蘇皖界上有烏江鎮），

烏江亭長備了一條船等在江邊。「請大王速速上船！漢軍追兵到了，就來不及了！」

項羽猶豫了一下，烏江亭長又說：「江東地方雖小，縱橫也有千里，人口數十萬，割據一方，繼續做王，毫無問題！」

江東！？項羽抬頭看看彼岸，秦二世元年的秋天，他和叔父在吳縣招募了八千子弟兵，勇赳赳、氣昂昂地渡過烏江，挺進中原，逐鹿天下，是何等氣吞山河如虎！現如今呢？叔父在哪裡？八千子弟兵在哪裡？

一滴淚，從項羽的重瞳中滾落。

烏江亭長驚訝地看著這淚水流淌在猛將的面容，正想說些什麼安慰西楚霸王，項羽卻又仰天長笑起來，只是這笑聲，淒厲得可以刺穿長空，令人側目。

三、不肯過江東

項羽決心一死以謝江東父老。他回答亭長說：「天要滅我，我又何必渡江苟延殘喘！況且我與江東子弟……」

說到江東，項羽的聲音又低沉下來，「當初我與江東子弟八千人渡江而西，今無一人還，就算江東的父兄可憐我，讓我繼續做王，我又有什麼臉面去見他們？即使他們不說，我難道不心中有愧嗎！」

把烏騅送給烏江亭長，轉身徒步離去。這烏騅顧名思義，是一匹黑馬，據說通體黑緞子一樣，油光放亮，唯有四個馬蹄子部位白如雪，烏騅背長腰短而平直，四肢關節筋腱發育壯實，又有個好聽的名字，叫「踢雲烏騅」。

文人鋪陳此事說，當時項羽命士兵牽馬上船，那馬咆哮跳躍，回顧霸王，戀戀不欲離別。士兵們強行攬住韁頭，牽馬上船，那馬長嘶數聲，望

第三章 劉邦式勝利：項羽不服也只能輸！

大江波心一躍，不知所往。

郭沫若有仿古詩一首，歌頌這匹義馬，「傳聞有馬號烏騅，慷慨項王施首後。負箭滿身猶急馳，不知遺革裏誰屍？」更有民間傳說，流傳在安徽馬鞍山一帶，說烏騅被亭長帶到了江東，但是不久項羽自刎而亡。烏騅馬思念主人，長嘶不已，翻滾自戕，馬鞍落地化為一山，馬鞍山因此而得名。這就完全是美麗的附會了。

對於項羽不肯渡江，後人有諸多敘述。唐人杜牧認為項羽不該放棄。「勝敗兵家事不期，包羞忍恥是男兒。江東子弟多才俊，捲土重來未可知。」這是主張項羽東山再起。宋人王安石的意見恰好相反。「百戰疲勞壯士哀，中原一敗勢難回。江東弟子今猶在，肯為君王捲土來？」認為項羽已經沒有東山再起的可能。西元1129年，易安居士李清照經過烏江，寫下著名的〈夏日絕句〉：「生當作人傑，死亦為鬼雄。至今思項羽，不肯過江東。」文人詠史，多是用歷史來澆灌自己那胸中塊壘。李清照讚賞項羽，有諷刺南宋統治者苟且偷安的用意。

項羽、劉邦、韓信、張良，楚漢之際這幾個人，都可以說是曠古的英雄，但氣質性格截然不同。韓信可以說是憂鬱質的英雄，能忍，能鹹魚翻身，但是遇事有時難免優柔寡斷。張良可以說是黏液質的英雄，善於在幕後出謀劃策，事後也不居功自傲，為人處事低調，淡泊名利。劉邦則可以說是多血質的英雄，擅長交際，拉攏、吹拍是拿手絕活，政治手腕一流。至於項羽，恐怕就是膽汁質的英雄了，直率、熱情、精力旺盛、情緒易於衝動、心境變換劇烈，有時還有點兒女情長。傳說中的「性情中人」，就是這種類型。項羽這種英雄，講究個氣勢。闖郡守府，殺殷通，憑的是一把力氣。鉅鹿之戰，破釜沉舟，以少勝多，憑的是一股銳氣。彭城之戰，以3萬西楚鐵騎大破56萬人的多國部隊，殺得漢軍血流成河，憑的是一腔怒氣。但是在中原的成皋、廣武，長期的僵持與疲於奔命的兩線作戰，

第六節　霸王別姬：英雄末路之詠嘆調

最後是糧道的斷絕，慢慢地耗盡了西楚霸王的勇氣和威勢，等到鴻溝協議簽定，人人想著和平、回家鄉，項羽大軍的鬥氣就洩了，而這種鬥氣一旦洩了再想提起來，就很有些難度。

項羽的失敗，正因如此。

話說回來，項羽告別了烏騅，與剩下的為數不多的部下手持短兵器（劍），回頭與漢軍追兵短兵相接。追殺而來的漢軍騎兵達數千人之多，項羽提起短劍，衝入敵陣，作最後的表演。漢兵將西楚霸王重重包圍，這一場惡鬥，只見人頭落地，鮮血飛濺，項羽一口氣殺了數百人，自己也身負十多處創傷。

這時在刀光血影中，項羽看見了一個熟人——漢騎司馬呂馬童。

項羽問：「那漢將，莫非是項籍的老鄉？」

呂馬童是吳人，與項羽熟識，他不敢正視項羽灼人的目光，側著身子。項羽一邊殺人，一邊和呂馬童聊天：「聽說漢王出了千金和封邑萬戶懸賞我的人頭，我就關照一下你這個老朋友吧！」

呂馬童對將領王翳說：「這人就是項王。」

於是項羽自刎而死。漢軍一擁而上，搶奪項羽的屍首，為了這件事還互相殘殺起來，結果為了搶屍體，有幾十個人被自己人給殺了。最後，得到屍體的有五個人。呂馬童辜負了項羽的期望，沒有搶到項羽的人頭。人頭歸了王翳，呂馬童和楊喜、呂勝、楊武四個人共同得了項羽的屍體。所以論功行賞的時候，把原來的一份獎品分成了五份，一人一份。

項羽出生於始皇十五年，死於漢王五年，享年不過三十一歲。後來劉邦以魯公的標準安葬了「兄弟」項羽，《史記》記載：「漢王為發哀，泣之而去。」從並肩作戰的同袍到爭奪天下的對手，劉邦的哭，並不完全是鱷魚的眼淚。

第三章　劉邦式勝利：項羽不服也只能輸！

四、大亂之後，渴求大治！

　　漢王五年（西元前 202 年），農曆己亥豬年。二月初三，漢王在汜水北岸修築起一座高臺，五十五歲的劉邦登壇告天地，登極稱帝。

　　漢朝誕生！

　　五月，劉邦下詔，部隊復員，戰士回鄉！戰爭終於結束，大家也終於鬆了一口氣，對於大多數士兵來說，最好的結局不是建功立業，而是兩個字「活著」！

　　「只要活著，一切都好！」

　　有一首漢樂府，描寫的正是東漢時期戰士解甲歸田的情景。用在這裡，倒也恰如其分！

　　這首詩翻譯成白話文是這樣的：「十五歲就應徵去當兵，八十歲才退伍回故村。路上他碰到一個老鄉，問『家裡還有什麼人啊？』老鄉回答說：『遠遠看過去是你家，走近了原來是松樹、柏樹中一片墳墓。』戰士回到家，看見兔子從狗洞裡出進，野雞在屋脊上飛去飛來。院子裡長著野生的穀子，井臺環繞著野生的葵菜。打起精神，捋些野穀舂米來做飯，摘下葵葉煮成一鍋湯。湯和飯一會兒都做好了，孤零零的一人吃，真是越吃越傷悲。走出大門，向著東方張望，不覺數行老淚縱橫，灑落在征衣上。」

　　中國歷史從西周末年，開始進入亂世。春秋時代，戰爭往往在區域性，規模也都不大。但是從戰國時期開始，大規模的流血衝突不斷，一場戰役，動輒十萬數十萬。好容易江山一統，黷武的秦始皇又對匈奴、百越等征戰不休。等到二世即位，天下人揭竿而起，一場反秦戰爭席捲全國。至秦朝滅亡，項、劉兩家，逐鹿中原，又是整整四年。在這百年之中，和平歲月，屈指可數。

大亂之後，百姓渴求的是大治。漢朝能否為中土百姓帶來大治呢？請看下一章！

第三章　劉邦式勝利：項羽不服也只能輸！

第四章
西漢式開局：從草莽到金鑾殿

梁啟超說：「高、文、景、武，漢朝之少年也。」西漢王朝在秦的廢墟上重建了一個帝國，這個帝國的基本格調是沿襲秦朝的，但是秦朝滅亡的教訓，卻又讓大漢君臣處處以秦為戒，反秦而動。

司馬路說：「劉邦不知道怎麼當皇帝，他那些粗魯的功臣也不知道怎麼當臣子，但正是因為沒有固定的君臣模式，所以漢初的皇帝是中國歷史上最有風度的君主，而漢初的大臣則是中國歷史上最有性格的大臣！」

第一節　萬事開頭難：劉邦的煩惱

漢朝開國以後，一切皆在草創階段，功臣因封賞不平而議論紛紛，金鑾寶殿上醉酒拔劍、高聲吶喊。國內經濟蕭條，百業待興，邊塞上匈奴來者不善，開國皇帝劉邦的日子並不好過。

疑點之一：劉邦為什麼封他痛恨的叛徒雍齒為侯？

疑點之二：劉邦為什麼在功勞簿上將蕭何名列第一？

疑點之三：是項羽一把火燒了阿房宮嗎？

疑點之四：在白登山，劉邦因何被圍，又如何脫險？

第四章　西漢式開局：從草莽到金鑾殿

一、劉邦為什麼封他痛恨的叛徒雍齒為侯？

漢高祖六年（西元前 201 年），農曆庚子，鼠年。漢帝劉邦在洛陽南宮接見張良。

去年的朝議，作出了定都關中的決定，只是因為項羽的一把火以及後來一系列戰事的破壞，關中的秦代舊宮殿成為一片廢墟，因此劉邦指定蕭何建設漢帝國的新都，新都建成之前，劉邦暫居洛陽，處理日常國事。

張良的身體一直不好，戰爭結束以後，劉邦入都關中，天下初定，張良便以修煉成仙法術為藉口，有意逐步退出政壇，當然，完全置身事外是不可能的，張良所能做到的，是從劉邦的軍師這一角色換成了天子賓客。

「朕在樓閣複道上，望見功臣們圍坐在沙地上有所爭論，子房可知他們在說些什麼？」

「陛下原來不知，他們要造反！」

「這天下剛安定下來，他們造哪門子的反？」

「陛下現在已經貴為天子，韓信、英布、彭越那幾個戰功顯著的，戰爭結束後也都封了王爵。但是剩下的功臣，不知道陛下將如何對待呢？」

「這個，自然是論功行賞！」

「問題就處在這論功行賞之上，功臣們都在尋思，從前他們立下的戰功，陛下是否還記得？萬一陛下忘卻了往日的戰功，卻記起了從前俄而犯下的過失，那麼他們該怎麼辦呢？」

「他們過慮了，朕豈是以怨抱德之人。只是功臣人數眾多，需要時間計算功勞，按功勛大小來劃分封地罷了。」

「但是時間拖長了，功臣們的疑慮，就會越來越多。」

張良的話擊中了劉邦的心思，大漢開國以來，為了論功行賞問題，群

下議論紛紛，總是激憤不平。

張良是豁達的，劉邦曾打算把齊地三萬戶封給張良，張良回答說，「我和陛下在留縣這個地方認識，不如封我為留侯（留縣在江蘇沛縣東南），留個紀念吧！」

但不是人人都有張子房的修養和覺悟，更多人汲汲於利益得失，結果在比較中心理難免不平衡。尤其當蕭何受封為酇侯時，引起了功臣們的非議。

「蕭何只是待在後方搖搖筆桿，寫寫文書，憑什麼戶數那麼多？」

劉邦解釋說：「你們知道打獵這回事嗎？獵人放出獵狗，追逐野獸，那麼是獵人功勞大呢？還是獵狗功勞大。」

大家當然說獵人功勞大。

「正是如此。諸位只是獵狗而已，但蕭何的功勞卻相當於獵人。」

劉邦的解釋雖然一時壓住了不滿但並沒有真正說服眾人。因為劉邦的比喻顯然不通，在眾人看來，蕭何和他們一樣，也是獵狗，劉邦才是獵人。所以對劉邦抬舉蕭何的不滿，依然埋藏在功臣心中，合適的機會到來，再度爆發。

雖然不少人已經封了侯爵，有了領地。但是更多的功臣還在焦急的等待之中，人心躁動……

「的確如此，子房可有良策為朕解憂？」無計可施的劉邦只好向張良詢問。

「辦法還是有的，但不知道陛下願不願意做？」張良說，「請問陛下平生最痛恨之人是誰？」

劉邦思索良久，回答說，「是雍齒！」

雍齒何許人也？江蘇沛縣人，劉邦的老鄉，劉邦拿下豐這個地方後交

第四章　西漢式開局：從草莽到金鑾殿

給此人駐守，不料他轉身就翻臉叛變，令尚處於起步階段的劉邦處境尷尬，心情也極度鬱悶，從此對雍齒痛恨無比。

有道是城頭變幻大王旗，雍齒畢竟是個聰明人，他很快發現天下大勢，正向利於劉邦的方向轉變，於是轉身殺了個回馬槍，又投奔到劉邦旗下。

劉邦看見雍齒，恨得直咬牙，但當時正值用人之際，劉邦只能按下心頭殺意，量材使用。

「請先封雍齒為侯吧！」

劉邦簡直不敢相信自己的耳朵。

「如果連雍齒這樣的人都能封侯，其他的將領還有什麼好擔心的！」

劉邦仔細揣摩張良的用意，終於放下心頭的屠刀，同意封雍齒為侯。

「可以封雍齒為侯，不過他的封地，不能在中原！」

雍齒的封地，最後劃定為什邡。什邡在蜀地，今四川西部，因雍齒的緣故，如今也被稱為雍城。雍齒在什邡安樂地活到惠帝時代，比劉邦還多活了若干年。

王安石有詩曰：「漢業存亡俯仰中，留侯於此每從容。固陵始義韓彭地，複道方圖雍齒封。」說的就是張良的這一次獻策。劉邦依計行事，果然收到了很好的效果，爭論漸漸平息，人心得以安定。

二、功勞簿上蕭何名列第一，引起譁然一片！

但是在排功勞簿名次的時候，人心不免又澎湃起來。

這份名單的前五名如下：

第1名：蕭何

第2名：曹參

第 3 名：張敖（張耳的兒子、劉邦的女婿）

第 4 名：周勃

第 5 名：樊噲（劉邦的妹夫）

功勞簿名次一公布，馬上人聲鼎沸，一片譁然，這些功臣大都是大老粗，立刻就有罵娘的。主要反對意見再次集中在蕭何身上，大家認為，曹參攻城略地，參加戰鬥無數，身上看得見的傷就有 70 多處，蕭何一個文官，沒參加過一次戰鬥，皮膚白嫩、肌肉鬆弛，憑什麼得第一名？

混亂中，有個叫鄂千秋的跳出來，為皇帝辯解說，你們怎麼能忘了蕭何的功勞，皇上跟西楚霸王打了整整五年，在這五年中，多少次戰敗離散，是誰給你們增援後備軍？是蕭何！是誰讓你們吃穿無憂？也是蕭何！

鄂千秋進一步質問，沒有曹參，漢王還會贏，沒有蕭何，情況會變怎樣？

大老粗們哪答得上來，立刻就鴉雀無聲了。劉邦心想，還是知識分子能說會道，立刻表態說：「小鄂說得對，蕭何第一，曹參第二。」

武將們不再言語，但蕭何和曹參的關係卻此後很長一段時間難以修復。

那麼，劉邦為什麼如何抬舉蕭何呢？

其一、舊交情：劉邦與蕭何的關係一直不錯，當蕭何在縣裡做幹部的時候，劉邦是個布衣百姓，後來也不過當了個亭長，常要拜託蕭何美言關照。

其二、藏圖書：沛公至咸陽，諸將皆爭走金帛財物之府分之，何獨先入收秦丞相御史律令圖書藏之。這些圖書裡，包括軍事地圖、戶口統計等極其重要的資料，對劉邦與項羽爭奪天下非常有利。

其三、薦人才。蕭何最大的功勞是把韓信推薦給劉邦。

其四、管後勤。漢王引兵東定三秦，何以丞相留收巴蜀，填撫諭告，使給軍食。漢二年，「漢王與諸侯擊楚，何守關中，侍太子，治櫟陽。為法令約束，立宗廟社稷宮室縣邑。漢王數失軍遁去，何常興關中卒，輒補

缺。」可見蕭何為劉邦提供了一個穩定的後勤保障基地，這一點，對劉邦取得戰爭的勝利，至關重要。特別是劉邦和項羽作戰最艱苦的時候，人心動搖，蕭何聽從鮑生之計，把自己的家人子弟派遣到前線軍中，表示對劉邦必勝的信念，更令劉邦感動莫名，也大大鼓舞了軍中士氣。

其實幾乎所有人都會放大自己的成績，而忽視旁人的成果。蕭何的功勞，是幕後的汗水，與戰場上的斬首數量相比，武將們看不見，難怪不平。

這樣一來，令劉邦煩惱頭痛的功勞封賞問題，總算基本擺平，然而新的麻煩很快到來……

三、把大漢宮殿修得雄偉壯麗的蕭何捱了罵

說起來劉邦既然做了皇帝，總得有座像樣的宮殿。

當年秦始皇消滅六國、統一天下以後，大興土木，建築宮殿。這些宮殿裡頭，最被人稱道的是阿房宮。阿房宮規模巨大，司馬遷記載說：阿房宮前殿，東西五百步，南北五十丈，殿中可以坐一萬人。秦代一步合六尺，三百步為一里，秦尺約 0.23 公尺。如此算來，阿房宮的前殿東西寬 690 公尺，南北深 115 公尺，占地面積 8 萬平方公尺，容納萬人自然綽綽有餘了。班固又補充說說阿房宮「起咸陽而西至雍，離宮三百，鐘鼓帷帳，不移而具。又為阿房之殿，殿高數十仞，東西五里，南北千步，從車羅騎，四馬騖馳，旌旗不撓，為宮室之麗至於此」，可見阿房宮之華麗，可謂宮殿中的宮殿。

如此豪華雄偉的阿房宮，據說讓項羽一把火給燒了。

其實這是一樁冤假錯案。《史記‧項羽本紀》只是敘述項羽「燒秦宮室，火三月不滅」，未提及阿房宮。2006 年，考古者發現阿房宮遺址只有土夯，沒有任何焚燒的痕跡。用顯微鏡檢測土質，也沒有發現因焚燒而產

生的碳化物。

不僅如此,阿房宮根本就沒完工。阿房宮的修建開始於秦始皇三十五年(前212年),到秦始皇駕崩,不過只建了一座前殿。秦二世胡亥上臺以後,為了修建秦始皇陵,把工匠和苦力通通調去驪山。既然工匠和苦力都被調走,阿房宮工程也就停下來。等到秦朝滅亡,阿房宮可就成了爛尾樓。

那麼,秦始皇的咸陽宮還能不能將就著住呢?不成,項羽的那一把火,燒得很是乾淨。所以戰爭一結束,蕭何就做起了包工頭,負責大漢帝國兩座宮殿的興建。

這第一座正宮,叫長樂宮。長樂宮原本是秦始皇的離宮興樂宮,蕭何的計畫,是在興樂宮的基礎上擴大、改建、裝修,並不是要重起爐灶。因此,工程進度挺快,二年後便順利竣工。

蕭何負責修建的第二座宮殿叫未央宮,在長樂宮的西邊,故稱西宮。未央宮的工程,從漢高祖七年(前200年)開始,後期完工,一直要到劉邦的兒子漢惠帝即位以後。未央宮落成以後,漢朝皇帝就從長樂宮搬遷到此,未央宮從此成為漢朝君臣朝會之所。

未央宮的面積比長樂宮略小一點,但壯麗宏偉,遠超過長樂宮。宮內有殿堂四十餘屋,還有六座小山和多處水池,大小門戶近百,與長樂宮之間又建有閣道相通。其中前殿位居未央宮正中利用龍首山的丘陵造成。殿宇規模,亦皆高敞,武庫、太倉,分建殿旁,氣象巍峨。四面則各有一個司馬門,東面和北面門外有闕,諸侯來朝入東闕,士民上書則入北闕。

工程結束,劉邦到現場視察,蕭何對自己的傑作很滿意,蠻以為皇帝必然會對他褒獎一番,誰料劉邦板著臉,一副不待見的德性。

「相國,你以為將宮殿修得如此奢華,朕會高興嗎?」

蕭何一愣,趕緊請罪,心裡卻十分委屈。但劉邦的責備並非無理,他

接著說:「現如今天下初定,國家窮困,百姓疲敝,朕有何德何能居住如此奢華的宮殿?」

蕭何辯解說:「天子以四海為家,假如不夠雄偉壯麗,難以顯示威嚴。況且現在把宮殿修好了,後世兒孫就不必重建!」

於是劉邦臉色多雲轉晴。

但是蕭何的理由看似冠冕堂皇,實則牽強。在漢初百廢待興的局面下,浪費大量人力、物力修建一座豪華的宮殿,無非是要拍皇帝的馬屁罷了,與國家威嚴有什麼關係?美國的白宮,十分簡陋,英國的白金漢宮,是收購現成的住宅改建而成,然而並不損害其國家的威嚴。斷定後世兒孫不會修建新的宮殿,更是妄言。有權有勢大爺的享受欲望永無止境,豈是一個未央宮可以滿足的!

四、功臣們醉酒拔劍,大鬧金鑾殿

長樂宮落成於西元前 200 年。在工程期間,劉邦只好逗留在洛陽。朝廷的各項建設,也處於草創階段,尤其是朝會禮儀的缺失,讓身為皇帝的劉邦煩惱不已。

劉邦的部下,多數出身下層,連丞相蕭何當初也不過一個縣吏,更何況屠狗的樊噲、販絲的灌嬰、編席的周勃,知道什麼是禮?御前會議,討論國事,都是大呼小叫、吹鬍子瞪眼。然而這都不算什麼,金鑾寶殿御宴上那才叫熱鬧。宴會初始,酒喝得不多,功臣們正襟而坐,還算斯文。等到酒過三巡,那就不得了,倒頭呼呼大睡的也罷了;即興起舞、歌唱的,弄得劉邦哭笑不得,這也罷了;最不能忍受的是居然有拔出佩劍,在大殿柱子中亂刺亂劃的,成何體統!

劉邦的煩惱,被一個人看在眼裡,記在心裡。誰?那些武將麼,武將

們喝得高興,哪能體會皇帝的心情。此人複姓叔孫,單名一個通字。

叔孫通是山東薛縣人,以儒家身分,在秦朝末年被朝廷取為吏。當時形勢大亂,二世皇帝派叔孫通等人去巡察天下大勢,巡察回來別人都如實報告危機如何嚴重,唯獨叔孫通斬釘截鐵地說外面的形勢一片大好。結果二世皇帝殺了其他幾人,唯獨留下叔孫通做皇家顧問(博士)。

其他儒生不理解叔孫通,指責他阿意逢迎,叔孫通回答說:「我只是為了保留自己的性命將來做大事罷了!」

五年前,叔孫通投奔到劉邦旗下,但劉邦向來不喜歡儒生,對叔孫通頗為怠慢。但如今叔孫通看到金鑾寶殿上的亂象,覺得到了自己露一手的時候到了,他立刻向劉邦報告說:「禮,是我們儒家的強項。請陛下給叔孫通一個機會。」

劉邦抱著試一試的心態,批准了叔孫通的報告。

說了就做,叔孫通即日開始籌備。缺乏教師,叔孫通起程前往山東招募,儒生們失業很久了,看見叔孫通好像看見了祖師爺大救星,欣然應徵。也有硬骨頭,說叔孫通是個馬屁精,不是真心要振興儒家學說,拒絕參加。叔孫通對這些人極為不屑,不識時務,喝西北風去吧!從孔夫子的家鄉招募了30人,又回京城湊了些,先把教師培訓起來,搞了一個月,有點意思,向皇帝報告說:「可以了,陛下。」

一瞧還真不賴,劉邦很高興,正式許可叔孫通開班招生,大小官員都要接受培訓。

冬季,十月,長樂宮落成大典暨大漢帝國新年朝會在天亮時開始,這是漢帝國朝廷的一次盛會,也是對叔孫通這幾個月來禮儀培訓效果的考試。

大會由謁者(司儀官)掌禮,來訪者依次進入殿門。戰車、騎兵、步兵在宮中列隊守衛,兵器鋥亮,彩旗招展。殿上傳言官說:「趨(小步上

第四章　西漢式開局：從草莽到金鑾殿

前）」官員分成兩列行進，功臣、列侯、將軍及其他軍官在西列隊，向東而立；文官自丞相以下在東列隊，向西而立。大行（外交兼禮儀部長）宣布：「來賓上殿！」於是皇帝乘著輦車出來，大小官員，從諸侯王到六百石的小官，按尊卑依次向皇帝祝賀。

史書記載說：「各人無不肅然起敬。」九觴酒後，謁者宣布「罷酒」。御史在場內執法，見到不依禮儀的人便立刻把他帶走。整個酒會過程中都沒有人敢喧譁失禮。劉邦一拍大腿，老子到今天，才曉得做皇帝是多麼過癮！從此對儒生刮目相看。

沒有規矩，不成方圓。儒家是最講規矩的一種學說，君君，臣臣，一點都亂不得。不過我實在覺得漢初的君臣氣氛很好，雖然談不上平等，但絕不是後世奴才萬死的德性。叔孫通修禮的實質就是抬高皇帝，貶低大臣，可以說是為君臣關係的主奴化開了頭，從漢到清，儒家的知識分子，在歌頌、包裝帝王這項事業上很努力很上心。為尊者諱，孔夫子的這一點教誨，徒子徒孫們都沒忘。

五、來者不善：漢高祖白登歷險

這年秋天，從邊塞傳來警報，北方草原的匈奴人入侵漢朝在山西的諸侯國──韓國，已經將韓國的都城──馬邑團團包圍。

韓王信急忙向中央發出求救訊號，同時為了拖延匈奴攻勢，派遣使者與匈奴談判。沒有想到韓王信的這個舉動，被中央誤讀為叛國企圖，劉邦派出使者，嚴厲責備韓王信。韓王信陷入內外交困，九月，索性向匈奴投降。匈奴騎兵於是越過韓國，威脅晉陽。

漢高祖七年（西元前 200 年），農曆辛丑牛年，邊情緊急，劉邦在新年朝會之後，已經無心歡度節日，即刻部署對匈奴的戰爭。

第一節　萬事開頭難：劉邦的煩惱

這一次，劉邦決定御駕親征。漢軍前鋒在今山西一帶與韓國叛軍及匈奴騎兵作戰，韓國叛軍及匈奴騎兵迅速潰敗，向北退去，漢軍緊追不捨。

這時已經進入隆冬，氣候寒冷，接近三分之一的漢軍士兵手指被凍掉。劉邦把指揮部設立在晉陽，派出特務人員，偵察匈奴實力。特務人員回來，報告說匈奴派來的只是些老弱殘兵和瘦馬，兵力微弱，不堪一擊。劉邦心中狐疑，派遣劉敬，再去打探。

劉敬也是山東人，本姓婁，劉邦完成統一後，打算定都洛陽，與周朝媲美。婁敬見了漢高祖，坦率直言：「洛陽這個地方，地理位置在中原之中，但是這個地方的經濟實際上已經被戰亂摧毀，定都於此，利小弊大；不如關中地腴民富，且被山帶河，地勢險要，易守難攻。」

張良也支持婁敬的意見，劉邦經過慎重考慮，終於決策定都長安。為了表彰婁敬的建議，特賜婁敬姓劉。（漢朝賜姓很少見，大概是因為婁、劉本來就讀音相近，所以劉邦有此靈感。）

但劉敬打探未歸，劉邦等待不及，集結兵力，號稱 32 萬之多，向前線推進，途中遇到了風塵僕僕的劉敬。

劉敬說：「陛下去不得也。」

劉邦覺得奇怪：「是何道理？」

劉敬說：「兩軍相對，哪有無緣無故示弱的道理，匈奴人一定是誘兵之計！」

但是劉邦對劉敬的正確分析不但聽不進去，反而暴跳如雷：「你個齊國佬，靠嘴皮子混了個官做，就把尾巴翹起來，在老子面前胡說八道，今天饒你不得！」下令把劉敬押到軍法處，囚禁在廣武，直到戰爭結束。

劉邦親自帶領先頭部隊，抵達平城（今山西大同）。匈奴的主力部隊也到達此地，號稱騎兵四十萬，領兵之人物乃匈奴大單于欒提冒頓。

第四章　西漢式開局：從草莽到金鑾殿

這個冒頓可不是一盞省油的燈，他殺死父親頭曼執掌匈奴後不久，草原上另一個大國東胡趁他立足未穩來敲竹槓：「你父親既然已經死了，不如把他的千里馬送給中國表示友好吧！」

匈奴人大怒，想冒頓一定要翻臉。冒頓卻哈哈一笑：「沒問題。」東胡嘗到甜頭，得寸進尺，又說：「把你的小老婆送給我，兩國的關係就更加友好了！」匈奴人更加憤怒，想冒頓這次定要翻臉。冒頓微微一笑：「何必因為一個女人失去友邦的歡心呢？」

東胡利令智昏，再派人來：「我們兩國之間有一塊荒地，歸我們東胡了！」匈奴貴族們想：「寶馬和小老婆都送人了，一塊荒地又算個啥！」於是有人就對說：「反正荒著不用，他們要就給了算了。」

冒頓勃然大怒：「土地是國家的根本，怎麼能隨便送人！」立刻殺了東胡的使者和主張送地的人，接著盡起匈奴全國之精兵，急襲東胡。東胡正等匈奴把地契送來呢，被冒頓殺個措手不及，幾乎是一舉覆沒。冒頓乘滅東胡之餘威，向西打敗了月氏，向南兼併了樓煩、白羊等幾個小部落。這時，中原正是一片混亂，先是鎮守河套的扶蘇與討伐匈奴的大將蒙恬被陷害致死，接著是大秦土崩瓦解，項劉鷸蚌相爭，匈奴漁翁得利，收復河套，於是茫茫草原，匈奴一家獨大。

冒頓殺老父、取東胡，用的都不是蠻力，而是智謀，顯示出這個人絕非莽夫，而是草原一代梟雄，劉邦面對這樣的對手卻麻痺大意，難怪要吃虧。

果然對敵人情況不明、盲目輕視的劉邦登上平城附近的白登山，視察前線，這才發現匈奴實力不可小覷，但時已晚矣！

得知漢朝皇帝已經上山，匈奴騎兵四面而來，將白登山圍困得水洩不通。劉邦站在高高的白登山上，欲哭無淚。這才是真正的大麻煩！

第一節　萬事開頭難：劉邦的煩惱

漢朝人有首歌謠是這樣描述白登一役的：「平城之下亦誠苦！七日不食，不能彀弩。」據說冒頓指揮騎兵四面圍攻白登：西面的騎兵是清一色白馬，東面是一色青馬，北面是一色黑馬，南面是一色紅馬，企圖把漢軍衝散。

結果，雙方損失很大，一直相持不下。匈奴騎兵長於野戰而短於攻堅，漢軍步兵則擅長防禦，因此劉邦雖然被包圍，匈奴卻不能圍而殲之。

但在被困 7 天 7 夜之後，劉邦也不禁著急起來。這時候，陳平出了個主意，讓劉邦成功突圍了。什麼主意？《史記》說，「其計祕，世莫得聞」。

通常的說法是陳平找隨軍畫家畫了若干幅美人寫真圖，派特務祕密送到冒頓的閼氏那裡說：「如果還不退兵，皇帝只好把這些美女送給冒頓單于，到時候，單于還會不會喜歡閼氏您呢……」

陳平還真是了解女人的心計，冒頓的老婆立刻吹起了枕邊風：「大單于，你別把皇帝逼得太緊了，兔子急了還咬人呢！」冒頓蠻聽老婆的話，下令解圍一個角。正好天降大霧，劉邦從解圍的一角悄悄溜出。回到平城，這時漢軍主力也陸續抵達，匈奴兵團完全解圍回國。

另一種解釋是：冒頓和漢朝的一支叛軍約定了聯合行動，但是這支叛軍放了冒頓鴿子，所以冒頓懷疑其中有陰謀。其實匈奴人作戰，一直是快進快出，目的在於擄掠財物子女，並非攻城拔寨，持久戰和攻堅戰不是匈奴的風格，久攻不下，而漢朝主力將至，匈奴又何必執著呢？選擇撤退，合情合理！

危機解決，劉邦想起了劉敬（婁敬），他還被關押著呢。劉邦特赦劉敬，向他道歉，幫他增加封邑收入，顯示出帝王領袖難得的寬宏風度。

劉邦上當的主要原因是驕傲，其實楚漢相爭時，劉邦的軍事才能有幾許，已經得到充分檢驗。劉邦也清楚這一點，因此在軍事上更多的依仗韓

信、彭越等將領。但在即位為皇帝之後,劉邦的御駕親征的次數反而卻多了起來。作為內戰的勝利者,劉邦大概真的認為自己天下無敵了!手中握著的權力越大,官印子越大,好像自信心也會越來越強,脾氣也會越來越大。可是若是以為腦袋裡的智慧也會水漲船高,呵呵,這就要跌觔斗了!人們常說的屁股決定腦袋,在這裡也應驗了。

如果換了韓信指揮這支軍隊,被騙上白登的可能性會不會降低?

問題是,韓信在哪裡?

第二節　屠戮功臣:漢高祖的心理歷程

劉邦之所以能夠得到天下,與他善於用人有很大關係。劉邦自己也說過:「論運籌帷幄之中,決勝於千里之外,我不如張良;論撫慰百姓供應糧草,我又不如蕭何;論領兵百萬,決戰沙場,百戰百勝,我不如韓信。可是,我能做到知人善用,發揮他們的才幹,這才是我們取勝的真正原因。至於項羽,他只有范增一個人可用,但又對他猜疑,這是他最後失敗的原因。」

但是在漢朝建立後不過數年,劉邦便對主要功臣韓信、彭越等大開殺戒,連關係密切的蕭何、樊噲等也備受猜忌。

疑點之一:韓信在楚王的位子上屁股還沒焐暖呢,就讓劉邦給連騙帶綁架給帶到了京師,做了個有名無實的淮陰侯。韓信的心裡當然不爽,但是已經失去兵權的他,會選擇這個時候謀反嗎?

疑點之二:除了明智的張良假託求仙問道,退隱江湖而得以倖免。西漢開國的其他主要功臣幾乎無一能不受猜忌,甚至包括與劉邦關係相當不錯的盧綰、蕭何、樊噲。漢高祖屠戮功臣,經歷了怎樣一段的心理歷程?

第二節　屠戮功臣：漢高祖的心理歷程

一、韓信的熱臉貼在了劉邦的冷屁股上

韓信可以說是劉邦取得天下的第一功臣。在楚漢戰爭後期，韓信因為感激知遇之恩，放棄了獨立的最佳時機，也把自己的生死，完全放在了劉邦的手掌心。

但看來韓信的熱臉是貼在了劉邦的冷屁股上，劉邦並不體諒韓信對大漢事業的忠心耿耿，而且到了極不放心的地步。

劉邦的屁股之所以冷，是因為他的屁股坐在長官的位子上。

楚漢戰爭剛結束，某個凌晨，韓信還在做春秋大夢呢，劉邦已經悄悄地進村了，在韓信的指揮部裡一坐，把印符揣在了自己口袋裡，就開始發號施令，等到韓信來拜見，他的部隊已經收歸中央了。

劉邦的奪軍行為，不是第一次。韓信本無野心，對劉邦的奪軍行為也沒什麼怨言，更何況劉邦馬上就封他為楚王，定都下邳。

昔日的蹭飯郎，今日的諸侯王，韓信衣錦歸故里，大概是心滿意足的，所以心情也不錯，給了老大娘一千黃金，報答了昔日恩情。那個亭長，給了一百銅錢說：「可惜你有始無終！」這亭長回家之後，自然抱怨老婆，可是已經追悔莫及。至於那個曾經羞辱他的潑皮，韓信不但不殺，而且提拔他做了公務員，韓信宅心仁厚，確如後人評價：「厚而不黑！」意思是臉皮很厚，可是心不夠狠！

西元前 201 年冬天，有人檢舉韓信謀反，劉邦問部下，部下言論一致：「馬上發兵，活埋了這小子！」韓信的飛遷式提拔確實得罪了許多人，沒有一個人、一個字為韓信辯護，可見嫉妒的力量是如此可怕！

劉邦和陳平商量了一下，硬來恐怕打不過韓信，還是要來陰謀。於是發出通知說要到雲夢澤，雲夢澤屬於楚國，韓信當然要來迎接。但如今是

第四章　西漢式開局：從草莽到金鑾殿

冬天，不是旅遊的好季節，皇帝突然要來，顯然另有圖謀。韓信不做賊，心裡也發虛，砍了在楚國避難的老朋友鍾離眛的頭，去見皇帝，結果當場就被拿下，十幾個御前武士把韓信捆綁起來，放在隨從皇帝後面的副車上。韓信空有蓋世謀略，卻只能束手就擒。

成了階下囚的韓信嘆息道：「狡兔死，良狗烹；高鳥盡，良弓藏；敵國破，謀臣亡。天下已定，我固當烹！」

天下第一謀略家如此容易就被拿下，劉邦很有點成就感，但他也明白韓信謀反一說純係虛構。所以劉邦回到洛陽就釋放了韓信，當然楚王當不了了，給你個淮陰侯做做吧！也沒有實際的領地，實際上是軟禁在京城了。

至於楚地，劉邦就分給了自己的親戚們。

韓信從此就在京城閒住，跟樊噲、周勃、灌嬰這些人平起平坐。不過瘦駱駝也比馬大，樊噲等人對韓信還是有點敬畏，有一次韓信去拜訪樊噲，樊噲行跪拜禮迎送，說：「大王竟肯光臨臣下家門，真是臣下的光耀。」

韓信離開樊家，對手下人說：「沒想到我這輩子居然跟樊噲這樣的人混在了一塊！」（這裡韓信有點不知死活了，人家已經架起鍋，煮好湯，就等你下鍋了，你還在驕傲自大得罪人！）

在被軟禁期間，韓信與張良一起搞軍事理論研究，整理了先秦以來的兵書，並且收集、補訂了軍中律法。一代將星和天才智囊相聚，應該有精彩火花，然而史書一字不記。其實當時張良先生完全洞察時勢，假託修仙，避開是非，若能點醒韓信，或許能保全他的性命。

但是韓信的悲劇情節卻在繼續發展，他的老部下陳豨被任命為鉅鹿郡郡守，韓信居然唆使陳豨謀反。不過這件事很可疑，史書記載說韓信是和

第二節 屠戮功臣：漢高祖的心理歷程

陳豨說了些悄悄話，陳豨不久就反了。但既然是悄悄話，陳豨後來死無對證，韓信自己不說，內容又是何人揭發來？

前197年，陳豨果然謀反，劉邦御駕親征，韓信請了病假。第二年春天，正月，劉邦還沒回來，皇后呂雉管事，有個人自稱是韓信門客的弟弟，檢舉韓信與陳豨勾結，計劃在夜裡假傳詔旨，赦放那些在官府中的囚徒和奴隸，策應陳豨方面。這件事就更可疑了，韓信手握重兵時不謀反，當了人質反而要謀反，而且是領著一群囚犯和奴隸造反，以韓信的智商，能做這蠢事？史書記載說韓信與這位門客有矛盾，因此門客的弟弟前去揭發，可見是私人恩怨成為了當權者殺人的藉口。

於是蕭何上門來告訴韓信，說皇帝在前線大獲全勝，邀請韓信一起入宮慶賀。韓信一進宮門，就讓大內高手捆綁起來，這回遇到的角色可比劉邦狠，一聲令下就誅滅了韓信三族，他本人則是死在長樂宮中的鐘室裡。

韓信臨死前嘆息說：「吾不用蒯通計，反為女子所詐，豈非天哉！」蒯通曾勸他謀反，但是韓信拒絕，結果一代智將死於女子之手，韓信也只好怪老天爺了！

劉邦回來，聽說韓信被殺，他的反應是「且喜且憐之」，這五個字確實寫出了老劉的心情。劉邦對韓信，確實有些不滿意的地方。譬如滎陽戰局最危急的時刻，劉邦正指望韓信來救，韓信卻派了使者請求劉邦封他做代理齊王，這不是要挾麼？但劉邦無法抹滅韓信為自己打下江山的巨大功勞，這也就是劉邦一直難以對韓信下死手的緣故。

李紳寫下〈卻過淮陰弔韓信廟〉，歸因於韓信「賤能忍恥卑狂少，貴乏懷忠近佞人。徒用千金酬一飯，不知明哲重防身。」劉禹錫則指出韓信立下蓋世功勳又赤膽忠心，他的死令後人心寒。「將略兵機命世雄，蒼黃鐘室嘆良弓。遂令後代登壇者，每一尋思怕立功。」最令人扼腕嘆息的詠韓信詩則屬這一首：「丈夫亦何為，功成身可死。陵谷有變易，徨問赤松子。

所貴清白心,背面早熟揣。若聽酈通言,身名已為累。一死成君名,不必怨呂雉。」作者為誰?袁崇煥。

二、柏人陰謀:劉邦罵人的嚴重後果

漢高祖劉邦八年冬天,劉邦在河北追擊韓國叛軍殘部,經過趙國,打算住宿,問接待官員:「這個地方叫什麼名字?」

「柏人。」

「柏人,迫人,為人所迫,這個地名好生不吉利!」說完,劉邦就離開了柏人。

劉邦的離開令趙國元老貫高大失所望,並非可惜失去拍馬屁的機會,而是因為刺客已經隱藏了若干時辰。

劉邦大難不死,是運氣?還是有所察覺?

事情可以追溯到去年,當時劉邦從邊境回京,路過趙國。趙王張耳早幾年就死了,兒子張敖繼承了這份產業。張敖是劉邦的女婿,他的老婆就是皇后呂雉所生的魯元公主,當年差點讓父親劉邦推下馬車的小姑娘。

劉邦大模大樣地箕踞,所謂「箕踞」就是伸足而坐,這個姿勢,在當時,是極其瞧不起人的做法。不但如此,劉邦還破口大罵張敖,罵得很難聽,連趙王張敖的下屬們都聽不下去!

趙國的元老級人物貫高發怒了,說:「我們的王啊,真是個孱貨(就是軟蛋)!」

張敖咬自己的手指直到出血,阻止貫高說:「你千萬不要這麼做,皇帝對我們趙國有大恩德,我不能忘恩負義啊!」貫高等只好退下,但是不甘心。商量了半天還是決定做一票,「事成歸王,事敗獨身坐」。

第二節　屠戮功臣：漢高祖的心理歷程

於是就有了開頭的一幕。

功虧一簣啊，貫高懊惱得把大腿都拍青了。但接下去的事情不是拍青大腿能了結的，一年之後，柏人陰謀敗露，帝國司法部門釋出逮捕令，參與陰謀的趙國大臣想這次一定活不了，不如自我了斷，以免皮肉之苦，於是紛紛自殺。因為牽扯甚廣，自殺的人不少，現場頗為壯觀。

只有貫高等少數人拒絕自殘，陪著趙王張敖到了長安。在帝國大牢的審訊室裡，貫高對審案官說：「事情是我策劃的，趙王一無所知。」

審案官豈肯相信，嚴刑拷打，直打得貫高身上沒一塊好肉。貫高堅貞不屈，視死如歸，保持了燕趙壯士的高尚氣節，始終只有一句話：「事情是我策劃的，趙王一無所知。」

這時候皇后呂雉為女婿求情說：「小張是我們的女婿，不會做這種事情的！」

劉邦發怒，「張敖當上了皇帝，還會少女人麼？」

繼續拷打貫高，貫高也繼續說：「趙王一無所知。」

再繼續拷打貫高，貫高也繼續說：「一無所知。」

再繼續拷打貫高，貫高也繼續說：「無所知。」

「算了吧！」劉邦終於開口，「這是個壯士啊！誰認識他，私下裡幫朕去問問。」

有個貫高的熟人洩公，願意去問話。

這邊貫高躺著等待下一輪拷打呢，等了半天也沒有人再對他用刑，抬眼看看似乎有個人臉有幾分熟。

「是洩公嗎？」

洩公說正是小弟。

第四章　西漢式開局：從草莽到金鑾殿

「你不是在做中大夫麼，怎麼降職到這裡當獄卒了？」

「誤會了，我是來看老朋友的！」

用趙國話說了幾句閒話，洩公問：「張王真的沒參加此事的謀劃麼？」

貫高說：「我難道不顧惜自己的爹媽和老婆兒女嗎？犯下這個罪行，要滅三族的，我為什麼要替大王頂缸！實在是大王無心謀反，全部陰謀都是我設計的。」

洩公回去，向皇帝報告，劉邦批示放人，不但放張敖，也打算放貫高。依舊派洩公去，向貫高傳話。

貫高問：「果然釋放了張王麼？」

「果然。」洩公說，「皇上仁慈，老兄也沒事了！」

貫高說，「張王無罪當然應該釋放，我的罪可是板上釘釘，即使皇上不殺我，我也心中有愧！」說完就雙手扼住自己的咽喉把自己給掐死了。

由於貫高的義氣，張敖得到寬大處理，但王位是要不回來了，劉邦給了他個侯爵的待遇，從此在家閒住。小張一直活到呂后時代，他的兒子也就是呂后的外孫曾被封魯元王，但是好景不長，呂后駕鶴西遊之後被廢。

貫高令人敬佩，不過話說回來，若不是貫高的衝動，張敖也不會大禍臨頭。其實張敖對趙國的處境認知很深刻，劉邦罵人的意圖他也清楚得很，所以他選擇了忍耐，但他能忍部下卻不能忍，結果劉邦達到了目的，張敖失去了國家，劉邦則為心愛的兒子找到了領地。接下來，劉邦封如意為趙王。如意是劉邦與愛妃戚夫人的兒子，據說聰明可愛。劉邦常說：「這個兒子像朕！」

相對的，劉邦對自己的大兒子劉盈很不欣賞。「太懦弱了，不像朕！」當然劉邦不欣賞劉盈他媽呂雉也已經很久了！

雖然劉盈寬厚，很愛護自己的弟弟如意，但是戚夫人的心裡卻燃起了

取而代之的希望，呂雉的心裡則燃燒起了仇恨的熊熊火焰。在劉邦面前，戚夫人依舊嬌滴滴地溫柔可人，呂雉也依舊默默地賢良淑德，但兩個女人的生死惡鬥，已經悄悄地展開。

為大家所不注意的，劉邦的一位不得寵的妃子所生的不得寵的兒子——劉恆，被封到代地做了代王，他就是被後人認為是中國歷史上最好皇帝之一的漢文帝。但是當時可沒有人看好這位低調的親王。

三、異姓王們灰飛煙滅

戰爭結束，論功行賞，劉邦封彭越為梁王，都定陶，這個定陶，就是章邯襲殺項梁的地方。漢高祖十年，劉邦討伐陳豨之叛軍，曾經向彭越徵兵，當年處罰懶散青年的彭越自己這時也懶散了一把，沒有親自去，而是派了個將軍去邯鄲會合。

彭越小小的懶散，觸動了劉邦敏感的神經。劉邦派人訓斥彭越，彭越想起韓信，不由得寒心，裝病不去。一個叫扈輒的將領勸他索性反了算了，彭越猶豫不敢，結果被自己的部下檢舉。

劉邦也不敢輕視這位游擊之王，派了人翻牆頭進去，彭越穿著睡褲就被制服了。到了洛陽，司法部門一審，彭越自己沒有謀反，但是沒有及時揭發扈輒的謀反言論，結果判定彭越罪名成立，劉邦批示，流放蜀郡青衣縣。

青衣在四川，據說盛產竹子和一種水果椪柑，但彭越不想看竹子，也不想吃椪柑，他覺得自己很冤枉。彭越走到距華山 30 公里的鄭縣，遇到皇后呂雉的鳳駕。呂雉正好從長安到洛陽去，在此地遇見彭越，她也很驚訝。

「梁王何以在此？」

彭越一聽，眼淚不覺就下來了。男兒有淚不輕彈，只因未到傷心處，老彭是真的傷心了。呂雉耐心地聽彭越哭訴了事情的經過，對他的遭遇深表同情。她和顏悅色地對彭越說：「梁王你且跟哀家回去，見了皇上自會給你一個公道！」

彭越以為遇到了大救星，其實是撞到了喪門星。回去後呂后對劉邦說：「彭越可不是一般人，把他流放到四川，這不是放虎歸山嗎？」劉邦恍然大悟，於是誅殺彭越。彭越死後，劉邦下令把他的屍首做成肉醬，裝在飯盒裡讓使者送到各個諸侯家裡去。讓他們看看造反是何等下場！

彭越被殺是西元前 196 年 3 月，肉醬送到九江國的都城壽春，已經是秋天。英布正在打獵，使者將肉醬送到獵場。

「這是叛賊彭越的肉醬。」

英布大吃一驚，險些從馬上跌下。看著彭越的肉醬，英布感慨萬分，悲傷、恐懼、同情、怨恨，一起湧上心頭。韓信、張敖、彭越，當年的功臣諸侯王現在一個接著一個被殺、被廢、被剁成肉醬，你叫英布怎麼辦？豈不是只有造反一條路可走。

漢高祖十一年，英布的一位愛妾生病，經常到壽春當地一位名醫家中就診，說來也巧，有一位官員賁赫家就在醫所對門，賁赫想這是個拍馬屁的好機會，於是殷勤搭訕，送禮致意。

英布的愛妾回去，果然向英布推薦這位賁赫。賁赫想不到的是英布誤會了，愛嫉妒的英布以為兩人有姦情。下令逮捕，賁赫弄巧成拙，連夜逃到長安大喊：英布要謀反！

劉邦倒是沒有立刻相信，問相國蕭何，蕭何說應該調查一下再做結論。結果中央調查組一到壽春，英布就慌了！「陷害韓信、彭越的那一套程序，終於輪到我了！」於是起兵造反。

第二節　屠戮功臣：漢高祖的心理歷程

漢高祖十二年，冬季，英布叛軍在安徽宿縣一帶和劉邦討伐大軍遇上。兩軍對壘，劉邦觀察英布的布陣，彷彿項羽當年，心裡又厭惡又緊張。

劉邦說：「好好地當你的九江王，何苦叛變呢！」

英布回答說：「我也想嘗嘗當皇帝的滋味！」

兩軍交戰，小項羽畢竟不是真項羽，一敗塗地。走投無路的英布在逃亡途中遇到長沙國的使節，長沙王吳芮是英布的老丈人，當時已經去世。兒子吳臣，邀請英布到長沙避難，以便偷渡到南越國。其實這是一個陷阱，英布走到鄱陽，被不知名的人物所殺。

韓信、彭越、英布，三個最強大的異姓諸侯王如今已經灰飛煙滅，漢高祖劉邦終於可以高枕無憂，班師時路過家鄉沛縣，舉辦皇家宴會，邀請家鄉父老參加，心情不錯的劉邦喝了幾杯，擊築而歌，築，形似琴，有十三絃。劉邦左手按弦的一端，右手執竹尺擊弦發音，唱道：

「大風起兮雲飛揚，威加海內兮歸故鄉，安得猛士兮守四方！」

劉邦已經老了，當年幫他打天下的韓信等人也都死了，偌大的漢帝國，就要交給他的兒子管理，誰來保衛這個國家呢？唱到激情澎湃處，劉邦欣然起舞，跳著跳著，數行淚水，自眼眶中滾落下來。

四、蕭何也害怕了

韓信、彭越、英布等功臣一一慘死，不但武將們個個心驚肉跳，就是文官們也心懷疑慮。與韓信並列三傑的蕭何雖然眼下聖眷日隆，但是他的內心深處，也不覺害怕起來。

蕭何隱藏在心中的疑懼，被一個名叫召平的門客點破。

當時蕭何協助呂后殺害了韓信，論功行賞，劉邦拜丞相蕭何為相國，

第四章　西漢式開局：從草莽到金鑾殿

益封五千戶,並特別加賜一名都尉、五百士兵作為相國衛隊。蕭何因此在府中擺酒席慶賀,正當賓客道賀,喜氣盈庭之際,召平卻身著素衣白履,昂然進來弔喪。

蕭何大怒,這召平本是秦朝的東陵侯,秦亡後改行種瓜,因他的瓜味極甘美,「東陵瓜」名揚關中,蕭何入關的時候,聞名將他招至幕下。

召平一語驚人:「相國,你大禍臨頭了!」

召平的話觸動蕭何心中疑慮,他把召平請到內室詳談。召平告訴蕭何:「皇上在外征戰奔波,而相國安臥後方,沒有戰功卻得以加封食邑、賜衛隊,公不見淮陰侯韓信的下場嗎?皇上恐怕已經有懷疑相國之心了!」

召平幫蕭何出了兩條主意,一是表示謙讓,退還封邑、衛隊。二是捐出家中私財彌補國家軍費之不足。

蕭何依計行事,劉邦很欣慰,對蕭何勉勵有加。

不久英布謀反,皇帝再次親征,蕭何依舊留守,但是與往日不同,這一次劉邦的使者來得很勤,而且反覆問這個問題:「相國在做什麼呢?」

蕭何心中明白,皇帝對他已經不放心了,於是他工作更加賣力,並且拿出更多的財產勞軍。

這時有個門客說:「相國這樣做,適得其反,恐怕離滅族不遠了!」

蕭何急忙詢問原因,門客說:「相國功勞顯著、位極人臣,還能更上一步麼?況且相國久在關中,民心依附。皇上是擔心你傾動關中啊!」

這位門客勸蕭何買田地、放高利貸自汙,以安君心。蕭何照辦,等到劉邦班師回朝,老百姓遮攔道路,上書投訴相國低價強買「田宅數千萬」。

劉邦哈哈大笑,把蕭何叫過來,把老百姓的投訴信給他說:「你自己給百姓一個交代如何?」

劉邦表面上責怪蕭何,實則心中大喜,但是蕭何卻理解錯誤,結果禍

第二節 屠戮功臣：漢高祖的心理歷程

從口出。

「長安一帶耕地狹小，可是陛下的上林苑中卻有許多閒置空地，不如把這些荒地分給百姓去耕種，收了莊稼留下禾稈還可以餵養上林苑中的禽獸。」

一語逆龍鱗，劉邦當即火了：「相國收了多少賄賂，居然想要奪走朕的園子！」

蕭何一下子懵了，想要解釋，劉邦哪裡聽得進，一怒之下，蕭相國成了階下囚。

蕭何在監獄裡待了好幾天也不得釋放，想想韓信、英布的下場，劉邦這把屠刀，為終於揮向了自己，全不念我蕭何勞苦功高，這劉三麻子果然心狠手辣！

不過蕭何的命數未盡，有個姓王的衛尉，乘劉邦心情好的時候問了一句：「蕭相國犯了什麼大罪？」

「當年李斯做秦朝丞相，將善政歸於皇帝，有惡政則歸咎自己。現在蕭何做大漢的相國，居然收受賄賂，要求開放上林苑給百姓耕種，這分明是想取悅於民、博取好名聲，朕倒成了百姓眼中的惡人了！」

於是王衛尉為蕭何作無罪辯護，他提出三點理由：其一：為民請命是丞相的職責，怎麼能說是收受賄賂呢？其二：蕭何要造反，當年鎮守關中，有的是機會，何必等到現在？其三：秦朝短促而亡國，李斯那一點小仁小智，何足仿效？

劉邦聽了有點不高興，但仔細想想王衛尉的話還是有些道理，於是赦免蕭何，官復原職。

蕭何大難不死，喜出望外。這個為漢朝江山鞠躬盡瘁的老人，蓬頭赤足，穿著破爛的囚衣去向君主謝恩，劉邦看著他狼狽的樣子，也覺得有些

過意不去,安慰他說:「相國是對的,朕之所以囚禁相國,是要讓百姓知道你的賢能和朕的過失啊!」

這話說得實在言不由衷,但保住性命的蕭何哪裡還能計較皇帝的過錯。從此蕭何更加謹慎,終於安於相位,直到惠帝時代。

五、劉邦屠戮功臣的心理歷程

從六年(西元前 201 年)開始,劉邦陸續對他的主要功臣下手,第一個對付的功臣是楚王韓信,他利用雲夢事件奪了韓信的領地,將其軟禁在京。同年發生了匈奴入侵事件,劉邦懷疑韓王信叛國,韓王信走投無路,只好投降匈奴。韓國是第二個被廢黜的異姓諸侯國。雲夢事件後一年,劉邦到了趙國,辱罵趙王張敖,次年發生了柏人事件,劉邦成功利用柏人事件廢黜了趙王張敖,把趙國給了兒子如意。趙國是第三個被廢黜的異姓諸侯國。到漢高祖十一年,呂后殺了軟禁在京的韓信,又勸說劉邦殺了梁王彭越,梁國是第四個被廢黜的異姓諸侯國。彭越的慘死激起了英布的謀反,戰爭持續到漢高祖十二年,英布戰敗被殺,九江國是第五個被廢黜的異姓諸侯國。

此外,一貫得到劉邦信任的相國蕭何也曾一度被打入大牢,和劉邦光屁股玩大的好朋友燕王盧綰也因為受到猜疑,被迫逃亡,此後異姓諸侯王只剩下長沙王一家。劉邦還一度打算殺樊噲,至此除了明智的張良假託求仙問道,退隱江湖而得以倖免,其他主要功臣幾乎無一能不受猜忌,劉邦對功臣的無端猜忌和無情屠殺,僅遜色於後世的明太祖皇帝朱元璋。

劉邦對功臣的無端猜忌和無情屠殺,與他的心理歷程有極大關聯。

其一:劉邦小時候就不得父親歡心,野史相傳劉大媽在大澤中懷孕得劉邦,多少有點野合私生子的嫌疑。而劉邦長大以後,因為遊手好閒,又

第二節　屠戮功臣：漢高祖的心理歷程

常被斥罵。很顯然，劉太公並不喜歡這個孩子。此種情形想來令劉邦記憶深刻，以至於直到若干年以後，已經成為皇帝的劉邦在一次宴會上突然又想起此事，於是向老父發飆說：「父親你以前一直罵小兒不長進，誇大哥如何如何出息，現在父親看看小兒掙的這份家業，比大哥如何啊？」

劉太公惶恐。

其二、亂世英雄中，劉邦並不具備過人的名望和實力。他不過是一個亭長，起兵之後也不過是游擊在江蘇、安徽、河南交界處的一個小頭目而已，投奔項梁時，他更如同無家可歸的流浪漢。劉邦得以重新崛起，完全是項梁的厚愛扶植。也就在此時，他認識了另一個年輕人——項羽。

項羽在鉅鹿與秦軍主力戰鬥的時候，劉邦也得到獨當一面的機會，但戰績似乎不佳，連攻幾個城市都不成功，要知道主力都在鉅鹿，對付劉邦的都是些地方部隊。

經張良獻計，劉邦成功的以寬大政策招降了一些秦軍，終於得以進入咸陽。對待出降的大秦君臣，同樣以寬厚待之。等到「約法三章」出爐，劉邦「寬厚長者」的高大形象便在秦地乃至全天下樹立起來，成為劉邦以後與項羽抗衡的一大法寶。

而在整個楚漢戰爭期間，劉邦在與項羽一對一對壘時，始終處於落後捱打的境地，甚至到垓下之戰前夕，劉邦還一度被項羽包圍在固陵。只是因為韓信在策略大迂迴中擊破了項羽的一個又一個盟友，游擊專家彭越則在項羽大後方盡情表現。兩線作戰的項羽，疲於奔命，糧道斷絕，苦不堪言，劉邦這才不勝而勝。

因此，當上皇帝後，劉邦的心很虛。為什麼？因為他明白，是蕭何、韓信、張良這些人把他拱上了帝位。什麼赤帝子斬白帝子，什麼天生異相，御用文人編的這些東西，可以騙人，卻騙不了自己，也騙不了那些知根知底的老相識、老部下。劉邦想，究竟你們這些功臣拿不拿我當回事？

第四章　西漢式開局：從草莽到金鑾殿

我這張龍椅怎麼才能坐安穩了，怎麼才能千秋萬代永遠流傳下去！

六年冬天功臣爭功事件、蕭何第一引起的爭議以及功臣在金殿上拔劍發酒瘋等一系列事件，讓漢高帝好煩惱，更覺得自己的虛弱。雖然叔孫通的禮儀培訓效果不錯，但在劉邦看來，這些只是表面功夫。

劉邦需要證明自己，御駕親征匈奴，就是一次嘗試。但可惜，嘗試的結果是被困白登山。從白登山上下來，劉邦才明白，原來自己和韓信、張良的差距這麼大。

劉邦登基為帝的時候，已經五十多歲，蕭何與他年紀差不多，張良、韓信、英布等人則顯然年輕許多。劉邦擔心一旦自己百年之後，自己的兒子如何能駕馭得了這些強龍？因此劉邦決心痛下殺手。

劉邦舉起這把屠刀，猶豫了很久，這從他對待韓信的態度可以看出。但從彭越開始，劉邦就沒那麼客氣了。他和彭越有什麼深仇大恨？居然要將彭越剁為肉醬，英布死後，劉邦覺得一輕鬆，為什麼？能威脅到自己以及兒孫的人都已經全部消滅了。韓信、彭越、英布……

但是，老劉在回長安的路上就病倒了，病情還發展得很快。皇后請來了一名頗有名氣的醫生，老劉問他：「朕的病還能治麼？」醫生安慰他說：當然可以。老劉突然翻臉，破口大罵說：「我以一個老百姓的身分起兵，提三尺劍而取天下，這難道不是天命嗎？我命在天，就是扁鵲復生也治不好我的病了，你個江湖郎中還想騙我！」把醫生趕走，安排了身後的人事，指定曹參、王陵、陳平、周勃等人為蕭何的接班人。

但劉邦還有所掛念，有人告訴劉邦：「樊噲痛恨戚夫人，等到陛下駕崩之後，就要誅殺趙王劉如意！」劉邦大怒，派陳平、周勃替代樊噲統帥軍隊，並且把樊噲就地正法。陳平尋思著，這件差使不好做，搞不好裡外不是人，既得罪了皇帝，又得罪了呂后，所以決定把樊噲押解長安讓劉邦親自處決。

陳平、樊噲還沒回到長安，劉邦已經撐不住了。漢高祖十二年（西元前195年），夏季，四月二十五日，大漢帝國第一任皇帝劉邦在長樂宮駕崩，享年62歲，廟號高祖。

男主角退場，女主角登場。身披喪服的呂雉的心中在想什麼？她迫不及待地想做什麼？這一切，劉邦已經無法知曉，也無力制止。

第三節　人彘事件：下手如此狠毒的呂雉是天生大惡人麼？

劉邦死後，兒子孝惠皇帝繼位，母親呂雉掌握了國家大權。有一天，母親呂雉對兒子孝惠皇帝說，有個新鮮玩意給你看看。

什麼新鮮玩意呢？是人彘，彘，就是豬。

人就是人，豬就是豬，人彘又是什麼？

母親呂雉說，你瞧瞧不就知道了麼？

孝惠皇帝一看，大吃一驚。面前一個女人，四肢被斷，眼睛也被挖掉，嗓音嘶啞，耳朵也好像喪失了聽力，而且，這不是父親劉邦的愛妃戚姬嗎？

善良的孝惠皇帝嚎啕大哭，一病不起：「這麼殘忍的事，不是人做的呀！」

疑點之一：在爭儲之戰中，戚姬是個天真活潑、心思單純的無辜受害者麼？

疑點之二：呂雉這個女人下手如此狠毒，是天性惡婆還是積怨所致？

第四章　西漢式開局：從草莽到金鑾殿

疑點之三：劉邦和審食其，呂雉更愛誰？

一、對劉邦，呂雉有三怨！

史家對呂雉的評價是「為人剛毅」，這個評語多見於征伐四方的武將或酷吏。用在一個女人身上，可非同一般。但這個評價不是憑空捏造的，在韓信、彭越的死亡事件中，呂雉充分展現了她的「剛毅」。孝惠即位後二年，齊王劉肥來朝拜皇帝，孝惠皇帝認為劉肥是自己的哥哥，讓他坐上座，慈祥的太后立刻發怒，斟了兩杯毒酒，讓齊王為自己祝壽，其實是讓他喝毒酒，結果孝惠皇帝也拿毒酒祝壽，呂后害怕兒子中毒，打翻了杯中酒，齊王劉肥看出蹊蹺，假裝醉酒，才保住一條小命。可見呂雉的為人。

但人彘悲劇的發生，更是積怨已成刻骨仇恨。

呂雉的第一怨，是進門就當媽。呂雉嫁給劉邦之前，是個富家小姐。父親呂公很喜歡這個女兒，要把她嫁給貴人。誰是貴人呢？沛縣的縣令求婚，呂公不答應。倒認準了劉邦，非把女兒嫁給他不可，依據是劉邦的面相大貴。老婆呂媼發怒，也阻攔不了他。

呂雉嫁給劉邦的時候，劉邦的職位是秦朝的一個亭長，所謂亭長，其實就是現在的村長，但未必有現在某些地方的某些村長那麼威風，秦朝法令嚴苛，劉邦薪水不高，事情倒不少，呂雉要料理家務的同時，還是要下地幹活的。所以《史記》記載：呂后與兩子居田中耨。

更要命的是，呂雉嫁給劉邦的時候，劉邦已經與某曹姓女子有過一段風流史，且有了一個兒子，叫劉肥。所以，呂雉小姐一進劉家門，就當上了後母。

呂雉的第二怨，是先進大牢再做人質，眼看著公公差點下了油鍋。

不久劉亭長帶領大夥造反，官府抓不著劉邦，先把他老婆呂雉關進了

第三節　人彘事件：下手如此狠毒的呂雉是天生大惡人麼？

大牢，這真是無妄之災。好在有朋友照應，總算不至於吃多大苦頭。劉邦此後投奔項家，呂雉帶著兒女，跟夫從軍，當然享太平福是不可能，丈夫忙於軍務，也不可能有太多時候陪老婆逛街，但總算一家人在一起，心裡也踏實。

後來劉邦被封漢王，去了漢中，呂雉有沒有跟去呢？依照史記記載，應該是留在了沛縣照顧老人和兒女。這是不是項羽扣留人質的意思，不是很明白。但不久風雲突變，劉邦和項羽開打，一敗塗地，把父親和老婆丟給了項羽，《史記》記載：項羽取漢王父母妻子於沛，置之軍中以為質，呂雉可就確確實實成了項羽軍中的人質了。

做人質可不是好玩的，項羽與劉邦對峙的時候，就以烹殺劉太公要挾劉邦，劉邦說：「項羽，我們可是兄弟，我爹就是你爹，那烹我爹不就是烹你爹，煮熟了別忘了分我一碗肉湯喝。」項羽發怒，要砍劉太公，被人勸住，好歹沒殺。這時候呂雉在哪呢？和公公一樣，也被五花大綁，如果公公煮熟了，下一個就該她了。目睹這驚心動魄的場面，呂雉眼看著公公差點下了油鍋，膽顫心驚的滋味，無須多言。

呂雉的第三怨，是重逢之時劉邦已另有所愛。

楚漢一度休戰，中分天下，割鴻溝以西者為漢，鴻溝而東者為楚。此時，呂雉和劉太公終於回歸漢營。但呂雉和劉邦的重逢喜中摻憂，因為在劉邦的身邊已經有了另一個女人。她就是戚姬。

與已經成為黃臉婆的呂雉相比，戚姬年輕貌美，而且擅長跳舞，特別是一支叫「翹袖折腰」的舞蹈，細腰美女，長袖善舞，這是春秋以來中原流行的舞蹈藝術，與唐代流行的胡旋舞（楊貴妃擅長此舞，有趣的是安祿山也擅長此舞）相比，可以說是標準國粹。

戚姬還長於調弄一種叫「瑟」的樂器，當時該樂器的流行和受歡迎程度相當於現代的吉他，喜歡唱歌的劉邦，也相當喜歡這種樂器。當戚姬鼓

瑟，劉邦隨聲唱和，唱到極樂處，美人翩翩起舞，如此的快樂愉悅，是呂雉無法給予劉邦的。

二、呂雉和戚姬：兩個女人一場戰爭

呂雉的聰明、堅忍，或許讓劉邦覺得此婦人不太可愛吧！但其實劉邦也許並未意識到的是，戚姬似乎也不像外表那樣單純。

從戚姬的出手準確、思路敏捷來看，心機絕不在常人之下。戚姬似乎從未考慮過與呂雉爭奪皇后的位子，她很聰明，一開始就直奔主題，為兒子如意爭取太子之位。只要如意即位，戚姬就是天子生母、當然的太后。到那時，即便呂雉也同為皇太后，地位、權勢不可同日而語，如後世的慈禧與慈安。但慈安無子，又無心爭權奪勢，尚且不能存活。何況不甘心的呂后，必無並存之道理。

呂后所生的劉盈，是劉邦嫡長子，按照宗法規矩，冊立為太子。已成黃臉婆的呂雉當然無法與年輕貌美的戚姬爭奪丈夫的歡心，但只要兒子保住太子的地方，有朝一日兒子繼承大統，她還是笑到最後的那個人。所以，呂雉與戚姬的這一場搏殺，核心是太子之位的歸屬，性質是你死我活的廝殺。押上的賭注，這邊是呂雉母子的生死榮辱，那邊是戚姬母子的名位性命。這一點，呂雉明白，戚姬也明白。

要達到目的，戚姬的主攻方向在劉邦，呂雉的主攻方向在大臣。《史記》說：「戚姬幸，常從上之關東，日夜啼泣，欲立其子代太子。」看起來戚姬的枕邊私語和美人垂淚發揮到了良好效果，劉邦顯然更喜歡戚姬的兒子如意，他召開會議，討論廢立問題。

呂雉藏身在會議室的東廂，提心吊膽地聆聽著這場激烈的朝議。大臣們大多數站在劉盈一邊，但劉邦似乎堅持己見，無法說服。如果這樣下

第三節　人彘事件：下手如此狠毒的呂雉是天生大惡人麼？

去，呂雉所擔心的事情就會發生。

關鍵時刻，患有口吃症的御史大夫周昌發揮了作用。他說：「臣講不清楚其中道理，但臣期——期知其不可，陛下想要廢太子，臣期——期不敢奉詔。」周昌的口吃加上著急，他的話說得劉邦不覺好笑，同時劉邦也感覺到了大臣的反對不無道理，於是暫時擱下了這個議題。

會後，呂雉立刻主動前往拜見周昌，並跪下來感謝道：「沒有先生的拚命支持，太子差一點就被廢了！」

但呂雉深知事情沒這麼簡單，戚姬一定還會繼續，而具唯一有決定權的那個男人——劉邦的心，已經完全偏向了戚姬和如意，遲早劉盈是要被廢掉的。而一旦太子劉盈被廢，劉盈和呂雉自己，都會成為俎上魚肉，任人宰割。呂雉寢食難安，最後想到了一個人——張良。

張良也認為情況嚴重，他認為這件事情旁人很難左右，如果劉邦一意孤行，就是有 100 位大臣的反對，最後的結果，還是皇帝說了算。但以張良的智慧，怎麼會真的沒有辦法呢？

果然，在一次朝會上，劉邦再次提起了廢立之事，太子的兩位師傅叔孫通、張良極力維護太子，叔孫通甚至說：「陛下如果欲廢長立少，臣願先伏誅，以頭血汙此地。」劉邦只好再次擱置此議。

在會後的酒宴上，劉邦把太子劉盈喊出來招呼大臣。突然看見在太子侍從的賓客席上，有四位看來皆八十餘歲的老頭子，鬚眉皓白，衣冠甚偉，劉邦心裡似有所感，派人趨前請教四人姓名。

老人家們回答說：「我們是東園公、角里先生、綺里季和夏黃公。」

原來這四個老人家，就是著名的商山四皓。劉邦大驚說：「我曾派人尋找諸位出來作官，四位都迴避不肯見面，現在為什麼願意做我兒子的賓客呢？」

商山四皓回答道：「陛下一向看不慣讀書人，經常罵罵咧咧，我們自己想想受不了這種侮辱，所以害怕逃跑。但是聽說太子為人仁厚，恭敬愛士，天下的讀書人都想為太子效死，所以我們就出來幫助太子啊！」

商山四皓向劉邦賀酒後，便先行離去。劉邦目送四老離開，悵然良久，對戚姬說：「我本來想廢立太子，但太子羽翼已成，不容易更改了，還是算了吧。」

戚姬聽了這話，眼淚譁就下來了，她深知自己已經得罪呂雉太深，一旦廢立的圖謀失敗，劉邦千秋之後，哪裡會有她母子的容身之處。

劉邦也感嘆萬千，說你不要煩惱了，你跳支舞為我解憂，我也唱首歌給你聽：「大雁飛得高啊一飛千里，羽翼已經長成啊四海翱翔，我雖有弓箭啊射不到牠，還有什麼辦法啊！」

歌罷，劉邦起而離去，從此便不再談論廢立太子之事，酒宴也隨之結束，留下痛哭不已的戚姬，戚姬明白，她和呂雉這場生死之戰，終於以她的一敗塗地告終，她輸掉的不僅是江山，還有兒子如意和她自己的命。

（商山四皓的出場，正是張良的設計。）

三、呂雉是不是一個天生惡人？

劉邦死後，劉盈即位，呂雉升格為太后。

呂太后急不可耐地對戚姬下手，逼她穿上囚衣，戴上鐵枷，到永巷舂米。嬌滴滴的戚美人哪裡是做粗活的人，當然憤怒悲傷，於是自己作詞唱了一首歌：

「兒子當王爺，媽媽當囚犯，舂米早到晚，性命快不保！我兒啊，你在趙國，相隔三千里那麼遠，誰來幫媽告訴你媽的痛苦？」

第三節　人彘事件：下手如此狠毒的呂雉是天生大惡人麼？

立刻有人告發，呂太后想，好哇，妳還想向兒子告狀！我正想要收拾他呢！

呂太后下詔徵召趙王，趙國的相不是旁人，正是幫過呂雉的周昌。不過忠厚的周昌這次可不如呂雉的意，三次拒絕呂雉的徵召，保護劉如意。

原來當年劉邦曾經鄭重其事地向周昌託孤。知道呂雉必然向如意報復，周昌死活不讓如意上路。呂雉只好先調走周昌到中央，再召趙王。如意年齡不過十四五歲，不知深淺，又沒人關照，只好來到長安。

但呂雉依舊無從下手，因為有人保護如意。誰？皇帝劉盈。劉盈的確仁厚，為了保護弟弟的性命，他親自出城迎接如意，並從此與弟弟同食同寢，以防母親下毒手。

然而某天早上皇帝去打獵，弟弟如意貪睡，賴著不肯起來。小孩嘛，劉盈想想算了，就自己先出去了。沒想到等皇帝回來的時候，弟弟如意已經七竅流血而死。

皇帝抱著弟弟的屍體，欲哭無淚。

隨後，便發生了人彘慘劇。

金庸在《天龍八部》一書中為我們塑造了四大惡人的形象，呂雉是不是一個天生惡人呢，其實早期的呂雉還是可以用賢惠一類的詞語來形容的，但隨著生活的動盪，囚徒、人質生涯的艱苦危險，使呂雉的心理狀態發生變化，一方面，形成了她堅忍剛強的性格，另一方面，也埋下了怨恨的種子。尤其是在戚姬母子出現之後，呂雉不但失去丈夫的寵愛，更面臨兒子的太子地位不保的險境，當劉邦打算廢除太子時，呂雉站在了懸崖的邊緣，如果廢除太子，下一步就是廢除皇后。

在驚心動魄的太子地位保衛戰中，呂雉以堅忍的態度守護兒子，同時也在內心深處累積著對戚姬母子的仇恨。當她依靠張良、周昌等大臣的堅

持,取得太子保衛戰的勝利時,危險已然度過,但仇恨已經充滿呂雉的心胸,以至於劉邦一死,她就迫不及待地對戚姬母子事實迫害,累積多年的仇恨一朝爆發,手段之殘忍,令人髮指,連她兒子也看不過去。可見呂雉心中的仇恨有多深。

撤去宮廷這個舞臺,類似呂雉和戚姬的衝突其實並不少見。說白了就是黃臉婆和小情人的爭夫之戰,放在豪門,就是大老婆和小老婆對家產繼承權的爭奪。呂雉年輕時,劉邦也覺得她貌如天仙、溫柔可愛吧!有時想想,如果戚姬獲勝,會不會也是一個呂雉呢?

四、守寡的呂雉居然收到了一封情書

漢惠帝三年,西元前 192 年,農曆己酉雞年,發生了一件意想不到的事情。

守寡的呂雉居然收到了一封情書。更令人意想不到的是,寫情書給呂雉居然是匈奴的冒頓單于。

這還真是「寡婦門前是非多」,冒頓單于在信中寫道:「我雖然從小生長在草原戈壁,卻很嚮往中原的風俗人情。聽說妳沒了老公,生活無聊空虛,正好我也是寂寞難耐,不如我們見個面,聊聊人生,投緣的話結個婚、生個孩子,從此我們兩個人快樂地生活在一起,豈不是很好!」

其實,匈奴民族還殘留著原始人類群婚制的遺俗,父親、兄長死後,兒子、弟弟可以迎娶他們的妻子(當然生母除外),照顧這些孤兒寡母的生活。按照冒頓的邏輯,漢匈約為兄弟之國,按照匈奴習俗,劉邦既然駕鶴西遊,自己迎娶,那是天經地義,理所應當。

但漢人可不是這樣想的。漢朝君臣勃然大怒,認為是士可殺不可辱,主張與匈奴開戰。呂雉的妹夫樊噲主動請命:「請給我十萬人,我可以橫

第三節　人彘事件：下手如此狠毒的呂雉是天生大惡人麼？

行匈奴！」

樊噲顯然是在吹牛了，他忘了白登山了。所以季布說：「樊噲可斬也！」季布說了兩條理由：一是劉邦以 30 萬人與匈奴作戰，尚且被困在白登山。樊噲也是當事人之一，今天樊噲說要帶十萬人橫行匈奴國中，這不是胡扯嗎？二是中原經歷長期戰亂，國力尚未恢復，還不是和匈奴一決雌雄的時候。

季布一席話，使得呂雉冷靜下來。她給冒頓回書一封，信中寫道：「我呂雉已經人老珠黃了，頭髮花白，牙齒鬆動，連走路也不穩當了，這樣的我恐怕不值得你來愛。不過我還是要謝謝你的愛，送點小禮物給你，做個紀念吧！」

冒頓收到禮物和回信，大概自己也覺得冒失，派使者向漢朝道歉說：「我是個粗人，不曉得中原的禮儀規矩，冒犯了皇太后，太后寬宏大量，不跟我計較。為表歉意，送幾匹馬給你們，希望不要影響兩國的友好關係！」

白登事件後，劉邦採納劉敬的意見，與匈奴和親。雖然和親，但漢朝和匈奴的邊境，其實並沒有安寧過。邊境的百姓，面對的是匈奴騎兵不定時的騷擾，而且來無蹤，去無影，讓以步兵為主的漢朝邊防軍頭痛不已。但形勢其實已經在一天天的悄悄地發生著變化，隨著休養生息政策的見效，漢帝國的國力逐漸增長，而遠處大漠中的匈奴人，對此渾然不覺。

漢朝的反攻，需要適當的時機。匈奴這樣的游牧民族，在冷兵器時代對農業民族占有軍事上無庸置疑的先天優勢──那就是馬。生活環境和生存方式注定了匈奴人是優秀的騎兵，而中原的王朝則以步兵、弓弩、長城與之抗衡。匈奴人會出其不意地出現在我們的村子邊緣，侵襲人畜和搶劫財產，然後在任何還擊可能來到之前帶著戰利品溜走。當我們追趕他們時，會發現自己被引入了荒涼的草原戈壁，面對的是大量的騎兵來回呼

嘯，卻不與你正面肉搏。直到你被拖得精疲力盡，他們才從容地包圍屠殺。這是草原賦予游牧人的長處。

但中原也有自己的長處，相比草原，這裡人口眾多、物產豐富、文明昌盛，由此造成科學技術上的進步，這也展現在軍事上，匈奴人很快會發現，漢人的劍比他們更鋒利，盔甲更厚實，還有一種叫「弩」的殺人機器，令匈奴膽顫心寒。而頗有意思的是，匈奴對中原在經濟上的依賴越來越嚴重，部落貴族們，自己已經越來越離不開中原的那些好東西了，譬如絲綢布匹。

當漢朝面對羞辱，他發現憤怒不能解決問題，所以樊噲被理性的季布認為「可斬！」。但「忍」不是目的，漢朝之所以能夠成為超級大國，並取得對匈奴的最終勝利，在於他爭取了時間，並在這段時間裡不走彎路，默默地完成了鳳凰之涅槃。

五、呂雉的真心愛人：恐怕不是劉邦？

呂雉拒絕冒頓的求愛，其實還有一個非常私人的原因，她心中另有所屬。

呂雉的情人就是審食其。

審食其是劉邦的沛縣老鄉，據說也是第一批參加劉邦革命隊伍的舊部。劉邦離開沛縣時，留下自己的哥哥劉仲和審食其一起照料自己的父親和妻子兒女。按理說革命工作無貴賤，只是分工不同而已。但是和流血犧牲的其他人相比，審食其的貢獻確實有點拿不上臺面，難怪若干年後封侯時遭人非議，說他是靠鑽皇后的裙子上去的。

彭城之戰後，劉太公、呂雉成了項羽的人質，審食其也作了陪同人質，忠誠相伴，很多議論者都說是這個時候呂雉與審食其產生了生死與共的感

第三節　人彘事件：下手如此狠毒的呂雉是天生大惡人麼？

情，他們相愛了。

這是不是事實，作者沒有證據，實在難以論證。明確可知的，倒是劉邦在差不多這段時間遇上了紅顏知己戚姑娘，儼然人生第二春。

《漢書》說：辟陽侯行不正，得幸呂太后。審食其與呂后的私情，為人所知還是在漢朝立國以後，準確地說，是劉邦昇仙以後。別忘了，劉邦昇仙之前，呂雉可是面臨戚夫人極大的威脅。如果在這時或者此時以前，呂雉已經和審食其偷食禁果，戚夫人為何不就此大做文章呢？要知道，雖然劉邦冷落呂雉不是一兩天，可是一旦知曉皇后給他戴了綠帽子，或者只是蛛絲馬跡有點疑問，皇后就死定了。所以作者的結論是審食其與呂后的肉體關係，開始於惠帝時代。之前完全是柏拉圖式的愛戀。

關於呂后與審食其偷情行為的消息，很快隨著宮女私下的竊語、宦官不露聲色的暗示，從長樂宮宮牆的牆根爬上牆頭，走上大街小巷，走進千家萬戶，成為大家茶餘飯後的談資。

於是，長安人都知道了，也包括呂雉的親生兒子、當今皇上劉盈。可以想像皇帝得知這個豔情故事的神情與心情。

皇帝暴怒了。當然他對母親沒辦法，那就把滿腔怒火發洩在審食其身上。據《漢書・朱建傳》載：「久之，人或毀辟陽侯，惠帝大怒，下吏，欲誅之。太后慚，不可言。大臣多害辟陽侯行，欲遂誅之。」呂后無顏面對自己的兒子，為情郎求情，難道就看著可愛的人兒死去？

審食其有一個叫朱建的朋友，施展辯才，走惠帝的倖臣閎孺的路線，曉之以利害。朱建是這麼說的，審食其是太后的情人，你閎孺卻是皇帝的同性伴侶，皇帝討厭審食其，皇太后就不討厭你閎孺？皇帝殺了審食其，太后就不能殺你閎孺麼？

結果審食其逃過一劫。

呂雉和審食其的結合,其實無可厚非。呂雉嫁給劉邦,是父母之命,與審食其,卻是自由選擇,患難見真情。恐怕呂雉的愛情,屬於審食其,而非劉邦。

但審食其終究沒有得到善終,漢文帝前元三年(西元前177年),他被淮南王劉長用鐵椎擊打而死。劉長為什麼要殺審食其?

很簡單,到了殺人的地步,必有深仇大恨!什麼深仇大恨?殺母之恨。

但其實劉長的母親並不是審食其殺害的。要說起緣由,還是得追溯到柏人事件,劉長的母親本是張敖獻給劉邦的趙國美人,柏人事件敗露後,她也受到牽連。於是透過審食其向呂雉求情,但這不是與虎謀皮麼?呂雉本來就對這些以戚夫人為代表的小狐狸精們咬牙切齒,當然一口拒絕。

可憐美人生下劉長後就被處死,有關部門把劉長送到皇宮,劉邦後悔莫及,親自為這個孩子起名,並且讓呂雉負責撫養他成人。英布死後,九江地方成了無主之地,劉邦就把這塊地給了苦命人劉長,封號為淮南王。

因為從小在呂雉身邊長大,劉長和審食其很熟,關係也不錯。審食其做夢也沒想到,皇帝的這位小弟把母親的死歸罪於他,認為是因為審食其沒有盡力說服呂雉,才導致母親冤死。漢文帝前元三年(西元前177年),劉長到長安拜見皇帝,陪他打獵,順便拜訪審食其,正寒暄之時,劉長從寬大的袖子裡拿出鐵椎,突襲審食其。

其實審食其死得很冤,劉長母親的死,實在不是他老審的責任。但誰叫他是呂后的情人呢?很多人把對呂雉的仇恨,但是你能拿國母怎麼樣?只好都轉移到審食其頭上,捶你個面首!

六、誰埋下了呂氏滅門伏筆?

漢惠帝只當了七年皇帝,便英年早逝,宣告駕崩。皇太后呂雉立了個

第三節　人彘事件：下手如此狠毒的呂雉是天生大惡人麼？

小朋友做皇帝，她自己則再升一級，當上了太皇太后。

西元前 180 年，農曆辛酉，又是一個雞年。這一年的陽春三月，光天化日之下，呂雉外出時居然遇見了所謂的「靈異現象」，一個貌似青毛犬類的怪物直撲呂雉掖下，忽然又消失得無影無蹤。

占卜的先生說，這是劉如意的冤魂作祟啊！女人終於有些迷信，上了年紀的女人尤其如此。呂雉再剛毅，也覺得毛骨悚然。於是得病，到 7 月 30 日，逝世。

呂雉從劉邦死後便掌握了實權，屈指算來，差不多執政十多年。呂雉時代延續了清靜無為的道家方針，幾位丞相：蕭何、曹參等，都與民休息。「不擾民」三個字，誠為百姓之福。所以史家對呂雉時代的評價是：「政不出房戶，天下晏然。刑罰罕用，罪人是希。民務稼穡，衣食滋殖。」

所謂：「溪雲初起日沉閣，山雨欲來風滿樓。」呂氏家族和擁劉官僚的矛盾，在呂雉死後急遽激化。

首先發難的是東方的齊國。

齊王的兄弟朱虛侯劉章是呂家的女婿（他娶了呂祿的女兒，呂祿是呂雉的姪兒），當時留在長安。這個朱虛侯劉章不是一般的紈褲子弟，他年方二十，血氣方剛。一次家族宴會上，呂雉讓他做酒令官。朱虛侯劉章說：「做酒令官可以，但我是軍人家庭出身，請求用軍法行酒。」

呂雉沒在意，隨口就答應了。酒喝到一半，酒令官劉章要求上臺為大家唱一首歌，歌的名字叫〈耕田歌〉。

呂雉年輕時也吃過苦，種過田，覺得這歌名不錯，權當憶苦思甜。

劉章唱道：「深深的挖開泥土啊，密密的播下種子，疏疏的插禾苗啊，不是同種的雜草，就一定要把他們鋤掉！」

呂雉聽出意思來了，禾苗就是劉家，雜草是什麼？不就是說我們呂家

第四章　西漢式開局：從草莽到金鑾殿

麼，這娃娃是要把我們呂家鋤掉啊！但呂雉沒發火，一句話都沒有怪罪劉章。以她剛毅果斷的性格，不應如此，也許是沒把劉章當回事。

但劉章的驚人之舉還沒有結束。過一會，呂家門有個傢伙不勝酒力，從酒席上逃跑，劉章騰身而起，以閃電般的速度追上此人，比荊軻還快地出劍，等到大夥反應過來，此人已經被斬下首級。

劉章慢吞吞的走到太后面前報告說：「有人逃酒，臣根據軍法，將他視同逃兵處置了！」呂雉這下真的驚愕了，但因為有言在先，也不能拿他怎麼樣。朱虛侯劉章從此名震京師，成為擁劉派的一面旗幟。

呂雉一死，劉章就發消息給大哥齊王，說呂家要狗急跳牆，讓他先下手為強。八月，齊國首義，起兵討伐呂家。朝廷派老將軍灌嬰統率部隊，攻打齊國。灌嬰本是販賣絲綢的河南人，以驍勇善戰聞名，也算是劉邦的愛將，不買呂家的帳，暗地裡與齊國聯合。

這邊長安城裡，太尉周勃也想動手了，可是周太尉名義是武官之首長，實際上手裡一個兵也沒有，南北兩營御林軍，都在呂家的兩位王爺手中，一位是梁王呂產，控制著南軍，一位就是劉章的老丈人趙王呂祿，管著北軍。

周勃和丞相陳平商量了很久，決定從劉章的老丈人趙王呂祿這邊下手。呂祿有個好朋友酈寄，周勃和丞相陳平綁架了他父親，脅迫酈寄參加謀劃，遊說呂祿棄權退出。

酈寄對呂祿說：「您的身分是趙王爺，應該回趙國享福，但您卻待在長安貪戀權位，難怪天下人議論紛紛，懷疑您的忠心。不如放棄兵權回國，那麼大家就會明白您的忠心耿耿，您就可以高枕無憂了！」

呂祿這個呆瓜居然信以為真，打算照辦，途中遇到姑媽呂嬃（呂雉的妹妹、樊噲的夫人），呂嬃聽懂呂祿的意思，立刻暴怒，把家裡的所有金

銀珠寶名牌衣服包包化妝品通通當垃圾一樣扔到院子裡，任君拾取。

「呂家必然滅亡了，何必為別人保管這些東西！」

九月四日凌晨，代理御史大夫曹窋（曹參的兒子）和相爺呂產在商量國事，一個姓賈的官員從齊國回來，向呂產報告說：「大王早不回國，現在就是想回國也回不去了！灌嬰和齊國合謀，要消滅呂家呢！」

其實曹窋是周勃安插在呂產身邊的臥底，連忙告訴周勃。周勃立刻就奔向北軍大營。經過說服，呂祿交出印信，空身而去。周太尉進入軍營，下令道：「為呂氏右袒，為劉氏左袒。」

小夥子們齊刷刷地就把左手臂亮了出來，於是控制了北大營。

南軍那邊，呂產還不曉得呂祿已經交出印信，正準備進入未央宮，沒想到保全不讓他進門，正徘徊著來回度步呢！一轉臉看見朱虛侯劉章帶著士兵撲過來，曉得大事不妙。這時間已經是黃昏，突然狂風大作，呂產的衛兵也散亂逃跑，呂產最終在郎中令茅廁裡被殺。

呂氏盡滅，罪名自然是謀反。其實呂產和呂祿這幫人沒有什麼太大的野心。只是當初，呂后急切地把這些親戚推上王爺的寶座，用意無非是想讓他們同享榮華富貴。老實的王陵反對，結果被呂后明升暗降，摘去了相印，周勃和陳平只好拍手同意，可是他們心裡真的同意諸呂為王麼？西元前 180 年的呂氏滅門之禍，根源早在 7 年前就埋下了。

第四節　悲歡離合：漢文帝這一家子

諸呂被滅以後，有人提議立齊王為皇帝，他不僅是高祖劉邦的長孫，又有首先起兵反諸呂之功。但因為齊王的母舅家族勢力比較強大，大臣們害怕再來一個呂氏專權，所以被否決了。

第四章　西漢式開局：從草莽到金鑾殿

同樣的原因，淮南王也被否決。最後，代王劉恆進入大臣們的視野，「代王方今高祖親子，最長，仁孝寬厚。太后家薄氏謹良。且立長固順，以仁孝聞於天下，便。」

劉邦的兒子中，代王劉恆並不得寵，最得寵的是趙王如意。劉邦的妃子中，代王劉恆的母親薄姬更不得劉邦歡心，劉邦最愛的是戚夫人。然而最後卻是代王劉恆登上皇位，成為歷史上的漢文帝。而這位漢文帝，在作者的心目中，乃是中國帝制歷史上最好的皇帝，而且不是之一，是唯一。

疑點之一：不受劉邦寵愛、也不曾直接參與反呂鬥爭，劉恆為什麼能登上皇位？

疑點之二：一個身分卑微的奴僕自稱是皇后的親弟弟，姐弟重逢的背後有著怎樣的心酸故事？

一、無寵的薄姬生下了無爭的劉恆

秦朝末年，有個姑娘姓薄，她有兩個好姐妹，一個姓管，一個姓趙，三個小姑娘在一起結下誓約：「誰先富貴了，不要忘記好姐妹！」

薄姑娘後來被選進了魏王豹的皇宮，有個算命先生給薄姑娘卜了一卦，說她一定會生下天子。魏王豹聽了心中竊喜。然而魏王豹竊喜不了多久，就被漢將曹參活捉了去，魏國滅亡。薄姑娘也被送到了漢王劉邦的織室（織室，宮中的絲織作坊）。

薄姑娘在織室上班，直到有一天漢王劉邦不知道為了什麼來織室視察，看見了薄姑娘。劉邦看著薄姑娘，覺得她長得很順眼。於是薄姑娘成為了漢王的後宮。

可是一年過去了，劉邦也沒碰她一指頭。所謂「寥落古行官，宮花寂寞紅，白頭宮女在，閒坐說玄宗。」這大概是大部分宮女不得不面對的命

第四節　悲歡離合：漢文帝這一家子

運吧！

巧合的是，當年的好姐妹——管姑娘和趙姑娘也進了劉邦的後宮，而且得到了漢王的寵幸。若干年後，管姑娘和趙姑娘，不，如今是管夫人、趙子兒，在玩笑中提起了從前的那個誓約，當然也提到了薄姑娘。

劉邦聽了這個故事有點可憐薄姑娘，接著由憐而生愛，於是召見薄姑娘，寵幸了她。薄姑娘，現在是薄姬了，為劉邦生下了一個兒子，叫劉恆。

薄姬喜歡安靜，劉邦寵幸她的時候，她默默低著頭，也不著意打扮自己來取悅皇帝。劉邦不來的時候，她看看花，看看水，自得其樂，也不招惹是非。

其實劉邦對薄姬的寵幸，憐的成分多，愛的成分少。宮中最得寵的妃子，還是美麗的戚夫人。薄姬也不是個喜歡爭寵的女子，她的無爭當時看來是無奈，後來卻成為遠離是非的明智之舉。

美麗的戚夫人生下了聰明的劉如意，無寵的薄姬生下了無爭的劉恆。劉如意先被封為代王，後來改封到富饒的趙地當王。劉如意當上趙王之後，劉恆被封為代王，去了山西。

劉邦死後，從前那些受寵的妃子，被呂雉殺的殺，關的關，薄姬因為無爭無寵，呂雉倒也不難為她，允許她跟隨兒子，離開繁榮的長安去了寒冷的北國。母子倆在代地的生活很寧靜，這對於低調性格的人而言，是很自在的生活。

呂雉時代，曾經打算把劉恆遷移到比較熱鬧的趙地當王，劉恆冷靜地拒絕了。劉恆的拒絕頗有道理，從張敖開始，當趙王的沒有一個善終。漢朝開國以後第一任趙王張敖，在柏人事件中得罪漢高祖，被廢。第二任趙王劉如意，死在呂雉手上。劉友（前 194 年趙王）和劉恢（前 181 年趙王），都被迫娶呂家的女兒為王后，婚後感情不融洽，得罪呂后，一個被活活餓死，一個鬱悶到自殺。之後又有趙王呂祿交出兵權後被殺。

第四章　西漢式開局：從草莽到金鑾殿

劉恆的平靜生活，直到前180年，朝廷的使節來到山西，邀請他到長安做皇帝。

其實在整個誅滅呂氏事件的過程中，齊王一脈最為主動積極，謀求帝位之決心，最為直接明顯，然而「有心栽花花不開，無心插柳柳成蔭」，最後帝位居然落入完全束手旁觀的代王之手，齊王家族的失落，可想而知。

那麼，齊王為什麼沒當上皇帝？答案很簡單，據說齊王的母后家族，也如同呂家一樣強橫。大臣們合計，如果立齊王為皇帝，豈不是前門驅狼，後門迎虎？劉恆這邊呢？薄姬是父母雙亡，劉恆只有一個舅舅薄昭，這個家族，就好比他們的姓，單薄得很啊！

這一年，劉恆23歲，接到邀請，簡直不敢相信是真的。拿出龜甲來占卜，卦辭說「餘為天王」，「天王」，就是皇帝。經過反覆磋商試探和前哨的打探，劉恆終於相信這是事實。閏九月二十九日，抵達長安，在一番謙讓之後，登上帝位。

二、皇后竇漪的悲喜人生

劉恆即帝位之後，他的王后也就升格成了皇后。漢文帝的皇后叫竇漪，與她的婆婆薄姬相似，也有一段曲折的人生經歷。

呂后時代，竇漪是長樂宮中一名默默無聞的宮女。當時，呂后決定賞賜給諸侯王一些宮女，以豐富他們的業餘生活，同時也籠絡一下這些王爺。名額是每個親王五個宮女，而竇漪恰在名單中。

竇漪自己不能決定去留，但她對去哪個諸侯國，卻有自己的打算。竇漪想去趙國，因為她的家鄉清河，離趙國很近。於是竇漪向分派宮女的某宦官請求：「一定要把奴家的名字放到去趙國的花名冊裡。」這名宦官顯然沒把竇漪的請託放在心上。最終竇漪沒去成趙國，而是去了代國。

第四節　悲歡離合：漢文帝這一家子

竇漪哭了，因為代國遠在山西北部，遠離清河，而且靠近邊境，天氣又寒冷。但是沒辦法，竇漪還是被送到了代國。而當時的代王正是劉恆。不幸中的萬幸，劉恆對竇漪一見鍾情，非常寵愛她。先和她生了個可愛的千金，後來連得二子，冊立為王后。

若干年後，代王劉恆被大臣們迎立為天子，這樣一來，當年被遣送出宮的小宮女竇漪回到長安，成為了母儀天下的皇后──竇皇后。回首往事，當初如果天遂人願，竇漪被分配到了趙國，那麼她很可能到老還是一名宮女。可嘆陰差陽錯，命運如此捉弄人，卻又給你天大的驚喜。

竇漪當上皇后沒多久，就有一名衣著襤褸的年輕男子，上書朝廷，說自己是當今皇后離散多年的親兄弟，要求與姐姐相認。這名男子自稱是清河郡（今河北清河）觀津縣人，姓竇，叫廣國。

竇漪的故鄉，確實在清河郡（今河北清河）觀津縣，而她的確也有一個弟弟，叫竇廣國。但是竇廣國四五歲的時候就已經被人拐走，屈指一算10多年過去了，容顏已改，如何相認呢？這男子會不會是冒認皇親呢？

皇后懷著半信半疑的心態，讓宦官先去盤問此人。衣著襤褸的年輕人跟前來詢問的宦官說：「我小時候有一次跟姐姐爬到一棵大桑樹上採摘桑葉，不小心一失足，從桑樹上掉了下來。這件事，只有我和姐姐兩個人知道。」

宦官回去一報告，竇皇后二話不說，立刻召見年輕人。一見面，從年輕人的面相，皇后已經有幾分相信。雖然如此，竇皇后還是忍住激動的心情，問：「你還記不記得小時候的其他事情。」

年輕人說：「阿姐被官府強奪進宮的時候，跟我在旅館裡面訣別，用一盆清水為我洗頭，阿姐為我洗得很仔細很乾淨，洗完頭又餵飯給我，官府的人在旁邊一直催促，但阿姐餵完飯才跟他們走。」

年輕人的敘述，正是當年竇漪被強迫入宮做宮女，與家人痛苦離別的

第四章　西漢式開局：從草莽到金鑾殿

情景再現。一句、一字，觸及竇漪痛楚而清晰的往事記憶。話音剛落，竇皇后已經忍耐不住心中的傷痛與喜悅，把弟弟一把摟到懷裡，痛哭流涕，竇廣國也是泣不成聲。侍奉在旁的宮女、宦官、衛士、官員，也都感動地匍匐在地，流淚哭泣。

那麼，為什麼竇皇后的親兄弟會流落街頭、與親人離散？原來人販子這個行業，在漢代已經很猖獗，竇漪被迫入宮做宮女後不久，她四五歲的弟弟竇廣國，不幸遇上人販子，被拐騙到外地賣掉。人販子將拐來的小孩子當商品一樣交易，竇廣國轉來轉去，一共被轉賣了有十次之多。

最後，竇廣國被販賣到河南宜陽一個燒炭廠做工。白居易有樂府詩云：「賣炭翁，伐薪燒炭南山中。滿面塵灰煙火色，兩鬢蒼蒼十指黑。」燒炭是件危險活，某日忽然間山崩地裂，炭廠像紙糊的一般倒塌下來，裡面的一百多個工人，除了竇廣國和老闆兩個，全部壓死在裡面。

大難不死，竇廣國做了老闆的跟班，來到富麗堂皇的大城市、祖國的心臟長安。在長安街頭，竇廣國聽說新立的皇后姓竇。

「巧了，我也姓竇。」

路人說：「皇后是清河郡觀津縣人。」

「太巧了，我也是清河郡觀津縣人。」竇廣國想：「莫非當今皇后是我的姐姐？」

於是姐弟相認，總算是大團圓的喜劇收場。然而這一個大團圓的喜劇之下，隱藏著更多殘酷的人間悲劇。如果竇漪沒有當上皇后，若是竇廣國在礦難中未能死裡逃生……而這如果，卻是大多數宮女和童工的結局。有一個當上皇后竇漪，卻有九十九個老死宮中的宮女竇漪。有一個死裡逃生、姐弟相認的竇廣國，卻有九十九個被拐賣、最終慘死的童工竇廣國。

元人張養浩在〈潼關懷古〉中吟道：「峰巒如聚，波濤如怒，山河表裡

潼關路。望西都，意躊躇。傷心秦漢經行處，宮闕萬間都做了土。興，百姓苦；亡，百姓苦。」無論興亡，百姓總是處於被踩躪的境地，不過程度差異而已。唯走出這個興亡循環才是出路。

第五節　黃老與商鞅思想雜用的文景年代

漢王朝發展到文景時代，出現了政寬人和、五穀豐登、商業繁榮、百姓安居樂業的和諧局面，史稱「文景之治」，乃是中國歷史上少見的黃金時代。

這一黃金時代的出現。主要原因是統治思想的轉變。秦朝奉為國策的韓非思想，在漢初則為黃老無為思想和法家中偏重守法的商鞅思想所替代。其中又以黃老無為思想為重，所以在漢初，一貫專制氣氛濃厚的中國社會，難得地出現了寬容自由的氣象。

疑點之一：賈誼被儒家知識分子奉為賢明人士，而漢文帝也絕非昏君，然而賈誼為何身逢明君卻不得志？

疑點之二：張釋之總是得罪人，先是太子，後來連皇帝的面子都不給，為什麼他還能步步高升？

疑點之三：吳國的太子為何在皇宮被殺？凶手竟然是漢皇太子，其中有何緣由？

疑點之四：晁錯一上臺就著手削藩，晁錯錯了嗎？

一、賈誼為何身逢明君卻不得志？

劉徹的祖父劉恆當皇帝之後的第一年，就對全國的地方官員進行了政績考核，考核的結果，河南郡郡守吳公名列第一。漢文帝讚許他的功績，

第四章　西漢式開局：從草莽到金鑾殿

提拔吳公到中央擔任廷尉（司法部長）。

吳公調任中央以後，向皇帝舉薦了一位青年才俊。這位青年才俊，正是洛陽人賈誼。於是漢文帝召見賈誼，任命他為博士官，並親切詢問他對國家大事的看法。

看來賈誼的回答讓皇帝有驚豔之感，因為年方二十的賈誼，居然在此後的一年之中做到了太中大夫，俸祿千石。

但賈誼的火箭式上升也就到此為止。三年後，當漢文帝打算提拔賈誼做大官時，遭到了幾乎所有官員的一致強烈反對，理由是：太年輕，學問功底不扎實；權力欲望太強，難以合作共事；毛手毛腳，改革激進。

漢文帝也吃了一驚，想不到大家對小賈如此排斥，看來小賈在中央是無法做下去了！於是外調他去湖南，當長沙王的太傅。這幾乎就是一個閒差，對於官場來說，小賈簡直成為廢人了。

這件事後來成為文人騷客關注度極高的話題：賈誼為什麼失意？他得罪了哪些人，以至於受到如此排擠？

後世的儒家知識分子，把賈誼的示意歸因於「木秀於林，風必摧之」。具體而言，首先是賈誼急於表現，得罪了老先生們。《史記》記載，小賈是博士中最年輕的，每次皇帝下詔詢問大家對某件國家大事的看法，老先生們還沒能擬好發言稿，才思敏捷的小賈已經全部周到地解答完畢。如此表現，老先生們口頭上只好服軟，後生可畏，心裡卻難免不高興。

其次是賈誼升遷太快，導致同僚嫉妒從博士到太中大夫，不足一年便扶搖直上，顯然讓在官場上很辛苦耕耘的同僚們義憤填膺了，而以軍功上位的老將軍們更是不滿，我們流血戰鬥換來的官位，你個小青年張張嘴就混上了？

誠然不可否認這種觀點有一定道理，然而官僚故舊的阻撓，雖能造成

第五節　黃老與商鞅思想雜用的文景年代

阻力，卻未必能改變漢文帝的態度。關鍵是漢文帝的態度如何？

李商隱詩云：「宣室求賢訪逐客，賈生才調更無倫。可憐夜半虛前席，不問蒼生問鬼神。」漢文帝何以「不問蒼生問鬼神」？漢文帝絕非不關心「蒼生」的昏君，他為何只問賈誼「鬼神」事。潛在的原因，恐怕是漢文帝對賈誼的主張並不完全贊同。

而正是這一點，才是決定了賈誼仕途失意的真正原因。

賈誼第一次重大獻策，是鼓動漢文帝改制。這是儒家的禮儀重點，當年叔孫通做了一個簡易版本，解決了朝廷基本禮儀問題，但也就到此而已，因為儒家那一套繁文縟節，實在讓劉邦等漢初君臣提不起興趣。而賈誼所提出的改制方案，不但針對禮樂，還包括曆法、服色、制度、官名，幾乎可以說是將漢朝體制推倒重來的一攬子計畫。

賈誼的這項建議，讓漢文帝很吃不消。為什麼？漢朝建立以來，一切政策，都貫穿著實用主義思維，凡事都以促出發展經濟、改善民生為目的，最忌諱的是無事生非的擾民之舉。蕭何當年修建未央宮，稍稍華麗雄偉了一點，劉邦便覺得消受不起。漢文帝在位二十多年，沒有為自己修蓋一間宮殿，寶馬、好車、名貴服裝，毫無添置。當時時尚界流行的服裝款式是「長裙曳地」，但是漢文帝最寵愛的妃子慎夫人居然「衣不曳地」，為的是節約布料。漢文帝自己的陵墓中的隨葬品，也都是瓦器，金、銀、銅、錫，一概沒有。所以盜墓界的人士都不去打擾他老人家的安息，為什麼呀？一是仰慕他，一是曉得沒什麼可拿的，還不如一個土財主家裡有油水呢！

漢文帝如此節約，無非是考慮到百姓收入有限，上交的賦稅，作為天子要省著點花。花費少了，納稅人的負擔自然也就得以減輕。那麼先「富民」、後強國的漢朝發展路線，庶幾可以完成。

第四章　西漢式開局：從草莽到金鑾殿

但是如果採納了賈誼的建議，改曆法、官制、服色，建立繁文縟節的儒家禮樂制度，必然有兩個結果：其一是花費大量賦稅在無關民生的形式建設上，其二是打亂現有秩序，干擾百姓安居樂業的局面。

所以賈誼的儒家主張，與主張與民休息的朝廷主流黃老思想嚴重不符，漢文帝自然難以接受，只好表示謙讓不敢當，事實上是否決了賈誼的建議。

改制建議之否決，是賈誼仕途上第一次重大挫折，為他後來的外調埋下伏筆，不過事情還在繼續發展。第二年，賈誼上了一份關於農業問題的建議書給漢文帝。

建議書的前半部分，賈誼引經據典，大談農業的重要性，這固然不錯。但在後半部分，賈誼所提出的建議，卻讓漢文帝再次無語。

賈誼是這麼說的：

「農業為本，工商為末。所以我認為，應該強制工匠商人，改行務農。則積蓄自然充足，百姓也安居樂業。陛下在這一點一直猶豫不覺，實在可惜！」

在這封建議書中，賈誼繼續在兜售儒家的那一套，不過這一會不是禮樂制度，而是抑制商業。

對於這一點，漢文帝就更不能苟同了，雖然農業的確重要，但漢初以來，從來就沒有一個皇帝或丞相說要強制商人去種田，而是推行自由政策，鼓勵百姓依據具體條件，各自尋找致富之路。如果按照賈誼的主張，強制工商階層都去務農，那還不亂了套。

實際上，從漢高祖到漢文帝，推行了大量促進農業生產的實惠政策。

漢高祖劉邦做了三件事。其一是頒布了招攬流浪人口回歸故鄉的優惠政策，把老百姓在戰亂期間失去的田地、房子還給他們，讓他們回家安居

第五節　黃老與商鞅思想雜用的文景年代

樂業。其二是發動了一場廢奴運動。戰爭期間，許多老百姓因吃不飽飯而自賣為奴婢，現在全部釋放為自由人。其三：秦朝稅收制度是「泰半」，泰就是太，太半就是一半還多。漢高祖收多少，田賦改為十五稅一，什麼意思？農業稅（也就相當於今天的個人所得稅，因為當時的百姓主要收入就是農業）是百分之六點六七，加上其他附加稅收，也不到百分之二十。

漢文帝繼位以後，一是繼續減稅：農業稅（個人所得稅）再減一半，從十五稅一到三十稅一，也就是是百分之三點三三，算賦（人頭稅）也由每人每年120錢減至每人每年40錢。二是減輕徭役：成年男子的徭役減為每三年服役一次。

上述措施，遠比賈誼的「強制商人務農」來得實際有效。

對於工商業，漢文帝的態度也頗為積極，至少是「重農不輕商」。他先是開放山林川澤資源，放手讓百姓發家致富。文帝後六年，開放為國家壟斷的所有山林川澤，准許私人開採礦產、利用和開發漁鹽資源，結果，民間資本空前活躍，漢朝的商業、手工業、礦業、漁業空前繁榮，老百姓的腰包也鼓了起來。

後是廢除了關卡。漢代在軍事重鎮或邊地要塞，都設以控制人口流動，檢查行旅往來。出入關隘時，要持有「傳」（通行證），方可放行。文帝十二年，取消出入關的「傳」，直接降低了商業運輸成本。

由此看來，漢文帝在經濟問題上與賈誼的態度，又是截然相反。既然道不同，那麼自然不相為謀，賈誼的退場也就順理成章了。

賈誼的失意，絕非孤立的事件。漢初，大多數如賈誼這樣的儒生，他們的仕途都是失意的，這完全是因為儒家思想與道家黃老思想的格格不入。

所以賈誼的失意，是他個人的不幸，卻是漢初百姓的幸事。倘使賈誼

主政,所謂「文景盛世」,恐怕要夭折於襁褓之中了。

那麼賈誼在史冊上,為什麼又會享有那麼高的聲譽呢?首先是因為後世文人對他個人的同情。如李商隱,他自己也失意潦倒,難免就藉賈誼這杯酒,澆自己的塊壘。更重要的原因,是因為漢武帝以後的中國社會,乃是儒家思想的一統天下,對於賈誼這位早期的儒家思想鼓吹者,需要有所拔高。

二、驚馬案件與張釋之的奇妙判決

賈誼的老家洛陽之南有一個南陽,南陽有個張釋之。他的仕途一開始很不順,他在騎郎(騎兵禁衛官)這個位子上一坐就是十年,毫無升遷的希望,本想回家種地算了,得了袁盎的推薦,慢慢得以接近皇帝身邊,得了個公車司馬令的職務。這公車司馬令是個什麼職位?當時的公家,不就是皇家麼。皇宮南面有一扇門,叫司馬門。這個公車司馬令,就負責看守這扇門,巡視周邊環境治安是否良好,有百姓來上訪、告御狀的,以及四方貢獻、被徵召者,都接待一下,該上報的上報,不該上報的就擋回去。有人說,這不就是一傳達室嗎?也可以這麼理解,不過前頭得加「皇家」二字,有了這兩字就不一樣,他有權力,有時候還挺大的。

譬如說有一次,漢文帝的太子劉啟和梁王同乘了一輛馬車,進宮朝見皇帝,打司馬門這裡過。按規矩,無論皇親國戚,經過這司馬門,都要下車。可這兩個年輕人,一個是當今太子、未來的皇帝,一個君臨一國的諸侯王,自己也覺得身分特殊,所以就大模大樣地闖了進去!這要攔別人,也就算了。可這位張釋之不依不饒,追上去就把二位攔住了,不許走,你們得下車!這還不算,馬上寫了一份奏章,彈劾太子劉啟和梁王。這件事情,一直驚動到皇太后那裡,最後太后下了道特赦令,寬恕太子的愚蠢行

第五節　黃老與商鞅思想雜用的文景年代

為，這才罷休。

要說張釋之該倒楣了，漢文帝該不高興了，恰恰相反，皇帝和太后都一致認為這老張很不錯，是個恪守規矩、剛直不阿的人，這一類型的人，往往在官場上吃不開，但是在漢文帝這裡當寶貝，先是提拔為中大夫，後來又任命為中郎將。

漢文帝前元三年，西元前 177 年，農曆甲子，鼠年。

當時的老張，已經是漢帝國的廷尉，相當於今天的司法部長。實話實說，這個官不好當，為什麼這麼說，因為法官是要依法行事的，各個國家、各個朝代，都不會忘記制定光明正大的法規律令，一條條地寫在那裡，可是真的遇到事情，能不能按照法律來辦，這個，就難了！一方面，阻力來自下面，人講究情理，這情在理之前，親朋故友，說情的、送禮的、要挾的，都有。更致命的是來自上頭的壓力，一旦遇到皇帝的意思與法律的條文相左，你是嚴守法律公義呢，還是曲解法律迎合上意？你的選擇倒在其次，要害是皇帝給不給你守法的權力。你嚴守法律，行，皇帝可以罷免了你，甚至流放、殺了你，換個人做法官，你完了，法律的公正也完了！

這一年，發生了所謂「驚馬事件」。事情的經過是這樣的，漢文帝從中渭橋上經過，忽然有一人從橋下跑過，驚了皇帝御車的馬，幸虧皇帝的車伕反應迅速，立刻採取應急措施，及時控制住馬車，這才沒有造成嚴重的後果。這人驚了馬，這馬也驚了人，那人知道自己闖下彌天大禍，趕緊撒開腿就跑，一幫御林軍就在後頭這個追，好不容易才把他給逮捕，送到廷尉老張那裡處置。

老張說：「按律令，天子出行，你應該迴避。但是你沒有及時迴避，所以這是犯蹕之罪，很嚴重。」

老張的判決是：「罰金！」

第四章　西漢式開局：從草莽到金鑾殿

「罰金！？」這下子連好脾氣的漢文帝也發怒了，幸虧這馬溫和，要是換成脾氣暴躁點的馬，這麼一受驚，馬車還不得翻了，這一翻車，朕還能好得了麼？你居然只判罰金？

張釋之解釋說：「法律可不是針對一個人的，天下之人，人人都應該遵守。如果隨便地加重，那法律還有什麼威信可言？當時皇帝要是立刻把他處死了，我老張也沒辦法。可是現在既然送到我這裡審理，我這裡可是廷尉，天下公平道義所在，如果連我都做不到公正，老百姓還有什麼盼頭呢？陛下您自己想想。」

道理講得很清楚，可聽不聽可就是人皇帝的事了！要是皇帝，一瞪龍眼，一聲龍喝，這老張十有八九小者丟烏紗，大者丟腦袋。

漢文帝最後還是冷靜了下來，還說了這麼一句話：「當廷尉的，不就應該這個樣子嗎？」顯然，這是在誇讚老張。

類似的案件，還有劉邦紀念堂上玉環盜竊案件，漢文帝指示司法部判決盜竊犯族滅（殺他全家）之罪，老張也堅持依法判決盜竊犯斬首（只殺一人）之刑，最後仍按照張釋之的審判執行。

張釋之總是得罪人，先是太子，後來連皇帝的面子都不給，為什麼他還能步步高升？因為漢文帝的統治思想中，除了黃老思想為主導外，還有法家的成分。這裡的法家，並非韓非的權勢思想，而是商鞅、吳起的法治派。

法治派的一個重要特徵，就是強調「法律高於一切」，主張維護成文法的絕對尊嚴。《商君書》把實行法治列為治國的根本，認為法度是君臣共同遵守的制度，如果捨棄法度而憑私欲辦事，就會引起國家混亂。《商君書・賞刑》中特別提到要統一刑罰，即無論犯罪人身分，公平地施刑。

張釋之對法律的理解，恰好符合《商君書》的主張，因此他嚴守法律

公正，不以權勢而動搖。從漢文帝那方面來說，正是他對法的尊重，才能寬容乃至賞識張釋之，而這一點，恰好符合商鞅所說的「守法之君」標準。

漢文帝的「守法」，在西元前170年的「國舅殺人事件」中也有充分展現。薄昭是薄太后唯一的弟弟，漢文帝對於這位舅舅，給予特別尊崇的待遇。然而薄昭卻因此狂妄自大以至於殺害漢使，按律法當斬。

薄昭以為憑自己的身分，可以逃過法網，沒想到漢文帝派出官員，暗示他自殺謝罪。薄昭不肯，漢文帝乾脆叫人穿上喪服去薄家弔喪。薄昭無奈，自能自盡。

「這個外甥太絕情了！」

對權貴的無情，正是對黎民的有情。

三、廢除誹謗罪：可貴而短暫的言論自由時代

守法是第一步，商鞅還主張根據形勢的變化調整法規，是為「更法」。漢文帝根據漢初社會的變化，在一些法令上大膽實行「更法」之舉，尤為令人稱道的，是廢除肉刑和廢止「以誹謗、妖言治罪」。

廢除肉刑緣起於「緹縈上書」事件，當時齊國有個叫淳于意的人犯法被送到長安，準備執行肉刑。淳于意的女兒緹縈給漢文帝上書說：「人的肢體一旦砍下，就不能再接上去。犯了罪的人，即使想改過自新，也已經來不及了。所以我請求自願當官衙的奴婢，為父親贖罪！」

緹縈的上書觸動了漢文帝，他立刻意識到繼續實行秦朝的肉刑，不利於天下的長治久安，於是下決心廢除肉刑。

這件事交給丞相張蒼辦理，最後斬腳趾、割鼻子、臉上刺字等肉刑被「打板子」取代。不過板子的數量還是太多，以至於罪犯逃避了肉刑，卻

在板子下喪命。所以到漢景帝時代，又大幅減少板子數量。

從「斬腳趾」到「打板子」，毫無疑問是刑罰史上的大進步。

漢文帝更令人稱讚的「更法」之舉，是廢止「以誹謗、妖言治罪」。

所謂誹謗，本不是什麼罪過。堯、舜時代的皇宮門口，豎有一根「誹謗之木」，木上釘一塊橫板，專供百姓在上面書寫對國家政事缺失的意見，相當於今天商店裡常見的顧客意見單。

但這塊誹謗之木由來演變為皇宮門前的華表，誹謗也成了貶義詞。西周末年，國人議論周厲王的是非，引起厲王的勃然大怒，定下誹謗罪名，國人在道路上相遇，不敢言語，只能以眼色互相暗示。所謂「防民之口，甚於防川，川壅而潰，傷人必多，民亦如之。」厲王的暴政終於引起國人的憤怒，一場暴動將厲王趕下臺去。

誹謗、妖言罪在秦始皇手裡演繹出一場高潮。當時秦始皇身邊有兩個煉製長生不老藥的方士侯生、盧生，發了一通議論說：「皇帝剛戾自用、狂妄自大、貪於權勢，這樣的君主，有什麼資格長生不老！」然後溜之大吉。

侯生、盧生跑了不要緊，他們的議論卻傳到了秦始皇耳中，引起龍顏之大怒：「朕如此厚待他們，這幾個人卻如此誹謗於朕！」下令拷問滯留在咸陽的術士，追究他們誹謗以及妖言惑眾之罪。這些術士平時嬌生慣養，哪裡受得了這般嚴酷刑罰，於是互相揭發、牽連甚廣，最終被定罪者多達四百六十餘人，全部活埋。（傳統上稱為「坑儒」，其實沒儒生什麼事，純粹是坑術士。）

秦法規定，犯誹謗罪者在斬首之前，還要先割掉舌頭。這是為了警告世人，小心禍從口出。

蕭何制定漢朝律法的時候，把大部分秦法都照抄下來，誹謗罪也在其中，所以漢初的帝國法律，也有「以誹謗、妖言治罪」這一條。

第五節　黃老與商鞅思想雜用的文景年代

漢文帝在即位的第二年，就宣布廢除「以誹謗、妖言治罪」。

漢文帝在詔書上說：「古代顯明君主治理天下，在朝廷上設立進善之旌、誹謗之木，聽取建議。現在的法律卻設立誹謗妖言罪堵塞言路。這麼一來，還有誰來說出朕的過失，更別提招攬遠方之賢良！」

於是下令：「自今以來，有犯此者勿聽治。」

誹謗妖言罪的廢除帶來了中國歷史上一個極其罕見的「言論自由」的大時代，雖然這個時期很短暫。

漢景帝曾經在御前舉行一場學術辯論會，辯論的題目是《湯武革命是不是以下犯上？》。

轅固生認為湯武誅桀紂是順應民意，黃生則認為湯武是假借民意之名義，行暴力奪位之事實。於是轅固生說了一句很陰險的話：「如果這樣的話，漢高祖皇帝推翻秦朝也不對嗎？」

這是很明顯地借政治干涉學術，黃生危險了！

但是漢景帝識破了轅固生的把戲，他不為所動，還打了一個頗為幽默的比方：「沒吃過馬肝，怎麼能叫美食家呢？（漢人以馬肝為肉中極品）沒有討論過湯武受命，怎麼能叫做學者呢？」

辯論結束。

四、漢太子棋局殺人事件

在接替帝位之前，漢文帝的太子劉啟因為一時衝動，而做下了草莽的行為，親手埋下了七國之亂的伏筆。

當時帝國東南方最重要的諸侯國——吳國的太子入朝晉見。

吳王劉濞是劉邦老哥劉仲的兒子，起初，劉邦封自己這位老實巴交的

第四章　西漢式開局：從草莽到金鑾殿

老哥做代王，未曾想剛上任不久，匈奴入侵，丟了領地，逃回長安。劉邦沒有責怪劉仲，畢竟以他的實力，確實抵擋不了彪悍的匈奴，更何況不久劉邦自己也被困白登。

但劉邦再也沒有封劉仲當王，代王的爵位，先給了劉如意，後來給了劉恆。劉仲從此退出歷史舞臺，但他有個兒子叫劉濞，卻青出於藍而勝於藍。英布叛亂的時候，劉濞年方二十，頗有氣力，跟隨劉邦攻打英布，立下不少軍功。戰爭結束後，劉邦就把這塊昔日對手項羽的根據地封給了自己的姪子劉濞。

封王儀式上，劉邦召見劉濞，一看他的相貌便後了悔，為什麼？此人有反相。

反相究竟是個什麼相貌。傳說諸葛亮觀察到魏延腦後有反骨，所以一直提防著此人。莫非劉濞和魏延一樣，也長了一塊反骨？總之劉邦後悔也來不及了，只好拍拍劉濞的後背，跟他嘀咕了幾句說：「漢朝 50 年後東南方有人造反，難道是你麼？都是姓劉的一家人，何苦造反呢！」

劉濞磕頭，說：「不敢！」

太史公一貫嚴謹，但這裡明顯是後來為了抹黑劉濞而生硬插入的一段杜撰。劉邦什麼時候成了預測大師，會看相還能預知 50 年未來？

事實上據說劉濞將吳國治理得相當不錯，劉濞開採銅礦，煮海水為鹽，勤勞致富。史稱：「其居國以銅鹽故，百姓無賦。卒踐更，輒與平賈。歲時存問茂材，賞賜閭里。」一個國家，百姓無須納稅便已經國庫充足，這無論如何都是一個令人嚮往的國度。

吳國派太子劉賢晉京，無疑也是為了加強吳國分支與長安大宗的感情交流。於是兩位太子在花園裡喝茶飲酒玩牌下棋。

沒想到下棋下出事情來。兩個血氣方剛的年輕人為了一盤棋發生了爭

執。太子劉啟一腦門子熱血湧上來，提起棋盤就向吳太子劉賢砸去，棋盤一角擊打在吳太子劉賢的頭部，吳太子劉賢一聲不吭就死了。

有關部門只好把吳太子劉賢的屍體裝上喪車運送回吳國（都城在今江蘇揚州），吳王劉濞發怒說：「天下同宗，都是姓劉的，死在長安就葬在長安，為什麼要運回來！」又把屍體裝上喪車運送回長安。

漢太子棋局殺人事件，給漢朝中央和諸侯國的關係投下了沉重的陰影。痛失嫡子，吳王劉濞的心中難言平靜，對將來的漢景帝來說，面對吳國，是難以卸除的道德枷鎖。

漢太子棋局殺人事件的官方說法是：吳太子入見，得侍皇太子飲博。吳太子師傅皆楚人，輕悍，又素驕，博，爭道，不恭，皇太子引博局提吳太子，殺之。什麼是不恭？就是不禮貌，不尊重。吳太子和他的師傅敢不尊重皇太子麼？有人說是事件的真正原因是劉啟耍賴悔棋，吳太子不讓他悔棋，發生爭執，劉啟惱羞成怒，提起棋盤打死了吳太子。不曉得這個說法有什麼證據，立此存疑吧！但無論如何，劉啟的殺人行為令我們看到了他的不可一世與殘忍暴力，或許這就是皇家權力與尊貴身分的附加效果。

漢太子棋局殺人事件的餘音未盡，吳王由此稍失藩臣之禮，稱病不朝。朝廷知道他有想法，屢次責備、審查吳國的使者，後來有一個使者跟皇帝報告說：「我們大王確實沒病裝病，可是皇帝了解得那麼清楚，有什麼好處呢？而且做天子的，明察秋毫到看見深淵裡的魚，不是什麼好事情。不如原諒他的過失，一切從新開始！」

皇帝心裡明白吳王為什麼不痛快，也無意追查，赦免了吳使者，並且賞賜給吳王劉濞几杖，允許他不朝。矛盾就這樣平息下去，但沒有解決。不過沒有火，薪柴再多，也不會無緣無故地自燃。點這把火的人，是漢景帝最寵信的大臣晁錯。

五、晁錯急吼吼地削藩，他錯了嗎？

漢景帝前元三年，西元前 154 年，農曆丁亥豬年。

正月二十九日，大漢帝國御史大夫晁錯穿好上朝的正裝，坐上了皇帝派來的公務車。使者的傳話是皇帝有要事相商。吳、楚七國叛變的發生太過突然，風雲驟起，晁錯似乎感覺自己的心緒也一下子被打亂，沒了方寸。前幾天，當皇帝詢問對付叛亂的策略時，晁錯鬼使神差地建議他仿效高祖皇帝，御駕親征。皇帝顯然對這個回答不太滿意。晁錯又建議把兩個城池讓給吳國，換取妥協。漢景帝更加吃驚了。

現在回憶起來，晁錯發現自己真的是亂了陣腳，他要打起精神，為皇帝擬定一個周密可行的應變方案。

這時，公務車經過街市，到了某個街頭，晁錯忽然發現有點不對勁。「這不是去皇宮的路啊！」晁錯問陪他同行的中尉，中尉說：「的確不是去皇宮，這是去刑場的路！」

晁錯還沒有反應過來，已被武士從車上摔下。當日，晁錯被處以腰斬之刑，罪名是「離間君臣骨肉，勾結叛軍，大逆無道。」

晁錯何許人也？漢景帝削藩計畫最主要的策劃者，也是最積極的實施者。

晁錯的崛起是在文帝時代，《資治通鑑》記載：孝文皇帝十五年（西元前 165 年），九月，「詔諸侯王、公卿、郡守舉賢良、能直言極諫者，上親策之。太子家令晁錯對策高第，擢為中大夫。錯又上言宜削諸侯及法令可更定者書凡三十篇。上雖不盡聽，然奇其材。」風雲人物晁錯，正是在公務員考試「賢良方正直言極諫」中嶄露頭角，登上歷史舞臺。

漢文帝認為晁錯是個人才，但他打算把這個人才留給自己的後任者，所以先後提拔晁錯為太子舍人、門大夫、家令，賢良方正考試後，提拔為

中大夫。太子劉啟也很欣賞這個年輕人，《史記》說晁錯以其辯得幸太子，太子家號曰「智囊」。

其實早在文帝時代，晁錯就鼓吹削藩，但未被穩重的漢文帝採納。等到景帝即位，晁錯更加迫不及待地進言天子，要求削藩。在朝廷召開的討論會上，大多數大臣考慮到景帝對晁錯的寵信，三緘其口，只有耿直的竇嬰反對，竇嬰是竇太后的姪兒，晁錯認為此人乃是靠裙帶關係上位的皇親國戚，而自己卻是才高八斗的智囊，所以對竇嬰的反對不屑一顧。但從以後的表現看，竇嬰其實絕非不學無術的紈絝子弟，對於削藩的可行性，他的質疑可能有自己的道理。

於是晁錯開始動手，先彈劾楚王國喪期間不守禁欲法，削去一個郡。再追究趙王、膠西王以前的過失，分別削去若干領地。晁錯的行動引起諸侯一片驚慌，顯然在諸侯看來，晁錯的彈劾頗有「欲加之罪，何患無辭」的味道。

既然朝廷不仁，諸侯只好不忠，以吳王劉濞為首，七個諸侯國聯合起兵，口號是「清君側」，矛頭所向，直指晁錯。

吳王劉濞在動員文告中對國人說：「老漢我今年六十二，犬子今年十四歲，吳國百姓，年紀上到與我向當，下到與小兒相同，全部參軍作戰！」吳王又聯繫福建的閩越國、浙江溫州的東甌國，兩國都派出軍團，隨從作戰。吳國大軍號稱 20 萬之多，與楚國叛軍會師，聯合攻入梁國，包圍梁國都城睢陽（今商丘）。

梁王劉武，是漢景帝的同母弟弟，竇太后最寵愛的兒子，漢景帝一度還揚言有意千秋之後傳位給這個弟弟，被竇嬰阻止了，太后因此遷怒竇嬰。叛軍包圍梁國，對漢景帝來說，無論心理上還是地理上都造成極大壓力，因為梁王劉武一旦有失，他無法對太后交待。或許正是在這種壓力之下，漢景帝動搖了！

第四章　西漢式開局：從草莽到金鑾殿

　　事變發生之前，晁錯的老父聽說兒子的所作所為，特地從潁川老家趕到長安，勸解晁錯說：「兒啊，皇上剛登上皇位，把國事委託給你，你侵削諸侯，別疏人骨肉，招惹怨恨，這是為什麼啊！」

　　晁錯回答說：「不如此，天子不尊，宗廟不安。」老晁這個恨啊，你這麼搞，劉家是安定了，我們晁家可就危險了！老晁一氣之下，喝毒藥自殺了！

　　就個人和家族命運來說，老晁是明智的。晁錯腰斬後，晁氏滿門，父母妻兒，無論男女老幼，全部押上刑場處決。

　　晁錯生前，和同僚的關係都不太好，與一位仁兄更是勢同水火，這位仁兄就是袁盎。史書記載說：錯所居坐，盎輒避；盎所居坐，錯亦避；兩人未嘗同堂語。簡直就是九世仇人。晁錯在國難當頭之時，居然還沒有忘記擠對袁盎，打算以袁盎收受吳王財物的罪名逼死他。結果走漏風聲，袁盎嚇破膽，卻也因此決心背水一戰，他透過竇嬰，晉見皇帝。

　　巧得很，皇帝正和晁錯商量如何應對叛亂呢！皇帝問袁盎，「你對局勢有什麼看法啊？」袁盎說：「不必擔心，臣有良策。」請求屏退左右，包括晁錯在內。晁錯嘟嚕著嘴就下去了。

　　其實袁盎也不是一般人。漢文帝時周勃被陷害下獄，宗室諸公莫敢為言，只有他仗義執言，為周勃作無罪辯護。淮南王打死審食其後，袁盎進諫說：「諸侯大驕必生患，可適當削地。」削藩的主張，比晁錯還早。但是袁盎因為話說得太多太直，在朝廷中央待不下去，外調為隴西都尉，在任期間仁愛士卒，士卒皆爭為死。後來轉任吳相，這個職位不好做，有人勸說他「每日飲酒，什麼也不做，有空就勸吳王不要造反。」袁盎依計行事，結果和吳王相處得相當融洽。但也正是這一點，成為晁錯攻擊他的藉口。

第五節　黃老與商鞅思想雜用的文景年代

袁盎看著晁錯離去，便對皇帝說出了他的辦法。他的辦法只有7個字——殺晁錯以謝諸侯！漢景帝聽了這個主意，不由倒吸一口冷氣。史書上說，於是上默然良久，曰：「那麼該怎麼辦呢？吾終究不能因為愛惜一個人而獲罪天下。」晁錯終於成了政治祭壇上的犧牲品！

晁錯是河南人，年輕學的是法家，也許是受了法家思想的影響，性格峭直刻深。這四個字很形象，什麼東西峭直刻深？懸崖峽谷，風景秀麗，可是不適常居。晁錯對皇帝的忠心，無可懷疑，才學能力，也無可置疑。可是國家大事不是一個人拍拍腦殼就能去做的，再聰明的人，也不可能把問題考慮得面面俱到，不能集思廣益，單憑一腔熱情，一己之智，就能把事情做好麼？賈誼跌倒在這裡，晁錯也跌倒在這裡，而且跌得更慘。

再說說削藩，晁錯你削藩錯了麼？其實只要朝廷本身強大，諸侯國根本不能造成威脅，而朝廷如果弱小，連蠻荒部落都要來打你的主意。況且一旦皇帝昏庸，有力的諸侯便可以去取而代之。權臣顧忌諸侯實力，也不敢篡權奪位，漢文帝不就是由諸侯而天子。武帝以後，諸侯弱小，一旦昏君輩出，外戚專權，老劉家便只有乾瞪眼的分了。

劉濞出生於西元前216年，起兵時已經是60多歲的老人。傳統史書，一口咬定劉濞必然造反，晁錯的說法是劉濞削地會反，不削地也會反，一樣要反，不如削地。聽上去好像沒錯，可是仔細一想，這樣的邏輯可以成立的話，豈不是人人都有罪，因為你事先已經認定對方有罪，然後再做推斷。

如果劉濞真的要反，年輕力壯地時候為何不反，卻要等到60歲花甲之齡，牙口鬆動了才謀反。真實的情況是，劉濞造反不過是對晁錯的削地計畫的反應罷了。但是兵鋒一起，便無退路，終於客死異鄉。

然而無論晁錯的削藩計畫有何缺陷，漢景帝也不可否認他的忠誠。況且晁錯在文帝時代，就是劉啟的智囊心腹，為劉啟出謀獻策，兩人的關係

第四章 西漢式開局：從草莽到金鑾殿

密切，情感深厚，已經不同於普通的君臣關係，劉啟卻一朝翻臉，無情無義，令人咋舌。如果說殺害晁錯是不得已，賜他自盡或斬首就可以了，為什麼一定要腰斬酷刑？而且還要滿門抄斬他的家人。縱覽漢景帝的行為，早年以棋盤殺吳太子，這次殺晁錯，此後逼死親生兒子劉榮、逼死大功臣周亞夫，每一次都果斷堅決，毫不手軟。漢景帝的冷血，令人印象深刻。

第五章
漢室沉浮：寫實漢武與盛世背後

在司馬遷的眼中，漢武帝是不是個好皇帝？的確，《史記》寫了漢武帝的很多荒唐事，譬如他的好色、愛慕虛榮、好大喜功，甚至因為妄想長生不死，好幾次被人騙、玩弄於鼓掌之上，後世的正史，絕不會寫下英明皇帝這麼多的糗事！

但是，司馬遷也記錄下了漢武帝時代西漢帝國的雄起，包括經濟的繁榮、文化的昌盛、軍事的強大，這樣一個帝國的統治者、霸業的開創者，理所當然得到後世的讚譽。

司馬路說：「司馬遷有一枝筆，他寫活了漢武帝。而漢武帝也有一枝筆，他寫活了漢帝國。如果沒有司馬遷的描述，漢武帝在史冊上也許會是一個『高、大、全』的英明領袖，但是不會讓人覺得真實。有缺點的漢武帝，遠比後世正史中那些寫滿聖明、睿智等溢美之詞的統治者們可愛！」

第一節 太子之路：漢景帝的第十子如何成了皇位繼承人？

漢武帝劉徹是漢景帝劉啟的第十個兒子，按規矩，皇位是屬於嫡長子的，況且即便「排座座，分果果」，也輪不到老十啊？然而結果偏偏是劉徹登上了皇儲之位。

第五章　漢室沉浮：寫實漢武與盛世背後

疑點之一：漢景帝的長子劉榮因何被廢去太子之位，又因何慘遭殺身之禍？

疑點之二：劉徹作為漢景帝的第十個兒子，他是如何脫穎而出，成為皇位的繼承人。

疑點之三：長安忽發十餘起命案，包括重臣袁盎在內的十餘名朝廷大員遇害，案情牽涉到漢景帝的愛弟，究竟有何隱情？

疑點之四：漢景帝請周亞夫吃飯，這位平定七國之亂的第一功臣，怎麼也沒有想到，這簡單的一餐，居然決定了他的生死！那麼，皇帝何時對這位功勳卓著的帝國重臣動了殺機？耿直的周亞夫又是因為什麼而觸犯了天條？

一、母親栗姬嫉妒心太強，令劉榮失去太子之位

發生於漢景帝前元三年（西元前 154 年）的七國叛亂並沒有持續太長時間，漢景帝迅速起用周亞夫為將，很快平定了七國的叛亂。

到前元四年（西元前 153 年），夏天，心情不錯的劉啟冊立自己的兒子劉榮為太子，劉榮的母親是齊國美女栗姬，是當時後宮裡最得寵的妃子，按當時的趨勢，栗姬很有登上后座的希望。

這時的劉徹還未改名，叫劉彘，封為膠東王。他的母親是燕國美女王娡，文帝時代，劉彘的母親王娡已經嫁給了一個姓金的男人，生下一個女兒，沒想到某一天王娡的母親心血來潮在路邊攤算了一卦，說兩個女兒都會榮華富貴。老婆婆起了靠女兒釣金龜婿的念頭，於是強迫女兒王娡與金先生離婚，送到了當時還是太子的劉啟的後宮。

當時的婚嫁觀念還是比較寬容的，離婚後改嫁是尋常事。所以劉啟並不拒絕王夫人，反而對她很寵愛。某日，王娡告訴太子：「妾身夢見紅日

第一節　太子之路：漢景帝的第十子如何成了皇位繼承人？

入我胸懷，這是怎麼回事啊？」劉啟大喜，說：「這是大貴的徵兆。」王娡果然懷孕，生下兒子劉徹。

與此同時，七國之亂中被叛軍包圍的梁王劉武，被老哥劉啟賜給了天子旌旗，從千乘萬騎，出蹕入警。劉武府上，整天高朋滿座，著名文人司馬相如之流，常去拍馬兼吃飯。還有兩位奇人羊勝、公孫詭，公孫詭人如其名，多詭計，一心想把劉武扶上皇太弟的位子。

這下麻煩了，一場圍繞皇帝繼承資格的明爭暗鬥，即刻展開。

這場爭鬥的第一個出局者，是劉榮。

劉榮本是太子，因何被廢？這件事，還得從劉榮的母親栗姬說起。皇帝本來的意思，在立劉榮為太子後就要立栗姬做皇后，但是栗姬有個毛病：嫉妒心太強了。因此皇帝有所擔心。

一次生病時栗姬在旁侍候，皇帝就試探栗姬說，「朕駕崩之後，妳要好好照看幾位皇子。」皇帝的意思當然是包括其他妃子所生的皇子，而且這句話也有打算冊封栗姬當皇后的含義。結果栗姬臉色很難看，怒而不應，更讓皇帝下不了臺的是她竟然還出言不遜。這樣心胸狹窄的女人，如何當得皇后？豈非呂后重現。於是漢景帝打消了立栗姬為皇后的念頭。

栗姬已經讓皇帝不高興，但她還要讓另一個人不高興。那就是皇帝的姐姐、太后的愛女長公主劉嫖。

竇皇后與漢文帝育有一女二子。一女名嫖，稱為長公主，於漢文帝三年（前177年）嫁給世襲堂邑侯陳午為妻，她的女兒，叫阿嬌，後來成為劉徹的妻子，也是一代皇后。

這個長公主可不簡單，她深得弟弟劉啟的信任，幾乎是言聽計從，因此許多後宮佳麗巴結她，希望她能為自己在皇帝面前美言幾句，得到寵幸的機會。

第五章　漢室沉浮：寫實漢武與盛世背後

據說阿嬌天生麗質，所以長公主對女兒也期望很高：「阿嬌，妳長大後，要做這大漢朝最尊貴的女人──皇后！」

因此長公主為阿嬌物色的結婚對象，是當時的皇太子劉榮。但這件事遭到皇太子生母栗姬的阻撓。由此可見栗姬的情商實在糟糕，她怨恨長公主經常介紹美女給皇帝認識，拒絕了這門原可以鞏固太子地位的婚事。

母親的任性最終斷送了劉榮的太子地位，甚至丟了性命，這大概是小心眼的栗姬做夢也想不到的。

栗姬一口拒絕了長公主的好意，王娡那邊卻拚命巴結。有一次，劉彘（彘就是豬，所以這個名字，其實是劉徹的小名，如果翻譯的話，應該叫做劉小豬或者劉豬兒）到長公主府上玩，當姑媽的長公主見這劉彘有幾分可愛，就把他抱起來坐在自己的膝蓋上和小孩子開玩笑。

「彘兒想娶媳婦嗎？」

「彘兒想的。」

「那你喜歡她麼？」

長公主叫來身邊的侍女百來個，一一指給劉彘看，劉彘總是搖頭。最後，長公主指著女兒阿嬌說：「阿嬌好不好？」劉彘拍著小手笑著說：「好，好，阿嬌做彘兒的媳婦，彘兒就用黃金造一間房子給她住。」

這就是所謂「金屋藏嬌」。劉彘的臺詞，很可能是母親所教。

劉彘和表姐阿嬌就此定下了娃娃親。從前的姑媽、現在的丈母娘長公主當然要賣力氣推女婿上位做太子，更何況小心眼的栗姬正在漸漸的失寵。於是，長公主、王夫人包括有意立劉武為接班人的竇老太太、梁王劉武等幾股勢力聯合起來，在皇帝耳邊日夜擠兌栗姬母子，這些人都是皇帝的至親所愛，對皇帝的影響力非同一般，於是栗姬母子越來越危險。

危機終於爆發，當掌管賓客之禮的大行奏請冊立栗姬為皇后時，皇帝

第一節　太子之路：漢景帝的第十子如何成了皇位繼承人？

發怒，殺了倒楣的大行，並且在西元前150年不顧周亞夫、竇嬰的反對，廢黜太子劉榮為臨江王。

栗姬後悔莫及，她想見皇帝，但皇帝已經不想見她。栗姬在怨恨中死去。栗姬不明白，她因為愛自己的夫君，所以嫉妒有什麼錯？的確，倘是民間夫妻，栗姬的嫉妒無罪，但她的夫君可是皇帝。妃子和皇帝之間不對等的情愛，是不可以稱為愛情的，栗姬的悲劇，恰恰是忽視了這一點。

兩年後，漢帝國首都長安的中尉（掌管京師治安）的官署，來了一名特別的犯人。他就是當今皇上的長子、曾經當過太子卻已經被廢黜為臨江王的劉榮。

劉榮所犯何罪？有關部門所指控的內容是：侵占太宗宗廟地修建宮室。太宗，是漢文帝的廟號。也就是說，劉榮居然侵占了祖父的宗廟的土地給自己大興土木，這是不孝之罪。漢帝國以孝治天下，對這種不孝行為當然要追究。劉榮一報到就被囚禁起來，現任中尉郅都嚴厲地責問，根本不聽劉榮的辯解。

郅都以酷吏名著史冊。曾擔任濟南太守，以暴制暴，殺得豪強劣紳們腿哆嗦，在任一年多，號稱難治的濟南郡，達到了傳說中「路不拾遺」的境界。因此在前150年，漢景帝提拔郅都為中尉，掌管京師治安。

郅都有一個綽號叫「蒼鷹」，比喻他執法異常凶猛。但也有鷹犬之意，暗示他完全看皇帝顏色行事。當劉榮向郅都討要刀筆，寫信給皇帝父親，被郅都嚴詞拒絕（當時紙張還沒有發明，漢代人的書寫工具還是竹簡為主，在竹簡上刻字記事，有錯別字就用刀子颳去）。

竇嬰打聽到內情，派人偷偷地給劉榮送去刀筆。劉榮寫下遺書，自殺。

劉榮的廢黜，令劉武心動，也讓劉徹的母親王夫人竊喜，但是究竟誰是最後的勝利者呢？

第五章　漢室沉浮：寫實漢武與盛世背後

二、長安連續發生十餘起命案：嫌疑直指景帝愛弟

就在廢太子劉榮自殺幾個月後，中尉郅都管理下治安情況良好的首都長安幾乎在同時突然發生十餘起命案。更令人吃驚的是，遇害者都是朝廷大臣，其中一位，正是重臣袁盎。

凶手是誰？這十餘起命案有什麼關聯，是不是同一夥人做的？誰是幕後指使？當皇帝責問時，有關部門負責人的汗和尿都一塊出來了。因為刺客已經逃去無蹤，偵查全無頭緒，難怪負責人又著急又害怕。

七國叛亂早已平息，吳王畜養的游俠劍客樹倒猢猻散，難道是他們中殘餘分子所為？或者是廢太子劉榮的同情者？查案人員仔細對比現場，發現所有遇害者都有一個共同點就是得罪了某位親王。

這親王就是梁王劉武。原來劉榮被廢黜後，竇太后希望漢景帝百歲之後，傳位給他。皇帝答應了。梁王劉武聽說此事，心頭狂喜。誰料想皇帝都答應了的事情，卻被一幫大臣否決。袁盎等人以春秋大義為理由，強烈反對。皇帝被袁盎說服，從此再也沒有提及此事。

梁王劉武又請求，准許他修建一條探親專用通道，從梁都直線通達長安。結果同樣被袁盎等人否決。因為如果這條通道修成，確實方便了梁王劉武去長安拜見母后。但是另一方面，梁王劉武也可以將其運輸軍隊，對長安發起疾如風電的襲擊。所以袁盎等人，堅決反對。

正因有此前情，所有懷疑，指向梁王劉武。但梁王劉武是當今皇帝最親愛的弟弟，皇太后最寵愛的小兒子，誰敢輕舉妄動。於是有關部門只好抓小放大，上報刑偵排查結果鎖定兩個嫌疑犯：梁臣羊勝、公孫詭。

朝廷派出田叔、呂季主，前往梁國，會合梁國內史韓安國，在全國通緝搜查羊勝、公孫詭。但是一個月下來，這兩個昔日在梁都大模大樣、招

第一節　太子之路：漢景帝的第十子如何成了皇位繼承人？

搖過市的傢伙居然全無蹤影。梁國內史韓安國心裡明白，羊勝、公孫詭一定是被梁王藏在了後宮道地裡。

韓安國去找梁王。他一看到梁王，眼淚嘩地就流下來了。

「內史，何故哭泣？」

韓安國帶著哭腔說，「大禍臨頭了，所謂主辱臣死，搞到這個地步，請大王賜臣一死！」

梁王說不至於吧！老韓哭得更厲害了：「大王覺得自己與皇帝的關係，比起臨江王與皇帝的關係，哪一個更親密？」

「當然寡人不如臨江王。」

韓安國一把抹去淚水，口齒立刻清晰無比：「臨江王當初貴為太子，皇帝一句話就廢了，最後落得何等下場？大王不過一個諸侯王，卻違背大漢法律，天子念在太后的面子上，不處罰大王。太后日夜哭泣，希望大王洗心革面，改過自新，五講四美，勤勞勇敢。可惜大王卻執迷不悟，有朝一日，太后駕鶴西遊，大王還能依靠誰啊？」

話說到這個程度，梁王不能再執迷不悟了，逼迫羊勝、公孫詭自殺，把二人的首級交給田叔、呂季主。

真相大白！然而田叔、呂季主回到長安交差的時候，卻是兩手空空。

漢景帝問：「梁王有罪嗎？」

「有罪，而且是死罪。」

「既然如此，把報告和審案紀錄、證據什麼的拿來看看。」

田叔一攤雙手：「沒有。」

「沒有是什麼意思？」

「本來是有的，在半道上被燒了，所以變成沒有了。」

第五章　漢室沉浮：寫實漢武與盛世背後

「誰這麼大膽，燒了案卷？」

「是臣。」

田叔說：「這件事，還是請陛下不要過問了。」

「這又是為什麼？」

「陛下如果過問此事，就一定要殺梁王，殺梁王，太后怎麼辦？但不殺梁王，又置大漢的法律於何地？」田叔一席話，點中皇帝的心事。原來竇太后聽說此事後，已經好幾頓不吃飯，整日整夜地痛哭流淚。但要皇帝就此放過，卻又不甘心。

最後，朝廷以羊勝、公孫詭的死了結此案，劉武依舊做他的梁王，竇太后也恢復了食慾，心情轉好。

年底，劉武入朝，到了函谷關，他換了布車，偷偷進來，藏身在姐姐長公主劉嫖的私人花園裡。迎賓車隊接不到劉武，只好報告梁王失蹤。竇太后大哭：「皇帝終究還是殺了我的兒！」

漢景帝百口莫辯之際，劉武戲劇性地出現在未央宮的北門外負荊請罪，太后、皇帝都喜出望外。至此，梁王刺客一案的尾聲到此終結，但是心結已成，劉武從此與皇帝哥哥的關係日益疏遠，當皇太弟的夢想，完全破滅。

劉武在西元前144年最後一次入朝時，要求延長探親時間，被皇帝哥哥一口拒絕。回國後的劉武，心情鬱悶，到了夏天，去世。

劉武的退出，宣布了新立太子劉徹的最終勝出。但是劉徹的地位鞏固，還有一個障礙。是誰？開國元勳周勃之子、七國之亂平定者、帝國丞相周亞夫。

第一節　太子之路：漢景帝的第十子如何成了皇位繼承人？

三、一頓飯決定了一代名將周亞夫的生死

漢景帝後元元年（前 143 年），農曆戊戌狗年。某日，皇帝劉啟在皇宮召見前帝國丞相周亞夫，討論了近期的一些國事之後，皇帝留周亞夫共同進餐。

漢代實行分餐制的，用餐時席地而坐，每個人面前擺放一張案几，放著各自的飯菜以及餐具──「箸」就是筷子。

周亞夫正是在用餐時遇到了一點麻煩。他的餐桌上，只有一塊大肉，既沒有按規矩切成碎肉，又沒有放筷子。周亞夫奇怪了，他以為是庶務之人的失誤，臉上立刻顯露出不悅的神色，轉頭向管酒席的官員討要筷子。周亞夫畢竟是思想比較簡單的武夫，他沒注意到皇帝奇異的表情。

皇帝劉啟冷笑著說：「這讓你覺得不滿意麼？」

據說劉徹當時也在場，這個小孩目不轉睛地看著沙場上處變不驚的一代名將周亞夫有些丈二和尚摸不著頭緒的樣子。周亞夫確實不明白，他只是聽出皇帝的語氣有些譏諷不滿之意，但是為什麼呢？難道因為他討要筷子？

周亞夫只好摘下帽子，告罪請退，得到皇帝許可，便快步退出去了。皇帝劉啟目送周亞夫離去，說了一句話。「這個憤憤不平的人，將來能事奉少主嗎？」

少主，指即將繼承皇位的劉徹。這頓飯顯然是皇帝劉啟的預先設計，如果周亞夫表現出恭順姿態，皇帝也許會考慮讓他做劉徹的輔政大臣。反之，這頓飯就成了周亞夫的奪命索。

所以這其實是一頓比鴻門宴更驚險的宴席，鴻門宴上，至少劉邦是有所防備的，而這一次，周亞夫完全懵懂無知，終於身陷死亡陷阱而不明就裡。

第五章　漢室沉浮：寫實漢武與盛世背後

回顧周亞夫的崛起，要追溯到細柳事件。時為文帝後元六年，西元前158年，匈奴入侵，漢帝國邊關燃起烽火。為抵禦匈奴，文帝動員了六路大軍，其中有一路駐紮在細柳，指揮官就是周亞夫。

《史記‧絳侯周勃世家》記載說，漢文帝親自視察部隊，先到霸上和棘門兩軍，皇家車隊，長驅直入，毫無阻攔。將領們下馬迎來送往，對皇帝無微不至的慰問感激涕零。然而到了細柳軍營，士兵個個身披鎧甲，磨利兵刃，把弓拉滿，如臨大敵。皇帝的開道使者到達，門都不讓進。

開道使者說，皇帝就要到了。軍門都尉居然回答：「軍中聞將軍令，不聞天子之詔。」什麼意思，就是說這裡是周亞夫的地盤，只有他說了算。

不久，文帝到了，也不能進。文帝也不發怒，而是派使者拿著符節傳旨給將軍說：「我要進去慰勞部隊。」

周亞夫這才傳下命令打開營門。然而對皇帝的冒犯並未到此為止，管營門的軍官還對文帝隨行的騎士說：「將軍有規定，軍營內不准騎馬奔跑。」

到了中軍帳，周亞夫手執武器，也不下跪，彎彎腰鞠了個躬對皇帝說：「因為身穿甲冑，不能下跪，請求用軍禮相見。」

皇帝點點頭，俯身扶著車廂前面的橫木行致敬禮，並派人示意說：「皇帝敬勞將軍。」

這就回去了，左右都以為周亞夫這下要被刁難了，誰知道皇帝感嘆說：「嗟乎！此真將軍矣。」

這就是漢文帝的氣度，換作他父親劉邦或兒子劉啟，周亞夫必死無疑。為什麼？軍中聞將軍令，不聞天子之詔。這不是造反麼？

文帝是真的賞識周亞夫，他在病重彌留之際，囑咐兒子劉啟：「關鍵

第一節　太子之路：漢景帝的第十子如何成了皇位繼承人？

時刻,唯有周亞夫可以放心使用。」

西元前154年,七國叛亂爆發,劉啟想起父親的話,升周亞夫為太尉,領導平叛軍事。當時叛軍正在猛攻梁國,梁王向周亞夫求援,十分焦急。周亞夫卻按兵不動,即便是景帝下詔,周亞夫還是不為所動。

「周亞夫在想什麼?昔日真將軍,難道變成了膽怯無能的怕死鬼?」

周亞夫有自己的想法。吳楚叛軍一鼓作氣,勢頭很猛,如果漢軍此刻出戰,正中叛軍下懷,一旦有失,不但梁國不保,整個崤山以東都危險了。所以,周亞夫的計畫是避開叛軍的鋒銳,反正梁都城池堅固,一時也攻不下來。在叛軍士氣衰竭之時,周亞夫便可截斷叛軍糧道,逼其不敗而退。

果然,吳楚叛軍求戰不得,供給線又被切斷,士氣低落,迅速崩潰。不消三個月,叛亂就被周亞夫平定了,然而周亞夫與梁王卻從此結下心結。因母兄寵愛而驕縱的梁王劉武思維完全以自我為中心,他並不考慮周亞夫有何奇謀良策,只記得此人在自己危難之時沒有及時救援,從此記恨在心。

而皇帝打算廢除太子劉榮時,周亞夫竭力勸阻,更成為劉武、劉徹兩大謀奪繼承權的實力集團的眼中釘、肉中刺。

周亞夫為什麼力保劉榮?不得而知,似乎兩人並無利益關聯,或許以周亞夫耿直的性格而言,力保劉榮只是因為周亞夫認為:這個孩子並沒有犯錯,為什麼要廢黜他。

於是,周亞夫在功盛臻極後陷入政治漩渦。沙場之上,周亞夫可以做到運籌於帷幄之中,決勝於千里之外,到了官場上,耿直的老周卻成了一個天真的孩子。可見官場鬥爭實在是比沙場廝殺更險惡更複雜的迷局,火線英雄周亞夫陷入漩渦,不能自拔。

大肉之餐後不久,皇帝劉啟便對周亞夫下手了。突破口是在老周的兒子身上找到的。老周的這個兒子確實不成器,父親沒死,他已經在準備父

第五章 漢室沉浮：寫實漢武與盛世背後

親死後的陪葬品了，他尋思著父親是一代名將，要找點符合身分的陪葬品。所以向有關部門購買了報廢的盔甲、盾牌 500 個，找搬運工運到侯爵府。老周的這個兒子袖裡揣著大塊的金銀，卻剋扣搬運工的工錢，可憐那些搬運工做得一身臭汗，氣憤之下，向司法部門上奏。

原來老周的這個兒子的這次購買行為完全是私下的非法交易。於是，東窗事發，並不知情的老周也被牽連，下了大牢。老周心想老子立下這麼大的功勞，你為這麼點小事就和老子計較，憤怒至極，面對廷尉，拒絕回答任何問題。老周哪曉得皇帝劉啟已經決心致他於死地，下令周亞夫到廷尉那裡報到。

廷尉責問：「君侯想造反麼？」

老周說：「臣買的是殉葬品，為什麼說我造反？」

廷尉的話頗意味尋常：「君侯就算活著不造反，死了也要在地下造反！」

老周知道沒道理好講了，絕食五日，嘔血而死。

周亞夫之死，就律法角度而言，是一種有罪推定。中國歷史上有無數個周亞夫，他們所面對都是「已經認定你有罪，審問只是為了口供」的殘酷現實，因此即便他們無罪，也無法解脫冤獄。1789 年，法國人通過了著名的《人權宣言》，其中有一條說：「任何人在其未被宣告為犯罪以前應推定為無罪。」法律的無罪推定，是司法公正的基礎之一。周亞夫的悲劇，是權法勾結的產物。

從政治鬥爭而言，周亞夫的死，宣告劉徹登基的最後一個障礙掃除，大漢帝國歷史上一個嶄新時代——武帝時代即將到來。這是一個被無數後人歌頌的時代。儘管生活在當時的百姓們或許會認為，逝去的這幾十年，特別是正在遠離記憶的文帝時代，才是真正的黃金時代。

第七節　獨尊儒術：新儒家思想如何取代了黃老思想？

　　所謂「罷黜百家，獨尊儒術」，來自於建元元年丞相衛綰的一份奏摺：「所舉賢良，或治申、商、韓非、蘇秦、張儀之言，亂國政，請皆罷。」但是，「罷黜百家，獨尊儒術」絕不是一個人、一份奏摺就能搞定的。董仲舒、公孫弘的登場，才真正拉開了儒家取代黃老、奠定國學地位的序幕⋯⋯而且，此時的儒家，已經完全不同於當初的孔孟之道，倘若孔子復生，來到大儒董仲舒的學堂，洗耳恭聽董老師的講課，他一定會大為驚詫。

　　疑點之一：漢武帝對董仲舒的賢良對策格外青睞，然而董老師真的做了官，仕途卻黯淡無光，甚至差點送了性命，這其中，又有怎樣的內情？

　　疑點之二：放豬娃出身的公孫弘一大把年紀出來參加考試，在考官那裡還得了個「下」的等第，這樣一個無財無勢無學問的老頭，是如何青雲直上，封侯拜相的呢？

　　疑點之三：占據漢初君臣頭腦的黃老之道，面對儒學的步步緊逼，只能依靠一個老太太招架抵擋。為什麼黃老之道會失去國學地位？

一、那一場影響中國歷史的考試

　　漢武帝建元元年，即西元前 140 年，這是劉徹當皇帝的第一個年頭。

　　新年十月（當時以十月為新年的第一個月），年僅十七歲的年輕天子簽發了一道聖旨，那就是徵求「賢良方正直言極諫」的人才，考試的題目，就是《古今治國之道》。對象是全國所有的知識分子。（詔舉賢良方正直言極諫之士，上親策問以古今治道。）

第五章　漢室沉浮：寫實漢武與盛世背後

詔書一下，全國振動，不論是儒家法家諸子百家，不論是想升官發財的，還是修身齊家治國平天下的，不論是朝中有人家財萬貫除了學問什麼不缺，還是一無所有寒酸得只剩下學問的，都打點行裝，瞪大了眼睛，豎起了耳朵，懷著各自的目的，來到長安謀前程來了。

其實，真的說起來，漢朝的考試不是什麼人都能參加的，還得有一定的知名度和資歷，得有人推薦。好在漢初政治清明，我們司空見慣的一些公務員考試的潛規則，這時候倒不是很嚴重。

所以最後到長安應試的也就百來號人，其中就有赫赫有名的儒家學者董仲舒。

董仲舒這年四十歲左右，俗話說四十不惑，人到了四十歲就沒有什麼可以顧慮、疑惑的了，董仲舒卻疑惑且鬱悶得很。因為他到景帝時代出任博士，確切的時間，有說是西元前156年，這樣看來，到參加這次考試，老董已經做博士長達十六年了，可見董仲舒在政治前途上是不得志的。

說起博士這個官，他的學術地位，有點類似今天的院士，又兼有國事顧問的角色。秦始皇有博士七十人，「掌通古今」，學識淵博。博士們學業各有專精，儒墨名法，方技術士，無所不有。漢朝沿用博士制度，皇帝處理政務，遇到有什麼不明白的疑難雜症，就把博士召集起來議論議論，最後寫份內參供皇帝參考。賈誼就做過博士，常寫參考文章給文帝。

老董在十多年的博士任上，默默無聞，一無建樹，當然也可以說是韜光養晦，待價而沽。這不能全怪老董，因為漢初的主導思想是黃老政治，講個清靜無為，而儒家是最喜歡搞繁文縟節，最好大喜功的東西，難怪老董鬱悶得很，也無奈得很。

但是老董也沒閒著，他開班上課，課上得很認真嚴肅，尤其是很講究禮法，老師的講檯面前，有帷幕把老師和學生攔開，有的學生甚至畢業了也不曉得董老師啥模樣！隔壁有座園林，裡面鳥語花香，董老師三年了也

第七節　獨尊儒術：新儒家思想如何取代了黃老思想？

不瞧一眼，更別說去玩了。

董仲舒教授《春秋》，為漢朝培養了一批儒學人才。他的得意門生中，有做到地方諸侯國相的，也有在中央任職的，如擔任丞相長史的呂步舒。但是他自己始終卻不得晉升。所以漢武帝初年的這次考試，對於老董來說，可是一個千載難逢的表現升官機會。老董又怎能不把平生所學，全部施展出來？

但是當年孔夫子周遊列國，向諸侯叫賣儒家學說，結果無人問津。董仲舒又是如何兜售他的新儒家學說呢？

董仲舒在第一份答卷，提出了著名的「天人感應」論。

董仲舒說：「天和人是有感應的。統治者行正道，上順天意，下應人情，就會有祥瑞出現。反之，統治者不行正道，不上順天意，不下應人情，就會有災異出現警告他。如果再三警告不知悔改，這個國家就會滅亡。」

天不但會發出災異警告懲罰，還會送出祥瑞對聖明的天子進行獎勵。如《尚書》記載，周之將興，兵渡盟津，白魚躍入王舟；有火覆蓋在王屋上，又忽然流動，變成了紅羽烏鴉。這就是所謂三代受命之符。

那麼，怎樣可以討得天的歡心呢？董老師說，一是統治者要自正，也就是自我約束。二是要教化百姓。老百姓都是作奸犯科之類，所以要教化他們。

那麼，怎麼教化百姓呢？董老師說，君主教化百姓的最好教科書，就是儒家思想呀！

董老師先攻擊法家，說秦朝以法家為治國思想，結果「立為天子十四歲而國破亡矣……」所以法家思想不能維持帝王的萬年江山。

既然法家不行，就要改變治國理念，但是漢朝初年奉行道家思想，鼓吹無為而治，在應該「更化」的時候沒有「更化」，錯失時機。所謂「為政

第五章　漢室沉浮：寫實漢武與盛世背後

而不行，甚者必變而更化之，乃可理也。當更化而不更化，雖有大賢不能善治也。」不更化理念，皇帝再顯明，也不能使國家富強。

答卷交到少年皇帝那裡，漢武帝一看，與從前的無為理論完全不同，觀點新鮮、刺激有活力，文章又寫得文美辭豐，旁徵博引，好啊！有《論衡》為證，「孝武之時，詔百官對策，董仲舒策文最善。」

但是漢武帝還是有些不明白，究竟是黃老無為好，還是孔孟有為好呢？究竟是道家的簡約風格好，還是儒家的繁文縟節好呢？究竟是德治好，還是法治好呢？為什麼我當皇帝這麼賣力，成績卻很一般呢？

董仲舒得了利好鼓舞，再接再厲，又寫了第二策。

關於無為和有為的問題，董仲舒虛晃一槍，以時代不同為理由，提出無為政治適應於上古時代，到了周以後就不適用了。所以黃老已經過時，儒學卻正當年！

關於簡約和繁文縟節的問題，董仲舒開始亮出馬屁絕招，儒家之所以繁文縟節，不就是為了「明尊卑，異貴賤，勸有德」嗎？要是皇帝和百姓一樣寒酸，又怎麼分別貴賤呢？這個馬屁拍得皇帝很舒服。漢朝皇帝大興土木，貪圖享受，自漢武帝起，不能不迴避董仲舒的這一慫恿責任。

關於德治和法治的問題，董仲舒當然不會放棄這個痛打法家落水狗的好機會，拚命攻擊秦的暴政，推尚禮樂德政。（其實指責暴政雖然沒錯，但董仲舒因此貶低法治，抬高德治，卻是在偷換概念，因為暴政不等於法治。）

最後是皇帝的個人問題。董仲舒認為漢武帝之所以未能建功立業，其因有三，王心未加，士素不勵，長吏不明，其實是一個意思，就是要宣揚儒家思想，用儒家的人做官，用儒家思想恩澤百姓。

雄心勃勃的少年天子漢武帝還是不滿意，覺得這位學術大師說話吞吞

第七節　獨尊儒術：新儒家思想如何取代了黃老思想？

吐吐，欲言又止，有所顧慮，於是三降天問，讓董老師放開胸懷，大膽地說話，把事情講清楚。

漢武帝道：「三代的王道都不一樣，有沒有一個萬古不變，百世奉行，放諸四海皆準的真理之道呢？」

老子回答過這個問題：「道可道，非常道。可以說嗎？不可說也？」看來老子的回答太玄乎了，漢武帝要董仲舒清楚地說出來。

於是董仲舒說了一句話：「道之大原出於天，天不變，道亦不變！」

其實這與他前面說道家過時的言論是自我矛盾的，如果「道」真的不變，適應於上古時代的無為政治為什麼到了周以後就不適用了？如果說是天變則道變，天不變，道亦不變，那麼怎麼判斷天變了呢？道又如何變呢？

那麼，董仲舒真正想表達的意思是什麼呢？「《春秋》大一統者，天地之常經，古今之通誼也。今師異道，人異論，百家殊方，指意不同，是以上亡以持一統；法制數變，下不知所守。臣愚以為諸不在六藝之科孔子之術者，皆絕其道，勿使並進。邪辟之說滅息，然後統紀可一而法度可明，民知所從矣。」大意就是說，現在國家是大一統的帝國，那麼學術上也應該要消滅紛亂的百家，實行大一統的學術政策。

那麼，誰來統一學術，哪個學派成為唯一的倖存者呢？董仲舒終於說出來了，「諸不在六藝之科孔子之術者，皆絕其道，勿使並進。」

保留儒家而已。董老師認為，學術上不需要爭論，也不需要對手，一花獨放，百芳凋零。

讀史到董仲舒處，總莫名地想起金庸的大作《笑傲江湖》，「千秋萬載，一統江湖」的口號，彷彿「罷黜百家，獨尊儒術」的翻版，任我行、東方不敗、左冷禪這些虛構的武林人物，與歷史上真實存在的董仲舒等等，似乎有若干相通。而天生不受羈勒的令狐沖、退隱世外的高人風清

揚、追求藝術自由珍惜友誼的劉正風等人，依稀又看到了一種道家的理念。儒道較量，不僅改變了中國的政治演變，也改變了中國人的精神面貌和心理狀態。或許後者的影響，還來得更深遠些？

然而董老師獨尊儒術的理想能否成真，還要看漢武帝以及整個漢朝政治的演進。

二、從放豬娃到丞相：官場標本公孫弘

公務員考試結束後，董仲舒得到漢武帝的賞識，提拔為江都國的相，這個官職大體上相當於郡守，用今天的官職來衡量，相當於市委書記。江都王驕傲好鬥，對董老師倒是很尊重。董仲舒在江都做了幾年，不知道因為什麼緣故，降級任命為中大夫，後來賦閒在家。

西元前135年，四十五歲的老董聽說高廟、長陵高園殿接連發生火災，觸動了他天人感應的神經，於是在家裡演算推理，寫了一篇論文叫做《災異記》，準備拿到學術研討會上交流，結果還沒交流，先遭了賊偷（這個小偷，據說就是主父偃）。

最後，稿子被送到了朝廷，漢武帝隱去作者姓名，把稿子扔給儒生們討論。董仲舒的弟子呂步舒一口咬定：「全是胡說八道，寫這文章的人十惡不赦啊！」

皇帝一聽，好啊，那就把作者關押起來。

「作者誰啊？」

「你的老師董仲舒。」

有關部門一審，董仲舒妖言惑眾，死刑。文書送到漢武帝那裡，只待皇帝點頭而已。總算皇恩浩蕩，漢武帝下詔赦免了老董的死罪。

仲舒在漢武帝策問天下之時，暢談天人感應，力主獨尊儒術，大喊罷

第七節　獨尊儒術：新儒家思想如何取代了黃老思想？

黜百家，真個激揚文字，指點江山，大展宏圖的志向，躍然紙上。可是沒過幾年，仕途不順，遭遇文禍，險些送命，一朝走出牢獄，重見光明，才曉得自由之可貴。從此「仲舒遂不敢復言災異」，在家養老。直到另一位也出身儒家的公孫弘當了公卿，推薦仲舒去驕橫不法的膠西王那裡做相。膠西王陷害過不少地方官，對老董卻很客氣，但吃過牢獄飯的董仲舒已經成了驚弓之鳥，不願意在險惡的官場裡長久廝混，不久請病告免，終老於家。

董仲舒的仕途失意，與漢武帝對他文章的欣賞，截然相反，這絕非造化弄人那麼簡單。董仲舒的「天人感應」理論，漢武帝有幾分贊同，大大值得懷疑。看來漢武帝對董仲舒的賞識，只是相對於他文章中維護君權、為漢武帝的雄心壯志唱讚歌的那部分，至於天以災異警告皇帝、統治者要自我約束什麼的，漢武帝怕是一掃而過，束諸高閣了。

公孫弘是漢淄川（今山東）人，他與董仲舒同年參加了公務員考試，董仲舒外放江都的時候，他接老董的班，做了博士。

說起這個公孫弘，他也是窮苦人出身，因為貧窮，他曾為富人在海邊牧豚（放豬）餬口，維持生活。後來他在薛縣的看守所裡混了個差事，時間不長就因為屢犯過失被開除了。公孫弘人生的這一段灰暗經歷對他刺激很大，為了從此不受人欺負，他發奮苦讀，一直到四十歲。

公孫弘的研讀方向和董仲舒一樣，也是《春秋》，當然他的學術成就遠不如老董。況且他的歲數比老董還足足大了二十歲之多，參加公務員考試的時候，他已經六十，以賢良的名分去應徵，終於混了個博士。

公孫弘當博士當了三年不到，漢武帝派他出使匈奴。等到公孫弘回來，報告匈奴的的情況，漢武帝一聽：「什麼人啊，不堪一用！」免去他的職位，讓他回家。

如此又過去了若干年，漢天子又詔書徵求文學儒士，淄川國又推舉公孫弘。公孫弘一方面歲數大了（年已七十，堪比姜子牙），一方面覺得難

第五章　漢室沉浮：寫實漢武與盛世背後

為情。「我是被退回來的，還是請大家另舉賢者。」

不知道什麼原因，淄川國的官員硬是推公孫上，最後無奈之下，公孫弘只好厚著臉皮到了太常，參加考試。結果公孫弘的試卷，在考官那裡評了個「下」的等第，也就是說「不合格」。

既然考試不及格，公孫弘又是如何再次加入公務員隊伍乃至最後拜相封侯呢？因為公孫弘的試卷，在考官那裡評了個「下」的等第，但是上奏天子的時候，居然得到了漢武帝的特別看重，拔升公孫弘的對策為第一名。

喊上殿來一看，老人家身子骨還特硬朗，用《漢書》的說法是「容貌甚麗」，用這個「麗」字形容一個男人，而且是一個歐吉桑，可見公孫弘確實儀表堂堂，保養得不錯。於是公孫弘又被拜為博士。

不久，天子派公孫弘去西南地區視察。等到公孫弘回來，報告西南夷的的情況，情景再現，漢武帝一聽，又不合意：「真不曉得你去做了些什麼？」

皇帝一生氣，公孫弘大駭，這下又要免職回鄉了，好丟臉啊！但這一會皇帝卻沒有深究公孫弘的責任，沒多久就忘了。

這一次被責罵之後，公孫弘的處事風格卻發生了很大的轉變，每次參加朝廷的國事會議，總是先提出要點，陳明情況，供皇帝自己取捨，從不固執己見，更不會違逆聖意。

漢初官場風氣與後世差別較大，朝廷官員一般勇於發表自己的意見，常常駁斥皇帝的意見，一般情況下皇帝也不怪罪。丞相田蚡每次入朝奏事，總是一個人坐在那裡講半天，皇帝旁聽點頭而已。所以公孫弘的謙遜或者說是迎合，自然讓皇帝另眼相看。長久下來，公孫弘留給了皇帝深厚的印象，認為他這個人厚道有才。

於是提拔公孫弘當主管京畿地方行政的左內史。數年之後，做到御史大夫（副丞相），可謂青雲直上。

第七節　獨尊儒術：新儒家思想如何取代了黃老思想？

公孫弘為什麼能從一個放豬娃出身的窮老頭，在古稀之年搖身一變成為皇帝的紅人，並最終成為大漢第一位布衣丞相？

公孫弘的訣竅在於將儒家學說和韓非的術勢之說結合起來包裝自己，說明白一點，就是在滿口倫理道德的外衣之下，隱藏一顆爾虞我詐的心。

先說說公孫弘的倫理道德。百善孝為先，「孝」是儒家倫理思想的核心，公孫弘的親生母親死得很早，他奉養的是自己的後母，那親生的兒女，尚且有不孝的，何況是無血緣關係的後媽。但是公孫弘卻對自己的後媽孝順得很，特別是在後媽死後，認認真真地服喪三年；其二是個人品行操守很好，節儉持家，每頓飯只吃一個葷菜，對朋友卻很慷慨，故舊賓客、親朋摯友，凡生活困難者，必全力助之，因而家無餘財，世人誇讚他厚道。

耿直的大臣汲黯因為實在看不慣公孫弘的虛偽，告訴漢武帝說：「公孫弘位列三公，拿著高薪，卻只蓋一床布被睡覺，這也太矯情了！」

漢武帝把這個問題扔給公孫弘，公孫弘太精明了，他承認自己虛偽，而且表揚汲黯對皇帝的忠心，皇帝一聽，反倒覺得公孫弘大度能容，汲黯卻顯得小家子氣了。

如果公孫弘的寬宏真的出自內心，或者僅僅是有點偽善，這人倒還有點可愛，然而細察他的行為，絕非虛偽那麼簡單。還是那位汲黯，經常和公孫弘一起去向皇帝報告事務。公孫弘總是等汲黯先說，自己在一邊觀察皇帝的臉色，如果皇帝面帶喜色，他就表示贊同。如果皇帝略有不悅，他馬上就改變主張，反對汲黯。

有一次公孫弘和其他大臣們說好了一起面見皇上，陳述同一意見。但是當這位公孫先生察覺到皇帝的表情晴轉陰之時，他立刻見風轉舵，順著皇帝的意思發表意見。耿直的汲黯尤其反感這個反覆小人，當著皇帝的面就責備公孫弘：「你這個齊人太狡詐多變了，明明商量好的事情，你一翻臉就變了，太不講誠信了！」

第五章 漢室沉浮：寫實漢武與盛世背後

公孫弘厚著臉皮，回答說：「了解我的人認為我忠誠，不了解我的人認為我不忠誠！」

漢武帝一聽，還是公孫弘說得有理，更加賞識他。輕鬆地化解反對派的攻勢，可見公孫弘的厲害。

但公孫弘的厲害不僅僅是見風使舵那麼簡單。此人外寬內深，表面偽善，笑裡藏刀。董仲舒出任膠西，就是他的借刀殺人之計，之不過沒有實現罷了。而公孫弘之所以陷害董仲舒，僅僅是妒嫉董仲舒的學術地位比他高，且老董說了他的幾句壞話而已。

說起來公孫弘是儒生，董仲舒也是儒生，然而兩人在仕途上的境遇，不可同日而語。原因何在？

細細讀來，發現其實兩人其實都不是純儒，董仲舒的天人感應說，明顯受到陰陽家的影響。這一點，梁啟超在《飲冰室文集・陰陽五行說之來歷》中就曾經提到陰陽學說的三個人物「曰鄒衍，曰董仲舒，曰劉向」。

但是，董仲舒雖然吸收了陰陽學說的部分內容，他的主體思想卻還是屬於儒家，為什麼這麼說？因為從孔子以來，儒家思想的最重要核心，就是引導君主走所謂聖王明君之路。儒家的宗旨，是為帝王之師，以各種教學手段指引他做一個好皇帝。所以，如果皇帝不肖，甚至暴虐，儒家的責任是要教化、糾正他的行為的。

怎麼糾正，儒家的辦法是苦口婆心地勸說，乃至「死諫」，歷史上，真的有一些大臣是帶著棺材去勸諫他們的君主，這些人，的確是真的儒者。

如果糾正不了怎麼辦，孟子說得好，砍了他，像殺死一個匹夫一樣！可見儒家思想有其操守與浩然氣節。

董仲舒也有這樣的思想，他在策文裡也寫得很清楚，皇帝不正，則老天以災異警告，再三警告不聽，則亡其國！所以，董仲舒可以說是兼陰陽之學的儒。

第七節　獨尊儒術：新儒家思想如何取代了黃老思想？

而公孫弘又是怎樣一種情況呢？在公孫弘身上，我們能看到上文所述的那種操守與浩然氣節麼？沒有，我們看到的是阿諛奉承和順應之術。

在公孫弘忠厚儒者的背後，我們看見的是一個巨人的陰影。這巨人便是韓非。主導公孫弘行為的不是孔孟學說，而是韓非的術。有人說，韓非的術，不是教導皇帝怎樣駕馭臣下的嗎？不錯，但是韓非的術，不但教導皇帝駕馭臣下，也告訴了臣下，如何順應皇帝的這種駕馭，協助皇帝用好「術」。

公孫弘正是這樣的用「術」者。也正是因為公孫弘順應了皇帝的「術」，從而很好迎合了漢武帝的意圖，結果在二人之間形成了融洽的默契，而這種默契，是董仲舒與漢武帝之間所不存在的！而這種默契，正是公孫弘犧牲個人主見，放棄獨立思考的結果。

但這只是一層意思，當公孫弘作為丞相面對其他官僚的時候，公孫弘可就不再是逆來順受的迎合者，而是靈活運用韓非駕馭之術的支配者。這一點，在公孫弘陷害董仲舒、殺主父偃等一系列舉動得到淋漓盡致的展現。

這樣看來，公孫弘的儒者身分，著實可疑。難怪真正的漢儒都不以他為同類，老資格的轅固生就曾經毫不客氣地訓斥他說：「公孫子，你要用正道輔佐皇帝，不要總是阿諛奉承！」

公孫弘的學問，也實在不怎麼樣。以至於考官把他的考試分數打為下等，也有說是最後一名的。因此，公孫弘至少是一個半法之儒。

但是，正是這樣一個半法之儒，卻青雲直上，得到皇帝的重用，到了元朔五年（西元前 124 年），漢武帝終於拜公孫弘為丞相，封平津侯。平民入相，公孫弘可稱漢朝第一人。大家所看到的結果是：真才實學的董仲舒遇上牢獄之災，官場失意，而半吊子公孫弘卻大富大貴。

所以，班固在《漢書》裡寫道：「（公孫弘）為丞相，封侯，天下學士

靡然鄉風矣。」天下學子，嚮往的不是董仲舒，而是公孫弘。

而在官場之上，公孫弘更成了大家心照不宣的學習對象，這無須號召，大利在前，好名利者趨之若鶩。由此誕生了大大小小、千千萬萬個公孫弘，活躍在古今的舞臺上，當然公孫弘們也是與時俱進的，儒家吃香的時候他們是儒家，皇帝向佛之時他們又成了虔誠的居士，等到宋代理學興起，一個個成了「存天理，滅人欲」的忠實信徒和積極倡導者。滿洲入關，他們便率先剃去了頭上髮，甚至為皇帝不許他們自稱奴才而委屈落淚⋯⋯公孫弘們無原則，無理想信念，但生命力之頑強，是董仲舒們遠不可比擬的。但是說實在話，公孫弘們什麼都行，就是無益於國計民生。終漢武帝時代，公孫弘從博士到丞相，又為漢朝的繁榮富強立下了多少功勞呢？

三、一位老太太成了獨尊儒家的最後障礙

劉徹即位的時候，正是年輕好幻想的時候，對於當皇帝，他充滿了理想的憧憬，一心想大幹一場，遠擬堯舜，近比湯武，做一個萬人景仰、千古流芳的好皇帝。

對於少年天子來說，儒學無疑是一個極大的誘惑，以董仲舒為代表的一批儒生循循善誘、深入淺出地教導說，皇帝是負有天命的，國家之興亡、萬民之幸福，繫於汝一生！所以皇帝一定要仿效上古賢君，興儒學、改曆法、設明堂、易服色、巡狩四方行封禪大典，這是名垂青史的作為！少年天子興奮得幾乎要睡不著覺了，這是多麼美妙的藍圖！他祖父、父親沒有做的事情，如今就在要在他手中完成。

但是少年天子勤奮施政的積極性沒多久就受到了嚴重的挫傷。太皇太后、也就是劉徹的祖母、文帝的皇后竇漪發火了。

太皇太后為什麼發火？因為這位窮苦出身的女性乃是黃老之學的堅定

第七節　獨尊儒術：新儒家思想如何取代了黃老思想？

信奉者。

景帝時代，博士轅固生進見。竇漪問：「你對《老子》有什麼看法？」

轅固生的學術專長是《詩》，對《老子》沒什麼鑽研。按理說你不懂就老老實實承認自己不懂，沒什麼難為情的。但是儒生都好個面子，嘴又賤，大咧咧地說：「此是家人言耳。」什麼意思，家人，就是家裡的女僕、傭人。轅固生的意思，《老子》是下等人看的！

俗話說，文人相輕。百家爭鳴時代，學術派別相互競爭，儒、墨、法等學派為了爭生源、搶地盤，互相攻擊，習以為常。當初，孔子和少正卯同在魯國開學校講課，少正卯老師課講得精彩，把孔子的不少學生吸引過去了，結果老孔生源急遽減少，收入自然也縮水，從此結下梁子。等到孔夫子上臺，迫不及待地就殺了少正卯。

同樣，在許多法家著作中，也存在攻擊儒、墨以抬高自己學術地位的現象，特別是韓非。相對來說，老子作為春秋學術界的前輩，且性格低調，所以很少靠貶低別的學問來提升自己。莊周倒是寫了很多寓言嘲諷儒家。

轅固生貶低《老子》，絲毫不能損害《老子》在漢初人們心中的崇高地位，卻反映出儒家在當時的失意酸楚。但這句話顯然傷了竇漪，因此竇漪反唇相譏說：「安得司空城旦書乎？」

司空是掌宮廷和城池建造的官員，城旦，就是修築城牆，秦朝焚書，天下藏有詩書百家語者，罰去建築工地上做苦力。所以，竇漪是把儒家經典比做勞改犯看的書。

景帝一聽，曉得母后真的生氣了，連忙做和事佬勸架。結果轅固生被罰去打野豬，景帝給他一把利刃，轅固生身手卻也不錯，揮手一刺，正中豬心，無辜的野豬成了犧牲品。

這時太后氣也消了，她信仰道家，本來就性情平和，這件事也就這樣

第五章　漢室沉浮：寫實漢武與盛世背後

過去了。轅固生後來外放做了諸侯王的太傅，久之，病免。儒家得勢之後，轅固生一度復出，但是遭到新儒們的排擠，待遇反而不如從前，於是告老還鄉，回山東老家去了！

有這樣一位維護黃老學說的老太太在，儒生們當然不能事事如意，說什麼「罷黜百家，獨尊儒術」，老太太第一個不答應。

當時的御史大夫趙某、郎中令王某都是儒家學說的吹捧者，自然把竇老太太當成眼中釘，他們跟皇帝悄悄說：「陛下已經行過冠禮，已經是成人了，何必事事向太皇太后請示呢？」

這話可就傳到竇老太太耳朵裡了，老太太這會不客氣了，下令調查趙某、王某作奸犯科的地方，查得清清楚楚，證據確鑿，往皇帝那裡一送。漢武帝啞口無言，下詔把趙某、王某移送法辦，趙某、王某不願面對法官，自殺謝罪。之前策劃的儒家制度建設，也就半途而廢，不了了之。

竇老太太一直活到漢武帝建元六年，也就是董仲舒參加公務員考試五年後，在太皇太后葬禮的哀樂聲中，天下的儒生又抬起了頭，蠢蠢欲動。

一年後，漢朝政府根據董仲舒的建議，開始設立孝廉科目錄取人才，同年，以儒家五經為內容，舉行公務員考試。這兩件事，象徵著儒家思想成為統治思想的開端。雖然百家沒有被真的廢除，但作為非考試項目，邊緣化的命運，不可避免。

黃老思想終於被儒家思想所替代，這究竟是為什麼？

探究史籍，撫膺而嘆。黃老思想被替代，首先是因為黃老本身就不是一個有系統有組織的政治派別或團體。信奉道家思想的人，大多數隱居在野。而朝廷中主張無為而治的人，包括高、呂、文三帝，蕭何、張良、曹參等都早已經仙遊。

當親眼目睹秦暴政的老人們去世，無為而治的可貴漸漸為後人所淡薄。

第七節　獨尊儒術：新儒家思想如何取代了黃老思想？

後起之秀如賈誼，只看見無為而治的弊端，卻不曉得專制制度的可怕。董仲舒等埋頭在儒家經典裡，勾畫描繪儒家心目中君賢臣忠、父慈子孝的德治理想社會，幻想儒家說教可以限制君主的私心貪欲，更是將無為而治等同於虛耗歲月。這些儒家理想的鼓吹者，不論在官場、還是在民間，都不遺餘力地推廣、宣揚儒家學說，並且透過師生、同學的關係，建構成一個雖不嚴密但無所不至的儒家政治利益群體。於是當散逸的道家遇上政治團體化的儒家，幾乎毫無抵抗地被替代。

其次，黃老思想本身就不適合專制體制。在無為而治的旗幟下，黃老思想主張的是政治的退縮，經濟的自由發展，學術的自由發展，個人人格的自我發育，一切皆順其自然。而這樣的思想，與帝王專制是格格不入的。所以一旦君王權力增強，雄心勃勃的漢武帝登上歷史舞臺，抑制君權的黃老思想被拋棄，太正常不過！

第三，黃老思想與大一統的帝國也格格不入。「小國寡民」的老子理想，適用於上古以至春秋，也適用於古希臘的城邦，卻不適應於秦漢式的泱泱大國。漢初信奉道家思想的那些諸侯王，不正是老子這種小國思想的贊同者嗎？但是志在萬里的漢武帝，又怎麼會接受這樣的政治理想！

第四，黃老思想崇尚質樸，信奉道家思想的官員多數木訥少言，石慶當太僕，為皇帝駕車外出，皇帝問駕車的馬有幾匹，石慶用鞭子一匹一匹地把馬數完。舉起手說：「六匹馬。」

真是質樸得讓人暈倒！

同樣還有那個汲黯，河內郡失火，漢武帝派汲黯去視察火情，他過了好久才回來報告說，「老百姓用火不小心，燒了幾間房子，不要緊。我經過河南，河南發生災害，百姓生活貧困，我順便打開官家倉庫，放糧救濟百姓了！」

第五章　漢室沉浮：寫實漢武與盛世背後

漢武帝招攬文學儒者，愛說攜實事德政的漂亮話，如我要做堯舜明君如何云云，換成儒者，豈非拍馬屁的好機會，汲黯卻很直接地告訴皇帝：「陛下心裡很多私心欲望，表面上卻假裝仁義，能與堯舜相提並論嗎？」

漢武帝這個氣，當場黑了臉，甩袖子罷朝。那些儒家出身的大臣都責怪汲黯：「怎麼能這樣跟皇上說話呢，太沒禮數了！」

汲黯老實地說：「朝廷設立大臣，難道是讓你們來拍馬屁的嗎？」

漢武帝的舅舅、同樣以好儒聞名的丞相田蚡，權勢滔天，朝臣來拜，傲慢的田蚡根本不回禮。汲黯看見田蚡，也不拜他，兩人直挺挺地對望。後來大將軍衛青，名重天下，汲黯見他，也只是揖手而已。衛青卻對他更加尊重。

至於後來靠迎合帝意上位的公孫弘，汲黯更是鄙視，多次在皇帝面前嚴加斥責。對於另一位司法而不守法的酷吏御史大夫張湯，汲黯痛陳此人是「智足以拒諫，詐足以飾非。」

到末了，漢武帝對這位老兄又是討厭，又是敬佩。公孫弘、衛青進見，漢武帝常常衣衫不整，甚至一邊大便一邊和他們說話。汲黯進見，漢武帝必然正裝接見，以免被這位老兄數落。

與儒家的能言善辯，特別是法儒結合的新儒家的諂媚相比，道家的質樸、正直越來越顯得不合時宜，成為官場中的另類並最終消失。後來汲黯終於外放淮陽，他用黃老之道治理淮陽，淮陽政治清明，百姓快樂自在。七年後，汲黯病死在淮陽任上。

汲黯是漢朝最後一個知名度比較高的道家官僚，自此以後，無論真儒假儒，中國的社會，終於不免淪陷在儒家的說教之下，打造出一個長治久安的法儒社會，皇帝在大多數時間可以高枕無憂，而漢初那種無為而治、相對的放任自由的社會氛圍，真的是一去而不復返了。

對於這個結局，擁有話語權的官和儒們自然大唱其讚歌，道家的隱士雖然不以為然，但是又能怎麼樣呢？

第八節　才子佳人：司馬相如是個愛情騙子嗎？

司馬遷在〈司馬相如列傳〉寫道，才子司馬相如，應好友臨邛令王吉之邀，前往作客。當地頭號富翁卓王孫之女卓文君才貌雙全，精通音樂，青年寡居。在一次宴會上，相如當眾彈曲，挑動了卓文君的芳心，於是與相如私奔。

這段情事，有一種觀點，認為「琴挑文君」是「千年一騙局，劫色劫財」。那麼，司馬相如究竟是不是個愛情騙子嗎？

疑點之一：窮途潦倒的失意才子司馬相如，如何博得美人的芳心？

疑點之二：司馬相如愛慕卓文君這個人還是貪圖卓家的萬貫家財？司馬相如是個先劫色後劫財的大騙子麼？

一、司馬相如把妹出奇招

劉徹不但召集了許多儒生到朝廷做官，一些文人墨客，也有了出頭之日。

漢初成都有戶人家，姓司馬，家裡有個小孩子，名叫「犬子」，就是「狗子」的意思。這「犬子」長大成人，書也讀得多了，覺得「犬子」這名字不好聽，他在書上看到藺相如的故事，挺佩服這藺相如威武不屈的，便給自己更名，叫司馬相如。

司馬家蠻有錢的，所以為司馬相如捐了個職位──「郎」（皇帝的侍從官）。

第五章　漢室沉浮：寫實漢武與盛世背後

司馬相如的特長是文學創作，特別喜愛寫一種詞藻華麗的賦（文體）。偏偏那時的皇帝漢景帝身上還受著黃老思想的影響，不欣賞這歌頌體裁。結果司馬相如自然是很非主流，工作也無精打采。

不過當時漢景帝的弟弟梁王劉武，倒是熱愛文學，他手下雲集了當時不少文壇名家，如〈七發〉的作者枚乘。司馬相如於是以有病為由辭去了官職，到梁國做起了賓客。在著名的梁園，司馬相如心情轉為愉悅，文思自然也泉湧，寫下了後來令漢武帝讚不絕口的〈子虛賦〉獻給梁王。

不過梁園的好日子不長，梁王就失寵繼而病卒，正所謂樹倒猢猻散，司馬相如這隻猢猻也只好打包行李，回老家成都。

但這時候，司馬家已經家道中落，司馬相如沒有經商才能，又不能植桑種田，整日價遊手好閒，難免坐吃山空。所以《史記·司馬相如傳》記載：梁孝王卒，相如歸，而家貧無以自業。

在這種窘境之下，司馬相如只好去投奔好朋友王吉，這位王吉兄在臨邛縣（今四川邛崍）縣做縣令。縣令官雖小，招待個司馬相如還是不成問題。司馬相如住在臨邛縣招待所裡，好歹吃喝不愁。

要說這王吉真是個好人，他對司馬相如的關心無微不至，甚至為相如做起了冰人：「司馬兄聽說過卓王孫麼？」

卓王孫祖上本是趙國的冶鐵廠老闆，趙國滅亡，把卓家強行移民到四川，別人有錢財的，都賄賂官吏，要求安置在比較近的葭萌。卓氏夫婦自己推著車子，來到四川，要求安置在荒遠的臨邛。這夫妻有好算計，臨邛富有鐵礦，卓氏在臨邛開廠鑄鐵，勤勞致富，到了漢初，又碰上「無為而治」的好政策，更是如魚得水，加上經營得當，財源廣進，儼然富可敵國。按〈貨殖列傳〉的說法，是「富至僮千人。田池射獵之樂，擬於人君。」如果當時有富翁排行榜，卓氏在當時的中國，即便不是首富，恐怕也在前三行列。

第八節　才子佳人：司馬相如是個愛情騙子嗎？

卓氏鐵業傳到卓王孫這一代，依舊榮華，只是有一個女兒，名喚文君的，在婚姻問題上卻遭遇不幸，可憐年紀輕輕就守了寡。

文君美不美？有形容說是「眉如遠山，面如芙蓉」。司馬相如不是無情物，聽王吉這麼一說，自然雀躍欲試。但是司馬相如要追求卓文君，卻也不是件容易事。攔在司馬相如面前，有三座大山：首先，卓文君是個小寡婦，雖然漢朝風氣比宋明開放，但「守節」的儒家思想，總是抹不去的陰影。其次，貧富懸殊太大，卓家富可敵國，司馬相如潦倒文人，門不當戶不對！第三，卓家門戶重重，文君深居閨房，司馬相如縱有柔情似水，無從暗通款曲，又向何人述說！

《詩》云：「參差荇菜，左右采之。窈窕淑女，琴瑟友之。」或許，正是這句話給了司馬相如靈感。聽說卓文君小姐非常喜好音樂，而司馬相如偏偏又擅長此道。這不是最好的突破口嗎？

於是一場好戲上演了，在王吉的炒作之下，司馬相如的文名果然傳到了卓王孫耳朵裡，附庸風雅的卓王孫也果真中計，宴請司馬相如上門做客。

司馬相如裝腔作勢地推辭說：「我身體不好，恐怕不能赴宴，主角的厚意，在下心領了！」

拖延到中午，王吉故意擺出一副非請司馬相如來不可的德行，以縣太爺的身分親自上門幫忙邀請。卓家賓客百來號人，都候著呢？這真是千呼萬喚始出來，司馬相如終於來了，大家仰望豐采，果然瀟灑倜儻、玉樹臨風，不愧是文壇奇葩、青年才俊！

酒過三巡、菜過五味，王吉看看卓王孫，又瞧瞧司馬相如，笑著說：「這樣乾喝多沒意思啊！」

命人拿一件物事上來，眾人都注目著，以為是奇珍異寶。打開一看，卻是一張古琴。這張古琴可不是無名物，名曰「綠綺」。當年原本是梁王的收藏，琴內有銘文曰：「桐梓合精」，即桐木、梓木相結合的精華。梁

第五章　漢室沉浮：寫實漢武與盛世背後

王請司馬相如作賦，相如寫了一篇詞藻瑰麗的〈如玉賦〉獻上。梁王一高興，就把「綠綺」贈才子。

把「綠綺」都拿出來，可見司馬相如追求卓文君小姐的決心有多大！

王吉說：「竊聞長卿好之，願以自娛。」長卿，是司馬相如的字，王吉這是請司馬相如亮一手琴藝。

司馬相如又假模假式地謙虛一番，這才撫琴調絃，撥弄起來。

司馬相如這一出手，果然雅韻鏗鏘，抑揚有致。宴席上有幾個粗通音律的，不覺讚嘆。那些個不通音律的，無異對牛彈琴，但也附庸風雅，齊聲喝采。

其實司馬相如哪裡是彈給爾等聽的，琴音裊裊，繞梁入室，為得是佳人側耳。

屏風之後，依稀有玉珮碰擊的聲響，司馬相如是有心人，估計是佳人在後，更加賣力地撫弄琴弦，彈出一曲，名曰〈鳳求凰〉。

「鳳兮鳳兮歸故鄉，遨遊四海求其凰。不期佳人在此堂，室邇人遐毒我腸。何緣交頸為鴛鴦，長空展翅共翱翔。」

翻譯成白話就是：

「鳳鳥啊鳳鳥回到故鄉（鳳是雄性，這是司馬相如自比），遨遊四海尋找他的伴侶凰鳥（凰是雌鳥，指文君）。沒想到佳人就在這裡，房間就在近處，可是房間的主人卻離我那麼遠煎熬我的心腸。怎麼才能成為鴛鴦情侶，在空曠的天空中展翅共翱翔！」

不過這首〈鳳求凰〉，很有可能是後人附會之詞。

《史記》說得簡約，「是時卓王孫有女文君新寡，好音，故相如繆與令相重，而以琴心挑之。相如之臨邛，從車騎，雍容閒雅甚都；及飲卓氏，弄琴，文君竊從戶窺之，心悅而好之，恐不得當也。」

第八節　才子佳人：司馬相如是個愛情騙子嗎？

　　卓文君偷窺彈琴的司馬相如，一見鍾情，唯恐相如不喜歡自己。等到丫鬟在中間溝通關節，兩人互通情信，這愛情便像烈火一樣熊熊燃燒起來。

　　卓文君也曉得父親卓王孫是不會答應這門婚事的，但是愛情的力量如此偉大，居然讓這位大門不出、二門不邁的富家千金動起了大膽的念頭──私奔！

　　於是，「文君夜亡奔相如，相如乃與馳歸成都。」

二、司馬相如劫色劫財？

　　這一段情事，有一種觀點，認為「琴挑文君」是「千年一騙局，劫色劫財」。

　　所謂「劫色騙局」和正當的追求愛情自然是有所區別的。那麼，「司馬相如琴挑卓文君」是「劫色騙局」還是正當的追求愛情呢？

　　關鍵有三：一是動機，司馬相如對卓文君有沒有愛慕之心？或者說，他如果愛卓文君，他愛的是這個人還是他們家的錢，或者是愛這個人也愛他們家的錢。但這個動機是最講不清楚的，司馬遷沒辦法扒開司馬相如的心來看，所以動機是否純潔，外人很難講，只有司馬相如自己明白！二是過程。不錯，司馬相如和好友王吉的確有所謀劃，對司馬相如登場的烘托，秀琴藝的環節設計，的確是精心安排。然而這何嘗不可以理解為一個痴心男子追求愛情的謀劃。或者說直白點，一個老光棍討老婆的一點心機？難道一定要像阿Q似的，急吼吼地對吳媽跪下說：「我和你睏覺，我和你睏覺！」這樣夠直接，「劫色騙局」的疑問不存在了，可是老婆也沒了！

　　三是結果。卓文君私奔之後，司馬相如就帶著佳人去成都老家了。到

第五章　漢室沉浮：寫實漢武與盛世背後

了成都司馬家，卓文君一看，這個窮啊，六個字：家居徒四壁立。就是說家裡頭什麼也沒有，只有光溜溜的四面牆壁。

卓文君這時該嚎啕大哭了：「你個殺千刀的騙了我啊！」

然卓文君沒有與司馬相如一拍兩散，本來嘛，卓文君看中的是司馬相如的才氣琴藝品味，又不是名氣和金錢。

但話雖如此，讓嬌小姐過苦日子是難為了點，於是卓文君主張回臨邛老家去，司馬相如聽老婆的，兩口子變賣車騎，回臨邛老家開了家小酒館，卓文君放下大小姐的架子，司馬相如也放棄了文人的寒酸排場，一個當壚賣酒，一個吹火打雜。

怎麼說人家小夫妻都有點同甘共苦的味道，但是從另一個角度一看，又看出問題來了。這是有意給卓王孫丟人啊！他們竟然把酒店開到臨邛，生意做到家門口，臨邛小城，盡人皆知，這真叫丟人丟到家！這話說得有道理，人家小夫妻是有這意思，什麼意思，逼迫父親卓王孫承認他們的婚事。

於是連親朋好友都來勸倔老頭，算了，女兒年紀輕輕的，總不可能一輩子守活寡嘛！司馬相如好歹也是個作家，不辱沒你們卓家門面！

卓王孫無奈，只好承認現實，為卓文君準備了嫁妝，「僮百人，錢百萬，及其嫁時衣被財物。」如果認定司馬相如是騙子的話，這「僮百人，錢百萬……」就是證據了。

不過仔細想想，凡窮小子娶富家女，這樣的流程不足為奇啊？窮小子與富家女一見鍾情……家中反對，二人私奔出逃……反覆鬥爭，家裡終究拗不過……老丈人承認婚姻事實，補發嫁妝或接小兩口回家。

幸好卓王孫沒有接納司馬相如進他的卓氏鐵業集團，要不然一旦司馬相如接管了全部或部分生意，那「劫財騙局」的帽子，可就真的鐵定摘不掉了！

第八節　才子佳人：司馬相如是個愛情騙子嗎？

此後，司馬相如帶著卓文君又回成都。而後司馬相如得到漢武帝賞識，復出為郎。

好了，我們不妨對這個問題做個小結：「司馬相如琴挑文君」究竟是不是「千年一騙局，劫色劫財」？我們得出以下幾點：其一、司馬相如追求卓文君是事實，但追求愛情不等於劫色；其二、司馬相如和卓文君以開酒館迫使卓王孫承認他們的婚姻，這是事實，但這與陰謀無關；其三、卓王孫給卓文君補備嫁妝也是事實，但嫁妝不等於劫財。

話說回來，司馬相如和卓文君的愛情，只有經歷歲月的考驗才能知道是不是真金？據說在長安春風得意馬蹄輕的時候，司馬相如也曾動搖，看中長安茂陵的一名女子，想要納她為妾。結果卓文君寫了首〈白頭吟〉給司馬相如說：「聽說你想腳踩兩船，所以和你斷絕關係。今天把酒言歡，明天感情已如溝水東流，人生際遇，我希望得到一個專心一意的愛人，白頭偕老不分離。你的意志何苦像竹竿和魚尾那樣搖動，男子漢大丈夫，看重的是情意，那麼看重錢財作什麼！」

這真是男人有錢就變壞！

不過司馬相如畢竟還是重意氣的男兒，讀了老婆的〈白頭吟〉之後，浪子回頭，打消了納妾的念頭。二人總算是琴瑟和諧，相攙扶著走到了生命的盡頭。最終司馬相如患消渴（糖尿病）而死。

從〈鳳求凰〉到〈白頭吟〉，即便是真情流露，也有幾多風雨。人，無論古今，追求各自的幸福而已，旁人縱使難以祝福，又何苦翻越千年而加以指責呢！

第五章　漢室沉浮：寫實漢武與盛世背後

第九節　富貴逼人：衛氏家族出了個衛子夫

「生男無喜，生女無怨，獨不見衛子夫霸天下。」漢武帝時代，衛氏一門，榮華到了極點，衛子夫本人從歌姬到皇后，異父弟弟衛青從公主的奴僕到大將軍、駙馬，外甥霍去病更是一飛沖天，勇冠三軍，受命驃騎將軍，橫掃匈奴，兒子劉據則是太子、將來的皇帝。

疑點之一：作為平陽公主府中的一名歌女，衛子夫為什麼能獲得劉徹的垂青？進宮一年多，衛子夫沒有得到漢武帝的一次寵幸，皇帝已經忘了她麼？既然如此，她又如何能從歌女走上皇后的鳳座呢？

疑點之二：作為平陽公主的奴僕，誰能想到他會是這個國家未來的大將軍？從公主的騎奴到駙馬，衛青的戲劇性崛起只是因為他有個皇后阿姐嗎？

疑點之三：「孰知不向邊庭苦，縱死猶聞俠骨香。」平陽公主的女奴衛少兒與平陽縣小吏霍仲孺的私生子，卻是少年英雄橫空出世、勇冠冠軍。「漢家君臣歡宴終，高議雲臺論戰功。天子臨軒賜侯印，將軍佩出明光宮。」誰在著意栽培霍去病？

一、衛子夫：從歌女到皇后

相對司馬相如追求卓文君的苦心設計和招人非議，漢武帝的情感生活豐富多彩，但因為得來的總是太容易，所以也就難免不珍惜。雖然娶了阿嬌為妻，雖然這位阿嬌姐很是好嫉妒吃醋，但貴為一國之君，又怎麼真的對一個女子始終專注呢？古人從一而終的話，只是對女子而言。

劉徹即位以後，有一次舉行祭祀活動，回來時順便拜訪姐姐平陽公主。這個平陽公主，就是漢景帝劉啟與王娡所生的大女兒，劉徹的同胞姐

第九節　富貴逼人：衛氏家族出了個衛子夫

姐。她的夫婿是漢初名相曹參之曾孫、平陽侯曹壽，所以我們稱之為「平陽公主」。

平陽公主拿什麼招待皇上兄弟呢？山珍海味是免不了的，但劉徹希罕這個麼？所以平陽公主還特意挑選了才色雙全的歌女數十人，養在府中，訓練歌舞才藝，培養佳人氣質。

皇帝一登門，有備無患的平陽公主就亮出了她的美女歌舞班。但皇帝宮中三千佳麗，能讓他滿意還真不是件省心的活。第一批美女上去一亮相，劉徹臉色便烏雲密布了，平陽公主趕緊把她們撤了下去。

不如聽首歌吧！劉徹點點頭。於是「謳者進」，謳者就是歌手。當然不能光唱歌，還要跳舞，所以劉徹看到的其實就是一檔歌舞節目。

劉徹聽著歌兒，嬌喉宛轉，看著舞，婀娜多姿，臉色可就慢慢多雲轉陰，繼而陰轉晴了。而且他的目光，慢慢地就專注於一點，不，是一人了！

這一人是誰呢？平陽公主軋出苗頭來了，告訴劉徹說，這個歌女姓衛，叫子夫。

這時劉徹就起身解手去也，古人比較含蓄，稱為更衣，現代人直白，叫做尿尿。

平陽公主立刻把子夫叫過來，讓她侍侯皇帝更衣。

劉徹在尚衣軒裡，打量著子夫，「但見她低眉斂翠，暈臉生紅，已覺得嫵媚動人，可喜可愛。尤妙在萬縷青絲，攏成蛇髻，黑油油的可鑑人影，光滑滑的不受塵蒙。」

這一番風情，直令武帝魂馳魄蕩，目動神迷。

接下來的情節，史書上一本正經地寫道：「子夫侍尚衣軒中，得幸。」

劉徹回到席上，心情像花兒一樣開放，愉悅的表情在臉上完全表露，立刻賞賜平陽公主千金。

第五章　漢室沉浮：寫實漢武與盛世背後

皇帝回宮時，平陽公主就把衛子夫送上皇家馬車。這一番離別，別有意味深長，平陽公主撫摸著衛子夫的背說：「去吧，多吃點飯，好好服侍皇上，將來得能尊貴，幸勿相忘！」

這衛子夫，在沒被劉徹看中之前是平陽公主府中歌女，平陽公主為主人，衛子夫為奴。衛子夫被劉徹看中之後，一旦封後，便是母儀天下的國母，到那時，衛子夫在上，平陽公主雖貴為皇帝的姐姐，也只好臣下居之了。昔日的歌奴，便成了巴結的對象。

平陽公主送別衛子夫的心情，還真是複雜，但希望衛子夫即貴，卻是真心的祝福，因為衛子夫一旦當上皇后，平陽公主的功勞，不可埋沒。

但衛子夫進入宮廷之後的日子，絕不是一帆風順的。幾乎整整一年，衛子夫都沒能再見到皇帝，更別提得寵了。

為什麼？很簡單，皇帝後宮佳麗無數，回到皇宮不久，便有了新歡，早把衛子夫忘到爪哇國去也。再加上皇后阿嬌，為了皇帝的風流，打翻了醋瓶子，大鬧起來。

阿嬌出身名門，長得漂亮，母親長公主又為劉徹當上太子立下過功勞，難免有點嬌縱之氣，用現在的話說就是一個字：「作！」

對於這位「作」皇后，劉徹一開始還是情有獨鍾的，如同後世的唐明皇，劉皇帝也曾對陳皇后阿嬌說過許多甜言蜜語。想來阿嬌也會信以為真，幸福地依偎在皇帝丈夫的身邊，做著甜蜜蜜的愛情美夢吧！然而再甜蜜的夢也是要醒的，當阿嬌發現丈夫的眼神越來越游離，皇帝光臨的次數越來越少的時候，情變已經發生。

阿嬌似乎明白了什麼。但雖然貴為皇后，失去丈夫寵愛的阿嬌也只能拿出尋常女人家常見的招數，那就是一哭二鬧三上吊，尋死覓活，希望能挽回皇帝的心。

第九節　富貴逼人：衛氏家族出了個衛子夫

可想而知，皇帝來的次數更稀少了。

關於這件事，皇帝的母親王太后看得更深遠，她告誡劉徹說：「你剛當上皇帝，位子還沒有坐穩……如果冒犯姑媽，必然會被重罰。女人嘛，喜歡聽好聽的話，你可要多注意。」王太后從女人的角度分析女人，自有獨到之處，劉徹自此之後，稍稍收收骨頭，陪皇后的時間也略有增加。

在這種情形下，劉徹自然更想不起還有一個衛子夫，在皇宮的某個角落裡眼巴巴地等著他。直到一年之後，劉徹清理後宮，要把那些皇帝不喜歡的，特別是年歲大、容顏凋謝、生病以及人際關係差的宮女遣送出宮，這才在名單裡看見了衛子夫。

「這個名字有點印象！」

於是劉徹讓宦官把衛子夫召來看看。

衛子夫一見皇帝就流淚了：「陛下，請恩准臣妾回公主府去吧！」

劉徹端詳佳人，桃花依舊，只是紅顏瘦，唯鴉鬢蟬鬢，依然漆黑生光。再加上梨花帶雨，嗚咽嬌喉，別有一番風情。

結果衛子夫自然是回不去，不但回不去，反而因此得寵。所謂小別勝新婚，武帝重敘舊情，對衛子夫又憐又愛。不久，衛子夫居然成了大漢後宮最得寵的女人。

這個消息，免不了落到皇后阿嬌的耳中。不甘失敗的阿嬌招來女巫，製作木偶人，寫上衛子夫的名字，埋入地下。

「讓這個狐狸精消失吧！」這大概是阿嬌此時心情的寫照吧！

這樣的把戲當然不能把衛子夫怎麼著。西元前130年，陳皇后阿嬌被廢。母親長公主氣不過，責備劉徹忘恩負義，平陽公主解釋說：「皇上也沒有辦法，誰叫阿嬌生不出兒子呢！不孝有三，無後為大。」阿嬌聽說後，拚命地尋找生兒子的祕方。

可憐的女人，她已經沒有機會了！西元前 128 年，衛子夫為劉徹生下了一個兒子，叫劉據。不久，母以子貴的衛子夫被冊封為皇后。

二、從奴僕到駙馬：衛青的崛起只是因為他有個皇后阿姐嗎？

漢武帝冊立衛子夫為皇后以後若干年，當初衛子夫的主人平陽公主也要結婚了。

可是她不是嫁給了平陽侯曹壽麼？是啊，可惜後來曹壽身患惡疾，平陽公主只好和他離婚，當時她 30 多歲，漢代可不流行貞節牌坊，平陽公主還想再嫁。

嫁給誰呢？有人說：「嫁給衛青吧！」

平陽公主笑了，「他從前是我府裡的下人，還當過我的騎奴，怎麼能做我的丈夫呢？」

左右說，「管從前幹嘛呀！衛青已今非昔比了，他現在是大將軍，他的姐姐是皇后，三個兒子也都封了侯，富貴震天下，哪還有比他更配得上公主您的呢。」

平陽公主一想，還真是找不出比衛青更好的夫婿人選了！況且衛青年富力強，身材好。

找誰作媒？還有誰，他姐衛皇后唄！跟皇帝一說，皇帝劉徹也樂了，好嘛，朕娶了他的姐姐，他又娶我的姐姐，誰管誰叫姐夫啊！

應允了。

於是鳳輦臨門，公主落轎，鏗鏘鏗鏘鏗鏘鏘將一對半舊不新的新人送入新房，洞房花燭夜，久旱逢甘雨，嘿嘿，當年的奴僕小衛，如今的乘龍快婿，當年的驕傲公主，今夜的溫柔娘子，真不知道這一對夫婦，掀開蓋頭的那一剎那，是何等心境，又說什麼妙語！

第九節　富貴逼人：衛氏家族出了個衛子夫

從女僕的兒子，到皇后的兄弟，到威震天下的大將軍，衛青走過了怎樣的人生？

衛青的母親，是平陽府的女僕，不知道她姓什麼？只知道她死去的丈夫姓衛，所以大家都稱她為衛嫂。衛嫂生了三個女兒，最小的女兒，在平陽府裡做歌女，叫衛子夫。

有一個在平陽侯家中做事的鄭縣吏，看上了衛嫂，衛嫂呢，也覺得鄭縣吏不賴啊。於是情投意合，有了愛情的結晶，一個兒子，叫青。

不久鄭縣吏就回去了，小青在母親的關懷下度過了童年。

衛嫂把小青送到了親生父親的家裡。鄭縣吏倒是認這個兒，可是他的正室以及幾個兒子可就不待見這個私生子，小青吃了不少苦。

長大成人之後，小青回到平陽府投奔母親，他討厭自己的父親，所以採用母姓衛。在平陽府，衛青做了平陽公主的騎奴，姐姐衛子夫入宮後，衛青也受照顧，得了份建章宮當差的工作。

靠姐姐衛子夫的照顧，漢武帝提拔衛青為太中大夫，當年賈誼提升到這個職位，引起了無數嫉妒的白眼，衛青沒有賈誼的文才，他的武略也還沒有機會顯露，他完全是沾了他姐姐的光，所以京城中有歌謠說：「生男無喜，生女無怨，獨不見衛子夫霸天下。」

但是，從公主的奴僕到駙馬，衛青的崛起只是因為他有個皇后阿姐嗎？

從西元前129年第一次拜將領兵出征，到西元前119年趙信城之戰，衛青縱橫沙場整十年，可以這麼說，他的尊貴地位是打出來的！

西元前129年的直搗龍城一役是衛青旗開得勝之作。這次用兵，衛青直出上谷，公孫敖從代郡，公孫賀從雲中，李廣從雁門，各率一萬騎兵，四路出擊。這一次出擊，衛青是第一次上戰場，最後的結果，也只有衛青取得勝利，直搗龍城，斬首700人。另外三路，兩路失敗，一路無功。

第五章　漢室沉浮：寫實漢武與盛世背後

接著是西元前 128 年的代郡出擊戰。這年的秋天，匈奴入侵遼西等地，朝廷重新啟用匈奴人敬畏的飛將軍李廣鎮守右北平，於是匈奴避開李廣，入侵雁門，漢武帝又派衛青出征，將三萬騎出雁門，擊敗匈奴騎兵，斬首虜數千人。

西元前 127 年的河套爭奪戰奠定了衛青在漢軍中的主力地位。當時匈奴再度入侵，漢武帝派遣衛青、李息軍團出戰，與匈奴樓煩、白羊王軍團在黃河南岸作戰。衛青軍團迂迴側擊，西繞到匈奴軍團的後方，切斷了駐守河南地的樓煩、白羊王軍團和單于主力軍團的聯繫，形成了對樓煩、白羊王軍團的包圍。二王倉惶逃走。漢軍收復河套地區。這一仗之後，衛青被封為長平侯。

西元前 124 年的奇襲右賢王則是衛青的巔峰之作。這一年，衛青已經成為各路漢軍的統帥，帶領十幾萬人，急行軍六、七百里，在一個月黑風高之夜殺入匈奴右賢王（地位僅次於匈奴單于）營帳，正在帳中擁著美妾暢飲美酒的右賢王耳聽帳外殺聲震天，抬頭看火光遍野，驚慌失措，帶了幾百親兵，落荒而逃。這一仗，俘虜了匈奴一萬五千餘人，牲畜幾百萬頭。真可以說是大獲全勝、凱歌高奏了。漢武帝接到戰報，喜出望外，派特使捧著印信，到軍中拜衛青為大將軍。

就任大將軍是衛青軍事生涯的頂峰，家奴出身的衛青位極人臣，朝中官員無不巴結奉承。但衛青本來就為人謙讓仁和，也懂得功高蓋主的道理，有人勸說他學戰國四公子，廣納門客，被他一口拒絕。

此後，漢武帝重用霍去病，霍外甥的聲望超過了衛舅舅，過去奔走於大將軍門下的許多故舊，都奔走於霍去病門下。衛青門前頓顯冷落，衛青不怒反喜，心樂如飴地過著恬淡平靜的生活。

西元前 106 年，大司馬大將軍衛青去世，漢武帝命人在自己的茂陵東邊特地為衛青修建了一座像廬山（這廬山不在江西，是匈奴境內的一座

山）的墳墓，以象徵衛青一生的赫赫戰功。

衛青的人生經歷充滿了傳奇，幾乎就是一部商業大片，愛情、私生子、家族恩怨、美麗的姐姐、被仇人綁架、戰爭、婚姻、將軍、公主……老實說，我覺得很奇怪，為什麼沒有一位導演注意到如此絕對的好題材？

衛青的開頭就不尋常，過程又是如此精彩，但是結局卻稍稍有些平淡。在當時，就有人批評衛青的低調，有些過於謙和。衛青為人的確寬厚謙遜，當李廣的兒子李敢因為私人恩怨打傷了他，他寧願自己包紮傷口，隱瞞實情，以此緩解衛、李兩家的緊張關係。但衛青在政治上的低調，並不完全因為他的性格。

首先，衛青從卑微的身分驟然上升，雖然有戰功的實績，但是很明顯，作為漢武帝的姻親，人們難免認為這是裙帶關係帶來的榮耀，在表面上的羨慕之餘，底下潛伏著的是非議。

其次，漢武帝的猜忌令衛青更為謹慎。漢武帝對衛青的態度，初期是極度地器重，但是隨著衛青戰功的累積，出現了所謂「功高蓋主」的局面，漢武帝開始有意栽培其他年輕將領，打壓、消除衛青在軍界的影響力，在這種情況下，如果衛青趾高氣揚、驕橫跋扈，很容易被找到藉口，遭遇不測。

末了，衛子夫的失寵加重了衛青的危機感。美人如玉，總有年老色衰的時候。而漢武帝不是唐明皇和明神宗，沒有與衛子夫長相廝守的決心，於是年輕貌美的李夫人、勾弋夫人次第出現，雖然暫時沒有取代衛子夫的皇后地位，但很顯然，衛青的皇后阿姐已經失去了對皇帝的吸引力和影響力，衛家的地位，看似穩如泰山，實際上卻是前景黯淡堪憂！

由此看來，衛青的小心謹慎，並非無來由的隨意所為。有道是「小心駛得萬年船」，衛青終於平安無事地度過餘生，得了個善終。但是他的兒子們、他的皇后阿姐以及太子外甥，還要苦苦煎熬……

第五章　漢室沉浮：寫實漢武與盛世背後

三、橫空出世、勇冠三軍：誰栽培了霍去病？

某日，大將軍衛青突然發現自己的府邸有些不尋常。到底有些什麼不尋常？衛青想了想，恍然大悟，原來如此！

其一：昔日車水馬龍的府前，如今門可羅雀！

其二：府中那些門客，不知何時悄悄地散去無蹤。

所謂「竹外桃花三兩枝，春江水暖鴨先知」，古代的門客必須靈敏地捕捉趨勢的變化，所謂趨炎附勢，他們的離開，表明大將軍衛青在權勢場上的失意淡出。

但是，這些門客去了何方？他們看中了哪個權勢場上的新寵兒？在自己的外甥、大司馬霍去病的府中，衛青的疑惑登時煙消雲散，心中雪亮明白。

霍去病，你又是何方神聖？霍去病的娘親，叫衛少兒。這個衛少兒可不是一般女子，她是皇后衛子夫的姐姐。當年衛嫂生下三個女兒，大女兒君孺，嫁給了名將公孫賀。小女兒子夫，當今皇后。這個衛少兒，正是衛嫂的次女。

但衛少兒的合法丈夫是開國元勳陳平的曾孫——陳掌，何以會有個兒子姓霍呢？原來衛少兒在嫁給陳掌之前，曾與一位霍先生發生了一段短暫而羅曼蒂克的故事。霍去病，正是衛少兒與霍先生的愛情見證。

因為有個當皇后的姨媽，霍去病18歲就當上了侍中，在宮廷裡做事。從這個職位做起，到封爵冠軍侯，不過數年，離官拜大司馬，也僅僅十餘年。這些，可不是依靠裙帶關係的照顧，而是沙場廝殺。

霍去病的崛起，如同一顆流星，橫空出世！但霍去病的崛起，絕非無心插柳柳成蔭。霍去病的身後，站著一個巨人。這個巨人就是當今皇上——劉徹。

第九節　富貴逼人：衛氏家族出了個衛子夫

這事要從元朔六年（西元前 123 年）說起，霍去病的官職是驃姚校尉，雖是衛青的手下，卻得以自領精銳騎兵 800 人，獨立作戰，尋找立功機會。

誰給了他這些特權？當然是衛青。衛青又是在奉承誰的意思？史書記載得很清楚，是皇帝劉徹特別交代，讓霍去病獨立作戰。

皇帝的偏愛得到了回報，在戰場上，霍去病憑著一腔血氣驍勇及八百騎兵，在茫茫大漠裡奔馳數百里尋找敵人蹤跡，斬敵二千餘人，匈奴單于的兩個叔父一個斃命一個被活捉。而霍去病等人全身而返。漢武帝立即將他封為冠軍侯，讚嘆他的勇冠三軍。

三年後，霍去病受命為驃騎將軍，帶領河西方面的戰事，在第一次河西戰役中，霍去病在千里大漠中閃電奔襲，轉戰匈奴五部落，在皋蘭山惡鬥匈奴盧侯、折蘭王。

是役，霍去病的驃騎軍團一萬精兵僅餘三千人，可謂慘勝。匈奴方面，盧胡王和折蘭王八千餘人陣亡，渾邪王子及相國、都尉被俘虜，休屠王用來祭天的金人也成了漢軍的戰利品。

在第二次河西戰役中，霍去病推進到祁連山，再次大破匈奴，根據後來朝廷方面的戰報，此戰的戰果是：收納降虜二千五百人，斬首三萬二百級，匈奴五個王、以及單于閼氏、王子五十九人，大小貴族六十三人。

霍去病對匈奴右翼的連續重擊終於讓匈奴內部出現了裂縫，河西戰場兩位指揮官：渾邪王與休屠王，害怕單于的責怪，請求歸順漢朝。

負責接收渾邪王與休屠王投降的，還是霍去病。結果霍去病一露面，便引起了匈奴人的恐慌，很多匈奴將領不願意做叛國賊，紛紛溜號。霍去病橫刀躍馬，斬其欲亡者八千人，頓時亂哄哄的匈奴人鴉雀無聲，不敢亂說亂動，霍去病從容不迫地帶著渾邪王回來覆命。

這一次，漢朝不但得到匈奴渾邪、休屠部落十萬人的歸附，更將整個

第五章　漢室沉浮：寫實漢武與盛世背後

河西走廊納入帝國領內，一舉割斷了匈奴與青藏高原上游牧部落的聯繫，同時大大減輕了長安西面的邊防壓力，漢帝國從此取得了漢匈戰爭的主動權，中原百姓也得以鬆了一口氣。

元狩四年的漠北之戰，是霍去病軍事生涯的巔峰之作，也是他的收官之戰。

當時，飽受打擊的匈奴汗國的自信心已經嚴重挫傷，單于長年龜縮在大漠背後，漢朝遠征軍越過大漠，到匈奴腹地給游牧人以雷霆一擊。

在事先的戰爭部署中，皇帝劉徹自然把挑戰大單于的無上榮譽留給了霍去病，然而老天並不買帳，由於情報錯誤，大將軍衛青在沙塵暴中遇上匈奴單于，而集漢軍精銳於帳下的霍去病遇上的是左賢王軍團。

擅長閃電戰的霍去病率部奔襲兩千多里，一路追殺，直到匈奴狼居胥山，在這座山上，霍去病欣然下馬，停止追擊，安營紮寨，饒有興致地搞了一個祭天地的儀式，即所謂封狼居胥。然後，上馬繼續追擊，一直打到今俄羅斯貝加爾湖一帶，方才盡興，班師回朝。

這一仗，與匈奴單于交手的大將軍衛青經有關部門考核下來，功勞不大，所以「不得益封」，光榮依然屬於冠軍侯，霍去病的許多部下得到重賞，其中校尉李敢（飛將軍李廣的兒子）因為表現突出，在戰場上勇奪敵人軍旗，封為關內侯。

但霍去病的赫赫戰功，並非英雄氣概四個字可以簡單的概括，一方面，他絕非有勇無謀，雖然少讀兵書，但他打仗並不完全成一時之勇，孤軍深入、冒險的背後是深思熟慮地迂迴包抄，集中優勢兵力破敵於一點。

另一方面，作者也發現，霍去病所帶的部隊，確實是漢軍的「軍中之軍」、精銳之師。這一點，史書有充分的交代。如《漢書》記載：「諸宿將所將士馬兵亦不如去病。」又說：「上令大將軍青、票騎將軍去病各五萬騎，步兵轉者踵軍數十萬，而敢力戰深入之士皆屬去病。」也就是說，漢

軍中最好的騎兵都在霍去病軍團。

這麼說，無意貶低霍去病，因為精兵還需良將，換了別的將領指揮這支部隊，未必能取得霍去病的成績。但這足以說明皇帝對小霍的刻意栽培。

然而，漢武帝何以如此刻意栽培小霍？第一條，當然是因為小霍的確是個軍事天才。第二條，答案卻在衛青身上。

曾經有一個人勸說衛青，說大將軍為什麼不像古代春申君信陵君那樣廣納天下賢士。衛青回答說，招賢納士，這是天子的事，我做臣子的，只要奉法遵職就夠了。衛青為什麼這麼說，所謂功高蓋主，顯然他已經感覺了皇帝的猜忌。

為了挽回劉徹的信任，衛青努力過。某一次戰役後，衛青得到賞金三千，當時後宮衛皇后已經失寵（這也是衛青被猜忌壓制的原因之一），王夫人得寵，衛青採納門客建議，特地包了一個500金的大紅包給王夫人的母親，祝她老人家身體健康！

衛青的這一番心意，真可謂用心良苦，皇帝劉徹得知之後，也表示讚賞。但這似乎仍然沒有減輕皇帝的猜疑，皇帝開始重用霍去病，打壓衛青。皇帝的這個意圖，連衛青府裡的門客們都看出來了，於是紛紛棄暗投明。

衛青何等聰明，因此完全採取謙遜避讓的態度。對於衛青來說，或許這並非壞事。因為霍去病畢竟是自己的外甥，也是衛氏的一分子。

因此，雖然霍去病搶了衛青的風頭，但衛皇后還是安全的，她所生的太子劉據也是安全的。一旦衛青和霍去病去世，失去羽翼的衛氏就危險了。這一點，為後來的歷史所證實。

所謂天忌英才，霍去病真的太短命了，他去世的時候，年僅24歲。

帝國朝廷為他舉行了隆重的葬禮，身披盔甲的帝國軍人寞寞無聲地將一代名將的靈柩護送到茂陵，茂陵外形如祁連山狀，墓前還有 10 多件大型紀念其戰功的圓雕石刻。

霍去病似乎小時候身體不好，因此有了「去病」這個名字，大概是希望他健康成長，遠離病魔吧！但是長大成人後，雖然霍去病身體很強壯，但是病魔並不因此遠離，可能是傳染病或根本是母親遺傳，（他的母親衛少兒似乎死得也很早）導致霍去病英年早逝。

另外有一種觀點，認為霍去病是匈奴生物戰的受害者。在武帝時代漢匈戰爭之後期，由於漢軍攻勢猛烈，「匈奴聞漢軍來，使巫埋羊牛，於漢軍所出諸道及水源上，以阻（詛）漢軍。」也就是說，匈奴將患上傳染病死亡的牛羊屍體拋入水源，漢軍口渴，飲了此水，病從口入，疾疫由此在軍中傳開。

「驃騎將軍登臨瀚海，取食於敵，卓行殊遠而糧不絕。」霍去病在匈奴境內作戰，就地取食、水，非常正常，而匈奴在其中下毒，也極為可能。不過這個說法，尚缺少充足的直接證據，姑且作為參考罷了。

第十節　千古嘆息：李廣祖孫悲愴的命運交響曲

「馮唐易老，李廣難封」，說的正是大漢飛將軍李廣。李廣少年從軍，戎馬一生，名震匈奴，卻始終不得封侯，最後一次出征，陷入迷局，憤而自殺。

然而悲劇不僅限於李廣一身，李廣之子李敢、孫子李陵都遭逢厄運，李廣祖孫的遭遇宛如一曲悲愴的命運交響曲，令人惋惜，更讓人思索，這是為什麼？

第十節　千古嘆息：李廣祖孫悲愴的命運交響曲

疑點之一：「馮唐易老，李廣難封」，大漢飛將軍李廣少年從軍，戎馬一生，名震匈奴，為什麼他始終不得封侯呢？

疑點之二：悲劇不僅限於李廣一身，李廣之子、猛將李敢居然被麋鹿觸殺，他的離奇死亡有何隱情？

疑點之三：李廣的孫子李陵，則率領一支別動隊深入敵境，與匈奴單于大戰。在外無援兵、內有叛徒的情況下，李陵力屈而降，從此身敗名裂……李陵的投降爭議。

一、千古嘆息飛將軍難封之謎

與衛青、霍去病兩大將星的冉冉升起相比，是一批沙場老將的黯淡離場。這其中，最令人可嘆息的是李廣。

李廣，據說是秦朝大將李信的後代，擅長箭術，漢文帝曾慨嘆說：「可惜啊，你沒有碰上好時候！如果你生活在楚漢逐鹿的年代，得個萬戶侯易如翻掌！」

景帝時代，李廣在上郡這個地方任職，有一名中央的特派員（皇帝派來的宦官）帶著幾十名騎兵在郊區打獵，正在得意馳騁的時候，遇見了三個匈奴人。特派員尋思：「我們有幾十個，人家才三個，不相信弄不過他！」特派員的想法符合常理，但問題是他遇見的可不是一般人。這是三個匈奴的射鵰手。

什麼是「射鵰手」？大家應該看過《射鵰英雄傳》，郭靖就可以說是一個蒙古的射鵰手。「郭靖接過弓箭，右膝跪地，左手穩穩托住鐵弓，更無絲毫顫動，右手運勁，將一張二百來斤的硬弓拉了開來。……眼見兩頭黑鵰比翼從左首飛過，左臂微挪，瞄準了黑鵰項頸，右手五指鬆開，黑鵰待要閃避，箭桿已從頸對穿而過。這一箭勁力未衰，接著又射進了第二頭黑

雕腹內，一箭貫著雙鵰，自空急墜。眾人齊聲喝采。」

這是對郭靖射鵰的描寫，再看看郭靖射鵰後鐵木真的反應。「郭靖依言捧起雙鵰，奔到鐵木真馬前，一膝半跪，高舉過頂。鐵木真生平最愛的是良將勇士，見郭靖一箭力貫雙鵰，心中甚喜。要知北國大雕非比尋常，雙翅展開來足有一丈多長，羽毛堅硬如鐵，撲擊而下，能把整頭小馬大羊攫到空中，端的厲害之極，連虎豹遇到大雕時也要迅速躲避。一箭雙鵰，殊屬難能。」

金大俠寫的雖然不是歷史，但為了寫郭靖在蒙古的生活，對於游牧民族崇拜「射鵰手」的心理，思索的還是比較透澈的。

回到我們所述的漢朝，三個匈奴的射鵰手轉身放箭，一會便將特派員的隨從幾乎全部射殺，連特派員也受了傷，只是在部下的以死掩護下才逃回到李廣那裡，得以向李廣哭訴。

李廣知道他們遇到的是匈奴的射鵰手，立刻帶一百名騎兵追趕。三個射鵰手沒有馬，徒步前行，很快被李廣追上。李廣不想群毆取勝，他親自挑戰三個射鵰手。囂張的射鵰手遇見漢朝第一神射手沒了轍，當場被李廣射死兩個，活捉一個。

但事情還沒有結束，幾千名匈奴騎兵正向李廣撲來。李廣的部下見對方人多，都想溜之大吉。李廣不慌不忙，慢慢將俘虜來的射鵰手打包，放在馬上，然後下令：「前進！」

部下都不相信自己的耳朵，以區區百人衝擊幾千名匈奴騎兵，這不是送死嗎？不過軍人以服從命令為天職，況且大家都信任李廣必有奇謀，所以這101人就慢慢地向前進發。

匈奴人一看漢軍不過百人，反而狐疑起來。「南蠻一貫詭計多端，這必是誘敵之兵，我們不要上當，看看再說！」

第十節　千古嘆息：李廣祖孫悲愴的命運交響曲

　　李廣這 101 人到了離匈奴陣地還有大約二里的地方，更讓匈奴人驚訝的是漢軍騎兵全部下馬，甚至解下了馬鞍，坐著聊起天來。匈奴人想：「果然是誘敵之計，我們匈奴人也不傻！」

　　這時，有一名騎白馬的匈奴將領出了佇列，也許是為了對他的部下訓話，也許是想看看李廣究竟打什麼主意。李廣立即上馬，射死了這個倒楣蛋，然後又回到自己的騎兵隊裡，解下馬鞍，讓士兵們都放開馬，隨便躺臥。吃了虧的匈奴人更加不敢前進了，僵持到半夜，匈奴人越想越怕，主動撤離。而李廣呢，直到第二天早晨，才回到大營。

　　這不是一次戰役，準確的說是一次突發性的邊境衝突。但這次衝突給漢匈以如下深刻印象：首先李廣射術驚人，連以騎射為天生才能的游牧人都自嘆弗如。其次李廣有急智，臨陣不懼，處置得當。

　　由此引發兩個結果：一是匈奴對李廣又敬重又害怕。二是漢朝高層意識到李廣是個人才。

　　在衛、霍崛起之前，李廣可以說是漢朝對付匈奴的第一法寶。幾乎是哪裡有匈奴，就把李廣派到哪裡，而匈奴一旦弄清楚對手是李廣，便敬禮、離開。因此，李廣在某地擔任太守，某地便少有匈奴的侵擾，百姓過上了難得的太平日子。

　　但是李廣在漢武帝時代的漢匈大戰中，卻始終沒有像樣的成績，在雁門那次戰役中還全軍覆沒，自己也做了俘虜，幸虧匈奴人對他久已仰慕，沒有殺他，結果被李廣憑藉個人武藝逃脫。在以後的幾次大戰中，李廣也往往是功過相抵，沒有封賞。

　　不用說後起之秀衛、霍，即便是李廣的堂弟李蔡，無論才能、名氣都不如卻因為跟隨衛青攻打匈奴右賢王有功，達到斬殺敵人首級的規定，被封為侯，後來做到丞相。這一點，連後人辛棄疾也為李廣鳴不平，寫詩說：「千古李將軍，奪得胡兒馬。李蔡為人在下中，卻是封侯者。」

第五章　漢室沉浮：寫實漢武與盛世背後

作為軍界元老、一代名將的李廣，看著年輕人們一個個獲勝封侯，心中當然鬱悶、不甘心卻又無奈，據說他還曾就這件事向一個星象學術士請教。星象學術士哪知道這事，看了半天星星也沒頭緒，只好啟發李廣說：「將軍自己回想一下，有沒有做過什麼值得悔恨的事？」

李廣想了想，還真有：「我在隴西任職的時候，有一次殺了八百多已經棄械投降的羌人，直到今天，我還在悔恨這件事。」

星象學術士一拍大腿：「殺降不祥啊，這就是將軍不能封侯的原因！」

這當然不是李廣難以封侯的原因，真正的原因，我認為，恐怕有以下幾點：

首先，李廣雖然武藝高強，遇事有急智，卻缺少統帥大部隊和指揮大規模會戰的能力。這從他的帶兵風格可以看出來。沒有嚴格的佇列和陣形，也不安排打更巡邏，以至於屢次遇險。

其次，李廣擅長防守而短於進攻。這從他的戰績可以看出來。在文、景時代和武帝初期的防禦性階段，李廣頗有建樹。而到了策略大反攻的時候，李廣反而不行了。

第三、李廣的個人品行高潔，為官場所排擠。司馬遷是這樣評價李廣的：「我所看到的李將軍，不善言辭，老實厚道像個鄉下人，可在他死的那天，天下人不論認識他的還是不認識他的，都為他盡情哀痛。」不善言辭，在官場上就是不會吹拍，不會拍，意味著上司不會喜歡你；不會吹，意味著你不會誇大戰果；品行高潔，意味著你不會占他人之功為己有；愛兵如子，意味著你不會拿部下當炮灰。

第四、漢朝的封賞制度有問題。殺死敵人、斬下頭顱，有功，累積到一定數量，就可以封侯。防守邊關，使百姓安居樂業，卻沒有功勞，不能封侯，這是什麼邏輯！

第十節　千古嘆息：李廣祖孫悲愴的命運交響曲

西元前 119 年，漢朝大舉出兵討伐匈奴，年事已高的李廣認為這是最後的立功機會，劉徹勉強答應，任命他為前將軍。

這次其實李廣真的不該請戰，不是因為年老，而是因為內中有不可明說的算計。當時大將軍衛青的好朋友公孫敖剛剛丟掉了侯爵，衛青的意思，想讓公孫敖立功，恢復地位，沒想到被李廣橫插了一腳。

於是衛青改變計畫，讓李廣迂迴繞遠，從水草缺少的東路進攻。李廣心裡明白衛青的用意，他懇請說：「我從年輕的時候開始就和匈奴作戰，直到現在才有機會和匈奴單于決一死戰，況且我的職務是前將軍，不應該走東路，請您收回成命。」

衛青冷冷地回答：「這是軍令，老將軍難道要違抗命令！」李廣懇求了很久，衛青始終不為所動。最後，老將李廣氣憤地不告辭而別！

李廣到了軍中，發現連嚮導都沒有配備。結果當然是迷失道路，無功而返。

事後，衛青派祕書長到李廣軍中問：「為什麼沒有及時趕到指定位置？」

李廣知道他這是存心為難，拒絕回答。衛青的祕書長見李廣拒絕回答，就急不可耐地責令李廣的部屬前去受審對質。李廣發怒說：「他們有什麼罪，是李某自己迷失道路，李某這就去大將軍那裡領罪！」

李廣是何等剛烈之人，豈能受此等侮辱，打發走了衛青的祕書長，他對部下說：「我李廣從少年起與匈奴作戰，大大小小七十多仗，如今有幸跟隨大將軍出征同單于決戰，可是大將軍偏偏調我走迂迴繞遠的路線，結果迷失道路，這是天意啊！我已六十多歲了，難道還要受那些刀筆吏的侮辱！」

於是李廣拔刀自剄。

李廣去世的消息傳到軍中，無論軍官還是普通士兵都忍不住痛哭。李

第五章　漢室沉浮：寫實漢武與盛世背後

廣去世的消息傳到民間，百姓不論認識的不認識的，（不認識的也聽說過李廣的事蹟）也不論老的少的，都為李廣的死落淚。

李廣一生為保衛漢朝邊境和匈奴人作戰，匈奴人害怕他卻又敬重他，李廣最後不是死在匈奴人手裡，而是死於自己人的排擠。岳飛為收復宋朝失地和金人作戰，金人害怕他卻又敬重他，岳飛最後不是死在金人手裡，而是死於自己人的莫須有。袁崇煥為保衛明朝江山和滿清作戰，滿清人害怕他卻又敬重他，袁崇煥最後也不是死在滿人手裡，而是死於本國皇帝的猜忌。人心，何堪如此！？

借高適〈燕歌行並序〉，結束本篇。

「漢家煙塵在東北，漢將辭家破殘賊。男兒本自重橫行，天子非常賜顏色。摐金伐鼓下榆關，旌旗逶迤碣石間。校尉羽書飛瀚海，單于獵火照狼山。山川蕭條極邊土，胡騎憑陵雜風雨。戰士軍前半死生，美人帳下猶歌舞。……相看白刃血紛紛，死節從來豈顧勳。君不見沙場征戰苦，至今猶憶李將軍。」

二、麋鹿殺人事件背後的曲折內情

西元前119年，大漢朝廷發了份通告，內容如下：

「郎中令、關內侯李敢先生，在參加甘泉宮皇家圍獵活動中不幸被鹿觸傷，送往皇家醫院治療，終因傷勢過重，不治身亡。李敢先生的一生，是戰鬥的的一生，他曾經跟隨驃騎將軍霍去病先生討伐匈奴左賢王，在戰鬥中奪下左賢王的戰鼓、軍旗，軍功顯赫，朝廷對李敢先生的英年早逝，表示沉重的哀悼。」

李敢是飛將軍李廣的小兒子，將門出虎子，李敢也是當時大漢軍界響噹噹的人物。然而名將之後居然被鹿觸殺？這就不得不叫人懷疑了。

第十節　千古嘆息：李廣祖孫悲愴的命運交響曲

可是官方確實是這麼說。那麼，提供「鹿觸殺」這個說法的證人是誰呢？

當今聖上！

難怪司法當局閉口無言，這個案子已經被最高首長定了性，再高明的偵探、再公正的法官也無濟於事！

然而還是有不同說法，來自司馬遷。司馬遷指證殺害李敢的凶手是——驃騎將軍霍去病。他提供證詞說：「敢從上雍，至甘泉宮獵。驃騎將軍去病射殺敢。去病時方貴幸，上諱雲鹿觸殺之。」

那麼，曾經是李敢上司的霍去病的殺人動機是什麼呢？司馬遷指證說：「敢怨大將軍青之恨其父，乃擊傷大將軍，大將軍匿諱之。驃騎將軍去病與青有親，射殺敢。」

原來如此，當年因為衛青的為難，一代飛將軍李廣含恨自殺，作為兒子的李敢，當然對衛青耿耿於懷，於是年輕而衝動的李敢，打傷了大將軍衛青。

衛青或許是心中有愧，或許是為人寬宏大量，不但沒有處罰李敢，而且隱瞞了這件事。不過紙包不住火，這件事終究傳到霍去病耳中。

霍去病少年英雄，漠北大戰，封狼居胥，獨領風騷，風頭早已經蓋過了衛青舅舅。但少年得志的另一面是極度的自我中心，典型的表現是不體恤下屬，據史書記載，他出征之時，皇帝派遣太官將幾十車食物送至軍中，但結果是在回軍途中，「重車餘棄粱肉，而士有飢者」，這真是漢版的「朱門酒肉臭，路有凍死骨」。而當士兵肚中空空，甚至因飢餓而不能舉手，怨聲載道的時候，霍去病卻在悠哉悠哉地踢球（穿域蹋鞠）娛樂，這與史上以愛兵如子聞名的吳起、李廣相比，真是兩個極端。

霍去病的這種心態，使他一聽說舅舅被人打傷，決心為舅舅報仇。甘

第五章　漢室沉浮：寫實漢武與盛世背後

泉宮圍獵，霍去病在場，李敢也在場，而且場面比較混亂，確實是下手的良好機會。

這樣推測下來，霍去病殺人的動機比較合理，也有充分的作案機會。而且，如果是霍去病殺人，劉徹寵愛這員既是國家棟梁又是皇后親戚的猛將，捏造一個「鹿觸殺」的理由，不是沒有可能。

問題是，司馬遷是如何得知這一過程。道聽塗說？還是親身經歷？

王國維在《太史公行年考》中認為司馬遷生於漢景帝中元五年（前145年），那麼西元前119年，司馬遷大概26、27歲。據《太史公自序》，司馬遷大約二十歲時開始外出遊歷，幾年後回到長安，做了皇帝的近侍郎中，隨漢武帝出遊，到過平涼、崆峒等地。由此看來，李敢被殺時，司馬遷是皇帝的近侍郎中，那麼參加甘泉宮圍獵的可能性就很大了，司馬遷極有可能親眼目睹了霍去病射殺李敢，就像同樣在場的皇帝所看到的那樣，只不過不同的是，皇帝選擇了隱瞞，司馬遷則選擇了把事實默記在心。

元封三年（前108年），司馬遷三十八歲時，正式做了太史令。等到太初元年（前104年），中國第一部曆書《太初曆》完成，他就動手編寫《史記》。直到這裡，秉承史家良心的司馬遷才把霍去病射殺李敢的真實經過揭露，記錄在《史記》中。

但李敢也不是泛泛之輩，霍去病單挑李敢，未必一時三刻就能殺了他。所以，最合理的解釋是：

甘泉宮圍獵途中，士兵們發現了一頭野鹿，皇帝下令，誰能一箭射中，可得重賞！霍去病和李敢都彎起了弓，搭上了箭。不同的是，李敢的目標是野鹿，而霍去病的目標是李敢！而其他人的注意力都在鹿上。

李敢的箭先射出去，中了！士兵們歡呼雀躍，負了傷的野鹿則向李敢方向衝了幾步。

第十節　千古嘆息：李廣祖孫悲愴的命運交響曲

霍去病的箭後射出去，也中了！中箭的李敢轉身，瞪大眼睛望著霍去病，慢慢倒下……

「你，好……」

皇帝和士兵們都被突如其來的變故驚呆了，沒有人上去救李敢。許久，皇帝發話說：「李將軍被鹿撞死了！」

時為元狩四年（前119年），也有人說，事情發生在第二年，即元狩五年（西元前118年），無論哪一種說法，距李廣自殺都不足一年。

三、在貝加爾湖湖畔牧羊的大漢外交官

西元前100年，蘇武出使匈奴。

當時，漢朝已經在對匈奴的戰爭中取得了絕對優勢，匈奴只能請求談判。

但是談判進行得極其艱難，漢朝認為匈奴是戰敗國，要求匈奴向漢朝稱臣，匈奴單于一聽鼻子都氣歪了，扣留了漢朝的使者。但匈奴實在是打不下去了，於是單于採取拖延策略，說要親自到長安和皇帝劉徹喝茶拜把子，皇帝居然相信了，在長安為單于修了座寓所，單于卻只是逗你玩，哪有真來的道理！不過單于怕皇帝生氣，派了個貴人到漢朝來訪問。

未曾想這匈奴貴人長得五大三粗的，身子卻嬌貴得很，一到長安就水土不服，病倒了。皇帝讓醫生為他把脈，配了好些貴重的藥，結果匈奴貴人還是死了。皇帝有點過意不去，派了個官員帶著慰問金和匈奴貴人的屍體去見匈奴單于，單于誤會了，以為漢朝殺了自己的貴人，發火又扣留了這名部長級官員。

皇帝見和平無望，索性準備開打。匈奴可不跟你打，打不過我躲還不行麼？匈奴向更遙遠的地方遷徙，遠離漢朝。

第五章　漢室沉浮：寫實漢武與盛世背後

西元前 105 年，匈奴的一位高級官員——左大都尉打算殺了單于，投降漢朝，請求漢朝派兵來接他。第二年夏天，漢朝派了將軍趙破奴向西北行軍兩千多里，到匈奴接左大都尉。

趙破奴到了匈奴內地，恰好左大都尉的陰謀敗露，左大都尉被殺，匈奴八萬騎兵將趙破奴二萬人包圍消滅，趙破奴本人被活捉。

這一仗之後，匈奴氣焰有點恢復，又開始襲擊漢朝邊境。不過畢竟實力不濟，到了前 100 年，匈奴新登基的單于且鞮侯怕漢朝大舉報復，開展「解凍外交」，一下子把以前扣留的漢朝使者全部釋放回國。

於是這一年春天，漢朝也派了龐大的代表團到匈奴，和匈奴進行和好的磋商。這個代表團的團長，姓蘇名武。副團長叫張勝。

這次磋商也沒有成功，更糟糕的是，代表團被牽連進了一件意外的流血事件。

流血事件的起因是有一批匈奴人和漢朝戰俘發動了一場武裝暴動，暴動發起人找到了漢朝代表團副團長張勝，要求提供協助，張團副也答應了。結果暴動失敗，張團副也被供了出來。

且鞮侯單于心想，好啊，老子請爾等來友好協商，爾等居然欺負到老子頭上來了！下令逮捕全體代表團成員，包括蘇武。

蘇武說：「這件事我並不知情。」且鞮侯單于冷笑：「你是團長，就算不知情，也要追究你的責任！」逼迫蘇武投降。

蘇武大義凜然地說：「屈辱地投降，雖然活下來，有什麼臉回漢朝！」拔出配刀自殺。匈奴人把蘇武急送帳篷醫院，匈奴人經常打架鬥毆，刀傷是常見病，所以匈奴醫生在行，很快搶救過來。

蘇武的強硬得到了匈奴人的敬佩尊重，且鞮侯單于說這是個人才啊本王喜歡，有什麼辦法招降此人。有人說用美人計，也有人說用金條，也有

人說請法師來施法,都被且醍侯單于否決。且醍侯單于採納的計策是禁閉法。把蘇武囚禁在大窖中,不給飯吃,不給水喝。

好幾天過去了,蘇團長也沒屈服。且醍侯單于擔心真給餓死了,就去看他。結果蘇武雖然苗條了許多,卻依舊活著。匈奴人更敬佩了,紛紛說:「蘇團長不是一般人,他是天神下凡啊!」

其實蘇武是靠手裡那根節,所謂節,是皇帝賜給高級公務員行使職權的一種憑證。看仔細了,節就是一根長約180公分的竹桿,柄上束有三重用犛牛尾製成的節旄。蘇武扯下節旄上的犛牛尾,混合雨雪吞嚥充飢,這就是他好幾天飲食不進而得以不死的原因。

且醍侯單于無奈,只好把蘇武流放到北海邊上去放羊。他對蘇武說:「等公羊下了羊羔,我就送你回漢朝!」

北海是什麼地方?即今天俄羅斯境內的貝加爾湖,當時這一帶,是真正的無人區。

西元前99年,蘇武到北海定居牧羊不久,李陵兵敗投降了匈奴,作為過去的同事和朋友,李陵到北海去看望蘇武,勸說他投降,同時也帶來了家鄉親人的消息:

蘇武的哥哥在皇帝身邊做事,有一次扶著皇帝的車駕下殿階,碰到柱子,折斷了車轅,被法官判定了大不敬的罪,被迫自殺,朝廷給了二百萬錢的撫卹和喪葬費用。

蘇武的弟弟跟隨皇上去祭祀土神,路上宦官與駙馬爭船,宦官把駙馬推下去掉到河中淹死了。蘇武弟弟奉命追捕凶手,沒有抓到人,蘇武弟弟害怕皇帝怪罪,服毒自殺。

李陵從長安出發的時候,蘇武的母親已去世,夫人年紀還輕,聽說已改嫁了……

第五章　漢室沉浮：寫實漢武與盛世背後

李陵勸說道：「人生像早晨的露水，何必這樣折磨自己！我投降時，終日若有所失，幾乎要發狂，自己痛心對不起朝廷，加上老母被拘禁，你不想投降的心情，怎能超過當時我李陵呢！現在皇上年紀大了，情緒變化，大臣動輒得罪，無辜被殺的有十幾家。你還打算為誰守節呢？希望你聽從我的勸告！」

李陵說的都是實情，蘇武此時的心情，可想而知。

過了五、六年，單于的弟弟於靬王到北海上打獵。蘇武會編結打獵的網，矯正弓弩，於靬王對他又是久仰大名，因此十分器重蘇團長，送給他貴重服裝、精美食品。又過了三年，於靬王得病，賜給蘇武馬匹和牲畜、盛酒酪的瓦器、圓頂的氈帳篷。但在於靬王王死後，他的部下也都遷離了北海，到了冬天，來自丁令部落的盜竊團夥光臨蘇武的營帳，幾乎洗劫一空，蘇武又成了貧窮的牧羊人。

蘇武手持漢節，在北海邊上牧羊，凡十九年，直到前81年（漢昭帝年間）漢匈恢復友好關係，漢朝要求匈奴釋放蘇武，匈奴還不肯放人，騙使者說：「告訴你一個不幸的消息，蘇武先生已經去世了！」

漢朝使者這是已經透過臥底打聽到蘇團長依然健在，因此也以騙制騙，說：「我們大漢天子在上林苑中射到一隻大雁，雁的腳上繫著帛書，帛書中清楚地寫著蘇武還活著，而且就在北方的沼澤之中。」匈奴人想：「難道真的是大雁為蘇武傳書，否則漢朝怎麼會知道他還活著。」於是蘇武終於得以回國，被任命為典屬國。

對於蘇武的遭遇，李白有詩曰：「蘇武在匈奴，十年持漢節。白雁上林飛，空傳一書札。牧羊邊地苦，落日歸心絕。渴飲月窟水，飢餐天上雪。東還沙塞遠，北愴河梁別。泣把李陵衣，相看淚成血。」讀史者往往從自己的立場出發，隨意指點古人是非，漠視當事人的痛楚與迷惘。蘇武出使的時候，正當壯年，回到國內，鬚髮皆白。十九年的北海牧羊，艱苦程度常

人難以想像。回國的希望，幾乎不可能，當匈奴單于說只有公羊哺乳才會放他回國時，蘇武怎能料想到十九年後的榮歸故里。蘇武卻始終沒有放棄自己的回國理想，對於他來說，十九年只是兩個字：堅持，而終於成真。

四、力戰而竭、投降匈奴，李陵算漢奸嗎？

皇帝劉徹聽說蘇武被匈奴扣押，決心再發動一次戰役懲罰匈奴。但是在主將的人選上，皇帝有些猶豫。畢竟衛青、霍去病都已經去世，劉徹有一種人才凋敝的感覺。

最後劉徹選中了寵姬李夫人的哥哥、曾經出征大宛的貳師將軍李廣利擔任主將。這實在並不是一個明智的選擇，與衛青、霍去病相比，李廣利的軍事才能差得太多。這在西元前104年的汗血馬戰爭中已經得到了充分的展現。

但劉徹還是用了李廣利，由此可見他用人的傾向性。

劉徹又召見李廣的孫子李陵，讓他負責李廣利大軍的輜重後勤。李陵是李廣長子當戶的兒子，李敢是他的叔叔。做後勤其實油水很足，但李陵志不在此，他對皇帝說：「我的部下，都是江南的勇猛之士、奇人劍客（當時儒家思想在江南還不成氣候，中原人的印象中江南人，包括今湖北人、蘇州人，都是脾氣暴躁、豪邁勇猛的硬漢），力氣大得可以遏止住老虎，射箭每射必中，我請求自當一隊，到蘭干山南分散匈奴的兵力，讓他們不能專心對付貳師將軍。」

對於李陵的不聽話，劉徹有點不高興。「你是不願意當貳師將軍的屬下吧！我可沒有多餘的騎兵給你。」

李陵說：「我不需要騎兵，願意以少擊眾，就用我的步兵五千人直攻單于庭。」

第五章 漢室沉浮：寫實漢武與盛世背後

這下劉徹有點意外，反倒對李陵刮目相看，不但批准他的請求，而且派老將軍路博德做李陵的後衛，半路接應李陵。但路博德作為老資格的將領，不願意給一個毛頭小子當後衛，上奏章說：「現在正是秋天，匈奴兵強馬壯，不是攻打的好時候。不如等到春天再合兵出擊。」

劉徹誤會是李陵害怕了，故意叫路博德幫忙說情，延遲出兵。命令李陵九月分就出發，不得遲疑。於是李陵帶領部下步兵五千人，從名城居延（今內蒙古西部）出發，向北方走了30天，到了一座山，叫東浚稽山（今蒙古國圖音河南），這裡已經是匈奴腹地，李陵派了部下一名軍官叫陳步樂的，回去向朝廷報告自己的行軍路線。

陳步樂到達長安後，得到了皇帝的接見。皇帝聽了軍情報告，心情不錯，任命陳步樂為郎官，但不久便從邊境傳來了李陵戰敗浚稽山的消息。

確切的消息是從四百餘名李陵部下帶回來的。他們是戰事的倖存者，經歷苦戰，躲避追殺，終於逃到漢朝領土。

原來，李陵到浚稽山之後，便遇上了匈奴單于親自率領的近衛部隊，大概三萬騎兵包圍了李陵的五千步兵。李陵見情勢危急，把軍隊部署在兩山間，用車首尾連接成大營（作者注：大家看過美國西部片沒有，其中美國人遇到印第安人騎兵襲擊，也是這樣連車成營）。李陵自己帶領部分士兵在營外列陣，前排的士兵手持戟盾掩護，後排的士兵持弓弩射擊（作者再注：西方如英國的長弓手戰術以及初期火槍手的戰術也是如此。），釋出軍令說：「聽到鼓聲就進攻，聽到鳴金就停止。」

匈奴發現漢軍人數很少，漫山遍野地展開騎兵衝鋒。李陵指揮漢軍千弩俱發，匈奴應弦而倒。匈奴騎兵潰敗，逃到山上，被漢軍追殺數千人。匈奴單于知道遇到了強敵，於是調動左右翼部隊八萬餘騎圍攻李陵軍團。李陵軍團一邊打，一邊向南方撤退。幾天後，李陵軍團退到山谷中。李陵下令，士卒中箭負傷有三處及其以上的，坐在車上作戰，中箭負傷有兩處

第十節　千古嘆息：李廣祖孫悲愴的命運交響曲

的，駕駛車輛作戰，中箭負傷有一處和沒有受傷的，拿著武器步行作戰。

第二天，再和匈奴交戰，殺死三千餘名匈奴人。向東南方向撤退，又走了四五天，到了一片沼澤地，匈奴人在上風向放火燒蘆葦蕩，李陵下令部下也放火迷惑敵人。再向南走，到了一座山下，匈奴單于把指揮部設立在山上，派兒子帶領騎兵衝擊漢軍。李陵把軍隊部署在樹林中，運用複雜的地形射殺匈奴數千人，乘勢攻擊匈奴單于的指揮部，單于逃走。

這次，李陵抓到了一個匈奴軍官，匈奴軍官告訴李陵：「單于說你們這支軍隊是漢朝的精銳，我們匈奴日夜圍攻你們，也沒有消滅你們。現在離漢朝邊境越來越近，難道前面有埋伏嗎？不如撤退算了。部落首領們一致反對，說單于你堂堂一國之首，統帥數萬騎兵追擊漢朝數千步兵卻不能消滅，傳出去不但漢朝輕視，連那些屬國都要恥笑我們匈奴了。所以單于決定繼續追擊四五十里，等到了平原，還是消滅不了你們，再行撤軍。」

但這個時候，李陵軍團已經到了最後一戰的境地，匈奴人不斷攻擊，一天要打幾十次戰鬥，李陵鼓舞士兵，拚死抵抗，又殺死殺傷二千餘人。匈奴單于終於支撐不住，打算撤退。李陵軍團內部卻出了叛徒。叛徒逃到匈奴軍營，報告說：「李陵軍團外無援兵，內無糧草，箭已經快用完了，死傷過半，領兵的將領是李陵和成安侯韓延年，只要匈奴加強攻勢，漢軍必敗！」

於是匈奴單于的鬥志再次燃燒，集結所有兵力，大舉圍攻漢軍。匈奴人大喊：「李陵、韓延年快投降！」李陵軍團向南方突圍，戰鬥相當激烈，史書記載：漢軍南行，未至鞮汗山，一日五十萬矢皆盡。李陵下令放棄車輛，把車輪砍下來當盾牌，清點人數，還有三千餘人，退入峽谷地區。匈奴軍隊居高臨下，飛矢落石，李陵意識到已無扭轉的可能，情緒激動，獨自一個人出營，左右想跟隨保護，他大聲說：「不要跟著我，我要去單挑單于！」

第五章　漢室沉浮：寫實漢武與盛世背後

單于當然不會給他這個機會。李陵無功而返。回到軍營，參謀對他說：「將軍你這一仗已經威震匈奴，只不過差一點運氣。當年浞野侯趙破奴曾經被匈奴俘虜，後來逃回來，朝廷也善待他，何況將軍您呢？」李陵雖然拒絕了參謀的建議，但是這段話顯然對他後來的選擇有了很大的影響。

李陵嘆息說：「如果再給我幾十支箭，我一定能夠突圍成功！」於是下令盡斬旌旗，埋珍寶於地中，解散軍團為若干小分隊，令軍士人持二升糒（米），一半冰，採取游擊戰術突圍，目的地是漢朝邊境哨所——遮虜鄣。

雖然選在夜半時突圍，漢軍的行動還是被匈奴發覺，韓延年戰死，李陵被俘。分散突圍的三千餘漢軍，只有四百餘人抵達遮虜鄣。

得到戰敗消息後，皇帝劉徹最關心的是：李陵究竟是已經殉國還是投降了匈奴，他以慰問的名義召見李陵的母親和老婆，令皇帝狐疑的是，她們居然沒有任何悲傷的神情。這時，流言說李陵已經投降了匈奴，皇帝心想：「李陵果然背叛了朕！」責問陳步樂，陳步樂哪裡說得清，只好自殺。

朝廷輿論，一致指責李陵叛國投敵。只有太史令司馬遷說了三點不同意見：其一、李陵是個好人。他孝順父母，熱愛他所從事的軍人職業，對國家一貫忠誠。其二、李陵以五千步兵對抗匈奴數萬騎兵，轉戰千里，消耗大量敵軍，最後矢盡道窮，赤手空拳打不下去才被迫投降。其三、李陵智勇雙全，投降很可能是暫時麻痺敵人，很快會找機會逃回來。（李陵的祖父李廣就曾經被俘虜，也找機會逃了回來。）

皇帝大怒，「下遷腐刑」。皇帝發怒是因為司馬遷的話戳到了他的痛處。皇帝的痛處在哪裡？這次出兵，李陵不過是支小分隊，李廣利才是主力，可是作戰實際情況卻是李陵小分隊吸引了匈奴主力，貳師將軍李廣利一大幫人卻在天山蹓躂了一圈，與匈奴右翼兵團交戰，而且「功少」。假如當初皇帝不是任人唯親，任命李陵而非庸人李廣利為主將，那麼霍去病

第十節　千古嘆息：李廣祖孫悲愴的命運交響曲

的功業，幾乎可以再建。

一年後，皇帝又想起李陵，想把他救回來。「拯救大兵李陵」計畫的執行者是因杅將軍公孫敖。這位老兄在沙漠邊緣兜了個圈子，回來報告說：「李陵這小子真的當叛徒了，他當上了匈奴的軍事總教練！」這下皇帝真的暴怒了，立刻下詔將李家滿門抄斬，可憐老李家三代忠良，名將世家，至此成為家鄉的恥辱。

不久，漢匈恢復談判，匈奴以戰勝國自居，要求漢朝給點布匹糧食，當然漢朝沒給，匈奴也沒轍。在匈奴，使者遇見了李陵，李陵責問說：「我率領五千步兵橫行匈奴，因為沒有援軍才兵敗被俘，迫不得已投降，我李陵有什麼對不起朝廷，朝廷要將我李家滿門抄斬？」

使者回答說：「聽說少卿（李陵字少卿）你當上了匈奴的軍事總教練，朝廷才出此下策。」

李陵怒道：「當教練的是李緒，不是我李陵！」李緒，是漢朝的一名邊防軍事長官（都尉），不久前投降了匈奴。後來被李陵刺殺。

使者回到國內，報告了這件事。皇帝又後悔了，但是李陵已經不願意回來了，匈奴單于知道他是飛將軍的孫子，又佩服他的用兵，很賞識他，把女兒許配給他，封為右校王。

一直到劉徹死後，劉弗陵做了皇帝，霍光、上官桀帶領中央，他們都很同情李家的遭遇，又與李陵關係不錯，就任命李陵的老朋友甘肅人任立政去匈奴召喚李陵。

在匈奴的迎賓宴會上，任立政看見了穿著匈奴衣服、梳著匈奴髮型的李陵，當時在場的還有另一位投降匈奴的漢人衛律，任立政大聲說：「漢朝現在新君即位，大赦天下，霍、上官兩位大人主管朝政。」

李陵看了他很久，說：「你看我已經穿胡服了！」

第五章　漢室沉浮：寫實漢武與盛世背後

過一會衛律上廁所，任立政乘機對李陵說：「少卿你辛苦了，霍、上官兩位大人託在下問候你。」

李陵說：「兩位還好嗎？」

立政急忙說：「請少卿回歸故鄉吧！」

李陵苦笑：「回去容易，只是恐怕要再受羞辱。」

這時衛律從廁所回到座位，聽到二人談話內容，插嘴說：「李少卿是難得的人才，漢朝不能用，所以在匈奴做官，為什麼要拘泥於一國呢？」

李陵終究沒有回國。唐代，漠北有一支游牧部落點戛斯人，據說是李陵的後代。點戛斯人高大、紅頭髮、綠眼睛，偶爾有黑眼睛的，就認為是祖先李陵的苗裔。

李陵算不算是一個漢奸？所謂漢奸，一是叛國，二是賣國。李陵有點特殊，他被兵敗被俘投降，與主動的叛國者不同，可以說是被動的叛國者。

李陵在匈奴當王之後，只有一次與漢朝兵戎相見的記載，面對一個半文官帶領的漢軍，李陵所帶領的匈奴軍團沒占什麼優勢，有放水之嫌。這也是李陵被人同情的原因之一。

面對蘇武，李陵有愧，這一點，他本人也清楚。

問題是當時的漢朝君臣認為李陵是不是漢奸？或者，他們痛恨李陵嗎？答案顯然是否定的，事實上，皇帝劉徹，對於李陵的失敗有著絕對的責任，他一錯在錯用庸人李廣利，喪失良將，二錯在錯信流言，殺害李陵家人。皇帝劉徹後來多次想找回李陵，很可能正是對自己過錯有所反思。漢朝朝廷同情李陵的就更不在少數了，大將軍霍光就是典型的例子。而霍光，正是霍去病的弟弟。顯然，漢朝君臣並沒有痛恨李陵的意思，招他回來，正是因為惜其人才，痛其遭遇。

後世的儒家知識分子是罵李陵最凶的，特別是宋以後，這與他們的時代有關。而他們罵李陵，說來說去無非一句話：「被俘虜之前，你為什麼不自殺！」不過，這些罵李陵的人，鮮有上過戰場的。是啊，如果李陵自殺或是戰死，他就是毫無疑問的英雄、烈士！但為什麼他不死呢？

回頭想想李陵拒絕漢朝使者召喚他回國的那些話，歷史有時就是這樣的時空呼應，給你答案。李陵啊李陵，你算不算個漢奸呢！

大概還是免不了被後人唾罵的結局吧⋯⋯

只有這八個字，最為恰當：「惜其人才，痛其遭遇。」這八個字，也不僅僅是說李陵吧！

第十一節　誰整蠱了誰？巫蠱事件背後的迷霧籠罩

曹雪芹在《紅樓夢》裡杜撰了一段趙姨娘買通女巫馬道婆剪紙人、做木偶陷害鳳姐與寶玉的情節。這種勾當，古人叫做「巫蠱」。巫蠱之事，並非完全的憑空想像。漢代，心懷怨恨而不得伸展的人用木、土或紙做成仇家偶像，暗藏於某處，每日詛咒之，或用箭射之，用針炙之，認為如此可使仇人得病身亡。漢武帝晚年，因為巫蠱事件而掀起的一場血雨腥風，可謂空前絕後，包括丞相、皇后、太子在內的數萬人先後受到牽連，無辜遇害者不計其數。這其中的玄機，令人嘆息。

疑點之一：江充果真在東宮中挖掘出了桐木人和寫有咒語的帛書，這些東西，究竟是真的太子所為，還是江充設局陷害？

疑點之二：究竟是何方神聖掀起了這場連環大案？居心何在？是利慾薰心的江充，是失去寵愛的太子，還是態度曖昧的皇帝本人？

第五章　漢室沉浮：寫實漢武與盛世背後

疑點之三：衛子夫和兒子劉據在失寵的情況，有沒有可能真的對皇帝劉徹施行巫蠱術，達到讓皇帝早死，太子順利即位的目的？

疑點之四：漢武帝的曖昧態度，讓人生疑，尤其在整個事件過程中，劉徹所採信的，是江充和丞相劉屈氂以及內侍這些人對皇后及太子的指控，卻始終沒有與皇后及太子對話。當內侍告訴他兒子造反時，他的反應是立刻相信並果斷地命令丞相劉屈氂下殺手。

那麼，漢武帝是不是存心派江充激起太子而害之呢？

一、征和元年連環大案

漢武帝征和元年（西元前92年），大漢朝接連發生了幾件大事。

第一件大事是太僕公孫敬聲貪汙案。公孫敬聲是當朝丞相公孫賀的兒子，這個人沒有特別的才能，憑的就是人脈強大，父親是丞相，姨媽是皇后衛子夫（公孫賀娶了皇后的姐姐）。但這次他被告發挪用貪汙京師衛戍部隊（北軍）軍費1,900萬錢，這個罪名可就嚴重了，連相爺父親和皇后姨媽也有些擋不住。

第二件大事是朝廷通緝多年但一直未能逮捕歸案的朱安世終於落網。當朝丞相公孫賀為了幫兒子贖罪，親自部署了這次嚴打行動，終於皇天不負苦心人，將朱世安抓獲歸案。

第三件大事是朱安世在監獄中檢舉揭發太僕公孫敬聲與武帝女兒陽石公主（皇后衛子夫所生）私通，且在皇帝專用御道上埋藏木人以詛咒皇上等等一系列罪行。

這可就駭人聽聞了！此案涉及皇帝、皇后、公主、丞相、太僕等人，關係重大，司法部門不甘怠慢，經過一番刑訊拷問，宣判公孫敬聲罪名成立。結果，不但公孫部長掉了腦袋，父親丞相公孫賀也免職處死，更牽連

第十一節　誰整蠱了誰？巫蠱事件背後的迷霧籠罩

到皇后衛子夫所生陽石公主、大將軍衛青的兒子衛伉等，一併送命。

但事情還沒有完，皇帝老覺得有人在背後整蠱他，弄得心神不寧、飲食難安，於是任命江充擔任京師治安長官，負責調查京師外至民間、內至宮廷的巫蠱事件。

江充何許人也？江充是邯鄲人，身材魁梧，相貌堂堂，曾經做過漢武帝為懲治地方奸猾、辦理大案而設立的繡衣直指御史，他的主要工作成績，是很嚴格地執行了皇帝專用馳道的管理和處罰條例。

馳道，是專供皇帝馳行的道路。據載，「道廣五十步，三丈而樹。厚築其外，隱以金椎，樹以青松。」是一條寬闊的林蔭大道，的確令人神往。但是國家律令規定，臣民不得騎乘車馬行駛道中，如經皇帝特許，也只能行駛馳道兩旁。儘管法律如此苛刻，由於這樣好的路面誘惑力太大，一些貴戚往往還要「犯禁」。

江充嚴格地執行馳道罰例，無論哪個皇親國戚，只要違規，一律重重罰款。就連皇帝的姑媽、皇帝的兒子（包括太子）在內的貴人都不能避免。

江充搞來的罰款，自己回扣了一部分，大部分上繳給了皇帝，當作北軍的軍費，達數千萬錢之巨。因此，皇帝對此人格外賞識，把調查巫蠱這個艱鉅而光榮的任務交給他去辦，劉徹是放心的。

時為征和二年（西元前91年），皇帝在他的花園別墅──甘泉宮養病，當時的皇后是衛子夫，太子是皇后生的兒子劉據，丞相是中山靖王之子劉屈氂（大家應該知道劉備自稱中山靖王之後，如果劉備不是冒充，他和劉屈氂應該是同一個家族）。

這個時候，皇后宮失寵已經很久了。在衛子夫之後，皇帝最寵愛的妃子是李夫人和趙鉤弋夫人，這兩位夫人都生了兒子，其中趙鉤弋夫人和他

第五章　漢室沉浮：寫實漢武與盛世背後

所生兒子劉弗陵最得皇帝的歡心。

大將軍衛青已經去世多年，現任將軍李廣利是李夫人的哥哥，曾經領兵西征西域大宛國。他和丞相是中山靖王之子劉屈氂是親家兼死黨。

另外，京師一直流傳這樣的風言風語，說皇帝有意改立劉弗陵為太子。

一場血雨腥風，即將席捲京城。

二、太子造反？

征和二年（西元前91年），7月，甘泉宮。

漢武帝到甘泉宮以後，皇帝對於皇后、太子派來請安的人，一概不見。他只聽江充的，而江充又向皇帝報告些什麼呢？「在宮廷中已經發現了巫蠱的線索，只要深查下去，必有收穫。」

於是皇帝批准江充全權領導後宮搜查，無論皇后、太子，不得阻撓。而江充進一步搜查的結果是在一些失寵的妃嬪住所發現了巫蠱的跡象。他在報告末尾說：後幾日他將搜查皇后、太子居所⋯⋯

再後幾日，皇帝沒有接到江充的任何報告。

同一時間，在太子東宮那邊，江充親自帶領胡巫入宮搜查，從失寵的妃嬪住所逐漸搜查到皇后、太子宮，到處挖掘。

「再挖下去，太子宮連塊放家具的完整地方都沒有了！」

「快了，快了，快有結果了！」

某日，太子劉據終於得到消息，江充果真在東宮中挖掘出了桐木人和寫有咒語的帛書，他得意洋洋地宣告：「在太子宮發現的木人特別多，又有帛書，寫得都是些大逆不道的話，我當奏聞聖上。」

太子劉據害怕了，找來老師石德商量對策。石老師問他：「宮中的

第十一節　誰整蠱了誰？巫蠱事件背後的迷霧籠罩

木人，究竟是太子放的，還是江充陷害，太子你能到皇上面前辯解清楚嗎？」

太子搖頭。石老師又問他：「歷史課上扶蘇那段，太子還記得麼？」

秦始皇三十七年（前210）冬，嬴政巡行天下，行至沙丘時不幸病逝。秦始皇臨終以前，曾為璽書召令扶蘇至咸陽主持喪事並繼承帝位。但趙高和李斯等人竄改始皇帝的遺詔，立胡亥為太子，即皇帝位。同時另書賜蒙恬和扶蘇死。胡亥的使者奉書到上郡，扶蘇看了詔書，自殺。

太子劉據想起這一段歷史，不禁毛骨悚然。

幾日後，太子發出一份通告，說江充謀反，當斬首。隨即，百官得到了江充被殺的消息。

江充被殺的消息很快傳到甘泉宮。消息是逃脫的江充黨羽帶來的，他們的說法是太子謀反。皇帝愣了一會，說：「太子是害怕了，又痛恨江充，才做下此等傻事。」

皇帝派身邊的內侍去宮中召喚太子來甘泉宮見他。長樂宮那邊已經殺紅了眼，內侍哪敢去，出去蹓躂了一圈，回來報告皇帝說：「啟奏陛下，太子真造反了！他還要殺我，我只好逃回來了！。」

皇帝這下真的相信了，於是龍顏大怒，召見丞相劉屈氂，命他捕殺太子。於是京城那邊，百官得到了丞相劉屈氂的文書，說太子謀反，他奉詔逮捕。

然而宮中（此時皇后和太子在宮中）又發出通告說：「皇帝在甘泉宮病重，丞相劉屈氂乘機造反！」

接下來幾天，長安百姓便發現監獄裡的囚徒都被釋放，拿起了武器，宮中的一些衛兵也出來了。一場廝殺在長樂宮西邊展開，一邊是太子，帶領衛兵和囚徒，另一邊是丞相，帶領附近的駐軍。這邊喊：「丞相不忠，

第五章　漢室沉浮：寫實漢武與盛世背後

領兵造反！」那邊嚷：「太子不孝，聚眾作亂！」

衛戍部隊（北軍）負責人任安是衛青舊部，在這關鍵時刻卻明哲保身，既沒有幫太子，也不幫丞相，隔岸觀火，一副事不關己的德性。

直打了五天，屍體堆積，血流入溝。最後，皇帝徵發部隊增援丞相，老百姓也看出苗頭，出來幫助丞相，太子這邊支持不住，潰散逃跑。

太子逃到城門邊，在城門上值班的司直田仁放了他一條生路，丞相劉屈氂趕來，要殺田仁，被御史大夫暴勝之攔住。

兵亂平息，皇帝開始秋後算帳，首先廢了皇后，逼迫皇后衛子夫自殺。再將支持或同情太子的官、兵、民，斬首的斬首，流放的流放。放走太子的司直田仁、阻止丞相殺田仁的御史大夫暴勝之以及明哲保身的任安都沒保住性命。

太子的結局如何呢？他逃到湖縣（今河南靈寶縣西北），被一戶賣鞋餬口的窮人家收留，不久被官府發現。八月，自知無法脫身的太子自縊身亡。

到這裡，發端於漢武帝征和元年，結束於漢武帝征和二年，歷時 2 年的連環大案拉下帷幕，在這過程中，當朝皇后、太子、公主、丞相、御史大夫，或被誅殺，或被迫自殺，受牽連的官員、軍人、百姓死者更是不計其數。

那麼，究竟是何方神聖掀起了這場連環大案？居心何在？是利慾薰心的江充？是失去寵愛的太子？還是態度曖昧的皇帝本人？

疑雲重重……

三、誰是巫蠱事件背後的黑手？

要破解這個迷團，先要理清大漢朝後宮的一些情況。

先說說那位號稱「傾國傾城」的李夫人。

某日，在一次宮廷宴會上，漢朝著名音樂家、宮廷樂師李延年為皇帝劉徹獻上一首新歌，他的歌是這樣唱的：「北方有佳人，絕世而獨立。一顧傾人城，再顧傾人國。寧不知傾城與傾國，佳人難再得！」

皇帝劉徹聽得陶醉，不禁嘆息說：「唱得真好啊，可是這世界上哪有你所唱的那種佳人啊？」

一旁的平陽公主回答說：「哥哥有所不知，李延年的妹妹，就是歌中傾國傾城的絕世佳人。」

劉徹立刻流露出好色的嘴臉，問李延年：「公主說的可是真的？」

李延年的妹妹後來應召入宮，劉徹一看，果然傾國傾城。由此李延年的妹妹寵冠後宮，號為李夫人。

李夫人生下一子，封為昌邑王。

第二位是人稱「拳夫人」的趙鉤弋，她是漢武帝晚期最寵愛的妃子。

這個趙鉤弋的出現頗為離奇。當時武帝巡行民間，忽然有一個術士聲稱此地有祥雲瑞藹，顯示必有奇女生長於斯。劉徹這個色鬼聽後立即下令有關部門尋訪，結果找到了一個漂亮的小姑娘。而且這個小姑娘雖然相貌美麗，卻從小患病，雙手緊握成拳，誰也沒法讓她伸展。劉徹覺得好奇，親自去嘗試為她掰拳。結果奇蹟發生，姑娘的手打開了，更奇怪的是在右手心裡還緊緊地握著一個小小的玉鉤。

這個姑娘姓趙，因為這個離奇的故事，稱為拳夫人，又叫鉤弋夫人。其實這個離奇的故事其實並不簡單，足以證明趙鉤弋的背後有一個小團體

第五章　漢室沉浮：寫實漢武與盛世背後

為她策劃，這些策劃人員很巧妙地抓住皇帝迷信、好奇又自大的心理，出奇制勝，給皇帝一種印象：「這個女人的手是為我而打開的！她是上天賜給朕的。」劉徹大概會這麼想吧！

趙鉤弋的奇蹟在繼續，她的兒子劉弗陵足足在母親腹中穩待了14個月方才降世。現代醫學認為，正常孕期為28到42週，超過42週生產的為晚產。14個月差不多要60週，確實晚得有點離奇。但從劉徹的反應來說，卻特別地高興。「我只聽說過堯帝是母親懷胎十四個月降生的，沒想到如今鉤弋夫人也為我生了一個懷胎十四月的兒子。」

以趙鉤弋的背後策畫的出奇制勝風格來看，這可能又是一次策畫，透過收買醫官在日期上做手腳，目的是製造15月神話，同樣也是給皇帝一種深刻印象：「這個孩子不簡單，難道是上天賜給朕的接班人！」從史書記載來看，劉徹確實有這種想法，他經常說：「這個孩子像我！」，對劉弗陵也特別關愛。

李夫人和鉤弋夫人先後得寵，而皇后衛子夫只好靠邊站了。正如當初衛子夫得寵，而皇后阿嬌只好靠邊站。但衛子夫比阿嬌強，至少到連環大案發生之前，衛子夫還是皇后，她生的兒子劉據還是太子，雖然得不到皇帝的歡心，但日子還過得去。

有三件事使衛子夫和劉據的處境惡化。第一件：霍去病和衛青兩人相繼去世，使衛子夫和劉據失去強而有力的保護人。第二件：衛子夫的姐夫丞相公孫賀在征和元年的巫蠱案中受牽連，被殺。同時遇害的還有衛子夫的一個女兒。第三件：與劉據關係不佳的江充得到皇帝信任，掌握了查處巫蠱事件的大權。

那麼，衛子夫和兒子劉據在失寵的情況，有沒有可能真的對皇帝劉徹施行巫蠱術，達到讓皇帝早死，太子順利即位的目的？

我的判斷是可能性很低。為什麼這麼說？因為這裡有個前車之鑑。前

第十一節　誰整蠱了誰？巫蠱事件背後的迷霧籠罩

任皇后阿嬌就是因為巫蠱事發而直接導致被廢的，衛子夫不可能不知道這件事情的敏感性。況且，皇帝對巫蠱一直採取嚴打措施，皇后和太子不可能蠢到頂風作案，自投死路。

那麼，會不會是江充自行在宮中埋下木人，陷害皇后和太子？

班固在《漢書》裡這樣寫道：「江充派胡巫挖掘地面，發現木偶人，就把嫌疑人逮捕下獄，嚴刑拷打，嫌疑人忍受不了酷刑，互相胡亂揭發，被冤枉的有好幾萬人。」巫蠱事件，本來就是捕風捉影，說不清楚的事情。老百姓被江充冤枉，無處可訴。太子被江充冤枉，也同樣無處可訴，只好反戈一擊，掙扎個魚死網破。就連皇帝劉徹，在事情過去後也相信是江充陷害太子，因此下令處死江充的家族。

問題是，皇帝劉徹在整個事件中的曖昧態度太可疑了。

首先，授權江充搜查宮廷的，正是皇帝劉徹。而江充將搜查重心鎖定搜查到皇后、太子住所時，皇帝完全沒有異議，甚至頗有些樂觀其成的味道。

其次，當太子殺死江充的消息傳到甘泉時，劉徹說：「太子是害怕了，又痛恨江充，才做下此等傻事。」可見他完全知道江充是如何逼迫太子，對於太子痛恨江充也有所預料。

最後，在整個事件過程中，皇帝劉徹所採信的，是江充和丞相劉屈氂以及內侍這些人對皇后及太子的指控，卻始終沒有與皇后及太子對話。當內侍告訴他兒子造反時，他的反應是立刻相信並果斷地命令丞相劉屈氂下殺手，對於私放太子的司直田仁，劉徹也毫不留情，即便在事後搜捕逃亡民間的太子劉據時，也沒有要地方官員活捉回來問話的明確表示，以至於太子死後，連太子的兩個兒子（劉徹的孫子）也一起遇難。如果說太子是自殺，這兩個孫子可確確實實死於祖父派來的人之毒手，而且連收留太子的那戶善良人家也在格鬥中遇害。

第五章　漢室沉浮：寫實漢武與盛世背後

這不得不叫人懷疑，皇帝劉徹是不是存心派江充激起太子而害之了。

至少，我們可以確認兩點：首先，江充揣測皇帝有廢立的意思，所以急於立功，為皇帝掃除障礙，陷害太子。而漢武帝對江充陷害太子的行為的態度是支持和縱容。其次，在激起事變後，直到太子遇害，漢武帝並沒有保留親生兒子性命的任何表示，更無實際行動。

那麼，如果太子不殺江充，是不是就可以躲過這一劫難呢？答案是否定的，因為江充若不死，必將把挖掘到的木人報告皇帝劉徹，皇帝更加可以用巫蠱之罪，廢除皇后和太子。

那麼劉徹廢除皇后和太子的用意何在呢？無非是要另立太子。

這一點，丞相劉屈氂領會對了一半，劉屈氂以為廢劉據是要立李夫人所生昌邑王。（劉屈氂和李夫人的哥哥李廣利是親家兼死黨。）

但劉徹的真正意圖是要立劉弗陵。所以在劉據死後，丞相劉屈氂和將軍李廣利又成了障礙。於是一年後，劉徹再殺丞相劉屈氂，而李廣利也在這一年投降了匈奴。

劉徹立劉弗陵的最後障礙是誰呢？人們想不到的是，劉徹這次把矛頭指向了劉弗陵的生母——鉤弋夫人。劉徹先是抓住 25 歲的鉤弋夫人一個很小的過失，大發雷庭，厲聲斥責，鉤弋夫人連忙道歉，劉徹根本不理，下令立刻關押宮廷監獄。鉤弋夫人回頭望他，劉徹說：「快滾，你活不成了！」

鉤弋夫人不久就死了。劉徹逼死鉤弋夫人的理由是害怕她干涉朝政，這件事居然還得到了後世一些馬屁精的稱讚。其實這完全沒有必要。一是鉤弋夫人干涉朝政未必就是壞事，漢朝初年呂后把國家治理得就不差，武帝初期，竇太后控制朝政，主張黃老政治，是漢朝黃金時代的尾聲之作，因此，女主干涉朝政未必就是壞事。二是殺了鉤弋夫人，小皇帝還是要依

第十一節　誰整蠱了誰？巫蠱事件背後的迷霧籠罩

靠別人治理國家，母親不在，只好依靠外戚，外戚再不可靠，就只有宦官了，從此掀開了漢朝外戚、宦官輪流干政的時代，可謂流弊無窮。

在這場宮廷博弈中，阿嬌、衛子夫、鉤弋夫人其實都不是真正的勝利者，對於皇帝的真面目認知最深刻的，恐怕要數文章開頭提到的李夫人。李夫人在病重的時候，皇帝來看望她，李夫人蒙著被子不讓他看自己的容顏，皇帝說：「再讓我看你一眼，我會幫你兄弟加官進爵。」

李夫人拒絕，說：「加官進爵憑皇帝做主，與看不看臣妾的容顏無關。」

皇帝只能失望而去。

事後，有人問李夫人不讓皇帝看她容顏的原因，李夫人說：「皇上之所以喜歡我，不過是因為我的美貌。現在我生了病，容顏憔悴，皇帝看了，難道還會愛我嗎？」

李夫人直到去世，也沒讓皇帝看她的病容，這反而讓劉徹對這位妃子，最念念不捨，永生難忘。為了表達對李夫人的思念之情，劉徹寫了〈落葉哀蟬曲〉，歌詞曰：「羅袂兮無聲，玉墀兮塵生。虛房冷而寂寞，落葉依於重扃。望彼美之女兮，安得感余心之未寧？」可見蒙面而逝的李夫人給漢武帝留下了何等深刻之印象！

其實掌握至高無上權力的皇帝劉徹，怎麼會對妃子有真愛，不過是好色罷了。李夫人的見解，真可以說是一針見血了！

《漢武故事》記載說，漢武帝修建了明光宮，從燕趙地方選取了兩千美女住在裡面。這些美女的年齡，都在十五歲到二十歲之間，如果到了四十歲還沒有得到皇帝寵幸，就允許他們出嫁。漢武帝的後宮佳麗究竟有多少呢？《漢武故事》記載說，加上其他諸宮的美人，怎麼也有七八千。

這麼多宮女，得到皇帝寵愛的又有幾何呢？《漢武故事》也說了，「與上同輦者十六人，員數恆使滿；皆自然美麗，不假粉白黛黑。」更誇張的

說法是,「漢武帝可以三天不吃飯,但不可以一會沒有美女相伴!」

這麼多後宮佳麗,漢武帝還經常出去尋花問柳,譬如說到他姐姐平陽公主家裡去,看看那些歌女舞姬,後來成為皇后的衛子夫就是其中之一。據《太平廣記》的記載,漢武帝還曾經微服私訪,在一戶人家與主人的婢女眉來眼去,勾搭上了,結果被主人發覺,差點要了漢武帝的小命!

漢武帝如此風流,怎麼可能指望他如唐明皇般專情?從陳阿嬌、衛子夫到李夫人、鉤弋夫人,漢武帝的情愛如朝露而已。

不過對於每一段感情,漢武帝都很投入的樣子。他曾經寫過一篇〈秋風辭〉說:「陣陣秋風吹過,白雲在空中悠悠漂浮,草木凋零金色的落葉紛紛飄墜,大雁蒼鳴,向南方緩緩飛行。蘭花婀娜多姿啊菊花芬芳飄香,我心中懷念著佳人啊不能忘懷!」

漢武帝寫得很煽情,問題是:他懷念的是哪位佳人呢?

第六章
走出中原：由神話走向地圖

古時有一部圖文並茂的《山海經》，可以說是古典版的世界地理圖冊，書中所描繪的大千世界太過「荒誕離奇」，以至於司馬遷說：「至《禹本紀》、《山海經》所有怪物，余不敢言之也」。但是漢使者的步伐，卻把那些神話中的國度化為現實的地名。

漢朝人是中華民族歷史上少有的冒險者和拓荒者，他們從中原來到亞熱帶與熱帶的南方叢林，一直前進到南海的盡頭，又東進到半島，西去到沙漠。張騫更為中國人打開了西方的門戶，堪稱中國版的「地理大發現」。

司馬路說：「讀史記和漢書，最令人振奮的就是漢人對未知世界那種積極的探索，具有這種探索精神的個人和民族，都是偉大的。而讀後世的王朝史書，看到他們在原地反覆地打轉，略有惋惜。然而最令人沮喪的，是那種開放的心態和進取的精神，一點點地沉淪、乃至湮滅⋯⋯」

第十二節　南越風暴：漢朝之亞洲崛起

西元前2、3世紀之交，東亞大地，楚漢戰爭的硝煙剛剛散去，山河殘破，經濟蕭條，百姓流離失所，面對如此的形勢，漢朝當局審時度勢，在國內實行休養生息的政策，對於周邊地區的從屬國，也採取了比較寬鬆的羈縻政策。

第六章　走出中原：由神話走向地圖

漢朝初年的國家組織結構，分為三個層次：第一個層次是實行郡縣制，直接統治的地區。第二個層次是實行分封制，間接統治的地區。如吳、楚、長沙國等。第二個層次是屬國，如南越國、朝鮮國。

疑點之一：越國滅亡後，勾踐的後裔之中，有一支逃亡到浙江南部甌江流域，建立了「東甌國」。這個僻處浙江南部的袖珍小國，為什麼會在漢武帝時代從史冊上神祕消失？

疑點之二：年輕的南越王子趙嬰齊來到當時世界上最繁榮的大都市長安，邂逅了一位來自邯鄲的美麗姑娘。若干年後，這位美麗姑娘已經成為南越國的皇太后，她的初戀情人卻以漢朝使者的身分來到嶺南。而南越國的存亡，與這對舊日情侶又有什麼關聯呢？

一、從袖珍小國東甌國說起

這一段往事要從袖珍小國東甌國說起。

眾所周知春秋末年吳越爭霸，越王勾踐忍辱負重，臥薪嘗膽，三千越甲吞併吳國。之後，勾踐把勢力一直擴張到山東沿海，成為一方霸主。當此之時，越國強盛至極，周邊的傳統大國如楚國、齊國，唯恐越國來攻打自己，自守不足，更別提去招惹越國了。

但越之霸業曇花一現，勾踐死後，子孫內訌不斷，到周顯王三十五年（前334年），勾踐的七世孫無強在一次戰鬥中被楚軍擊敗戰死，強盛一時的越國陷入土崩瓦解的境地，部落子孫，四散逃亡。勾踐的後裔之中，有一支逃亡到浙江南部甌江流域，得名「甌越族」。另一支逃亡到浙江南部閩江流域，形成「閩越族」。

秦始皇統一六國後，對百越用兵，「甌越族」和「閩越族」不能倖免，也被征服，秦朝在當地設立閩中郡，實行郡縣行政管理。

第十二節　南越風暴：漢朝之亞洲崛起

秦末地方起義，甌越領袖雒搖與閩越領袖無諸也集結了一支土著兵團，跟隨英布的老丈人吳芮，也參加到反秦的革命大浪潮中。

那麼，楚漢相爭的時候，越人又是站在哪一邊呢？答案是無論甌越領袖雒搖，還是閩越領袖無諸，都堅定地站在劉邦陣營一邊。

原因何在？其實越人對項羽，本來還是有好感的。但是項羽分封諸王的時候，偏偏有意無意地遺漏了雒搖、無諸，這就引起了越人的不滿。相對於項羽的小氣，劉邦是大方的，他在楚漢戰爭結束當年即給了無諸「閩越王」，讓他美滋滋地回福建老家去了。至於雒搖，得了一個侯爵的封號。到漢惠帝三年（西元前 191 年），也封為東海王，都東甌，俗號東甌王。

這樣一來，漢朝在浙江、福建沿海建立了一對越裔雙子附屬國，維持了這一地區的和平，也給了兩支越人自由發展本民族文化的絕好機會。

但是這對越裔雙子卻不能和睦相處，漢景帝前元三年（西元前 154 年），吳王劉濞戰敗後到東甌國避難，東甌王在漢廷密使的遊說之下，欺騙劉濞說：「請大王檢閱部隊，慰勞將士！」劉濞上當，欣然出來慰問，結果被東甌王的弟弟「夷烏將軍」刺殺。

劉濞雖死，他的兒子劉子駒卻逃得性命，去了閩越國，在劉子駒的挑撥之下，閩越出兵攻打東甌國，海灘上一陣廝殺，東甌王壯烈殉國。

閩越人殺死了東甌王，漢朝的援軍也到了，閩越國不敢和宗主國敵對，聞訊撤退。此後，東甌國迫於閩越壓力，「請舉國徙中國，乃悉舉眾來，處江淮之間」，四萬多東甌人移民去了安徽，從此「東甌國」一詞，從歷史上消失。

「東甌國」的消亡，使越裔雙子只剩下閩越國孤獨地存在。而閩越卻越玩越大，居然又去攻打南方的南越國。

南越國又是怎樣的一個國度呢？

第六章　走出中原：由神話走向地圖

二、嶺南大邦：南越國

　　南越國與越裔雙子不同，雖然南越國的下層民眾也是越人，但這個國家的統治者，卻是如假包換的秦人。

　　南越國的開國君主，姓趙名佗，是秦朝恆山郡真定縣（今河北）人。趙佗是秦帝國南征軍團的副將。主將任囂死後，趙佗掌握嶺南大權，他封閉關塞，切斷與中原的聯繫，在嶺南建立了一個獨立王國，是為南越國。

　　所謂「五嶺北來峰在地，九州南盡水浮天」，當時秦朝在嶺南有三個郡，包括現在的兩廣和越南北部區域，按照秦人的計算「南北東西數千里」，的確是別有洞天。趙佗起初所控制的範圍，不過是南海一郡（廣州），經過戰爭、聯姻等手段，軟硬兼施，逐漸吞併了另兩個郡：桂林、象郡，從而統一了嶺南。

　　讀〈桃花源記〉，陶淵明為我們描述「豁然開朗，土地平曠，屋舍儼然，有良田美池桑竹之屬。阡陌交通，雞犬相聞。其中往來種作，男女衣著，悉如外人。黃髮垂髫，並怡然自樂。」的情景，貌似南越國的隔絕自立，遠離硝煙。「避秦時亂，率妻子邑人來此絕境，不復出焉，遂與外人間隔。」更是南越國的寫照。

　　當然，陶淵明無非虛構而已，南越國不可能是桃花源，也不可能與中原長期隔絕。當漢朝的使者陸賈來到嶺南，趙佗便接受了漢朝的冊封，加入漢朝體系，成為漢朝的屬國。

　　呂后時代，南越國與漢帝國的關係發生了短暫的危機，起因是漢朝有關部門打算對南越「禁運」鐵器，中止貿易。這就引起了南越的不滿。南越王趙佗感覺自己很受傷，他決定破罐子破摔，索性斷絕對漢朝的臣屬關係，自己取了個尊號叫「南越武帝」，並且派軍隊騷擾漢朝長沙國的邊界。

第十二節　南越風暴：漢朝之亞洲崛起

呂后當然不能縱容南越這種挑釁，立刻把南越列為「無賴國家」，派出討伐大軍。不過這一次的討伐不太順利，漢朝討伐大軍的指揮官叫「灶」，帶著士兵到了湖南、廣東邊境，就遇上了傳染病流行，很多士兵患病，無法繼續前進，這樣拖延了半年，呂后也死了。結果這次行動就不了了之了。

漢朝討伐的失敗讓趙佗很是得意，他乘機耀武揚威了一圈，又用財物收買閩越以及一些小國，擴大勢力範圍，達到東西萬餘里。

至於中原這邊，漢文帝即位，打算以德服人，一邊安撫趙佗在河北老家的親戚，一邊請老資歷的談判官陸賈復出，訪問南越。陸賈到了番禺（今廣州），話裡有話地問老趙：「聽說你當皇帝了，怎麼不寫封信通知我們啊？」

老趙心虛兼害怕，立刻道歉，解釋說：「誤會誤會，趙某只是聽說朝廷要封鎖南越，心裡懷疑是長沙王作怪，又聽說高后（呂后）挖了趙某的祖墳……」

「哪有這回事，你老趙家的祖墳，朝廷派了專人守護，好的很！但是你自稱『南越武帝』，又是什麼意思？」

老趙哈哈大笑，「那是趙某老糊塗了，弄個皇帝稱號娛樂一下，我聽說兩雄不俱立，兩賢不併世。當今大漢天子英明，那是真的皇帝！我這個……嘻嘻，這就給去了。」

於是廢除帝號，依舊做漢朝的屬國。陸賈完成使命回國，趙佗也依舊做他的南越王。

漢越關係的和平，一直維繫到武帝時代。當時在位的南越國君是趙佗的孫子趙胡。趙胡對漢朝中央很是恭敬，在與閩越國的一次邊境衝突中，他沒有擅自動兵，而是上報朝廷，請求皇帝給他做主，主持公道。漢武帝

第六章　走出中原：由神話走向地圖

很滿意他的表現，特別為南越出兵，教訓了一下不守規矩的閩越人。

為報答朝廷的恩德，趙胡派了他的太子趙嬰齊到長安做人質。年輕的南越王子趙嬰齊來到當時世界上最繁榮的大都市長安，他又有怎樣的遭遇呢？

三、漢朝使者是南越太后的初戀情人

趙嬰齊到了長安，學習漢朝文化，正是情竇初開的少年遇到了一個漂亮的姑娘。這個姑娘是邯鄲人，邯鄲當時是有名的美女盛產地，如當代之成都。秦始皇的母親就是邯鄲歌姬，被秦始皇他爹在呂不韋府上一眼看中。

這個姑娘姓樛。趙嬰齊立刻對樛姑娘展開熱烈追求，但他遇上一個情敵——霸陵人安國少季。（安國這個姓很特別，來自於楚漢鴻溝協定的談判官侯公，侯公後來被劉邦賜封為安國君，所以侯公的後代便以以安國為姓氏，稱安國氏。後人為了省事，簡化為安氏，所以現在已無此姓。請大家記住這個特別的名字：安國少季，因為後文會有此人的精彩表演。）

樛姑娘最初鍾情於安國少季，但當她選擇結婚對象時，她垂青於南越太子趙嬰齊。

樛姑娘與嬰齊結婚以後，很快有了一個愛情結晶——兒子趙興。這時從嶺南傳來了老父趙胡病危的消息，嬰齊上書朝廷，請求回國。漢朝最重視孝道，當然不會在這類事情上為難，批准太子回國。

嬰齊趕到嶺南不久，老父趙胡去世。嬰齊接替王位，冊封樛氏當了皇后，兒子趙興為太子。但似乎嬰齊不是個享福的命，沒幾年就「薨」了，小兒趙興當了王，樛氏成了一國之太后。

卻說漢朝那邊，一直想讓南越王進京，把南越等同於內地諸侯。但是

第十二節　南越風暴：漢朝之亞洲崛起

從老狐狸趙佗到趙胡、嬰齊，都敷衍拖延，不拒絕，但也絕不真的動身進京。

這一年，漢朝又派了使者到南越國來，

請大家看這份漢朝使節團的名單：

團長（正使）：安國少季

談判官：終軍等

隨從武官：魏臣等

大家應該注意到了這個很特別的名字。原來漢朝使節團的團長，恰恰是當年嬰齊的情敵、當今南越太后的初戀情人安國少季。

這就有故事了！

安國少季到了嶺南之後，會晤南越國政要及上流人物，如丞相呂嘉，當然，也進見了太后樛氏。嬰齊死得早，樛太后徐娘未老、風韻猶存，與安國少季一見面，難免勾起往事回憶。既然想起了往事，不免要坐下來聊聊。這一聊，不免又把樛太后和安國少季從前的少男少女的情懷勾將起來。這一勾，樛太后難免要落淚。樛太后這一落淚，安國少季難免就要勸解。安國少季這一勸，難免就有些動情。

人生最難忘的，難道不是這初戀情懷麼？

這世上哪有不透風的牆，況且皇家誹聞，最是讓人津津樂道，要不戴安娜也不會被狗仔隊追到車毀人亡。樛太后和安國少季舊情重燃的情節，很快傳出南越王宮，流傳在廣州城裡城外，當然也傳到了丞相呂嘉的耳朵裡。

現在要說說這丞相呂嘉了，老呂可不是一般人，他是南越國內國王之下第一人，三朝元老，趙胡時代，他就已經入閣拜相，主持南越政府工作，已有二十年光景，整個呂氏家族，擔任朝中重要職位的，多達70餘

第六章　走出中原：由神話走向地圖

人。呂家的兒子娶公主，呂家的女兒嫁王室，這幾乎是不成文的規定。

實在探究起來，呂嘉的威望，比當時的南越王趙興還要高。呂嘉對南越國將來前途的考慮，特別是維持王國半獨立地位的願望，也要比南越王和太后強烈得多。所以，老呂經過深思熟慮，決定以身體不好為理由，拒絕會見漢朝，拖延時間。同時對南越王施加壓力，反對國王進京，做漢朝的諸侯王。

雙方的矛盾，終於在一場宴會上激化。這是一場廣東版的鴻門宴，樛太后害怕老呂叛變，打算借刀殺人，用安國少季的力量殺死老呂，然後帶著兒子南越王趙興去繁榮的大都市長安觀見皇帝。

宴會的主人是南越王趙興，參加宴會的賓客，是漢朝使節團和南越政要，最主要的一位客人，就是呂相爺。酒沒喝幾杯，樛太后就忍不住發難，質問老呂：「大王要進京觀見皇帝，丞相你為何百般阻撓？」

樛太后問的是老呂，眼睛卻看向安國少季，這眼神的意思，是讓他動手殺呂嘉。然而安國少季在關鍵時刻卻猶豫起來，殺南越的丞相，可是一件大事，應該向皇帝請示。而自己的報告送出之後，尚未得到朝廷的批覆。

安國少季的另一個顧慮是南越的軍隊在呂家人控制之下，殺了老呂，軍隊譁變怎麼辦？他這邊在思索，那邊老呂可瞧出點名堂來，氣氛不對啊，這是要做什麼？呂嘉趕緊找個藉口，溜出王宮，也不敢回家，直接奔軍營，到擔任軍職的老弟那裡混了一宿。

這女人發起狠來，可比老爺們厲害。樛太后一看老呂跑了，搶過衛兵手中的鐵矛就要追殺呂嘉。不過太后的追殺行動讓兒子給攔住了。南越王趙興本來就不想殺呂相爺，安國少季也在等待長安的進一步指示，所以除了太后，其實沒有人要對老呂下手。老呂發現自己還是安全的，也取消了反攻王宮的打算。雙方就這樣陷入僵持，直到漢朝中央的指示到來。

第十二節　南越風暴：漢朝之亞洲崛起

四、漢越關係破裂

其實漢武帝接到安國少季的報告之後，很快作出了決斷。漢武帝認為南越的王、太后都想進京，只有丞相呂嘉一個人反對，只是因為派去的使者安國少季太膽小，所以才拖延不能解決。漢武帝的結論是要派強而有力的人到南越去，給他們一點壓力。

漢武帝找來一個叫莊參的大臣，讓他帶兩千人去嶺南。莊參問：「是要攻打南越嗎？」

「不是。」

莊參又問：「是要與南越進行和平談判嗎？」

「也不是。」

莊參一攤雙手，「那我沒法去，如果是和平談判，幾個人就可以了。如果是攻打南越，兩千人根本不夠！」

這時候有個河南人，姓韓名千秋，自告奮勇，願意去嶺南。他說：「一個小小的南越國算什麼？再說有國王、太后支持，一個丞相，能興多大風浪，給我三百個大塊頭壯士，我把呂嘉的首級帶回來向陛下報告！」

漢武帝一聽，這個河南人有點意思，就任命他為這次行動的負責人，會同樛太后的弟弟樛樂帶領兩千步兵，出發前往嶺南。

韓千秋等人走到半道，消息就已經走漏，傳到了老呂的耳朵裡。呂相爺立刻召集南越官員和各界知名人士，宣布太后的罪狀：第一條是淫蕩之罪：與漢朝使者勾搭成奸，淫亂宮廷，給先王戴綠帽子，敗壞南越的良好民風習俗。第二條是賣國之罪：太后利用國王年少，把持朝政，脅迫國王進京，當漢朝的諸侯王，這是賣國之罪。

於是動員軍隊，包圍王宮和漢朝使節團下榻的招待所，將樛太后以及

第六章　走出中原：由神話走向地圖

國王趙興、漢朝使節包括安國少季在內全部殺死。

趙嬰齊有一位南越籍的妃子，生了一個兒子叫趙建德，被老呂抬出來，當了新任南越國王。

這時韓千秋翻越五嶺，已經進入南越國土，老呂有意大開門戶，讓他長驅直入。眼看著走到番禺（今廣州）城北四十里的地方，韓千秋跟樛樂嘀咕，「你姐姐派來接應的人怎麼還沒來啊？」

「怎麼沒來，我們等候多時了。」一時間四面八方出來好些人，烏壓壓地就把韓千秋給圍住了，一場惡鬥，兩千壯漢，全部戰死。

殺死漢朝使節，這是對漢朝中央的正式背叛，到這一步，雖然老呂寫了份請罪報告放在邊關，請求寬恕，但是漢越關係已經難以修復。

漢武帝會有怎樣的反應呢？

在南越國發生的這些事傳到長安，已經是這一年（西元前112年）的春天。漢武帝召開專題國事會議，討論南越局勢。

首先要解決的是韓千秋等人的評估問題。漢武帝認為，韓千秋雖然沒有成功，勇氣可嘉，為了鼓勵這種為國捐軀的精神，特別加封侯爵，韓千秋已經死了，侯爵的待遇就傳給他的兒子韓延年。

接著是對南越政變如何反應。漢武帝決定採取強硬措施，用兵討伐。戰爭的準備工作在秋天基本完成，漢朝討伐大軍分成四路：第一路：指揮官伏波將軍路博德，從長沙國桂陽（今湖南境內），直下湟水；第二路：指揮官樓船將軍楊僕，走豫章郡（今江西境內），直下橫浦；第三路：指揮官歸降漢朝的南越人戈船將軍和下屬將軍，率兵走出零陵（今湖南境內），然後一路直下灘水（今廣西灘江），一路直抵蒼梧（今廣西境內）；第四路：指揮官馳義侯，利用巴蜀的罪人，調動夜郎國的軍隊，直下牂柯江。

以上軍隊,總計十萬人,在番禺會師。另外,閩越國也主動發兵,配合漢朝討伐南越國。

那麼,南越國的對策是什麼呢?

五、樓船將軍先拔頭籌

從記載看,呂嘉的策略是「見招拆招」和「重點防禦」兩手抓。

先說「見招拆招」,老呂派出大量間諜,前往西南地區,先說服了夜郎國按兵不動,接著利用西南夷且蘭部落害怕遠征當炮灰的心理,掀起了一場叛亂。於是漢朝的第四路軍就被拖在了西南戰場,鎮壓叛亂。而第三路的戈船將軍和下屬將軍,兵力不多,又弱,加上本身也是越人,有點三心二意。因此他們走得很慢,在廣西遇到南越的西甌部落後,三天打仗,兩天談判,打打談談,談談打打,總之是糾纏不清、拖延敷衍。

至於閩越國,本來就是混水摸魚。到了廣東揭陽一帶,就打了份報告,說海上風浪太大,無法前進。結果閩越人就不再前進,同時與南越眉來眼去,暗通款曲。

所以真正和南越主力交火的,只有楊僕和路博德兩路。但伏波將軍路博德這一路也很不順利,他的部下都是各地徵調來的勞改犯,斷斷續續地集合,加上訓練,簡直沒辦法上路。

於是只能看樓船將軍楊僕有沒有進展了!

樓船兵團是漢朝的江南水軍,他們坐船從江西南昌溯贛江而上,到了江西、廣東交界,水沒了,一座連綿不斷的山脈,阻擋去路。

這座山脈,叫做五嶺山脈。哪五嶺?大庾嶺、都龐嶺、騎田嶺、萌渚嶺、越城嶺。這五嶺,西起雲南雲嶺,經兩廣和湖南、江西、福建等省邊界而東達於海,連成一線,將南越國與漢朝隔絕兩側。

第六章　走出中原：由神話走向地圖

樓船軍團要過去，就必須放棄船隻，翻山越嶺。問題是沒有了樓船，還叫什麼樓船軍團呢？樓船將軍楊僕的決定是全軍棄舟登岸，徒步翻越大庾嶺。

據清成祖禹的《讀史方輿紀要》記載，大庾嶺在南安府西南二十五里，廣東南雄府北六十里，磅礡高聳。宋代才女朱淑真有〈詠雪〉詩一首，說這大庾嶺：「庾嶺臘梅寒散亂，章臺風柳絮縈迴。」磅礡高聳的大庾嶺，《史記》卻沒有漢越在此地交戰的紀錄，可見南越並未在此地布下重兵阻截，這不能不說是老呂的失策。

樓船軍團翻過山脈，來到一處有水的地方——滇凌兩江的交會處。有水就可以行船，況且這裡江面寬闊。

這裡的林木資源也相當豐富，楊僕伐木造船，再建樓船。樓船有多大？據《史記‧平淮書》記載：樓船「高十餘丈，旗幟加其上，甚壯，」（西漢一丈約等於 2.3 公尺）可以想見，樓船的建造工程相當艱鉅。不過以楊僕的靈活個性看，漢軍也可以造一些輕便小船，未必全造樓船。這樣既節約了時間，也可以組成一支大小船隻配合作戰的艦隊。

船的問題解決了，接下來就是作戰時節的選擇。楊僕選擇了冬季發起攻勢。但是，冬天是河水的枯水期，氣候又比較寒冷，楊僕為什麼選擇冬天進攻呢？其實楊僕的抉擇頗顯精明，因為對於中原人而言，嶺南有點難以適應，一是酷熱，一是瘴氣。而正是冬天，只有冬天，才可以避過嶺南瘴氣，而且相對低溫，不那麼熱。

那麼河水會不會結冰，會不會水面下降，無法行船？答案是不會。當時滇江水源極為豐富，冬季枯水期仍保持一定水深，不礙樓船航行；而且利用冬季北風樓船可順流順風揚帆而下。

總而言之，這是進軍時間的最佳選擇。

楊僕的決策果然收到良好效果，樓船兵團勢如破竹，先是在尋峽水戰中獲勝，然後攻破番禺城北的石門。這兩次戰鬥，不但消滅了南越的水軍，還繳獲了大量船隻和糧食。呂嘉得到漢軍逼近的消息，立刻派出部隊應戰，結果又被士氣高漲的樓船兵團一舉擊潰。

但楊僕並不急於攻城，他停止前進，等待另一支主力伏波兵團的到來。

六、伏波將軍路博德以德服人

伏波兵團終於也趕來會師，說來慚愧，居然只到了一千多人。《史記》給出的理由是：「伏波將軍將罪人，道遠，會期後，與樓船會乃有千餘人。」

不過這時候就管不了這麼些個，楊僕與路博德會師後立刻發起突擊，一直推進到廣州城下。呂嘉登上城頭，一看來的漢軍真不少，知道凶多吉少，但是事已至此，唯有勉強支撐。

當初任囂依山傍水，修築起這番禺城，趙佗和以後歷代南越王，陸續加以擴建、鞏固，所以城池十分牢固。漢軍若是硬攻，未必一舉就能攻克。

但事實上，戰鬥在當天晚上就決出勝負，楊僕在番禺的東南面放火燒城，伏波將軍路博德則在城西北安營紮寨，派使者招降南越人。南越的民居多為草木所建，最怕火燒，火借風勢，轉眼就從城外燒到城裡，番禺軍民亂成一團。

「來投降啊，大漢伏波將軍路博德在此！」

據說南越人久聞伏波將軍路博德的威名，於是紛紛投奔路博德的旗下。到黎明時分，呂嘉一清點人數，好傢伙，一大半守軍出城降漢去了。剩下這點人，別說守一個月，一天都成問題。

第六章　走出中原：由神話走向地圖

呂相爺當機立斷，帶著新王趙建德，乘著天色尚未大亮，逃到碼頭，乘船沿海往西南方向而去。西南百里之外，是呂相爺的老家，在這裡有兩座堅固的城堡，叫做石甕、金斗城。

這邊路博德進了城，一問投降的南越人。原來老呂已經跑了，但是你能跑得了嗎？

追！

路博德在窮追不捨，之前表現卓異的樓船將軍楊僕卻按兵不動。楊僕在做什麼？史書無明確記載，但後來楊僕因此事遭到漢武帝訓斥，有一種觀點認為，他是忙著掠奪財寶，清點戰俘。

路博德以繩索編橋渡過阻隔的河流，一舉攻陷石甕、金斗兩城。呂嘉和趙建德只好逃亡海上，結果雙雙被擒。消息傳出，南越國土崩瓦解，各地守軍，放下武器，不戰而降。

到這個時候，戈船將軍和下屬將軍等幾路軍隊，還在半道上趕路呢。

在追捕呂嘉及其餘黨的過程中，路博德「自合浦徐聞南入海得大洲」，「發現」了海南島。為了安定人心，伏波將軍將一些戰船焚掉，表示平息叛亂後，將不再用兵，百姓可安居樂業。所謂「飲馬儋耳，焚舟瓊山」直到近世，人們仍在儋州、臨高、東方等地掘得過漢代軍隊用的銅釜、銅鉦、銅刁斗之類。據說楊僕的水軍也曾在海南島的西部登陸，消滅了南越軍殘部。

這一場南越風暴，到此拉下序幕，戰後論功行賞，戰功卓越的楊僕被封侯爵，本來就是侯爵的路博德增加了收入。其實說起來，論戰功還是楊僕最多，不過，據說此人生性暴惡，濫殺俘虜，連死埋地下者也挖出來當作斬獲的軍功，以至於南越的士兵都逃到路博德的帳下投降，而不願意到楊僕那裡。因為這個緣故，後人提到平定南越事，也多數讚頌路博德，有意無意地忽略楊僕。司馬遷贊路博德「伏波困窮，智慮愈殖，因禍為

第十二節　南越風暴：漢朝之亞洲崛起

福。」意思是路博德在平南越一戰中，雖不及楊僕的剛銳爭先，但處不利地位中能寬厚待物，冷靜處事，因而智計甚多，最終立功受賞。今天在三亞的天涯海角，矗立一尊銅雕像，據說就是西漢伏波將軍路博德。

七、南方的海洋通往怎樣的世界？

就這樣，由秦將趙佗創立的南越國立國 93 年，終於併入漢朝的直接管轄。從此，包括越南北部在內的廣大嶺南地區，成為中原王朝的領土，直到五代時期越南獨立。

漢武帝在南越故土上設立了九個郡：

兩個郡在廣東，一個是南海郡，郡政府設在番禺，就是今天的廣州，嶺南最繁榮的大城市。一個是合浦郡，郡政府設在徐聞，與海南島隔海相望。

兩個郡在海南，一個是珠崖郡，郡政府設在今瓊山縣，在海南島東北部。據《漢書》記載：「郡在大海岸之邊，出珍珠，故曰珠崖」。自漢代以來，以出產優質海水珍珠而聞名天下。另一個是儋耳郡，《山海經》裡有一個「離耳國」，耳大下垂，且不食五穀，只食海蚌及薯芋的習俗，漢人認為這「離耳國」就在海南島，所以用儋耳命名。據說至二十世紀五十年代初，儋州地區的老婦人們還保留著雙耳穿孔，戴一對形似彎鉤、長約寸許的金銀「耳墜」，應是這種習俗的遺傳。

兩個郡在廣西。最著名的是桂林郡，呵呵，桂林山色甲天下，就不多說了。其次是蒼梧郡，郡治在今廣西梧州，赤壁之戰前夕，劉備和魯肅聊天，說要去投奔蒼梧吳巨，就是這裡。

最後三個郡都在今越南。古人認為，「南方夷人，其足大趾開廣，並足而立，其趾則交」，什麼意思，就是說南方夷人的腳趾頭分得很開，兩腳並立的時候，腳趾會交叉，這真有點《山海經》的味道。三郡中最繁榮

第六章　走出中原：由神話走向地圖

的一個郡因此得名交趾郡，郡政府就設立在今越南首都河內，管轄著今越南北部地區，九真郡和日南郡管轄著越南中部地區，日南郡是當時中國的最南端，到這裡，已經是古人觀念中太陽的南方，房屋門戶都要向北開了。《水經注》也說：「區粟建八尺表，日影度南八寸，自此影以南，在日之南，故以名郡。」

這九個新成立的郡，命運各不相同。海南的兩個郡幾度廢除。漢武帝委任了一個叫孫幸的會稽人來珠崖當太守，他也可能就是珠崖郡第一任太守。但此人任上苛刻百姓，橫徵暴斂，曾因徵「廣幅布」加重當地老百姓的負擔，民不堪役，終於起而暴亂，將他殺死。可以想見，朝延的選官流程中，往往是一些劣等貨色和不得志的人被派遣到偏遠荒陋的地方來主政。

在這「山高皇帝遠」的地方，太守的權力往往又是獨霸一方，儼然一個小國君主。偏偏這地方珍寶奇貨還特別多。為了充實自己的包囊，為了結交京中權貴，以圖日後富貴，這些官員搜刮起來全無顧忌，正如清初顧炎武在他的〈天下郡國利病書〉中論述的：「漢魏以還，守官廣南者，多以貪墨坐激吏民之叛，啟蠻獠之寇，實由此。蓋古今之同患也。」所謂官逼民反，邊境百姓有時無意造反，但是無法忍受貪官汙吏，就只好揭竿而起。如果這時候恰好有野心的地方豪強加以利用，割據與獨立便成為可能。越南的最終脫幅而去，這也是原因之一。

當然好官、清官也不是沒有。漢末三國時期，陸績曾擔任鬱林郡（郡治在今廣西貴港市）太守，鬱林地處廣西，土地廣袤，氣候炎熱，病菌蔓延肆虐，疫痢流行，環境十分艱苦。陸績不為所懼，構築郡城，挖掘水井，改善飲水和生活條件，減輕疫病傳播，得到當地百姓稱頌。他清廉方正，以至於回鄉時兩袖清風，行李單薄，沒有東西壓艙（船輕不勝浪，難以越海），無奈只得載巨石壓船，以助航行。這塊石頭，被後人命名為「廉石」。可見只要選派得人，當地百姓還是樂於接受漢朝之管理。

至於南海、交趾等郡地位優越，發展得很快，商業貿易發達，商人到嶺南市場上收購犀牛角、象牙、玳瑁、珍珠、白銀以及熱帶水果、布匹之類特產，回去往往能以數倍乃至更高的價格出售，因此發家致富的，不計其數。日南郡則成為漢朝南方海關門戶，根據《漢書·地理志》記載，當時漢朝人從日南、徐聞、合浦等地乘船，沿著海岸線航行，5個月可到都元國（今馬來半島），繼續航行4個月，即抵達盧沒國（今泰國），繼續航行二十餘日，到達諶離國，上岸步行十幾天路程，有夫甘都盧國（緬甸）。再從那裡坐船航行約2月餘，就能抵達黃支國。

黃支國，就是印度東海岸最著名的商港波杜克（Podouke）。該港在西元前1世紀後半葉至西元2世紀末成為印度與羅馬海上貿易的中心。據說這個國家民俗與海南差不多，戶口眾多，多異物，所產珍珠大至2吋。漢朝曾派出翻譯，與應募者入海，運載黃金、雜繒前往黃支國，交易明珠、璧、琉璃、奇石和其他珍異物品。

從黃支坐船向南航行，到達已程不國（今斯里蘭卡），漢朝航海的終點，到此為止。把這些地名按地理位置標註出來，然後用鉛筆劃一根線，把它們連接起來，會看到一條源自中國北部灣的連接，向東南亞、西亞各國、各港口延伸。沿著這條路，兩千年前的商船，運載絲綢、陶瓷、珍珠、茶葉出去，運載玳瑁、琉璃、香料返回。這條路，後人將其命名為「海上絲綢之路」。

八、閩越王妄想「吞漢」

漢朝消滅南越國是在元鼎六年（前111年），這時在漢越戰爭中三心二意的閩越國不由得擔心起來，而漢朝方面，樓船將軍楊僕掌握了閩越與南越暗地裡勾結的情報之後，也寫報告給漢武帝，主張一鼓作氣，拿下閩越國。

第六章　走出中原：由神話走向地圖

漢武帝考慮到遠征軍剛打完南越戰爭，軍旅勞頓，不適宜馬上發動另一場戰爭，命令楊僕把部隊駐紮在江西修整待命。

當時的閩越王姓駱，名餘善，打探到漢軍即將對自己動手的消息，立刻作出反應。餘善想，反正你要打我，豁出去，我跟你拚了！於是先下手為強，任命了一個將領叫趨力的做指揮官，軍號嚇死人，叫做「吞漢將軍」，負責軍事行動。

這個「吞漢將軍」來勢洶洶，從福建攻入江西，一口氣拿下三座城池，殺了漢軍三個校尉。餘善大喜，居然打敗了漢朝，那我的運勢豈不是比漢朝皇帝還要旺。於是他刻了個「武帝」璽，做起皇帝來。

這就觸犯了天條，中央立刻派出討伐大軍，攻打閩越。

當時楊僕正在河南老家度假，漢武帝一紙詔書，把他叫了回來。

楊僕進見的時候，漢武帝一臉不高興說：「楊將軍，你自以為功勞很大嗎？」

楊僕連忙賠罪，不敢居功。

漢武帝數落楊僕，說他有六件大罪。

「去年你攻打南越的時候，把投降的人算作俘虜，把死人挖出來斬首，冒充軍功，有沒有這回事？」漢武帝說，「這是第一件。」

漢武帝又列舉了楊僕的其他罪狀。

「第二件，呂嘉逃跑的時候，你沒有立刻追擊，是不是？

第三件，部隊休整期間，你私自回鄉探親，把官印拿出來炫耀，是不是？

第四件，朝廷召喚你回軍營，你拖延日期，結果遲到，是不是？

第五件，朕問你成都的刀多少錢一把，你居然回答說不知道，是不是？

第十二節　南越風暴：漢朝之亞洲崛起

最後一件，當初出兵，你居然不來接受詔書，事後又不作解釋，企圖矇混過關，是也不是？」

楊僕聽說自己有這麼多罪狀，反倒不慌了，因為皇帝如果要殺他，一條就夠了，說這麼多做什麼！

所以楊僕回答皇帝說：「請陛下恩准臣立功贖罪吧！」

漢武帝要的就是這句話，要用的也是這個人，只不過擔心他驕傲自滿，嚇唬嚇唬他罷了。

於是漢帝國再起五路大軍，楊僕從江西武林出發，橫海將軍韓說從浙江餘姚出發，中尉王溫舒從江西梅嶺出發，戈船、下瀨將軍從浙江紹興出發，齊頭並進，消滅閩越。

餘善聽說大兵壓境，也不示弱，在今浦城仙陽鎮設立了敵前指揮部，親自坐鎮。又派了一個將領，號稱徇北將軍到江西作戰。結果這位徇北將軍全軍覆滅，漢軍大舉進攻，進入福建境內。之前亮相的「吞漢將軍」，也銷聲匿跡，估計是讓人給宰了。

餘善作戰不利，逃到今浦城縣北八十里處的山裡面躲起來，但是部下紛紛叛變，餘善又從山裡逃出來，回到福州，這時漢朝橫海將軍的海軍已經登陸，閩越人一合計，全副武裝的大國軍隊來了，這不是可以鬧著玩的，歹勢啦，立刻殺了衰人餘善，歸順漢朝。漢武帝把閩越人也移民到江淮內地，閩越國比他的小兄弟「東甌國」，多存活了 20 多年，終於也宣告滅亡。

不過雖然越裔雙子都滅亡了，但是江南山區，依舊是越人的天下，漢末三國，「山越」還能成為孫吳政權的心腹之患，令孫權苦惱不已。直到諸葛亮的姪子諸葛恪上場，用分割包圍、層層遞進的辦法逼迫山越出山，才逐漸解決了這個問題。

第六章　走出中原：由神話走向地圖

第十三節　半島疑雲：三心二意的衛氏朝鮮

從中原往東北去，過遼東，轉向南，進入朝鮮半島。漢朝在東方的屬國，文明程度最高的，當數朝鮮。

疑點之一：燕人衛滿明明以避難身分來到半島，卻最後成了朝鮮的主人？

疑點之二：衛氏朝鮮明明是漢朝的藩屬國，卻阻攔東方小國和部落歸屬漢朝？朝鮮與漢朝的恩怨糾葛，導致了怎樣的結局？

一、從傳說到歷史的半島傳奇

朝鮮高麗時代有個聰明的和尚一然寫了本書叫《三國遺事》（這裡的三國指新羅、百濟、高句麗）。書上說，天神的兒子桓雄下凡降臨在太白山上的一棵檀香樹附近。

當時有一頭熊和一隻虎住在檀香樹附近的山洞裡，做桓雄的鄰居。熊和虎的理想是變成人類。神被他們的虔誠所感動，送給熊和虎可以成人的神祕禮物。「爾輩食之，不見日光百日，便得人形。」

熊和虎打開包裹一看，是 20 瓣大蒜和一小支靈艾（艾蒿）。熊和虎將蒜和艾吃下，回洞修身養性兼整容。

但外面的世界很精彩，老虎耐不住寂寞，半途而廢。熊卻堅持熬到了三七二十一天，那天早晨照鏡子，這一照不得了，熊已經脫胎換骨，成了窈窕的美女。

熊美女在山裡四處徘徊找男人來匹配，問題是這樣的野蠻女友，有幾個凡間男子能吃得消呢？熊美女又到檀香樹前祈禱：「給我一個夫君吧！」

第十三節　半島疑雲：三心二意的衛氏朝鮮

於是桓雄降臨在樹下……

天神的兒子桓雄與熊美女的愛情結晶稱為檀君王儉，王儉建立的國家，就叫做「檀君朝鮮」。

「檀君朝鮮」傳襲到商末，從中原來了五千名移民，這些移民是殷商的亡國難民，在太師箕子的帶領下，到達平壤一帶。據說「檀君朝鮮」因此謙讓地退隱到半島南部去了。箕子在朝鮮北部定居下來，後來又得到周天子的冊封，國號朝鮮，後人稱為「箕子朝鮮」。

箕子把殷商的文化帶入朝鮮，修建城池，頒布法律，發展農業蠶織，衣冠制度，幾乎和中國一模一樣。因此朝鮮文物，儼然「小中華」。

秦末漢初，朝鮮的王姓箕名準，據說是箕子四十一世孫。

有一天，箕準得到一份報告，說邊境上有一批難民，請求到朝鮮來避難。

這批難民來自燕國，為首的叫衛滿。箕準接見了衛滿。原來，當時的燕王，就是和劉邦一起光屁股玩大的盧綰得罪了漢高祖，流亡匈奴，國內陷入混亂。衛滿是盧綰的部下，但他不願意長期居住草原，所以帶了部屬，來到朝鮮。

箕準注意到報告上說，衛滿的黨羽有千餘人之多，而且隨身攜帶武器，這是一股不可小視的力量。如果能好好引導，為我所用，那就再好不過。相反，如果處理不當，就是威脅朝鮮的禍害。

最後箕準決定收留這些難民，並且給衛滿博士的官位，賜給圭，所謂「圭」，是一件長條形的玉器，上端作三角形，下端正方。中國古代貴族朝聘、祭祀、喪葬時以為禮器。依其大小，以別尊卑。

箕準這是要封衛滿。那麼，箕準把什麼地方封給了衛滿呢？史書上說是西部方圓百里的地方。朝鮮當時與漢朝的邊界，劃在浿水，這浿水就是朝鮮的清川江，在鴨綠江以南，平壤以北的地方。可見衛滿的領地，就在

清川江東岸。

箕準的目的很清楚，就是利用衛滿的力量，來為他守護西部邊境。然而衛滿並非善類，他的野心很大，並不是百里土地可以滿足的。衛滿利用封地為依託，不斷招引漢人流民，發展經濟，積聚自己的政治力量。

西元前194年，漢惠帝元年，漢高祖劉邦剛剛駕崩，漢朝內部局勢動盪，衛滿認為這是一個機會，漢朝中央自顧不暇，不會注意到朝鮮的變更。

於是衛滿寫了份報告給箕準，說漢朝要進攻朝鮮，請求允許自己帶兵進京護駕。這個報告簡直胡說八道，漏洞百出，且不說當時漢朝根本沒有攻打朝鮮的跡象，而且即使是漢朝要攻打朝鮮，箕準也應該讓衛滿在邊境堵截，到京城來做什麼？

但是天真的箕準信以為真，允許衛滿進京。結果衛滿偷襲朝鮮都城王險城（今朝鮮平壤），驅逐箕準，自立為王。箕準戰敗出逃，後來避難到了半島南部的馬韓地區。

至於衛滿，從此就成了朝鮮王，他的這個國家，後人稱之為「衛氏朝鮮」。寓言有農夫與蛇，箕準在衛滿落難的時候收留了他，給他食物、官爵、領地，但是衛滿一旦強盛起來，就立刻向恩人下手，毫不心慈手軟。箕準，農夫也。衛滿，蛇也。

二、衛右渠的小動作沒能矇混過關！

衛滿的判斷相當準確，漢朝此時正值惠帝時期，天下初定，無意干涉朝鮮事務。漢朝的遼東太守經朝廷批准，主動與衛滿接觸，簽訂了三條協議：第一條是衛滿為漢朝藩屬外臣，為漢朝保衛塞外，不使漢朝邊境受到侵犯；第二條是塞外各族首領朝見漢朝天子，以及各國與漢朝通商，不許從中阻擾。第三條是作為回報，漢朝答應給予衛滿以兵力和物資上的支援。

第十三節　半島疑雲：三心二意的衛氏朝鮮

這三條協議對衛滿很有利，憑藉著漢朝藩屬外臣的身分，衛滿便開始不斷地侵凌和征服附近的部落、小國，如真番、臨屯等部落都主動前來歸順，衛氏朝鮮的勢力因此迅速膨脹，領地擴大到方圓數千里。

衛滿的統治，一直到西元前161年，也就是漢文帝時期。死後他的兒子衛蒙做了接班人，衛蒙在位30餘年，正值漢朝文景之治，朝鮮也算安分守己，因此與漢朝平安無事。

到西元前129年，衛滿的孫子衛右渠做了朝鮮王，而漢朝方面，漢武帝已經做了十多年的皇帝，將目視野擴大到帝國的周邊。於是，東北亞局勢開始動盪，

首先是在元朔元年（前128年），朝鮮半島東部的濊君南閭帶著部落屬民二十八萬口到遼東地方，請求加入漢朝體系。漢武帝接受了他們的請求，設立了一個蒼海郡管轄濊部落，可是中間隔著朝鮮，管理困難，堅持了三年終於撤除。

此後，朝鮮半島有不少部落都派人到漢朝，請求加入漢朝主導的藩屬體系。其中有一個辰國，位置在朝鮮南部，與衛滿朝鮮隔著漢江對峙。據說辰國是一個強大的部落聯盟，該部落聯盟的首領寫了封申請書給漢武帝，要求做漢朝的屬國。

辰國去漢朝，有兩條路，一是海路，直接到漢朝的齊、吳，一是陸路，經過朝鮮去漢朝的遼東。辰國選擇了陸路。

結果辰國的送信使者在朝鮮就被攔住了。

讓不讓過？對於朝鮮王衛右渠來說，這是一個困難的抉擇，如果拒絕辰國使者通行，就違背了當初的漢朝協議第二條，可能會招致漢朝的責難。但是如果放行，朝鮮半島上眾多的小國和部落就會以辰國為榜樣，請求直屬於漢朝，那樣以來，衛家的威望可就一落千丈了！

最後，衛右渠作出決定，拒絕辰國使者通行。

第六章　走出中原：由神話走向地圖

衛右渠本以為漢朝正和匈奴交戰，這件事，也許就可以矇混過去。沒想到漢朝的使者很快就來了。

漢武帝派來朝鮮的使者叫涉何。涉何的任務有兩件，一是調查衛右渠阻撓小國使者入朝的事件，一是召諭朝鮮王進京面聖。

結果涉何到了朝鮮以後，衛右渠只是敷衍拖延，含糊不清地糾纏，至於那兩件任務，始終沒有明確的答覆。

最後，朝鮮王派了一個裨王長，將涉何送回漢朝。涉何走在路上，心裡十分窩火，任務沒完成，怎麼回去向皇帝覆命。即將渡過浿水，涉何突然出手，拔出佩劍殺死了隨從護送他的朝鮮裨王長，然後帶這首級回到長安，報告說：「朝鮮不願歸順，我殺了他們的一個將領！」

漢武帝覺得涉何雖然沒有完成任務，也算是有膽量，就提拔他當遼東郡東部民兵團長（都尉），駐紮在漢朝邊界。

衛右渠也火了，我好心派人送你回國，你怎麼把我的人給謀害了！派出小分隊襲擊遼東郡東部，殺害了涉何。

一來二去，漢朝與衛氏朝鮮的關係，完全破裂。

三、漢帝國海陸軍聯合作戰

漢武帝元封二年，秋天，漢武帝召開朝鮮問題會議，決定派出海陸軍聯合作戰，消滅衛氏朝鮮。指揮漢朝東征陸軍的將領，是左將軍荀彘。指揮漢朝東征海軍的將領，是在南越、閩越戰爭中軍功顯赫的樓船將軍楊僕。

荀彘的陸軍，從遼東出發，跨越鴨綠江，直擊浿水。楊僕的海軍，從山東出發，橫跨渤海，在朝鮮登陸。

這一次，同樣是楊僕先趕到戰場，七千名漢朝樓船士在朝鮮列口

第十三節　半島疑雲：三心二意的衛氏朝鮮

（今大同江入海口附近）登陸，而此時，陸軍主力部隊數萬人，還在擺渡過河。

漢朝海陸軍的配合不善給朝鮮良好機會，衛右渠發現樓船將軍的部隊人數很少，立刻發起突擊，結果樓船軍團被打散，楊僕在山裡面花了十幾天功夫，才把人重新集結起來。

而作為主力部隊的陸軍左將軍荀彘，卻在浿水遭到朝鮮軍隊的頑強狙擊，進展緩慢。

這時候漢朝再派出一名外交官衛山到朝鮮談判。經過談判，衛右渠表示順服，並作出三點許諾：(1)遣太子到長安道歉。(2)獻馬五千匹作為賠禮。(3)為漢朝軍隊供應軍糧。

這個協議為雙方所認可，漢、朝兩軍實施停戰。但是在朝鮮太子赴長安途中，又出了岔子！毛病出在朝鮮太子的衛隊。原來朝鮮護送太子的衛隊，多達一萬人，而且全副武裝。當越過漢朝邊境時，衛山便向朝鮮太子提出，前方已是漢朝疆土，太子的安全，將由漢朝方面予以保證，所以朝鮮沒必要去那麼多人，更沒必要攜帶武器。

其實，衛山是擔心朝鮮方面有所圖謀，畢竟這一萬名武裝人員一旦進入漢朝後方，便是潛伏的威脅。但是衛山的提議被朝鮮太子斷然拒絕。太子之所以拒絕，是對漢朝方面的不信任，他擔心衛山和左將軍荀彘有謀害之意圖。結果朝鮮太子掉頭就回了國，把漢朝使節衛山一個人晾在了邊境。於是漢、朝之間的第二份協議，也宣告失敗。

戰事再起，左將軍荀彘終於突破朝鮮軍的浿水防線，推進到朝鮮都城王險城的西北方向。這時楊僕的樓船軍也配合陸軍行動，駐紮在王險城的南門外。兩支漢軍協同包圍王險城，像一隊蟹鉗子一樣，鉗住了朝鮮王國。

但是在下一步行動的部署上，水陸兩軍統帥發生了分歧。左將軍荀彘主張強攻，一鼓作氣，拿下王險城。樓船將軍楊僕則認為王險城易守難攻，主張勸降。

戰場上將帥有不同意見，這很正常。關鍵在於漢武帝出兵時並未指定誰為第一負責人，荀彘和楊僕，誰說了算，沒個說法。因此當分歧出現，便無從決斷。而漢軍水陸兩軍的分歧，恰好被朝鮮方面利用。朝鮮派出使者，與楊僕談判投降條件，卻又拖延時間，不做決斷。楊僕既然與朝鮮和談，就無心強攻。荀彘幾次約同楊僕聯合進攻，都被楊僕拒絕。

打不成就談唄，荀彘派出使者與朝鮮談判。朝鮮拒絕和荀彘談判，他們只和楊僕談。

這樣一來，荀彘心裡有犯嘀咕了。

四、打贏了戰爭，將領們卻身陷囹圄

長安那邊，漢武帝覺得漢、朝戰爭僵持得太久了，又派了個使者來朝鮮。這位使者，姓公孫，名遂，時任濟南太守，也算是一位高官了。

公孫遂一到朝鮮，荀彘便在他面前打小報告：「朝鮮早就該打下來了，之所以拖延到現在，大有曲折！」

「有何曲折？」

「樓船將軍有點不對勁啊！」

「何以見得？」

「荀某幾次約他進兵，他都按兵不動。」

「樓船將軍或許另有奇謀吧？」

「據細作報告，朝鮮人不斷出入樓船軍營，甚為可疑！」

第十三節　半島疑雲：三心二意的衛氏朝鮮

　　公孫遂一聽這話，有些擔心起來。荀彘進一步說：「如果不及時採取行動，恐怕一旦有變，你我都要吃不了兜著走！」

　　荀彘告訴公孫遂，他懷疑楊僕勾結朝鮮，將要對自己下手！公孫遂完全被荀彘說服，立刻以皇帝授予的使節召喚楊僕到營帳議事。楊僕不疑有他，欣然前來。結果一進營帳，就被荀彘的帳下武士擒拿。

　　「這是唱得哪出啊？」楊僕迷糊了。

　　公孫遂告訴楊僕，「懷疑你跟朝鮮勾結，所以沒收你的兵權，帶你回去見聖上處置。」

　　「哪有這回事？」楊僕正要辯解，哪容他說話，已經將樓船將軍押上船隻，隨同公孫遂回國。

　　楊僕一去，荀彘便掌握了全部兵權，號令全軍，四面圍攻王險城。漢軍休息多日，早已養精蓄銳，聽說攻城，各個奮勇向前，殺聲震天。

　　王險城中，朝鮮君臣可就亂了陣腳，朝鮮相路人、相韓陰、尼谿相參、將軍王唊四位重臣祕密商量，認為城池淪陷是遲早的事情，不如早點投降算了。商量的結果，陰、唊、路人三位大臣先去漢營投降，尼谿相參留下勸說朝鮮王投降。

　　重臣出降，朝鮮軍心更加低落，但是右渠和大臣中死硬派領袖成巳堅決反對投降，拖延到夏天，尼谿相參終於失去耐心，發動一場政變，殺了朝鮮王右渠。

　　右渠雖死，大臣中的死硬派領袖成巳繼續反抗，與尼谿相參互相攻擊。但局勢已經不是一個成巳能夠扭轉的，漢軍進城，朝鮮官民紛紛投降，成巳勢單力孤，終於戰死。朝鮮最後一支抵抗力量被消滅，於是立國87年的衛氏朝鮮宣告滅亡。

　　就這樣，一波三折的漢、朝戰爭終於結束，但楊僕和荀彘之間的是是

非非卻還要到漢武帝面前做個了斷。

楊僕究竟有沒有與朝鮮勾結？荀彘、公孫遂剝奪楊僕兵權的行為是否合理合法？

第一個問題很快就調查清楚了，楊僕是清白的。第二個問題也很快得出了結論，儘管這結論未必公道。

公孫遂第一個被殺。消滅朝鮮的左將軍荀彘也下了大牢，最後以「爭功相嫉」的罪名判處死刑，棄市！也就是在集市上斬首。

這個結果，多少有些讓人不服，荀彘雖然有過，畢竟有拿下朝鮮的軍功，但漢武帝毫不留情，一刀給殺了，有失公正，太過冷酷！

樓船將軍楊僕也沒有落到好處，漢武帝指責他登陸以後，不該不等荀彘到來，擅自先發制人，結果損兵折將，按律當斬。

好嘛，兩個將領都要殺。

楊僕略有些積蓄，拿出來贖回一條性命，當然官職、軍銜、爵位全沒了，解甲歸田，回河南老家做老百姓去也！

五、輝煌的樂浪時代

至於朝鮮，從此成為漢朝的領土，漢武帝在當地設立了四個郡，樂浪、臨屯、玄菟和真番，號稱「漢四郡」，四郡的郡、縣兩級長官都由漢朝中央派遣漢人擔任。

四郡之中，臨屯、真番二郡在昭帝年間裁併入樂浪、玄菟二郡。玄菟郡的郡政府，最初設在夫租（今朝鮮咸興），後來因為受貊人的騷擾，遷往今遼寧東部新賓一帶，管轄高句麗、夫餘等族。樂浪郡，治所在朝鮮縣（就是故衛氏朝鮮都城王險城，今平壤）。

第十三節　半島疑雲：三心二意的衛氏朝鮮

　　四郡設立以後，不僅有漢人官吏到朝鮮來任職，更有很多中原的富商大賈與農民前往朝鮮經商、墾荒，傳播漢文化，朝鮮北部經濟迅速發展，文化上也更加中原化。考古工作者曾經在今朝鮮平壤市樂浪區土城南面發掘出，總數達兩千餘座的樂浪墓葬群，大多是漢式的方臺形封土的墳丘墓，墓中內部結構和隨葬品也與中原漢墓極為相似，甚至細微到磚上花紋，都如出一轍。

　　朝鮮的社會風俗也大為改變，班固在《漢書》中記載說，當初箕子在朝鮮推行德治，所以法律簡易，一共只有八條：「相殺以當時償殺；相傷以穀償；相盜者男沒入為其家奴，女子為婢，欲自贖者，人五十萬。」

　　在箕子時代，朝鮮民風純樸，據說達到了傳說中路不拾遺的境界。結果漢人進入朝鮮以後，那些來自遼東的官吏和商人看見朝鮮居民的家裡都門戶打開，手腳便發癢起來，時不時的，做點偷雞摸狗的勾當，結果民風為之大壞。法律條令增加到六十餘條，犯罪現象還是越來越多。

　　班固最後發感嘆說：「東夷天性柔順，異於三方之外。怪不得當初孔夫子哀嘆道義在中原無法推廣，要飄洋過海，到東方九夷去呢！」

　　班固說的情況，很可能是實情。不過法律條令的增多，並不能說明社會風氣的敗壞，箕子時代的朝鮮人煙稀少，經濟活動又不發達，當然沒什麼糾葛，簡單的八條法律，就可以解決爭端。但是到了樂浪時代，朝鮮半島人口繁衍，經濟繁榮，各種糾紛也自然增多，法律也隨之增加，這個變化，再正常合理不過！

　　四郡設立以後，漢朝與半島南部韓部落的交往也暢通無阻，漢文化的影響，透過韓部落的傳播，一直傳遞到海對岸的日本九州地區。史書上說：「樂浪海中有倭人，分為百餘國，以歲時來獻見。」

第六章　走出中原：由神話走向地圖

第十四節　西域冒險：漢朝的地理大發現

漢初，與匈奴的的邊界，基本上就是以長城為界限。長城以內，漢家農田。長城以外，匈奴草原。這樣說，細節上有所差失，但大體上卻不錯。歷來，草原民族與中原農耕人的爭奪，集中在長城一線。但強大如漢朝，為了消除匈奴對中原的威脅，就要以攻代守，走出長城，打到匈奴老家去！

疑點之一：漢朝為了抗衡匈奴，派遣張騫尋找傳說中與匈奴有深仇大恨的大月氏。然而當張騫歷經辛苦，終於找到月氏人，月氏卻拒絕和漢朝結盟，只是為什麼？

疑點之二：漢武帝為了得到夢寐以求的汗血寶馬，不惜發動一場前所未有的遠征。然而，這一場被儒家詬病的西方之戰，漢朝在勝利之後，真的只是得到幾匹馬而已嗎？

一、漢武策略：尋找大月氏

漢武帝建元三年，一批匈奴人投降了漢朝，告訴朝廷一個頗有吸引力的情報：

草原上有一個民族，曾經被匈奴多次欺負，後來背井離鄉，去了西方，他們一直想報仇雪恨，只恨無人援助。

漢武帝一拍大腿，太好了！這不是踏破鐵鞋無覓處，得來全不費功夫嗎？

這個民族就是大月氏。

大月氏，最初叫月氏，他們的老家在甘肅張掖至敦煌一帶，也是游牧

第十四節　西域冒險：漢朝的地理大發現

民族。和東胡一樣，月氏祖上也曾經強盛一時，匈奴的冒頓，年輕時就做過月氏的人質。秦代，月氏還一度擊敗了敦煌附近另一支游牧人烏孫，迫使其遷徙。

從秦朝末年到漢朝初年，匈奴和月氏先後發生三次大規模戰爭，這三次戰爭，最終決定了西部霸主地位的歸屬。

第一次匈月戰爭大約發生在西元前 205 年到前 202 年之間，主戰場就在河西走廊，結果月氏戰敗，被迫稍稍向西遷徙。

西元前 177 年左右，匈奴對月氏發動第二次戰爭，把月氏徹底驅逐出河西走廊。戰後，冒頓單于非常得意，他在西元前 174 年致漢文帝的書信中自我吹噓說：「我罰右賢王，讓他到西方討伐月氏，上天保佑匈奴，我匈奴上下齊心、兵強馬壯，所以消滅月氏，樓蘭、烏孫等周邊小國，紛紛歸順，草原上的游牧民族已經成為一家人，都是匈奴的子民！」

二次戰敗的月氏只能繼續西遷，大部分月氏人到今新疆的準噶爾盆地避難，是為大月氏。小部分翻越祁連山，「保南山羌，號小月氏」。

結果到了老上單于時代，匈奴又追殺到準噶爾，大破月氏，割下月氏王的頭顱作為飲器。大月氏百般無奈，更向西去，終於到了伊犁河流域，得以喘息。

大月氏在伊犁河喘息了沒多久，當年被月氏欺負過的烏孫人來報仇了，已成驚弓之鳥的大月氏又要跑路了。

這一會，大月氏一直移民到阿姆河流域，這阿姆河又在何方？阿姆河又叫烏滸河，是中亞的大河名川，彷彿黃河在華北、長江在華南的地位。阿姆河物產豐富，水裡有鱘魚、鯉魚、鮭魚，岸上有野豬、野貓、野兔和豺狼，大月氏居住在這裡，可算是苦盡甘來。

漢武帝決心派出使者，聯合大月氏，東西夾擊匈奴。

第六章　走出中原：由神話走向地圖

　　結果公告釋出之後，許久沒有人應徵。想來也是，當時中國人所知的天下，無非東到朝鮮，南到南越，北到匈奴，西到隴西。大月氏是個什麼樣的國家？大月氏又在什麼地方？說是在西方，究竟哪裡才是西方？長安已經在中國的西部了，出長安往西，隴西那是帝國的西部疆界。隴西再往西，那是羌人和匈奴右賢王的地界。過了匈奴再往西，那會是怎樣的所在？

　　傳說中只有了不起的周穆王去過西方。《列子‧周穆王》記載說：「穆王不恤國是，不樂臣妾，肆意遠遊，命駕八駿之乘……遂賓於西王母，觴於瑤池之上，西王母為天子謠，王和之，其辭哀焉。」這位享壽 105 歲的周天子坐著豪華皇家座駕「八駿之乘」，馳騁數萬里，一直到達「飛鳥之所解羽」的崑崙之丘，參觀了黃帝的宮殿，又參加了瑤池宴會，和西王母一塊唱歌跳舞！然後帶了許多稀奇的禮物回到中原。

　　但這件事，太過離奇，就連漢朝人也覺得有點不可靠。離開繁榮的中原，深入敵占區，翻越荒山，跋涉草地，遊走沙漠，對於安於鄉土的中原百姓來說，的確不是一個誘人的主意。

　　不過終於還是有人應募了，這令朝廷百官鬆了一口氣，否則皇帝震怒，點名叫某某去，豈不糟糕！

　　應徵的人是一名郎官，姓張名騫。

二、英雄張騫和他那位匈奴籍妻子

　　張騫，字子文，今陝西漢中人。

　　張騫的主動應徵，顯示出難得的冒險勇氣，當時他大約二十六、七歲，所謂初生之犢不畏虎，張騫的身上，有一股年輕人特有的銳氣。

第十四節　西域冒險：漢朝的地理大發現

於是漢武帝任命張騫為使節團的正使，一個歸順的「胡人」、堂邑氏的家奴甘父充當張騫的嚮導和翻譯。使節團成員合計有一百多人。

張騫等人從長安出發，一路西行，出了漢朝邊境，進入匈奴國土。想必生長在中原的張騫初次看到「戈壁沙漠」和「海市蜃樓」，一定驚嘆大自然之神奇。可惜張騫出國沒走多遠，就被匈奴的巡警以偷渡罪名逮捕。看了護照，匈奴有關部門明白這個偷渡客原來是敵國漢朝的外交特使，不敢怠慢，立刻送往單于庭。

當時在位的是軍臣單于（冒頓的孫子）。軍臣單于發現張騫原來要去月氏，調侃他說：「漢朝派你越過匈奴去月氏，好啊，我也派使者越過漢朝去南越（廣東），漢朝的皇帝能批准嗎？」

當然是不讓張騫走。不過，匈奴也沒有殺張騫，而是體貼地為張騫娶了位匈奴姑娘做妻子，打算讓他在匈奴永遠定居。

這一待，就是整整十年。

西元前129年（十年之後），正當匈奴人以為張騫已經習慣了游牧生活而對他放鬆了看管的時候，三十多歲的張騫揮淚告別妻子，逃出了生活了十年的營帳。

張騫的這名匈奴籍妻子，歷史上沒有留下姓名。當初與張騫結婚，自然是單于的指派，她的身分，是貴族少女？窮人家的女兒？女奴隸？難以確定。但既然一起生活了十年，想來也磨合成了一對相依為命的鴛鴦，丈夫來自敵對國漢朝，自然與本國那些匈奴牧羊漢有點不一樣，偶爾也會說起中原的那些事，在這名匈奴女子看來，那可真讓人驚訝和新奇。

張騫的逃跑，共眠一個營帳的老婆不會不知道，這意味著從此天各一方，再也沒有與相逢的機會。張騫的老婆默默地配合了丈夫的逃跑，直到數天後，張騫逃跑的消息才為匈奴官方所知曉。

「這沒良心的男人，許是被哪個浪蹄子野狐狸給勾引走了！」女人如是說。

匈奴人也就相信了。

但是畢竟是女人，即便相隔千古，人心總是一致的。我想起一首歌，或許與她此時的心情有幾分相似：「他們說你會走，我假裝聽不懂，愛情總是逼得我承認自己的脆弱，你說讓彼此好好地過，尋找另一個廣闊天空，但是這一刻祝福的言語，我一句都說不出口！」

史家記載這一段歷史的文字何其寥寥，而對於那些當事人來說，又何其沉重！何其無奈！作者傷之，特為志！

三、大月氏不領情，張騫真命苦！

張騫和堂邑父逃出匈奴，為躲避追殺，一路專揀荒無人煙處行走，好在張騫等人留居匈奴十年，學會了匈奴人的語言，又穿著胡服，不大容易被識破。而堂邑父射箭技巧精良，沿途射殺野獸以充飢，兩人得以活命。

但十年過去了，西域的形勢又發生了變化。月氏人又從伊犁河流域西遷，到阿姆河流域去了。張騫只好折向西南，翻越山脈，終於到了一個叫「大宛」的國家。大宛國王熱烈歡迎張騫的到來，原來國王早就聽說東方有個大國叫漢朝，人口眾多、繁榮富強（誰告訴他們的？），有意結識，和漢朝做生意，苦於路途遙遠，難以溝通。現在張騫突然到來，大宛人喜出望外。

熱情的大宛國王派遣嚮導和翻譯，陪同張騫（張騫應該學會說幾句匈奴話了吧，這翻譯多半是懂匈奴語和中亞語言，漢語是不可能懂的）前往大月氏。大宛的北面是康居國，通過康居，張騫終於找到了已經在阿富汗定居下來的大月氏人。

原來大月氏在阿姆河生活了一段時間以後，逐漸恢復了元氣。不久之前，他們渡過阿姆河，打敗了阿姆河南岸、今阿富汗境內的希臘人移民後裔（這些希臘人移民後裔，是亞歷山大東征的遺留物），奪取了一塊肥沃的土地。

大月氏國王殷勤地招待了張騫一行，安排他們在旅館住下，好吃好喝地伺候著，但是絕口不提結盟的事情。張騫多次提起漢、月結成軍事同盟，打敗匈奴，收復失地的宏偉計畫：「勝利之後，大月氏可以回到河西舊地！」

大月氏國王微笑不語，這位國王，正是被匈奴割下頭顱當飲酒器的月氏王之孫。

匈奴，真是噩夢一場！回去打匈奴，開玩笑吧！

劉禪有句名言：「此間樂，不思蜀！」月氏人也有這個意思：「此間（阿富汗）樂，不思河西！」

結果張騫在大月氏住了一年多，結盟事宜毫無進展。千辛萬苦來到這裡，居然得到這樣的結局，張騫的心情之失落絕望，可想而知！

四、西南路線讓漢武帝怦然心動

更讓張騫沮喪的是，在回國途中，又被匈奴的巡警捉住。其實為避開匈奴，張騫已經選擇了大沙漠的南邊邊緣，循崑崙山北麓的「南道」。沿著祁連山脈，走羌人牧區回國。

但是匈奴人事先得到情報似的，又將張騫捉住。軍臣單于吃驚地說：「怎麼又是你？」他倒不生氣，讓張騫回自己的營帳，跟原來的匈奴老婆，過游牧的匈奴式婚姻生活。

不幸中的萬幸，張騫又和老婆團聚了。

第六章　走出中原：由神話走向地圖

一年以後，匈奴單于去世，左谷蠡王和太子爭奪單于之位，大打出手，匈奴國內一片大亂，張騫和堂邑父商量藉機逃走。

張騫的匈奴老婆領著兩個孩子進營帳說：「你又要拋下我麼？」

張騫一待，不知該說什麼好。

老婆說：「既然長安那麼好，帶我們娘倆一起去吧！」

「好啊！」縱然是百折不撓的張騫，到此時也不由得紅了眼圈。

從武帝建元二年（西元前 139 年）出發時一百多條好漢，至元朔三年（西元前 126 年）歸漢時僅剩下張騫和堂邑父二人，西域的打通，可以說是用冒險者的生命換來。

張騫是中國歷史上少有的探險英雄，貢獻和所冒風險都遠大於後世的鄭和。他為中國發現了一個廣闊的「西域」，幾乎可以與哥倫布發現「新世界」媲美。

張騫回到漢朝後，封爵博望侯，他的領地，就在河南方城，古之博望，演義中說孔明火燒曹軍於「博望坡」，正是此處。

張騫在向漢武帝報告西域情況時，提到了一件讓漢武帝怦然心動的趣聞。原來張騫在希臘人後裔建立的大夏國（當時被大月氏降服）的市場裡，看到了來自漢朝西南地區的邛竹杖和蜀布。

張騫大為好奇，這是中國的特產，怎麼會運輸到這裡來？問大夏商人，這些希臘移民後裔回答說：「是從身毒買來的？」

張騫更好奇了，身毒是個什麼國家？

大夏國人說：「身毒在大夏東南可數千里。其俗土著，大與大夏同，而卑溼暑熱雲。其人民乘象以戰。其國臨大水焉。」

這個身毒，其實就是印度，原文為梵語 Sindhu，經古波斯語一轉，訛為 Hindhu，又經過古希臘語一倒騰，更轉為 Indus。最後中國人再一翻

第十四節　西域冒險：漢朝的地理大發現

譯，成了身毒（讀ㄐㄩㄢ ㄉㄨˊ），到後來，又翻譯成天竺、印度。

張騫想，這個身毒在大夏東南，有中國西南的貨物，可以推測他與中國蜀郡距離不遠。

張騫的這個推斷讓漢武帝很是興奮，從西方去大月氏要經過匈奴，太難了。如果能從南方繞道身毒去西方，豈不有安全又便捷！

於是漢朝派出使節，取道西南夷前進，尋找通往西域的道路。結果西南地區的氐、筰、巂、昆明幾個小國都拒絕放行，道路艱難，治安又差，漢朝的使節，不是被強盜殺害，就是莫名其妙地失蹤在叢林中。

最後到了夜郎國和滇國，算是西南地區文明程度比較高的大國，夜郎國和滇國國君聽說漢朝時節到來，不約而同地發問：「夜郎國（滇國）和漢朝相比，究竟哪一個比較大呢？」

這話真是很雷人。

對於昆明強盜的劫道惡行，漢武帝終於也不能忍受，他聽說雲南有個滇池，認為要和滇人打水仗，於是挖了昆明池訓練水軍，又派了將軍郭昌、衛廣清剿土匪，殺了數萬人，但是大軍一退，土匪又起，這條道還是不通。

不過漢武帝很快就忘記了昆明，因為在漢朝和匈奴的大戰中，漢朝軍隊取得大勝，整個河西走廊，歸屬漢朝統治，漢朝軍隊修築西長城，一直把關口設立到玉門，是為玉門關，從此，漢朝的國土西部邊境，直接與「西域」接壤。

這時，張騫又提出一個外交計畫，引起了漢武帝的注意。張騫的意思，大月氏肯定是沒戲了，但是西域還有一個國家，更適宜做漢朝的盟友，用來牽制匈奴。

這個國家就是烏孫。

五、最親密的盟友：大國烏孫

張騫告訴漢武帝說，烏孫的國王有個專稱，叫昆莫。現任昆莫的父親被匈奴所殺，昆莫當時不過是個嬰孩，被拋棄在荒郊野外，結果烏鴉餵肉給他，母狼給他哺乳，冒頓單于感到奇怪，將他收留，撫養長大之後，把他父親從前的部落交給他管理。冒頓單于死後，這位昆莫率眾遠徙，在西域獨立建國，匈奴不能降服，羈縻而已。

一般認為烏孫是哈薩克族的先民，烏孫初游牧於敦煌一帶，與匈奴、月氏為鄰。在匈月戰爭中，烏孫站在匈奴一邊，結果被月氏一舉擊破，國王難兜靡遇害。（這與張騫的說法有矛盾）

難兜靡的兒子獵驕靡當時不過小小嬰兒，被匈奴冒頓單于撫養成人。獵驕靡長大之後，成為匈奴打擊月氏的幹將。老上單于時代，獵驕靡聯合匈奴，進攻已經遷往伊犁河流域的大月氏，大破月氏。

此役以後，烏孫遷徙到伊犁河流域發展，把敦煌一帶讓給了匈奴右賢王。

因此，當張騫來到烏孫，提議兩國結盟，共同對付匈奴的時候，烏孫昆莫獵驕靡頗為猶豫，匈奴單于對烏孫有恩，自己能夠復國完全有賴於匈奴的幫助，所以從這一點來說，烏孫不應該背叛匈奴。但是顯然烏孫也不願永遠蜷伏於匈奴肘腋之下，做匈奴的小兄弟兼打手。況且國家之間，沒有永遠的敵人，也沒有永遠的朋友。

烏孫昆莫獵驕靡考慮再三，雖然還是謝絕了漢朝的美意，卻很想了解一下，漢朝究竟是怎樣一個國家？所以烏孫派出使節團，跟隨張騫回訪長安。結果這一次訪問中國，烏孫對漢朝的印象大為改觀。烏孫使者回國後，盛讚漢朝的廣大和富庶。

於是到了西元前 110 年左右，烏孫主動提出，與漢朝和親。漢武帝欣

第十四節　西域冒險：漢朝的地理大發現

然同意，選了江都王劉建的女兒細君公主，下嫁昆莫獵驕靡。漢武帝贈送的嫁妝極為豐厚，除了賜乘輿及御物之外，特置屬官、宦官和侍御數百人隨公主出嫁，可見他對這次聯姻非常重視。

漢烏聯姻的消息傳到匈奴，草原帝國大為震動，單于立刻作出反應，也將女兒嫁給昆莫獵驕靡。獵驕靡當然不敢拒絕，於是立細君公主為右夫人，匈奴女為左夫人。

獵驕靡的豔福不淺，想來有人羨慕至極，但是實際上昆莫卻並無此福氣享受。年老體衰的獵驕靡，與漢匈兩位公主，都只是名義上的夫妻而已。特別是漢朝的細君公主，身處異域，語言不通，自製宮室獨居，生活異常愁苦。她曾作歌唱道：「我家把我嫁給遠方的烏孫國王，住在帳篷裡啊吃著羊肉喝著牛奶。我思念故土啊內心悲傷，情願化作黃鵠鳥回歸故鄉！」苦悶思鄉之情，溢於言表。

漢武帝知道後，對細君甚表同情，因此每隔一年，就派使者攜帶帷帳、錦繡等物，到烏孫表示慰問。聯姻既然是政治的產物，所追求的是國家的利益，那麼個人的幸福，往往在這樣冠冕堂皇的理由下被犧牲。細君的苦楚，不是一個個案，古今中外，有無數個細君，在無法掌握自己明天的情況下，被送上政治的祭壇，充當一個政治符號。

細君算是幸運的，因為烏孫昆莫自己也覺得年齡差距太大，自己力不從心，所以想出了一個兩全其美的主意。什麼主意呢？昆莫的主意是請細君改嫁給他的孫子岑娶。這是一個兩全其美的主意，既維護了漢烏聯姻的政治利益，又照顧到些許細君的個人幸福。

但是細君有些不好意思，所以上書請漢武帝為她做主。漢武帝回信說：「這樣很好啊，就根據當地的風俗習慣辦吧！」於是這位漢家公主就又改嫁給年輕的岑娶。後來岑娶即位為昆莫。細君為他生育了一個女兒，取名少夫。

六、大宛人殺了漢朝買馬使者

烏孫向漢朝求親的時候，送了幾匹西域好馬給漢武帝。漢武帝很喜歡這馬，冊封牠們為「天馬」。

但是西域最好的馬卻不是烏孫馬，而是大宛國的汗血馬。什麼是汗血馬呢？漢朝的使節告訴皇帝，「汗血寶馬」不但能日行千里，在高速疾跑後，肩膀位置慢慢鼓起，並流出像鮮血的汗水。現代一般認為，「汗血寶馬」就是土庫曼的阿哈爾捷金馬，此馬頭細頸高，四肢修長，皮薄毛細，步伐輕盈，力量大、速度快、耐力強。目前，汗血寶馬的最快速度紀錄為 84 天跑完 4,300 公里。德、俄、英等國的名馬大都有阿哈爾捷金馬的血統。亞歷山大·馬其頓、成吉思汗等許多帝王都曾以這種馬為坐騎。

當時有個河南人名叫暴利長，不知道犯了什麼罪，被充軍發配到敦煌屯田、牧馬。暴利長放牧的場所附近有個湖，叫渥窪池，常有許多野馬到這裡來喝水。某日放牧時，暴利長意外地在野馬群中發現了一匹與眾不同的駿馬。這匹馬體態高大，骨骼不凡，棗紅毛色，跑起來像一團烈火。

暴利長立刻意識到，這是一匹罕見的寶馬！

於是老暴想了很多辦法來捕捉這匹馬，但是好馬畢竟是好馬，聰明得很，一般的常規辦法根本拿不住牠。老暴苦思冥想，終得一計。他在渥窪池邊，塑了一個和他相仿的人偶，穿上他的衣服，一手握套繩，一手持勒嚼。馬兒們起初發現人偶，都驚恐地離開，結果發現不過是紋絲不動的塑像，慢慢習以為常，失去戒備。

許多時日以後，老暴開始行動，換掉人偶，親自上陣。當太陽落山時，野馬群又來飲水。他趁寶馬在面前打滾之時，閃電般地出手，為牠套上了籠頭、勒嚼。

大功告成，獻給朝廷！

第十四節　西域冒險：漢朝的地理大發現

老暴在報告中說：「這馬是從渥窪池水中飛出來的，是上天降下的祥瑞啊！」古人認為好皇帝當政，上天就會降下祥瑞表彰他。這馬屁拍得漢武帝很舒服，況且馬確實很好！得意洋洋的漢武帝作了一首〈天馬歌〉，以表達喜悅之情！

太乙貢兮天馬下，露赤汗兮流赭沫。

馳容輿兮蹀萬里，今安匹兮龍為友。

老暴發現的這匹「天馬」是不是汗血馬，不得而知，不過即便這就是汗血馬，僅僅一匹而已，恐怕難以滿足漢武帝的渴望。漢武帝的願望，是取得大量的「天馬」，與中國當地馬交配，大量繁殖出上等好馬，配備漢朝騎兵，與匈奴騎兵抗衡。

於是有好事者就跟漢武帝說：「大宛國把最好的馬藏在貳師城，不肯賣給我們！」

漢武帝不信，有馬哪有不賣的道理，只是你們出價太低，人家才不肯賣。朕富有四海，豈有買不到千里馬的道理！他也真捨得下本，用金（黃銅）鑄造了一匹與真馬差不多大小的天馬塑像，再加上金二十萬兩，派出使節團，去大宛買馬！

大宛國接待了漢朝使節，但賣不賣馬，這個還得商量。

大宛國的政要們商量說：「漢朝距離我們很遠，中間還隔著大沙漠，沙漠北邊，是匈奴的地盤，沙漠南邊，千里無人煙，漢朝就是派出軍隊，也到不了這裡！何必把我們的國寶貳師馬賣給他們？」

結論：不賣！

漢朝使節火氣很大，這不是給臉不要臉麼！什麼玩意，不就是幾匹馬麼，又不是白拿你們的！拿起錘子，當場砸壞了金馬，揚長而去！

大宛的政要們也火了，發出祕密指令，截殺漢朝使節。結果漢朝使節

走到大宛東部一座叫郁成的城市，伏兵四出，殺死了全部使節人員。至於那二十萬金，也全部落入郁成人的腰包。

殺漢朝使者外帶劫財，這在當時不是第一例，但一個全編制的使節團遇害，一個不留，絕對是駭人聽聞。對於漢朝而言，影響不亞於911事件之於美國。

七、輕舉妄動的大宛有難了！

漢武帝元封三年（西元前108年），漢朝對西域發動了第一次征討，目標是今若羌地區的樓蘭國和吐魯番地區的車師國。漢朝僅僅動用七百名騎兵，卻取得了生擒樓蘭王的輝煌戰績。

此役之後，漢朝西部門戶正式從酒泉遷徙到玉門關。王昌齡有從軍行七首，其中第四首寫道：「青海長雲暗雪山，孤城遙望玉門關。黃沙百戰穿金甲，不破樓蘭終不還。」說的正是漢朝這一次討伐。

大宛國殺害漢朝使者事件，發生在漢武帝太初元年（西元前104年）之前。漢武帝對這一惡性恐怖事件的發生，反應是極度的憤怒和雷厲風行的決斷。一支數萬人的討伐大軍，迅速組成。這支大軍的組成包括：

正規軍：屬國六千騎（歸順漢朝的匈奴騎兵）

志工：郡國惡少年數萬人（各個地方的地痞流氓無賴和無業人員）

統帥：貳師將軍李廣利（漢武帝寵妃李夫人的哥哥）

嚮導：故浩侯王恢

軍正（管紀律）：趙始成

校尉（管軍事）：李哆

討伐大軍出了玉門關，過了羅布泊，便進入西域小國聚集區。這些小

第十四節　西域冒險：漢朝的地理大發現

國看到漢朝大軍到來，都把城門關閉，拒絕接待。為什麼呀？很簡單，你們這麼多人，我門一開，你們殺進來，我這個國家就滅亡了！結果貳師將軍李廣利要吃沒得吃，要水沒得喝，只好去攻打那些小國。

但是這些小國不好打。別看人家國小，小有小的好處，城池堅固，大門一關，裡頭什麼都有，外面是漫漫黃沙，什麼都沒有。

李廣利這支軍隊，本身就是個大雜燴，管紀律的趙始成根本搞不定那些惡少，一看苗頭不好，一半人都溜了小號。等到了郁成，西征軍只剩下幾千人，還個個餓得皮包骨頭，提刀槍的力氣都不夠，別提攻城了。結果漢軍反被郁成人打敗了。李廣利和趙始成、李哆一合計，連這郁成小城都吃不下來，更別說大宛國都了。我們還是回去吧！

回到敦煌，當初出關的數萬大軍，生還者不過兩成。這臉可丟大了！李廣利自覺慚愧，在書面報告中為自己辯護說，「道遠多乏食；且士卒不患戰，患飢。人少，不足以拔宛。願且罷兵，益發而復往。」

李廣利強調的是三個原因：一是地理因素：太遠了！二是補給沒跟上。我們不是被大宛打敗，而是被飢餓打敗的。三是兵員不夠。（指正規軍太少）但是漢武帝看了報告，這怒氣不打一處來，吃了敗仗不算，還敢狡辯。吩咐邊關，關閉玉門關，讓這幫人在關外餓死算了！誰敢擅自入關，一律斬首是問。

李廣利戰敗發生在漢武帝太初二年（西元前 103 年），這一年夏天，漢朝在另一個戰場：漢匈戰場上也遭遇失敗，曾經生擒樓蘭王的趙破奴戰敗，投降了匈奴。朝廷上議論紛紛，認為應該先北後西，請求「罷擊宛軍，專力攻胡。」漢武帝斷然拒絕了這一類建議，他的理由很充足：首先，攻打大宛，天下皆知。半途而廢，惹人恥笑是小，漢朝在西域的威望可就一落千丈，難以挽回。其次，如果漢朝在西域威望墮落，則好不容易建立起來的漢──烏孫聯盟，也會受到影響。最後，得不到大宛馬，漢朝騎

第六章　走出中原：由神話走向地圖

兵的馬匹改良計畫無從實施，也會影響對匈奴的戰爭。

吸取了上一次過於輕視敵人的教訓，漢朝集結起一支更為強大的軍隊。

漢武帝首先赦免了監獄裡的囚犯，讓他們當兵，戴罪立功。再徵發各地閒散少年和邊關作為機動力量使用的騎兵，都到敦煌報到。以上人員，已經有六萬人之多，還不包括那些自帶乾糧、志願從軍的冒險者。

再調撥正規邊防軍十八萬人，駐紮酒泉、張掖一帶，防備匈奴包抄西征軍後路。接著，再徵發所謂「七科適」，即犯下過失的公務員、在逃通緝犯、上門女婿、商人、曾經當過上門女婿和商人、父母曾經當過上門女婿和商人、父母的父母曾經當過上門女婿和商人的。

最後，考慮的西征的地理環境特殊性，配備了兩支特種部隊：水利工程營和馬術特種營。

如此龐大的軍團出動，戰果又如何呢？

八、立威西域之汗血馬戰爭

漢武帝太初三年（西元前 102 年），漢朝第二支西征大軍進抵西域，西域各小國紛紛打開門戶，熱烈歡呼，送水送瓜，迎接大漢雄師。

這情景符合情理，上次漢軍人數不多，西域小國估摸著還能守城自保，所以不理不睬。這次漢軍更為強大，守城抗拒是做不到了，既然如此，倒不如打開城門，熱烈歡迎。

兩種態度，只因形勢不同，與友好無關。

於是大漢西征軍進入大宛領土，先是一場交戰，擊敗了大宛邊防軍。接著就推進到郁成。

第十四節　西域冒險：漢朝的地理大發現

老冤家了！

但郁成雖小，易守難攻，頓兵堅城之下，日久生變。

漢軍指揮部很快拿出一個大膽的作戰方案，那就是跳過郁成，直接攻擊大宛首都。這種戰術，現代有個專業名詞，叫做跳蛙戰術。二戰期間，日本鬼子盤踞在浩瀚的太平洋上，星羅棋布大小數百個島嶼，美軍如果依照傳統戰術，層層推進、逐一攻占，時間、人員消耗都會相當慘重。因此美軍審時度勢，制定「跳蛙戰術」，避開無關緊要的小島，有選擇地攻占對美軍推進有重要意義的島嶼。對於其他島嶼上的日軍，「讓葡萄在枝條上自行枯萎」（麥克阿瑟語）。結果，當美軍已經跳到了日本本土的時候，上百萬日本鬼子還困守在太平洋島嶼上，結局只能是自行了斷或投降。

漢軍的思路也是如此，留下少數兵力牽制郁成，主力部隊疾速向大宛核心地區挺進，將大宛都城貴山城（中亞錫爾河上游支流上的卡散），團團包圍！大漢特種部隊水利工程營立即在貴山城下實施作業，破壞水源，改變河道。數十日之內，貴山城已經陷入外無援兵，內缺飲水，即將渴死的悲慘境地。

危機時刻，大宛國內部終於發生裂變。皇親國戚們對惹怒強漢的國王開始不滿。「漢朝入侵，都是因為我王藏匿汗血馬，又殺害使者。為了幾匹馬，招惹滔天大禍，禍國殃民。」

不滿積聚到末了，成為謀殺國王的密謀。「如今之計，唯有交出汗血馬，但是國王一定不肯，那就殺死國王，把他的人頭交給漢朝！如果漢朝得到人頭和寶馬，依然不肯寬恕，我們再以死抵抗，也不算晚！」

密謀很快成為行動，當大宛最著名的勇士煎靡也在戰場中失手被俘時，大宛及時地送出了國王的人頭。雙方停戰，開始談判。大宛的議和條件是：獻出所有大宛馬，任由漢軍挑選。為表示歉意，大宛願意承擔漢軍的軍費若干。

第六章　走出中原：由神話走向地圖

「如果不能達成協議，大宛只好殺死汗血馬，鬥個魚死網破。」大宛使臣說，「我們的盟國康居的援軍聽說快到了，到時候漢軍兩線作戰，可就不好了！」

李廣利哈哈大笑，康居聽說漢朝西征，嚇都嚇死了，哪裡還會來救你們！不過我們天朝大國，也不會得理不饒人，既然你們這麼有誠意，就這麼辦了！

最後漢軍挑選了數十匹一等好馬、三千匹二等好馬和母馬，並指定一名親漢人士做大宛國王，這才凱旋歸國。

不過這裡還有一個小插曲，當初殺害漢朝使節的直接責任人——郁成王還在逍遙法外。李廣利委派一名糧官上官桀，去逮捕郁成王。郁成王偷渡到康居，希望盟國能夠保護自己的性命。

上官桀追捕郁成王，尾隨到康居，要求康居警方配合。康居人很聰明，立刻逮捕郁成王，送給上官桀：「能為大漢效勞，乃是我等的福分。」

這一仗，打得比較順利。

李廣利回國之後，當然是論功行賞。但是此人在兩次西征中的表現，卻遭到朝野唾棄。特別是在第二次戰爭中，沒有艱苦的戰鬥，糧食也很充足，數萬戰士卻只剩下一萬多人。可見李廣利對士兵並不體恤，管理也極為鬆懈。

念在李廣利妹妹李夫人的面子上，漢武帝以「萬里征伐，不錄其過」為理由，沒有追究李廣利的罪責。最終李廣利受封海西侯，因追捕郁成王的功勳，上官桀也被提拔為少府（部長級高官，分管宮廷財務），踏上政治舞臺。

至於普通士兵，據說也得到了總計價值相當四萬金的賞賜，按人頭分下來，也足夠回家買塊地娶個媳婦的了。

第十四節　西域冒險：漢朝的地理大發現

汗血馬戰爭至此結束，歷來儒家對這一次戰爭，否定的居多，認為這是不義的戰爭。後人往往指責「是一場不名譽的戰爭」，為了幾十匹馬而發動戰爭，傷亡士卒。而且汗血馬到了中國之後，很快淹沒無聞。

從歷史事實看來，以上指責，有其道理，但並不全面，從政治的角度來說，更顯得迂腐。漢武帝發動這一場戰爭，有他明確的目的。

其一：引進汗血馬，改良中國戰馬血統。

其二：大宛殺害漢朝的外交使節，是對漢朝的嚴重挑戰。懲辦犯下罪行的大宛國，有利於漢朝在西域開闢安全的絲綢之路。

其三：原本西域國家只知道中國富饒，甚至有小國以為漢朝錢多人傻，對漢朝的武力強盛，並沒有概念。而在弱肉強食的年代，武力是第一位的。只有強者，才能獲得尊重。透過敲打大宛，震動西域諸國，顯示漢朝武力強大，從此以後，西域國家對中原的服從，漸漸養成習慣，漢朝的權威，從遙遠的東亞，延伸到中亞內陸。

戰後，漢朝在西域設立了兩個軍事屯墾基地，一個是今新疆輪臺一帶，一個在今新疆庫爾勒一帶。陸放翁詩云：「僵臥孤村不自哀，尚思為國戍輪臺。夜闌臥聽風吹雨，鐵馬冰河入夢來。」說的就是這個輪臺。從敦煌到鹽澤（羅布泊）的驛站，也在此時建立起來，漢朝的使節、商人，由此可以暢通無阻地西行。

這一戰，最丟人的是匈奴。為什麼這麼說，西域本是匈奴的地盤，大宛等國，向匈奴交納財物，換取匈奴的保護。但是汗血馬戰爭從開始到結束，綿延數年，匈奴未能派一兵一卒，到大宛實施干涉。漢朝同時在北方草原和西方戈壁發動兩場戰爭，而且都處於攻擊態勢，匈奴卻只能在北方防守反擊，即便取得一兩次勝利，也無法逆轉頹勢。

第六章　走出中原：由神話走向地圖

九、大國安息：帝國視野的盡頭

　　隨著西域道路的通暢、漢朝對匈奴優勢地位的逐漸明顯，漢朝的國際影響力，從東亞擴散到中亞，交往範圍，更遠及西亞。

　　一個西亞大國的名字──安息──進入中國史冊。

　　安息（英文作 Arsacid），就是羅馬人口中的「帕提亞」（英文作 Parthia），也就是今天之伊朗。西元前 334 年，年輕的馬其頓國王亞歷山大親率希臘聯軍渡過赫勒斯滂海峽（今達達尼爾海峽），東征已經日落西山的波斯帝國。波斯王大流士三世節節敗退，最後被屬下所殺，曾經如日中天、跨越亞非歐的上古帝國波斯就此滅亡。

　　亞歷山大向東一直推進到巴克特里亞（蔥嶺的那一邊），面對海拔達七公里的蔥嶺，亞歷山大以為已經到了天地盡頭，他掉頭南下，攻打炎熱的印度。結果軍中疫病流行，官兵厭戰情緒增長，亞歷山大再精力旺盛，也要照顧士兵們的感受，只好打道回府，在途中發高燒死去。

　　幾名部將瓜分了亞歷山大留下的豐厚遺產，其中那個叫做塞琉西的傢伙則分到了亞洲部分，他的國土最強盛的時候延伸到了阿富汗和印度河畔。

　　到西元前 208 年，阿富汗一帶巴克特里亞人挫敗了塞琉西軍隊，在蔥嶺的那一邊建立了一個獨立的國家，有人說，這就是中國史冊中的大夏國。張騫訪問大夏國的時候，這個國家已經成為大月氏的附庸。

　　安息的興起，比巴克特里亞人還要早 40 年。西元前 247 年左右，波斯一部落酋長安賽西兄弟起義，宣告獨立，他的這個國家，漢人就以其開國者安賽西（Arsaces）的名字命名，為安息國。

　　安息的強勢崛起，大體上在漢朝「文景之治」的年代，米特里達梯一世（Mithradates I，西元前 171 年～西元前 138 年或西元前 137 年）在位

第十四節　西域冒險：漢朝的地理大發現

時期，建立起東臨印度，西涉兩河，北達裏海，南至波斯灣的帝國霸權統治。

張騫沒有親自訪問安息，但對於這樣一個大國，多少聽到了一點消息。但似乎不太準確，以至於他向漢武帝報告時，把安息和大宛、大夏並列，說是「大國，多奇物，土著，頗與中國同業，而兵弱。」

後來終於有漢朝的使節抵達安息，據說安息王派了兩萬騎兵到東邊國界迎接，走了數千里，才到達國都，一路只見城池眾多，人口繁盛。

安息也派了使者和漢使一塊東來，訪問漢朝。還送給漢武帝兩件頗為有趣的禮物，一是大鳥卵，即鴕鳥蛋。一是黎軒善眩人，就是黎軒國的魔術師。

那麼，黎軒又是哪一國度呢？通常認為黎軒就是埃及。

當時埃及的都城，並非古城底比斯，也不是今日之開羅，而是著名海港亞歷山大。當年亞歷山大東征，進入埃及之後，即相中此地，約在西元前332年奠基建城，並以亞歷山大之名命名，作為馬其頓帝國埃及總督辦公室所在地。亞歷山大死後，埃及總督托勒密割據埃及，建立埃及史上著名的托勒密王朝。托勒密的後代中有一位克莉奧帕特拉，人稱「埃及豔后」的便是伊人。

這個托勒密王朝，在軍事上一直算不上強盛，但是經濟繁榮、文化昌盛，在西方古代史中，亞歷山大的規模和財富僅次於羅馬而已。法羅島的亞歷山大燈塔，是世界七大奇蹟之一，毀於地震。至於亞歷山大圖書館，更是西方古典文化的一塊聖地，只可惜屢遭摧殘。在克莉奧帕特拉七世時期，曾毀於戰火，羅馬統治時期重建。到西元391年，在主教的指使下，亞歷山大圖書館藏書再度被毀，令人扼腕嘆息。有些學者，把此事件作為歐洲中世紀文化時期開始的象徵，頗有道理。

第六章　走出中原：由神話走向地圖

　　至於更為遙遠的羅馬，已經不在漢帝國的視野範圍。但是出產於漢地的絲綢，仍然通過貫穿歐亞大陸的商路，敲開了羅馬國家的門戶。當羅馬貴婦人披上細薄華麗的絲綢衣服，舉座驚詫，為之驚豔！

　　「賽里斯！」

　　羅馬人口中的賽里斯國，就是漢朝之中國。

落幕

第一節　「王道」、「霸道」：究竟是什麼道？

　　商鞅去見秦孝公，大談王道樂土，說得唾沫飛濺，秦孝公卻聽得快睡著了。商鞅跟引見他的宦官說：「看來這位國君的覺悟，也只好談談了！」於是說起強國霸道之法，秦孝公聽得津津有味，身體前傾，膝蓋碰到蓆子都不知道。

　　看來商鞅的頭腦裡藏著兩套方案，一條叫王道，一條叫霸道，那麼古人常說的「王道」和「霸道」：究竟是什麼道呢？

　　疑問之一：秦始皇的勤政有目共睹，為什麼還是落了個「身死國滅、遺恨萬古」的下場？

　　疑問之二：漢初天子垂拱無為，丞相主持朝廷政務，這種「君弱臣強」的制度建構出一個道家的「王道」，那麼這種虛君政治能使漢帝國富強麼？

　　疑問之三：漢武帝在儒家的理論支持下，從丞相手中奪回了治國權力，他是如何破解「秦皇陷阱」的兩難問題？

　　疑問之四：漢武帝採納了董仲舒的建議，「獨尊儒術」，然而他真的把儒家的「王道」思想作為治國理念麼？

落幕

一、秦皇陷阱：如此勤政為何亡國？

《史記》記載說：「天下之事無大小皆決於上。上至以衡石量書，日夜有呈，不中呈不得休息。」秦始皇每天處理繁重的公務，任勞任怨，他的勤政，有目共睹。

然而秦始皇的勤政卻頗有些吃力不討好。首先百姓不領情，因為他制定的政策太霸道，百姓吃不消。其次他的操勞，完全是因為他自己的越權造成的。

事實上，秦朝建立後，確立了所謂三公九卿制的中央體制，在這個體制之下，權力職責的劃分，頗為明確，丞相作為公卿之首長，總理政務，而御史大夫為丞相之副手，領監察之職，太尉則專管軍事，主帝國之征伐。按理說，有了這樣的分工，秦始皇應該脫離煩瑣的日常政務，專注於國家大政方針的考慮。然而事實卻是，這位人到中年的君主完全從自己的寶座下來，擠占了丞相的法理職位，收受各部門的奏摺，處理起日常政務來，結果本來應該是做這些事的丞相，反而成了一個祕書長，每天只是從皇帝那裡接受指令，然後督促執行而已。

秦始皇這麼做，與他畢生信仰的韓非思想有關。韓非講「術」與「勢」，最核心的一句話，是一位英明的君主，不能將手中的權柄授予他人。對於著一點，韓非子作了一個極其巧妙的比喻，他說：「權勢就是人君這條魚的深潭。當國君的將權勢讓給了臣下，再想拿回來就困難了。齊簡公的權勢失落到田成子手裡，晉國國君的權勢失落到六卿手裡，以至於國破身死，所以說魚不能脫離深潭。」

韓非子進一步告訴嬴政，權勢乃是國之利器，握在君王手中，君王就可以駕馭臣下；握在臣下手下，就會威脅君王。

顯然這種理論給秦始皇以深刻映像，因此無論對於朝堂之上的三公九

卿，還是宮廷之內的後妃、宦官乃至太子，他都緊握手中的權勢，不敢放鬆片刻。因此終秦始皇一朝，外無權臣，內無得勢的宦官，李斯、趙高，在秦始皇在位的時候，都是戰戰兢兢、小心謹慎。

但是這裡有一個兩難的問題，帝國大權一手在握固然讓帝王安心，然而日理萬機卻是極其勞累的負擔，秦始皇鞠躬盡瘁，他的繼承人二世儘管也想緊握手中的權勢，勿失落於人。但是真的做起工作來，哪裡受得了這份艱苦！於是在趙高的啟發下，還是及時行樂去了。

退一步講，即便二世皇帝也能咬牙堅持，如同秦始皇般凡事親歷親為，但是以一人之智判斷國家那麼多事務，又有多少事件能得到妥當處置呢？

這個兩難陷阱，姑且稱之為「秦皇陷阱」，後世一些精力充沛而又志向遠大的君王，往往身陷其中而不自覺，如朱元璋，他甚至廢除了丞相制度，打算一個人就這麼做下去了。可是明朝的皇帝們，又有幾個能做到這一點！

我的矛是天下最鋒利的矛，可以刺穿天下所有的盾牌。我的的盾牌是天下最牢固的盾，可以防禦天下所有的矛。秦始皇及後世所有的君王，都陷入了這樣的困境：到底要把帝國大權一手在握還是委託給顯明的臣子來處理？

秦之霸道政治，演變到了秦始皇的時代，就是一人獨裁、萬夫奔命，結果也是八個字，叫做：「身死國滅、遺恨萬古」！

二、雙面劉邦：用人又毀人

西漢建國初年，漢高祖劉邦問了功臣們這樣一個問題。

「諸位不要對朕隱瞞，實話實說，我為什麼能得到天下？項羽為什麼失去天下？」

落幕

　　高起、王陵回答說：「陛下待人傲慢，還常常侮辱屬下，項羽仁慈，富有同情心。但是陛下在論功行賞的時候慷慨大方，與天下同利，所以將領們一心投效。項羽卻妒賢嫉能，部下立下大功也不得封賞，甚至遭到懷疑陷害！才智之士都不為他所用，項羽因此失去天下！」

　　高起、王陵的觀點顯然代表了大多數人的看法，得到一致的附和。但是劉邦覺得言不盡意，他搖搖頭說：「你們只知其一，不知其二。我能夠得到天下是因為用好了三個人。」

　　接著，劉邦列舉了三位人傑，第一是張良，他運籌策帷帳之中，決勝於千里之外！第二是蕭何，他鎮國家、撫百姓、補給軍餉、不絕糧道！第三是韓信，他統率百萬之軍，戰必勝、攻必取！

　　「此三者，皆人傑也，吾能用之，此吾所以取天下也。項羽有一范增而不能用，此其所以為我擒也。」

　　劉邦這一席話，不但打動了在座的群臣，置於千古，也擲地有聲！但是憑劉邦這一些話，就斷定他用人不疑以至於人盡其材，那又大錯了！

　　劉邦的疑心，並不輸給秦始皇。只不過他在打天下的階段，需要韓信等人為他驅除敵手，所以隱藏起惡念，做出一番寬容大度的樣子來而已！

　　在登上帝位之後，劉邦的心思，幾乎與秦始皇如出一轍，對於功臣，他大開殺戒，毫不留情！

　　當年尉繚評價秦始皇說：「這個人刻薄少恩有虎狼之心，但是卻謙卑地對待我們，他這是有吞噬天下之心。一旦被他得志，天下人都要被他奴役！」；韓信在被劉邦逮捕之時，也發出了「高鳥盡，良弓藏；敵國破，謀臣亡」的嘆息之聲；蕭何僥倖得以不死，在離開監獄之後，老淚縱橫，光著腳向劉邦感謝不殺之恩。

　　楚漢相爭，項羽用的是蠻勇武力，屬於霸道範疇。劉邦則重在收取人

心，可以稱為王道。但劉邦稱帝以後，露出凶惡嘴臉，屠戮功臣，這又是霸道了！

劉邦也面臨著和秦始皇相似的權力陷阱，不過他最後還是作出了明智的選擇，他殺害了韓信，抓住了兵權，卻不殺蕭何，把行政權託付給了他。

這一託，託出了一個黃金時代！

三、虛君政體：漢初的丞相負責制

漢文帝時代，有一次皇帝和丞相坐在一起聊天。漢文帝問左丞相陳平，宰相的工作職責是什麼？

陳平的回答很精妙，他先用兩個字概括了丞相的職責所在，這兩個字叫做：「主臣」。陳平進一步解釋說：「宰相者，上佐天子理陰陽，順四時，下育萬物之宜，外鎮撫四夷諸侯，內親附百姓，使卿大夫各得任其職焉。」依照陳平所述，丞相的管轄範圍幾乎包括了整個帝國政務，包括內政、外交、人事，所以說漢初的丞相相當於現代的政府首腦，大致不差！

陳平是不是在吹牛？非也。漢朝初年，帝國實施的是丞相負責制，從蕭何開始，丞相就掌握著整個國家的事務大權。所以，劉邦臨終之前，呂后最關心的是丞相的人選。

「倘若蕭相國去世，叫何人接任為好？」

「曹參！」

「曹參之後呢？」

「王陵可用，不過他太過愚直，讓陳平協助他好了。但是陳平也不能獨當大任，可以命周勃為太尉，有這三個人，劉家的天下便安泰了！」

事實正如劉邦所料，蕭何、曹參、王陵、陳平、周勃這五個人，先後

落幕

擔任丞相，他們帶領下的漢帝國政府，延續著漢初的黃老政治，給西漢王朝的崛起奠定了扎實的基礎。

正因為天下太平，百姓稱頌的是丞相，而不是深居宮廷的太后和皇帝。

這種丞相主導、皇帝反而居於幕後的格局，古人稱之為「君弱臣強、屈君伸臣」，今人叫做「虛君政體」，在這種政治格局中，皇帝是統而不治的國家元首，丞相才是真正的治國者。

這種格局的背後隱約是黃老的影子，老子有云：「我有三寶，一曰慈，二曰儉，三曰不敢為天下先。」漢帝國實行的是君主政體，天子的寶座由劉氏一族世代傳襲，這樣以來，保證了皇位的穩定性，卻有一個不確定因素，即繼承人的賢愚問題。沒有人可以保證劉邦的後代永遠英明神武，一旦出現不稱職乃至瀆職者，朝廷將何以堪？

因此，漢初諸帝秉承道家無為理念，將治理國家的事務權交付給丞相為首的公卿朝廷。丞相對國事的影響力，有時甚至超過了皇家。即便丞相與皇帝的意見發生衝突，丞相往往堅持己見，皇帝也不能因此怪罪！呂后要封娘家人為王，自己不能做主，只好厚著臉皮去求王陵，王陵偏偏還不給面子說：「當年先帝與群臣白馬盟誓，非劉氏不得為王，無功不得為諸侯。」呂后無奈，只好去找另一位丞相陳平，得到了同意才得償所願。對於王陵，呂后雖然不滿意，也不能責怪，於是明升為太傅，實際上剝奪了王陵的相權。

也正因為帝國朝廷之上，發號施令、治理國家的是丞相（三公），所以一旦政策失敗或發生天災人禍，丞相（三公）便要引咎辭職。

丞相負責制與皇帝專制獨裁相比，顯然有三大優勢：一是丞相（三公）不是家族世襲，可以舉賢而任之；二是丞相不是終身制，一旦有重大失誤、不能勝任可以罷免；三是丞相（三公）人數上比較靈活，可以專任一人，也可以兩、三人甚至更多，實施集體管理。因此，說丞相負責中國古

代政治中比較科學合理而靈活的部分，並非虛言。

黃老思想的主導之下，天子無為，賢相執政，這是漢初最大的「王道」，也是漢朝之所以興起的最大根本。

這種丞相負責制從漢初開始實行，一直到漢武帝初年，還是行之有效的政治原則，但是雄心勃勃的少年天子終於不能忍受丞相對他的約束，一場從丞相手裡奪權的政治鬥爭很快在武帝一朝上演，最終以丞相一方的決定性失敗告終，從而回到了「秦皇陷阱」這個老問題。

四、漢武帝從丞相手裡奪權

漢武帝建元六年，皇帝的舅舅田蚡當上了帝國的丞相，他去見皇帝，坐在那裡談國事，講要任命這個人做郎官，又講要派那個人做縣令，老半天漢武帝都插不上嘴。終於等到舅舅喝茶的時候，漢武帝得了機會說了句話：

「你說完了嗎？我也要來任命幾個官員！」

從漢惠帝到漢景帝，大漢天子們一直守著國家元首的本分，現在漢武帝卻不做了，他覺得不過癮，像把政府首腦的活也攬過來自己做！

但是漢武帝如何才能把大權從丞相手中奪過來呢？

第一步是縮短丞相的任期，本來蕭何、曹參以來，丞相在位時間都比較長，一般不出重大問題不會輕易換人。因為一個上位者一個思路，換人過於頻繁，不利於政策的延續性和深入發展，更不利於政局的穩定。但是漢武帝為了奪權，一上來就在六年時間裡罷免了衛綰、竇嬰、許昌三個丞相，漢初丞相久任的優良傳統，從此破壞！丞相任期短了、人換得勤了，威信難以樹立，在皇帝面前自然也就少了幾分底氣，此為一。

第二步更絕，你丞相不是百官之首麼？朕在這百官之外，另設官員，

落幕

處理政事,如此一來,很多事情,朕在宮裡面就商量定了,到朝堂之上,給你個結果就是了!

於是,一些皇帝身邊的文人和低階官員,組成了一個非正式的議事機構,即所謂「內朝」。他們作為皇帝的智囊與喉舌,在內為皇帝出謀劃策,到朝堂上則替皇帝給丞相出難題、與公卿辯論,以達到皇帝的意圖。

這些「皇帝身邊的人」,大多兼了一個官銜曰「侍中」。這「侍中」是個什麼官?其實就是給皇帝提尿壺的,當時有個孔安國,也在內廷做「侍中」,別人都提著皇帝的虎子,唯有他負責提唾壺,「朝廷之士」沒有不羨慕他的。

為皇帝提尿壺的「侍中」,後來大多成為一時名臣,如衛青、霍去病、霍光、朱買臣等。一時侍中成為顯貴之職。

第三步是決定性的,儒家學說成為官學之後,漢武帝提拔了一個寒酸大半輩子的老儒公孫弘做了丞相,還封他為侯。從此相權一落千丈,為什麼?因為公孫弘一無才學能力,二無戰功,三無顯赫門世,他的富貴完全是漢武帝的一手所賜,所以一登相位,公孫弘便完全匍匐在了皇帝的腳下,朝廷論事,公孫弘凡事必以皇帝意向為瞻,奴才氣象,自此出現。

第四步則完全成了漢武帝的趁勝追擊。丞相沒有權勢也就算了,遇到災異還得充當替罪羊。搞到最後大家都害怕當丞相,漢書記載,武帝命公孫賀為丞相。這位公孫兄也算是久經沙場的鐵漢子,遇到這等事也失態了,他不肯接受丞相印綬,還使勁叩頭、哭泣,說:「臣是邊境上的鄉下人,憑著鞍馬騎射當了官,論臣的資質實在擔任不了宰相這樣的重任啊!」

公孫賀哭得太悲傷,連漢武帝都被感動了,可丞相總得有人做,於是命人強行把他拉起來,硬是逼著他做了丞相。公孫賀無奈,出門的時候說了一句話:「主上賢明,臣不足以稱,恐負重責,從是殆矣。」什麼意思?就是三個字:「我完了!」

至此，漢武帝終於成功奪權，然而大權獨攬的他，卻並不喜悅，因為丞相靠邊站以後，「秦皇陷阱」的兩難境地，便擺在了他的面前。

五、以臣制臣：漢武帝的「霸道」

如果說秦始皇是以君制臣，那麼漢武帝的高明或者說創新之處，是以臣制臣。

杜縣有個人做長安的縣丞，有事出門，讓他的兒子留守看家。結果回來一看，肉讓老鼠給叼走了。縣丞大怒，責怪兒子：「為什麼不看好肉！」

兒子回答說：「讓我審老鼠，看牠把肉叼去了哪裡？」

於是兒子挖開鼠穴，把老鼠和剩餘的肉全都找出來，然後嚴格按照司法程序，提審犯人（鼠）、嚴刑拷打（虐鼠？）、記錄經過，最後給老鼠按律判刑，將犯人和證據呈堂結案。

縣丞接過兒子的審案文書一看，大吃一驚，只見文書用詞嚴謹、邏輯合理清晰，儼然從事司法工作多年的老獄吏。

縣丞的兒子叫張湯，張湯審鼠的事蹟，一時成為美談。他很快被官府錄取為小吏，後來又得到丞相的青睞，徵召為屬官。終於獲得天子的賞識，進入了漢帝國的司刑之樞——廷尉。

張湯司法，完全是看皇帝的顏色行事，漢武帝想要從嚴治罪的犯人，張湯就挑選最刻薄毒辣的手下去審理；漢武帝想要寬大處理的犯人，張湯就挑選最仁慈守法的手下去審理。

漢武帝也正是看中了張湯這一點，因此，凡是皇帝不便出面的麻煩事，都叫張湯去解決。漢武帝發行白鹿幣，大司農顏異提出不同意見，惹怒了皇帝。但皇帝也不能因此就懲罰顏異，於是把害人的任務交給張湯。

落幕

　　顏異是個清官，廉潔正直，沒有什麼汙點，但還是被張湯抓到了把柄。據說顏異有一次跟朋友聊天，朋友批評朝廷的某一項政策，顏異沒回應，只是微微把下嘴唇翻了一下。張湯便判決顏異有罪，理由是：「顏異身為帝國高官，見到政策不合理，不及時報告皇上，卻邪惡地腹誹，當處以死刑！」

　　張湯如此為皇帝效忠，卻也不過是皇帝「以臣制臣」的一枚棋子，而且是隨時可以捨棄的棋子。御史中丞李文是張湯的政敵，日夜蒐集證據對付張湯，張湯有個心愛的屬下叫魯謁居，幫助張湯扳倒了李文，為張湯除去心頭大患。魯謁居生病，張湯親自為他按摩足部，表示感激。但是不久，這件事被人告發，魯謁居卻已經病故，他的弟弟不幸受到牽連，希望張湯搭救。張湯心裡打算暗中營救，所以表面上偽裝不理不睬。魯謁居的弟弟誤解其意，以為張湯忘恩負義、見死不救，於是坦白全部內情，供出張湯。

　　張湯自身難保，卻還忙著害人。當時發生了一起盜取先帝陵墓隨葬品的案件，張湯負責審理，於是藉機羅織罪名，將丞相莊青翟也牽連進去。

　　張湯的好運終於到頭。丞相與他的祕書長朱買臣等三人商量，發現了張湯的漏洞。他們逮捕了一名姓田的商人，指證張湯說：「張湯把帝國機密決策洩漏給田某，田某事先知曉帝國經濟政策變化，所以囤積居奇，獲取利潤，與張湯分成。」

　　漢武帝以這項罪名責問張湯，張湯正在抵賴，魯謁居的弟弟的供詞也在這時報告上來。張湯百口莫辯，只能自殺謝罪。

　　張湯雖然替天子做打手，陷害了不少人，但為官卻很清廉，死後全部家產不過五百金，子女也不移民外邦，更沒有海外資產，張湯的母親，更用最薄的棺材埋葬張湯。漢武帝心裡明白，張湯之惡，原因不在別人，在於朕！所以又派人查出丞相莊青翟與朱買臣等三人陷害張湯的真相，於是

莊青翟自殺,三個祕書也被處死。

一場官場惡鬥,臣子們鬥得個個遍體鱗傷,皇帝卻在一邊冷笑,如此一來,朕無須親自處理政事,也可以安心享樂了。

但是,以臣制臣,帶來更為嚴重的後果,是官場越來越黑社會化,以至於內鬥成為官場主題,真正的國家政事,反而無人用心了!

六、外施仁義:漢武帝的「王道」

如果漢武帝只是在秦始皇的「霸道」基礎上更進一步,那不過是將韓非的權術玩得更純熟些罷了,漢武帝的高明之處,更在於他給法家的「霸道」穿上了儒家那件「王道」外衣。

「王道」一詞,最早出自儒家「亞聖」孟子,所謂「行仁政而王」,孟子認為,聖明的君主應該遵循人性的善良,實行仁政,便可以到達「王道」!

齊宣王請教孟子,什麼是王政?孟子的回答,歸納起來無非是一句話:「君王要懷著一顆深切憐憫之心,謹慎地使用民力和自然之資源,輕徭薄役、減少刑罰、體恤鰥寡孤獨,那麼百姓可以免除饑荒之苦,國家也可以富強了!」

五畝之宅,樹之以桑,五十者可以衣帛矣;雞豚狗彘之畜,無失其時,七十者可以食肉矣。百畝其天,勿奪其田,數家之口可以無飢矣!這就是孟子理想中的王道樂土。

其實這樣的「王道樂土」,在漢初道家黃老思想主導之下的黃金時代,差不多已經實現了。

漢武帝對真正的「王道」,其實不甚關心,他看中儒家而不是道家,更多的是因為儒家對君主權威地位的百般維護和極力推崇。

漢武帝好色、好殺、好大喜功,這一切看上去都不像是儒家傳說中的

堯舜明君。但是漢武帝召集了很多文學之士和儒家學者來作官，他本人也常常把儒家的那一套仁義掛在嘴邊，說什麼「我要像堯舜一樣如何如何？」

漢武帝一說仁義，信奉黃老思想的汲黯就笑了。他毫不客氣的揭穿漢武帝的把戲說：「陛下內心想著那麼多欲望，至於仁義，對外說說罷了，難道陛下還真的想學堯舜嗎？」

於是漢武帝便如洩了氣的氣球般拂袖而去。留下嚇白了臉色的群儒和泰然自若的汲黯。

汲黯說得頗為準確，漢武帝的治國之術，不是純粹的王道，而是霸、王兩道雜用。這一點，為後世統治者深深吸納，作為帝王政治不二法則。

第二節　大漢天下的苦樂人生

人的生存、生活，總是人類社會的最大主題。求學、謀職、結婚生子和撫養教育，又開始新的一個輪迴。從這一點上來說，大漢朝廷治理下的子民們，過得是和今人相似的苦樂人生。

疑問之一：文景之治的黃金時代，生活在漢帝國社會底層的農民過著怎樣的生活？

疑問之二：商人階層在漢帝國的初期雖然不能享有崇高的政治地位，卻在經濟上達到了鼎盛，那麼，這個階層是如何在漢武帝時代急遽衰敗的？

疑問之三：漢帝國的興盛賴於一個精幹務實的官僚集體，那麼漢朝是如何選拔社會菁英為官的呢？濃厚的德治色彩背後有著怎樣的精密設計？

疑問之四：有事問策賢良，是漢帝國政治的特色。賢良大多來自民間，他們的言論反映了民間的疾苦。然而民間的發聲往往是逆耳之言，天子與朝廷是否願意認真地傾聽呢？

第二節　大漢天下的苦樂人生

一、大漢農民：社會底層之民生

大多數人從事的是艱苦的體力勞動，雖然沒有漢朝勞工的直接訴苦，卻有一個古代埃及人的述說，可以作為旁證：

「我親眼見過在爐子口工作的金屬製造工，十個手指就像鱷魚爪子，身上的臭味比魚卵還難聞。……石匠的工作是對付各種堅硬的石頭，於完活時手臂都累得抬不起來，晚上睡覺時還疼痛，只好整夜捲縮著身子睡，太陽一出來，又得幹活。他的膝蓋和脊柱骨都快碎了。……理髮匠從早到晚為人剃頭修面，除了吃飯，連坐的功夫也沒有。他匆匆地從這家轉到那家，兜攬工作。就像蜜蜂吃自己釀的蜜那樣。他累斷了雙臂只是為了填個肚子。……種田的一年四季只有一套衣服，嗓子粗啞得像老鴉叫，十個手指從來不得閒，兩條手臂叫風吹得乾瘦如柴。他休息的地方──如果他真能休息的話，是爛泥地。他不生病時，和牲畜一起分享他的健康；得病了，就在牲畜中擠塊地皮躺下……」

晁錯對漢朝農民的生活也有一段精彩的描述：

「現在一戶農民，父親、母親、老婆、孩子加上自己五口之家，一家能幹活的不過父親和自己兩口人，能耕種的田地也就一百畝左右，收成也就一百石左右。春天忙著播種，夏天忙著耕耘，秋天忙著收割，冬天忙著儲藏，還要砍柴、服官家指派的徭役。即使遇到颱風、下雨、高溫、寒凍，也得出去幹活，哪裡有時間休息！再加上親戚間總要走動走動，送個人情，吃口便飯，開支都得算在裡面。這樣的辛苦勤勞啊，一旦遇到水災、旱災以及官府的橫徵暴斂、繁重的徭役，奸商的壓價，高利貸的盤剝，就只好出賣田地房屋甚至兒女來抵債了！」

但是漢朝初年，休養生息，農民的負擔算是極輕的，秦朝稅收制度是「泰半」，泰就是太，太半就是一半還多。漢高祖收多少，田賦改為十五稅

一，什麼意思？農業稅（也就相當於今天的個人所得稅，因為當時的百姓主要收入就是農業）是百分之六點六七，加上其他附加稅收，也不到百分之二十。

漢文帝繼續減稅：農業稅（個人所得稅）再減一半，從十五稅一到三十稅一，也就是是百分之三點三三，算賦（人頭稅）也由每人每年120錢減至每人每年40錢。

做個簡單的估算，譬如以一石三十錢來折算，收成一百石，那麼可以估算出一家農戶的年收入約為3,000錢。三十稅一的田賦100錢，四個成年人的人頭稅每人40錢，總計160錢，則這戶人家的稅後年收入，在2,400錢左右，這點錢，可以應付其他雜捐攤派等等，大體上可以維持一年之溫飽，或許還有所節餘。

倘若這家裡出了個遲遲不結婚的「剩女」，那就得加收人頭稅，女子從15歲到30歲，每3年一級，不結婚的，人頭稅每一級加120錢。也就是說，如果一個女子到了30歲還不結婚，她要繳納的人頭稅是600錢，相當同齡男子的五倍。

這是在文景之治的黃金時代。到了漢武帝時代，首先是算賦（人頭稅）由每人每年40錢加至每人每年120錢。接著，增加了兒童稅，每人年23錢。

更可怕的是增加徭役。漢武帝不斷打破常規，徵發百姓服徭役。《鹽鐵論》記錄說：「古代沒有超過一年的徭役，現在中國的勞役，距離比較近的也要數千里，遠的超過萬里，時間很長。老百姓做父母的思念兒子，妻子思念丈夫，子女思念父親，可謂『憤懣之恨發動於心，慕思之積痛於骨髓』。」可見百姓對無休止的徭役，是何等憤怒！

這樣一來，漢朝百姓的生活品質可就大打折扣了。

這是農民，大漢社會的底層社會，也是最大多數。

二、一場告緡運動打倒了大漢商人！

秦朝末年，當英雄豪傑們為爭奪金銀珠寶大打出手的時候，陝西有個小官任氏卻一心收集糧食儲藏起來。等到楚漢大戰，在滎陽僵持，糧價飆升，一石米賣到一萬錢，於是任氏將囤積起來的糧食出售，獲利豐厚，當初英雄豪傑們打破頭搶來的金銀珠寶幾乎全部歸於任氏。

「人棄我取，高拋低吸。」任氏的致富法則，也是天下商人的共同夢想。

漢朝的國策是重農輕商，但是利益所在，人們還是趨之若鶩。《史記・貨殖列傳》有一句妙語，說：「夫用貧求富，農不如工，工不如商，刺繡文不如倚市門。」可見商業氣氛的濃厚，幾乎就是一個市井社會的絕妙寫真。

七國之亂的時候，長安很多列侯封君參軍沒有盤纏，到處尋人借貸，大家擔心戰爭持續不下，到時候借出去的錢收不回來，豈不是打了水漂，於是拒絕。只有無鹽氏以十倍的利息大放高利貸。結果戰亂很快平息，無鹽氏的財富翻了好幾個觔斗，從此富埒關中。

不過商人富可敵國，政治地位卻差強人意，朝廷至少在理論上對商人抱歧視態度，譬如不許商人穿絲綢衣服和乘車，商人的後代不得仕宦為吏。與三十稅一的農業稅相比，商人最關心的財產稅以一萬錢為起點，稅率達到百分之二十。

最嚴峻的時刻在漢武帝時代到來，因為和匈奴戰爭耗費巨大，朝廷加重了商人的賦稅，要求商人據實向政府呈報自己的財產數字，每二緡（2,000錢）抽取一算（120錢），一般小手工業者，則每四緡抽取一算。商人的馬車一乘抽取二算，船五丈以上的也要抽取一算。

當時有個經營牧場而致富的商人卜式，這是個愛國的老實人，他看到國家缺錢，主動要求把一半的家產捐給國家，補充軍費開支。漢武帝大喜，當即示意有關部門，發起了一場「向卜式學習」的募捐運動，召拜卜

式為中郎，賜爵左庶長（第十級爵），田十頃，布告天下，以示百姓。皇帝的用意，是讓商人們仿照卜式，把黃金白銀「自願」地捐獻出來。

但似乎商人們覺悟不高，積極響應的人不多，導致皇帝龍顏大怒，於是一場空前的告緡運動拉開序幕。朝廷下令鼓勵老百姓檢舉隱瞞家產、偷稅漏稅的奸商，一旦檢舉情況屬實，朝廷將會把該奸商 50% 的財產獎勵給檢舉人。

詔令一下，人心騷動。據《漢書》記載，中等收入以上的商人大體上都被告發而破產，被沒收的財產以億為單位計算。自春秋以來逐漸繁榮起來經歷秦末亂世後又在「休養生息」中恢復起來的民營經濟遭受的幾乎是毀滅性打擊。

為了撈錢，漢武帝還在工商業掀起一股「國有化」浪潮，包括鹽、鐵、酒、漁等行業的商業活動都被禁止，朝廷各地設立國營廠，壟斷了鹽、鐵的收購和銷售，但是國營廠官僚習氣嚴重，製造出來的鐵器鈍得連草都割不動，老百姓不願意買，官府強行推銷，成為百姓之苦。

漢武帝這一番折騰讓商人階層元氣大傷，當時一度出現了商業蕭條、物價飛漲的局面。更為嚴重的是漢武帝濫用國家權力，強行查抄商人的財產，給予人「勤勞致富快」不如「當官撈錢快」的印象。一些商人更產生了既然財富朝不保夕，不如吃喝玩樂把錢花光，或者拿錢買個官做，何必擴大生產，成為盤中魚肉。

三、出頭之路：先察舉，後考試

古埃及人，殷切地告誡他的兒子，讀書上進是何等重要：「學習寫字要用心，學會了什麼重活都可以甩得遠遠的，還能當名氣很大的官。書吏是不用做體力活的，卻能指揮別人。……你不是有書吏寫字用的玩意兒

嗎？就是那玩意兒，能把你和划槳搖櫓的區分開來。用心學習吧。實在沒有什麼可與學習相比。在校學習一天，得到的好處一輩子也享用不盡。」

漢朝人的人生觀是正向進取的，一首樂府唱道：「青青園中葵，朝露待日晞。陽春布德澤，萬物生光輝。常恐秋節至，焜黃華葉衰。百川東到海，何時復西歸？少壯不努力，老大徒傷悲。」滿清那種提著鳥籠子抽大菸、逛窯子的紈袴習氣，對於漢朝人來說是聞所未聞、難以想像的。

想要出頭，漢朝人有兩條出路可以選擇，一條路就是從軍，或許能在沙場上建立軍功，謀個官職回來，但這條路意味著九死一生。

另一條路就是所謂修德、進學，做一個德才兼備的人，然後得到地方推薦，參加帝國朝廷舉辦的考試，最後由各級部門按需錄用。

這一條路也不好走。首先不是所有人都有參加官吏考選資格，你得有人推薦。誰來推薦？地方官員，所以你的命運，還是掌握在官的手裡。

至於選舉的科目，第一、二科分別叫做孝、廉，是以德取人的科目。漢朝很注重人的品德，尤其是孝道，所謂求忠臣必出孝子之門，你若能孝順父母，想來也能忠於國家，這是漢朝式的邏輯。漢文帝本人就是個孝子，母親薄太后臥病三年，他常常目不交睫，衣不解帶；母親所服的湯藥，他親口嘗過後才放心讓母親服用。於是到漢武帝時代，經董仲舒鼓吹，終於設下這兩個科目，分別取孝順和清廉之士為官。後來兩科合稱為孝廉，東漢末曹操就曾經被推舉過孝廉，劉備做豫州牧的短暫時間裡面，也推舉了若干孝廉，其中一個就是袁紹的公子袁譚。

第三科叫做秀才，從現任官吏中選取政績比較突出的。

第四科叫做「詔舉賢良文學」，是一種特別的選拔方式，不定時，常在災異之後舉行，內容也不限常規，目的是錄取一些有一技之長的專業人士。

落幕

這只是初試，朝廷也知道，吏治比較清正的時候，地方官們為國求才多一點；吏治比較腐敗的時候，地方官們們為己求財多一點。所以推薦上來的孝廉、秀才、賢良文學，究竟是驢是馬，還得拉出來遛遛才見分曉。這就是策試，我們今天通常稱為「公務員考試」。

策試分兩種，地方上所推薦的孝廉們，人數眾多、魚龍混雜，所以實行對策（命題考試）。博士弟子也就是國立大學的高材生們，屬於菁英，參加射策（抽籤考試）。

考試內容也不一樣，對於儒生，考察你的學問為主；對於官吏，則考察你的行政能力。

考試結束，考官把優等的答卷呈交給天子閱覽，這種程序，後來都成了虛設，但在漢初卻是事實。董仲舒、公孫弘等人的卷子，就在漢武帝的閱覽範圍之內，得到皇帝賞識，這才委以重任。

因此，即便有薦舉的機會，你也要有真才實學，才能把握住機會。公孫弘小時候給人養豬，苦讀到四十歲，又研究《春秋》二十年，終於在六十歲的時候得到博士的職位。匡衡一邊做工，一邊讀書，沒錢買蠟燭，鑿穿牆壁，借人家的燈光讀書。朱買臣家貧，每日砍柴，置書樹下而讀。負薪回家時，就將書置於擔頭邊走邊讀。他老婆受不了這份罪，與他離婚。後來買臣發跡，他的前妻又來要求復婚，買臣讓人端來一盆清水潑在馬前：

「潑出去的水，如果還能收回盆中，我就和你復婚！」

生活在底層的人，能夠透過一條相對透明的途徑上升到頂層，有這樣的機會存在，是一個國家、一個社會生命力旺盛的象徵。這幾個人，都從社會最底層一直做到漢朝的高層。這並非個別現象。因為漢朝這一套選官制度，注重的是德、才兼備，而不是門第身分、背景後臺。就當時而言，算是很不錯的。問題在於「德」的取量太過空泛，就拿孝廉來說，後來幾乎成了笑話。漢末有一首民謠唱道：「那些被察舉為秀才的人，你知道什

麼是書？那些被察舉為孝廉的人，你為什麼和老父分居？號稱寒素清白的官員們汙濁如爛泥，所謂名門良將更是像雞一樣怯懦！」

到了此時，下層民眾的出頭之路，也只剩下揭竿而起一條路可走了！

四、民之發聲：賢良的吶喊

漢文帝二年，因為日食的緣故，朝廷下了一道詔，內容是「舉賢良方正能直言極諫者，以正朕之不逮。」

什麼意思？漢文帝說天有異象，這是朕這個皇帝沒做好，所以請大臣推薦賢良方正能夠直言不諱的人，指出朕的不足！

詔書下了之後，果然有大膽的人上書，指責皇帝的過失，漢文帝也大體上給予褒獎採納。

有事問策賢良，從此成為漢初一道靚麗的風景線。因為賢良大多來自民間，他們的視線，也能看到百姓的疾苦，他們的言論往往能夠展現民眾的想法，所以天子必須仔細傾聽。

也正因為賢良的吶喊代表著民間的發聲，他們的言論相當的尖銳。對於天子和帝國政府有關部門來說，往往又是逆耳之言，甚至是叫罵之聲。

但即便如此，漢初的君主和朝廷，還是能夠耐下性子來聽聽這聲音。

鹽鐵政策大辯論，大漢朝的賢良發出了有史以來最高分貝的吶喊之聲。

六十餘名來自地方郡國的賢良文學來到長安，參加鹽鐵政策大辯論。

所謂鹽鐵政策，始於漢武帝時代，主要內容是國家壟斷鹽、鐵、酒等專利經營，目的在於廣開財源，增加賦稅收入，支持反擊匈奴的戰爭。

以丞相田千秋和御史大夫桑弘羊為代表的朝廷一方，堅持鹽鐵政策的合理性，其中桑弘羊帶領帝國財政工作多年，許多財政政策都出自他的手

落幕

筆。因此他維護現有政策的態度最為強硬，整個會議上發言多達一百多次，主要觀點是國家壟斷鹽、鐵、酒等專利經營並沒有錯，帝國需要用錢的地方很多，如果不搞這些官營事業，增加政府的收入，就要增加農民的賦稅，反而更會加重農民的負擔。目前之所以民間有一些怨言，完全是因為一些地方官不按國家規定的辦法行事，造成了一些流弊。只要政府選良吏除流弊，鹽鐵政策是可以繼續執行下去的。

但財政官僚的強硬並未嚇退來自民間的這些賢良文學們。茂陵唐生、魯國萬生、汝南朱子伯、中山劉子雍等賢良大膽抗言，提出鹽鐵官生產的農具粗糙不適用、品質差、價錢貴，農民不願買，就用木頭工具耕田，用手去除草，農田幾乎荒蕪。官鹽更是苦澀難吃，還要強迫百姓以高價購買。

而之所以會有這種現象，絕非個別官吏的盤剝。官員本是行政、司法人員，現在又開店做起買賣，自己制定交易規則和價格，百姓完全沒有拒絕的能力。所以鹽鐵政策的實質，是國家與民爭利，是朝廷利用手中的權力，剝奪百姓的口中食、身上衣。

賢良文學們的結論是，實施鹽鐵政策的後果，國家固然獲利自肥，卻動搖了天下之根本，「農民重苦，女紅再稅」，「豪吏富商積貨儲物以待其急，輕買奸吏收賤以取貴」，這樣下去，天下將有分崩離析的危險。

賢良文學的直言抗爭，令會場氣氛頗為激烈，御史大夫桑弘羊數次被賢良文學們質問得啞口結舌，無言可對。而賢良文學們卻意猶未盡，在會議結束後將要回鄉之前，去丞相和御史大夫辭行的時候，又與官員們發生激辯。

賢良的吶喊，在朝廷大員們聽來是如此刺耳，卻是民眾真實的心聲。當時手握大權的大將軍霍光不得不慎重考慮民聲的分量，雖然他沒有接受賢良文學要求全部罷除鹽鐵、均輸等官營事業的建議，但還是作出了一些讓步，如廢除官營酒榷和部分鐵官。

第二節　大漢天下的苦樂人生

時為漢昭帝始元六年（西元前 81 年），一代雄主漢武帝已經駕崩辭世了六個年頭，大漢帝國的歷史掀開了新的一頁。

落幕

後記

1963 年,黑人牧師馬丁・路德・金恩站在遊行群眾面前發表演說,他演說的題目是——I have a dream!(我有一個夢想)

其實每個人都有自己的夢想,儘管你我的夢想未必如馬丁・路德・金恩那樣偉大,或許你我的夢想只是飢腸轆轆時的一餐飯,或者少年郎夢中情人的一個微笑,那也是同樣值得尊敬的夢想。

大概是源於小時侯看的那些歷史小人書,從小我對歷史就有一種特別的偏愛,因此到高中分科的時候,我毫不猶豫地選擇了文科,那時我的理想,用小孩子不知天高地厚的話說,是要做歷史學家。

為此我在高中就囫圇吞棗地讀了不少歷史典籍和專業書,包括那一整套的《資治通鑑》,居然都被我給翻爛了,可謂破萬卷書了。

但是我的歷史學家夢終究沒有實現,1998 年大學畢業,我到一所國中當歷史老師,當時我的理想,只好調整為做好老師這份工作了!

歲月有時像一塊抹布,慢慢抹去你的銳氣和理想,有時又像灌頂的醍醐,令你在沉淪中突然甦醒。八年後我離開學校,以為從此與歷史無緣,然而不經意間,在網路上看見一些網友在談論歷史話題,不覺技癢起來。

這一技癢,便有了本書(最初的書名叫《清蒸漢朝》,意思為原味的漢朝歷史)。

於是,在我差不多要忘卻自己曾經有一個關於歷史的夢想的時候,突然間又閃現了靈光,將我內心深處對歷史的熱愛喚醒。

我突然明白,即使身在象牙塔之外,與專業研究無緣,也可以以另一

後記

種方式實現理想,這就是所謂私人歷史研究,或者說業餘歷史研究。

相對於專業歷史研究者,業餘的歷史研究者沒有國家撥付的課題經費,也沒有大量的時間,即便有成果,也不能評職稱、當教授!但業餘的歷史研究者往往擁有驚人的工作熱情,他們在工作之餘、長夜無眠,閱讀歷史資料,撰寫也許永遠都不可能在學術刊物上發表的研究文章。完全是對歷史的熱愛,彌補了私人歷史研究在某些方面的不足,支撐著私人歷史研究的延續。

而有一件東西,是不分專業、業餘的,那就是思想。歷史說到底,是一門思想的學問。一旦思想被禁錮,或者無法流動,成為一潭死水。歷史這門學問就宣告死亡了。

私人歷史研究的優勢,恰恰在於他的不受條框約束。相對於專業研究者,他能更自由地挑戰權威、打破陳舊的認知。

就拿漢朝的歷史來說,自司馬遷以來,對這段歷史的敘述、評價汗牛充棟,但是能不能說,漢朝的歷史已經可以蓋棺定論?或者說,漢朝這一段歷史,已經不存在疑問!現有的權威論斷,都百分百正確,無可挑剔!

我的回答是不,對於漢朝,現有的研究幾乎可以說是十分淺薄的不觸及核心的!至少,有不少重大問題都缺乏深入的研究。

漢朝的崛起,在多大程度上受到秦的影響?

漢初的黃老政治,究竟對漢朝的富強發揮了多大的作用?為什麼黃老政治不能延續下去?

儒家思想的崛起,對漢朝的歷史走向,究竟是福是禍?

漢武帝的雄偉事業,究竟是虛耗了漢朝的國力,還是擴張增強了?

漢朝這樣的大國,又是如何一步步走向衰敗,龐大的帝國機器,究竟出了什麼問題?

漢朝的崛起對於中國的歷史發展，究竟有怎樣的影響？

當代的中國身上，還有多少漢朝的影子？漢的盛衰，究竟能給中國的未來提供怎樣的啟迪？

因此，本書只能說是我對漢朝歷史的研究的一個開端。一些問題，我嘗試在書中解答，如探索漢朝的崛起之謎、漢朝體制的弊病與衰敗之因、漢朝對中國歷史發展演變的影響等。

在寫作過程中，我也在尋找一種可以雅俗共賞的表達方式，希望在思考歷史問題的同時，不至於因為語言深奧或過分枯燥的緣故，使大眾與之失之交臂，造成遺憾。我希望這是一部有趣又發人深思的歷史讀物，為此我做了各種嘗試，也走了不少彎路，最後形成的文稿，只能說是勉強合格，有待更多努力了。

最後，感謝煮酒論史的斑竹、著名歷史寫手西門送客為本書所作的序言，感謝我的家人對我長期以來堅持這份理想的支持，也真誠地希望購買此書的讀者讀了本書能有所收穫，如有意見需交流，歡迎與我聯繫。

電子郵件：road2003@126.com

陸建國（司馬路）

帝國解碼,秦漢歷史不說的事
不是誰贏了戰爭,而是誰活過陰謀!秦漢天下的興起與背後黑箱全紀錄

作　　　者:	司馬路
發　行　人:	黃振庭
出　版　者:	複刻文化事業有限公司
發　行　者:	崧燁文化事業有限公司
E-mail:	sonbookservice@gmail.com
粉　絲　頁:	https://www.facebook.com/sonbookss/
網　　　址:	https://sonbook.net/
地　　　址:	台北市中正區重慶南路一段 61 號 8 樓 8F., No.61, Sec. 1, Chongqing S. Rd., Zhongzheng Dist., Taipei City 100, Taiwan
電　　　話:	(02)2370-3310
傳　　　真:	(02)2388-1990
印　　　刷:	京峯數位服務有限公司
律師顧問:	廣華律師事務所 張珮琦律師

─版權聲明─────────────

本書版權為淞博數字科技所有授權複刻文化事業有限公司獨家發行電子書及紙本書。若有其他相關權利及授權需求請與本公司聯繫。未經書面許可,不得複製、發行。

定　　　價: 550 元
發行日期: 2025 年 08 月第一版
◎本書以 POD 印製

國家圖書館出版品預行編目資料

帝國解碼,秦漢歷史不說的事: 不是誰贏了戰爭,而是誰活過陰謀!秦漢天下的興起與背後黑箱全紀錄 / 司馬路 著 . -- 第一版 . -- 臺北市: 複刻文化事業有限公司 , 2025.08
面; 公分
POD 版
ISBN 978-626-428-209-3(平裝)
1.CST: 秦漢史 2.CST: 通俗史話
621.9　　　　114010636

電子書購買

爽讀 APP　　　臉書